भारत का विकास : चुनौतियाँ एवं समाधान

अ अक्षर
प्रतियोगी पुस्तकें

भारत का विकास
चुनौतियाँ एवं समाधान

डॉ. प्रमोद कुमार अग्रवाल

लोकभारती प्रकाशन

आ अक्षर
प्रतियोगी पुस्तकें

लोकभारती प्रकाशन
पहली मंजिल, दरबारी बिल्डिंग, महात्मा गांधी मार्ग
इलाहाबाद-211 001

वेबसाइट : www.lokbhartiprakashan.com
ईमेल : info@lokbhartiprakashan.com

शाखाएँ : 1-बी, नेताजी सुभाष मार्ग, दरियागंज
नई दिल्ली-110 002
अशोक राजपथ, साइंस कॉलेज के सामने
पटना-800 006
36 ए, शेक्सपियर सरणी, कोलकाता-700 017

पहला संस्करण : 2020

मूल्य : ₹ 200

बी.के. ऑफसेट
नवीन शाहदरा, दिल्ली-110 032
द्वारा मुद्रित

BHARAT KA VIKAS
Chunautiyan Evam Samadhan
by Dr. Pramod Kumar Agrawal

ISBN : 978-93-89742-77-0

प्रस्तावना

महात्मा गांधी के अनुसार इस देश की और सारे विश्व की आर्थिक रचना ऐसी होनी चाहिए कि जिससे एक भी प्राणी अन्न-वस्त्र के अभाव में दुखी न हो। प्रति व्यक्ति आय से लेकर सामाजिक न्याय, ग़रीबी उन्मूलन, मौलिक आवश्यकताओं की पूर्ति सहित मानवीय विकास भी विकास की परिधि में आता है। भारत में निर्धनतम व्यक्तियों को ग़रीबी रेखा से ऊपर लाना विकास का मुख्य ध्येय है। यद्यपि ग़रीबी रेखा से नीचे (बी.पी.एल.) लोगों का कुल जनसंख्या में प्रतिशत निरन्तर कम होता जा रहा है पर जनसंख्या वृद्धि के कारण उनकी कुल संख्या जहाँ-की-तहाँ है। कहा जाता है कि अन्तरराष्ट्रीय मानकों के अनुसार भारत में सबसे अधिक ग़रीब हैं।

ग़रीबी को दूर करने के लिए अर्थतंत्र को चुस्त-दुरुस्त करना अति आवश्यक है। एक ओर अर्थव्यवस्था में तेज़ी के साथ वृद्धि होनी चाहिए, तो दूसरी ओर आर्थिक विषमता को दूर करने के उपाय भी होना चाहिए। वर्तमान में भारत की अर्थव्यवस्था सबसे तेज़ी से विकास की ओर अग्रसर है तथा भारत के कुल घरेलू उत्पाद में 7 प्रतिशत के आस-पास प्रति वर्ष वृद्धि हो रही है, विदेशी-मुद्रा भण्डार भी 400 अरब डॉलर से अधिक है तथा विदेशी ऋण का बोझ भी सहनीय है। इस स्थिति में भारत अपने चहुँमुखी विकास पर ध्यान केन्द्रित कर सकता है। संयुक्त राष्ट्र विकास कार्यक्रम संगठन के मानव विकास मानदंडों (एचडीआई) के आधार पर भारत का स्थान काफ़ी नीचे है। यह मानदंड देश के निवासियों की औसत उम्र, शिक्षा संस्थाओं में पंजीकरण तथा प्रति व्यक्ति सकल घरेलू उत्पाद पर आधारित है। पर इसमें भारत के सन्दर्भ में दो और मानदंड सम्मिलित करना अत्यावश्यक है—मौलिक स्वास्थ्य सेवाओं तथा रोज़गार की निम्नतम उपलब्धता। इसके समानान्तर न्यायसंगत वितरण व्यवस्था, पर्यावरण संवर्द्धन तथा जनता की प्रशासन में समुचित भागीदारी आवश्यक है अन्यथा सकल घरेलू उत्पाद पर आधारित विकास एकांगी होगा और वह भारत में अरबपतियों की संख्या बढ़ने से बढ़ जाएगा।

उपर्युक्त विकास सम्बन्धी विचारों को दृष्टिगत रखते हुए विभिन्न महत्त्वपूर्ण विषयों की इस पुस्तक में विवेचना की गई है। प्रत्येक विषय की चार भागों में विवेचना की गई है—वर्तमान स्थिति, समस्याएँ तथा सुधार के उपाय।

पुस्तक के प्रथम अध्याय में संयुक्त राष्ट्र विकास कार्यक्रम संगठन के मानदंडों पर भारत की स्थिति तथा विभिन्न राज्यों की एचडीआई मानक में तुलनात्मक स्थिति, ग़रीबी की भी राज्यों में तुलनात्मक स्थिति, विभिन्न वर्गों की दृष्टि में विकास जैसे युवा नौकरियों की उपलब्धता या सृजन को ही विकास का मानदंड मानते हैं। जैसे ही वे व्यावसायिक संस्थाओं से निकलें, उन्हें रोज़गार के बाज़ार में तुरन्त नौकरी मिलनी चाहिए। वैश्वीकरण के परिप्रेक्ष्य में भारत के विकास की स्थिति तथा भारतीय संविधान में विकास की विकेन्द्रीकृत व्यवस्था, पंचवर्षीय योजनाओं के माध्यम से विकास में क्रमिक परिवर्तन तथा भारतीय अस्मिता को समाज में बढ़ते हुए भ्रष्टाचार तथा बलात्कार सम्बन्धी अपराधों की खुली चुनौती आदि विषय विवेचित हुए हैं।

द्वितीय अध्याय में भारत में राजनीति का क्रमिक विकास तथा उसकी अपरिहार्यता दर्शायी गई है। राजनीति के सिद्धान्तविहीन होने के खतरे से सावधान किया गया है। आज देश में पंचायतों के माध्यम से प्रायः 35 लाख से अधिक अवैतनिक राजनीतिक नौकरशाहों की सेना देश के विकास में अपना योगदान देने के लिए तैयार है। आवश्यकता है एक सुस्पष्ट रणनीति की जिसके अन्तर्गत इनकी इतनी बड़ी शक्ति तथा ऊर्जा को निहित स्वार्थों से अलग करके देशहित के कार्यों अर्थात् देश के समग्र विकास में कैसे लगाया जाए। इसी रणनीति का पंचायतों की स्वशासन पद्धति और भ्रष्टाचार के परिप्रेक्ष्य में विशद चर्चा की गई है। साथ में राजनीति के बढ़ते हुए अपराधीकरण से आगाह किया गया है।

तृतीय अध्याय में राज्यों में तुलनात्मक विकास दर पर प्रकाश डाला गया है। इसमें गुजरात में औद्योगिकीकरण, हरियाणा में कृषि-विकास, महाराष्ट्र में प्रशासनिक दक्षता, गोवा में पर्यटन विकास तथा राजधानी क्षेत्र, दिल्ली में उच्चतम प्रति व्यक्ति आय पर विशेष प्रकाश डाला गया है तथा दूसरे राज्य उस प्रकार के पदक्षेपों को अपने यहाँ लागू करें। यह स्पष्ट किया गया कि भारत की जनता अब जाग चुकी है तथा भविष्य में केवल उनकी केन्द्र विरोधी भावनाओं का शोषण करके विशेषतः पश्चिम बंगाल तथा तमिलनाडु में, वोट प्राप्त नहीं किए जा सकते हैं। वस्तुतः जहाँ वोट की राजनीति समाप्त होती है, वहीं से विकास-कार्यक्रम प्रारम्भ होता है। पर लोकतंत्र में वोट का सर्वोपरि महत्त्व है। जनता जैसा नचाती है, चाहती है, राजनैतिक दल वैसे ही नाचते हैं। इस अध्याय में नोबॅल पुरस्कार विजेता प्रो. अमर्त्य सेन का केरल, पश्चिम बंगाल तथा उत्तर प्रदेश राज्यों के तुलनात्मक अध्ययन के आधार पर केरल, केरल को जहाँ सर्वश्रेष्ठ राज्य माना गया है, वहाँ पश्चिम बंगाल की भूमि-सुधारों को वामफ्रण्ट सरकार के सन् 1977 से तीस वर्ष से अधिक शासन-काल में भूमि सुधारों के लागू करने की प्रशंसा की गई है। वहीं उत्तर प्रदेश के पिछड़ेपन तथा उसको दूर करने के उपायों को बताया गया है। आशा है कि राज्य सरकारें इस तुलनात्मक विवेचन से सबक लेकर अपने यहाँ उन कार्यक्रमों को लागू करेंगी

तथा निर्णय-पद्धति में गति लाकर तथा उसे भ्रष्टाचार निरोधी बनाकर आगे आने का ठोस प्रयत्न करेंगी।

कृषि, खाद्य सुरक्षा तथा भूमि-सुधार शीर्षक से चौथे अध्याय में कृषि उत्पादन बढ़ाने पर ज़ोर दिया गया है तथा खाद्य-सुरक्षा कार्यक्रम का विभिन्न राज्यों में कार्यान्वयन की तुलनात्मक स्थिति का निरूपण किया गया है। खाद्य-सुरक्षा के कार्यान्वयन के लिए आवश्यक है कि राज्य विशेष की प्रशासन में दक्षता लाकर आर्थिक स्थिति सुदृढ़ हो ताकि प्रशासकीय ख़र्च के पश्चात् शेष धनराशि निर्धन परिवारों को भूख से बचाने में लगाई जा सके। भूमि-सुधारों के बिना न ही अभूतपूर्व कृषि उन्नति सम्भव है और न ही खाद्य-सुरक्षा। भूमि-सुधारों के माध्यम से भूमिहीनों तथा ग्रामीण भारत में निर्धनतम व्यक्तियों को आत्मनिर्भर बनाया जा सकता है यह एक स्थापित आर्थिक सत्य है कि भूमि-सुधारों के लागू होने पर उत्पादकता में वृद्धि होती है तथा समाज में सामाजिक समरसता तथा कर्म संस्कृति का परिवेश उत्पन्न होता है। भूमि-सुधारों के क्रियान्वयन के लिए आवश्यक राजनीतिक इच्छाशक्ति का अभाव है क्योंकि अब भूमि-सुधारों के द्वारा राजनीतिक-दलों के वे मध्यमवर्गीय सदस्य प्रभावित होंगे जो अभी तक बचे हुए थे। यही कारण है कि भूमि-सुधारों के लिए प्रत्येक राजनीतिक दल मौखिक सहानुभूति अवश्य प्रकट करता है पर कोई भी राजनैतिक दल इन सुधारों के कार्यान्वयन हेतु सक्रियता नहीं दिखाता है। यह काम राज्य-सरकारों को प्राथमिकता के आधार पर बिना किसी राजनीतिक मतभेद के करना चाहिए।

पाँचवें अध्याय में स्वास्थ्य एवं चिकित्सा क्षेत्र की विफलता के कारण तथा सुधार के उपाय सुझाये गए हैं। भारत में सन् 2002 में राष्ट्रीय स्वास्थ्य मिशन प्रारम्भ किया गया पर उसमें कुप्रबन्धन तथा भ्रष्टाचार के कारण वांछित सफलता प्राप्त न हो सकी। अत: 2018 में केन्द्रीय सरकार ने ग़रीब परिवारों के लिए 'आयुष्मान भारत' के नाम से राष्ट्रीय स्वास्थ्य बीमा योजना प्रारम्भ की है जिसके अन्तर्गत वर्ष नें 5 लाखं रुपए तक चिकित्सा पर ख़र्च केन्द्रीय सरकार वहन करेगी। यह सुनिश्चित करना होगा कि बीमा कम्पनियाँ इस योजना के क्रियान्वयन में ढिलाई न बरतें क्योंकि भारत का सरल नागरिक इन कार्यकारी संस्थाओं से थककर निजी अस्पतालों का राह पकड़ता है। निजी अस्पतालों में भी व्याप्त भ्रष्टाचार उच्च चिकित्सा दाम तथा दायित्वहीनता को नियमित करना होना। इसके लिए उपभोक्ता संरक्षण अधिनियम काफ़ी नहीं है। अस्पतालों में बेहतर प्रबन्धन के लिए सुस्पष्ट अस्पताल प्रबन्धन प्रणाली लागू होना चाहिए तथा निजी अस्पतालों के लिए प्रत्येक राज्य में पृथक् रूप से चिकित्सा और स्वास्थ्य के लिए 'ओमबड्समैन' या 'लोकायुक्त' की नियुक्ति होना चाहिए।

छठवें अध्याय में शिक्षा-क्षेत्र में निजी क्षेत्र की बढ़ती हुई भागीदारी को बेहतर बनाने के सुझाव दिए गए हैं। विद्यार्थी पैसा देकर शिक्षा ग्रहण करें—एक आधुनिक

सिद्धान्त है पर यह अभिभावकों तथा विद्यार्थियों के शोषण का साधन नहीं होना चाहिए। आज कई देशों जैसे आस्ट्रेलिया का बजट शिक्षा-क्षेत्र में विदेशी विद्यार्थियों द्वारा दी गई शुल्क पर आधारित है। दूसरी ओर शिक्षा केवल नौकरी का साधन न होकर व्यक्ति का सर्वांगीण विकास भी करे ताकि वह भारत का जागरूक नागरिक होकर राष्ट्र निर्माण में अपना सम्यक् योगदान दे सके। प्राथमिक शिक्षा के क्षेत्र में सरकार की प्रभावशाली उपलब्धि है अनुसूचित पर यह शिक्षा के मौलिक अधिकार को निर्धन वर्ग (बी.पी.एल.) तथा पतनशील जाति, उपजाति एवं मुसलमानों तक पहुँचाने में असफल है। शिक्षा-क्षेत्र में राजनीति का प्रवेश समाज के विकास में काफ़ी क्षति कर रहा है।

सामाजिक सुरक्षा-क्षेत्र भारत में बढ़ रहा है। यह भारत के विकास का परिचायक है। जब किसी देश के निवासी विकास योजनाओं के फलस्वरूप आत्मनिर्भर नहीं हो पाते, उनके सामाजिक बीमा योजनाओं का प्रावधान किया जाता है। भारत में केन्द्रीय सरकार तथा राज्य सरकारों द्वारा संचालित कई बीमा योजनाएँ हैं तथा कई एक ही क्षेत्र में हैं। लाभार्थी किसी एक को चुन सकता है।

अध्याय सात में कुछेक योजनाएँ उल्लिखित हैं—विधवा पेन्शन, वृद्धावस्था पेन्शन, सड़क दुर्घटना बीमा, कर्मचारी एवं मज़दूर पेन्शन इत्यादि। हाल ही में केन्द्रीय सरकार ने 'आयुष्मान् भारत' के नाम से स्वास्थ्य सेवा-क्षेत्र में बीमा योजना कार्यान्वित कर रही है। देखना है कि इस योजना का क्या हश्र होगा। भारत में योजनाओं की कमी नहीं है, उनका क्रियान्वयन ही एक समस्या है जो योजना शुरू होने के साथ-साथ इसके पीछे कार्यकारी संस्था में रत कर्मचारी तथा अधिकारियों की उपेक्षा, विलम्ब तथा भ्रष्टाचार के कारण जनता को अपेक्षित लाभ नहीं पहुँचा पातीं। लोक शिकायत निवारण संगठन, सरकार सेवा उपलब्ध अधिनियम, सूचना अधिकार अधिनियम, उपभोक्ता संरक्षण अधिनियम होने के बावज़ूद आम आदमी सरकारी सेवाओं का पूर्ण लाभ नहीं उठा पा रहा है। राजनैतिक प्रतिनिधिगण कुछेक मामलों में दखल देकर शिकायतकर्त्ता की शिकायत का समाधान करा पाते हैं। आवश्यकता है सरकारी तंत्र को और अधिक संवेदनशील तथा जवाबदेह बनाने की।

अध्याय आठ में ग़रीबी के उन्मूलन को लिया गया है। भारत में सकल घरेलू उत्पादक में निरन्तर वृद्धि, उच्च वार्षिक वृद्धि दर, महँगाई पर नियंत्रण इत्यादि होने के बावज़ूद कुल ग़रीबों की संख्या कम नहीं हो रही है। अभी भी भूख से मौतें हो रही हैं तथा ऋणग्रस्त कृषक आत्महत्याएँ कर रहे हैं पर ग़रीबी रेखा से नीचे प्रतिशत भी एक राज्य से दूसरे राज्य से भिन्न है। बड़े राज्यों में ग़रीबी पर सीधे चोट करने की आवश्यकता है जहाँ राजनीति के हस्तक्षेप के कारण भ्रष्टाचार, अकर्मण्यता तथा विलम्ब प्रवेश कर गया है। ग़रीबी हटाने के मुद्दे पर कई आम निर्वाचन हो गए, पर ग़रीबी न हटी। तब राजनीतिक नेतृवर्ग ग़रीबी हटाने पर जुट जाते हैं तथा

कुछ बड़े-बड़े घरानों तथा व्यापारियों के व्यापारिक तथा औद्योगिक प्रतिष्ठानों पर विशेषत: निर्वाचन के पूर्व आयकर छापे लगवाकर भोली-भाली जनता को भ्रमित करते हैं ताकि उनकी प्रशासनिक उपलब्धि में कमी ओझल हो सके। पर भारतीय जनता जाग चुकी है। वह जाति, धर्म तथा सम्प्रदाय से ऊपर उठने का प्रयत्न कर रही है तथा शनै:-शनै: विकास के आधार पर ही मतदान करेगी। इस दिशा में वर्तमान प्रधानमंत्री नरेन्द्र मोदी का योगदान श्लाघनीय है कि उन्होंने 'सबका साथ, सबका विकास' नारा दिया।

अध्याय नौ में पंचायती राज संस्थाओं की संवैधानिक स्थिति, उनके कार्यकलाप तथा उनमें भ्रष्टाचार रोकने के उपायों का विशद विवेचन है। त्रिस्तरीय पंचायतें आज देश की प्रमुख प्रशासकीय इकाइयाँ हैं जो जनता के बहुत पास हैं। सांसदों और विधायकों तथा पंचायत प्रतिनिधियों में अधिकारों को लेकर विवाद होता रहता है पर जितनी शीघ्र राज्य के विधायक और नौकरशाह इन्हें जनता का वास्तविक प्रतिनिधि स्वीकार कर लें, उतनी शीघ्र गति से विकास का पहिया गतिमान् होगा।

अध्याय दस में राजनीति द्वारा भ्रष्टाचार तथा अपराधियों का संरक्षण दर्शाया गया है। समाज-विरोधी तथा अपराधी तत्त्व सरकार बदलने पर सत्ता पक्ष में चले जाते हैं अथवा कहीं-कहीं नई सरकार ही इन्हीं तत्त्वों के समर्थन पर बनती है। कई सांसद तथा विधानमंडल के सदस्यों के विरुद्ध विभिन्न अपराधों में हज़ारों मामले लम्बित हैं। वे न्यायपालिका में विलम्बित प्रक्रिया का सहारा लेकर अपने विरुद्ध मामलों को आगे खींचते रहते हैं और अपराध करने के वर्षों बाद सत्ता-भोग करते रहते हैं तथा अपनी दोषपूर्ण कार्यप्रणाली से समाज को दूषित करते रहते हैं। उदाहरणार्थ लालू प्रसाद यादव ने मुख्यमंत्री रहते हुए सन् 1996 में चारा तथा दवा घोटाला किया। उनके विरुद्ध निचली अदालत के निर्णय प्राय: बीस वर्ष बाद आए। इसी बीच वे रेलमंत्री भी रहे। वहाँ उन्होंने अच्छे काम के साथ-साथ कुछ छोटे-मोटे घोटाले भी किए। पुरानी आदत नहीं छूटती। फलस्वरूप उन पर और आरोप लगेंगे। फिर भी बिहार की जनता उनके चमत्कारिक भाषणों से प्रभावित होकर उन्हें अपना क़ीमती मत देती रही। यही हाल स्वर्गीय जयललिता का तमिलनाडु में था। वे भ्रष्टाचार के बावज़ूद जीतती रहीं। वर्तमान में जनता में भ्रष्टाचार के प्रति सहनशीलता कम हुई है तथा जनता में सरकारी भ्रष्टाचार के प्रति रोष बढ़ा है। पर जनता को स्वयं ईमानदारी, शुचिता तथा सत्य का पालन करना चाहिए ताकि भारत का समाज विकास तथा आर्थिक उन्नति करने का सुपात्र बने।

अध्याय ग्यारह में यह स्पष्ट किया गया है कि भारत के विकास में निजी क्षेत्र की सरकारी क्षेत्र से बड़ी भूमिका है क्योंकि सकल घरेलू उत्पाद का 80 प्रतिशत निजी क्षेत्र से आता है। भारत की वर्तमान ऐतिहासिक प्रगति निजो क्षेत्र के सक्रिय योगदान से हो सकी है। सन् 1991 में उदारीकरण के पश्चात् भारत की अर्थव्यवस्था

ने पीछे मुड़कर नहीं देखा। जहाँ सूचना प्रौद्योगिकी क्षेत्र ने संसार में भारत का डंका बजाया, वहाँ लाखों इंजीनियरों को देश-विदेश में अच्छी-अच्छी नौकरियाँ भी उपलब्ध कराई तथा लाखों करोड़ रुपए की विदेशी मुद्रा से भारत के विदेशी मुद्रा भण्डार को समृद्ध किया, जो आज कभी भी विदेशी ऋण चुकाने में एकमुश्त सक्षम है। पर निजी क्षेत्र में भी भ्रष्टाचार तथा वंशवाद के कारण अक्षमता प्रवेश कर रही है। राजनीतिक व्यक्ति भी उनसे चन्दा लेते हैं तथा उनके इशारों पर सरकारी नीतियाँ बनाते हैं, यह बन्द होना चाहिए। बदले हुए भ्रष्टाचार निवारण क़ानून, 1988 के अनुसार रिश्वत लेनेवाला तथा देनेवाला समान रूप से दोषी है। फिर भारत के निजी क्षेत्र की अन्तरराष्ट्रीय स्तर पर प्रतियोगिता है। अब राजनीतिक आकागण उनको सुरक्षा नहीं प्रदान कर सकते हैं। वे जितना शीघ्र इस सत्य को हृदयंगम करेंगे, उतनी शीघ्र ही उनका तथा देश का विकास होगा तथा वे देश के ग़रीबों के विकास में अपनी हिस्सेदारी बढ़ा सकेंगे।

अध्याय बारह में सूचना प्रौद्योगिकी, पर्यटन तथा वस्त्र-निर्यात क्षेत्र को लिया गया है क्योंकि भारत की अर्थव्यवस्था के ये सदाबहार क्षेत्र हैं तथा भारत में करोड़ों रोज़गार सृजन कर रहे हैं तथा करते रहेंगे। इन तीनों महत्त्वपूर्ण क्षेत्रों के विकास का खाका प्रस्तुत किया गया है जिसके कुछ बिन्दुओं पर अमल करने पर इन क्षेत्रों की बेहतर स्थिति हो सकती है। इन क्षेत्रों से राजनीति को दूर रहने की सलाह है।

अध्याय तेरह में जनसंख्या विस्फोट के कारण बढ़ते हुए शहरीकरण में ग़रीबी निवारण, जल तथा वायु-प्रदूषण निवारण की आवश्यकता तथा उपायों पर ज़ोर दिया गया है। आवश्यकता है गंगा निर्मलीकरण जैसी अन्य योजनाओं के ग्रहण करने की तथा उनका बेहतर क्रियान्वयन करने की। रेडियो तथा टेलीविजन पर वायु-प्रदूषण सम्बन्धी सूचना नियमित रूप से प्रसारित करने से जनता में अभूतपूर्व जाग्रति उत्पन्न हुई है तथा सरकारों पर विशेषत: राजधानी क्षेत्र, दिल्ली में, प्रदूषण नियंत्रण सम्बन्धी योजनाएँ प्राथमिकता के आधार पर क्रियान्वित करने का दबाव बना है।

अध्याय चौदह में सन् 2020 के पूर्वार्द्ध में अप्रत्याशित रूप में विश्व का विनाश करने वाले करोना विषाणु पर केन्द्रित आलेख है जिसका स्थायी समाधान आपदा प्रबंधन रणनीति के द्वारा ही संभव है। इस संदर्भ में सेन्डाई प्रारूप एक उत्तम अन्तरराष्ट्रीय पहल है जिसको सभी देशों द्वारा तुरंत अपनाने की आवश्यकता है।

अन्तिम अध्याय में दर्शाया गया है कि जन सक्रियता कैसी हो ताकि वह राजनीतिक सुधार का वाहक बन सके। इसमें भारत की संसदीय परम्परा में जन भावनाओं तथा जन आवश्यकताओं की पूर्ति की उत्तम व्यवस्था है पर सांसद तथा विधानमंडलों के सदस्य अपने कर्त्तव्य का निर्वाह नहीं कर रहे हैं और न ही भारत का नागरिक भारत के संविधान में उल्लिखित अपने कर्त्तव्यों का समुचित पालन कर रहा है। यदि दोनों अपने संवैधानिक कर्त्तव्यों का पालन करें तो भारत विश्व

के प्रथम चार, पाँच विकसित देशों की श्रेणी में अपना स्थान सुनिश्चित कर सकता है। जिस गति से भारत की अर्थव्यवस्था गतिमान् है, यह सम्भावना कुछ दशकों में मूर्तरूप में परिणत हो सकती है।

परिशिष्ट में कुछ विषयों को स्पर्श किया गया है, जो विभिन्न अध्यायों में छूट गए थे जैसे भ्रष्टाचार, न्यायालय में विलम्ब आदि।

आशा है कि मेरे इस प्रयास का भारत की जनता, राजनीतिक प्रतिनिधियों, नौकरशाहों, बुद्धिजीवियों, विद्यार्थियों तथा प्रतियोगी परीक्षा के अभ्यर्थियों द्वारा स्वागत होगा। यदि प्रस्तुत पुस्तक में वर्णित मेरा एक भी सुझाव कार्यान्वित हुआ, तो मैं भारत के विकास में अपना यह अकिंचन योगदान समझकर प्रसन्न रहूँगा।

मैंने इस पुस्तक के लिखने में भारत सरकार द्वारा प्रकाशित पुस्तकें तथा पत्रिकाएँ जैसे भारत 2017, योजना तथा कुरुक्षेत्र का भरपूर उपयोग किया है, उसके लिए प्रकाशन विभाग, सूचना और प्रसारण मंत्रालय, भारत सरकार को कोटिशः धन्यवाद।

—डॉ. प्रमोद कुमार अग्रवाल

क्रम

1

भारत का विकास : विभिन्न आयाम

(क) अन्तरराष्ट्रीय मानव विकास मानदंडों पर भारत

संयुक्त राष्ट्र विकास कार्यक्रम संगठन (यू.एन.डी.पी.) ने मानव विकास मानदंड (एच.डी.आई) स्थापित किए हैं। इन्हीं मानदंडों के आधार पर विश्व के देशों की श्रेष्ठता निर्धारित होती है। लोग इन्हीं मानदंडों का अध्ययन करके उच्चकोटि के देशों में निवास करने का निर्णय लेते हैं। ये चार मानदंड हैं—जीवनयापन, प्रत्याशा, प्रौढ़ शिक्षा, प्रति व्यक्ति आय तथा यौन वैषम्य।

सन् 2007 में अन्तरराष्ट्रीय मानव विकास मानदंडों के अनुसार भारत (0.612) का स्थान संसार में निम्न श्रेणी के अन्तर्गत 134वाँ चीन (0.273) के बाद था। खुशी का विषय है कि सात वर्ष बाद सरकार तथा जनता के प्रयासों से 2014 में भारत सात स्थान लाँघकर 130वें स्थान पर पहुँच गया। भारत से आगे हैं—

आस्ट्रेलिया (2), नीदरलैंड (5), जर्मनी (6), यू.एस.ए. (8) जापान (20), यू.ए.आर. (41), रूस (50), चीन (90)। यहाँ तक कि पड़ोसी श्रीलंका 73वें स्थान पर है। भारत से पीछे हैं—बँगलादेश, नेपाल तथा पाकिस्तान (147)। आशा है कि वर्तमान तीव्र गति से भारत की प्रगति को देखते हुए सन् 2020 में भारत की स्थिति काफी अच्छी होने की आशा है जब भारत में अधिक संख्या में अधिक शिक्षित लोग, बेहतर स्वास्थ्यवाले तथा और अधिक समृद्धिशाली होंगे जो अभी तक स्वतंत्रता के पश्चात् कभी नहीं थे। वर्ष 2015, में मानव विकास मानदंडों की राज्यस्तर पर सर्वेक्षण किया गया एवं एक आकलन के अनुसार भारत के विभिन्न राज्यों की स्थिति क्रमवार इस प्रकार है—

केरल (1), देहली (2), हिमाचल प्रदेश (3), पंजाब (5), महाराष्ट्र (7) तमिलनाडु (8), हरियाणा (9), गुजरात (11), कर्नाटक (12), पश्चिम बंगाल (13), आन्ध्र प्रदेश (15), आसाम (16), उत्तर प्रदेश (18), मध्य प्रदेश (20), बिहार (21) और ओडिशा (22)।

मानव विकास मानदंड वस्तुतः सतत विकास के द्योतक हैं। डॉ. पुरुषोत्तम खन्ना के अनुसार सतत विकास की अवधारणा, प्राकृतिक प्रणालियों (उत्पादन) और

मानव जाति (उपभोक्ता) में सहजीवी सम्बन्ध तथा अर्थव्यवस्था और पारिस्थितिकी में सामंजस्य पर आधारित हैं। सतत विकास के लिए आर्थिक विकास के समानान्तर न्यायसंगत वितरण व्यवस्था, विकास के साथ-साथ पर्यावरण संवर्द्धन तथा शासन में जनता की समुचित भागीदारी आवश्यक है।

इस प्रकार का विकास निर्धन का पक्षधर होगा। दु:ख का विषय है कि भारत के प्रमुख राजनैतिक दलों में कोई भी राजनैतिक दल सतत विकास को अपने चुनावी घोषणा-पत्र में उपयुक्त स्थान नहीं दे रहा है। वे केवल उन विषयों या उन मुद्दों को अपने चुनावी घोषणा पत्र में स्थान देते हैं जो जनता को अपील करें तथा जनता जिन्हें आसानी से ग्रहण कर सके। आशा है कि भारत के बढ़ते हुए अन्तरराष्ट्रीय स्थान को दृष्टिगत रखते हुए कम-से-कम प्रमुख राजनैतिक दल मानव विकास मानदंड तथा सतत विकास को अपना चुनावी मुद्दा बनाएँ क्योंकि राजनैतिक दलों का यह भी एक महान् उत्तरदायित्व है कि वे समाज के साथ ही न बहें बल्कि समाज का मार्गदर्शन भी करें जो पथ महात्मा गांधी ने दिखाया है। भारत की राजनैतिक स्थिति ब्रिटिश काल के समय भी खराब नहीं थी। भारत की संस्कृति के सबसे बड़े दुश्मन लॉर्ड मैकाले ने सन् 1835 में भारत की स्थिति के विषय में भारत भ्रमण के पश्चात् ब्रिटिश संसद के सामने अपने वक्तव्य में स्वीकार किया—"मैंने भारत की लम्बाई तथा चौड़ाई में भ्रमण किया और मैंने एक भी व्यक्ति को नहीं देखा जो भिखारी हो, जो चोर हो। मैंने इस देश में ऐसे नैतिक मूल्य तथा उच्च दक्षता के लोग देखे तथा इसकी आध्यात्मिक तथा सांस्कृतिक विरासत जो इसकी रीढ़ है।"

इससे स्पष्ट है कि भारत सब समय सतत विकास की ओर अग्रसर रहा। अंग्रेजी राज ने भारत की सांस्कृतिक तथा आध्यात्मिक विरासत को समाप्त करने का प्रयास किया पर स्वतंत्रता के पश्चात् वह पुनरुज्जीवित हो उठी। वैश्वीकरण की दौड़ में भारत में भी इसके खनिज सम्पदा का खूब दोहन हुआ। जहाँ बस्तर की बेलाडीला लौह अयस्क को जापान भेजा जाने लगा, कोयले तथा लौह अयस्क को चीनी कारखानों के लिए अन्धाधुन्ध अवैध निर्यात किया गया, मसूरी की पहाड़ियों को खोदकर उसकी ख़ाद देश के अन्य प्रदेशों में गई, कई सिंचाई परियोजनाओं में बिना पुनर्वास के लाखों परिवार बेघर हुए, दिल्ली, अहमदाबाद, कोलकाता, रायपुर जैसे शहरों की वायु इतनी प्रदूषित हो गई कि जीवन दूभर हो गया। ऐसा ज्ञात होने लगा कि विकास और मानव विकास में परस्पर विरोधाभास है। पर विकास को सन्तुलन बनाकर चलना होगा तभी वह स्थायी हो सकेगा तथा उसे स्थानीय लोगों या प्रभावित लोगों का आन्तरिक समर्थन प्राप्त होगा। उदाहरणार्थ यदि विकास के फलस्वरूप जल, वायु एवं भूमि प्रदूषित हो जाए, तो उससे उत्पन्न बीमारियों में बढ़े हुए सकल घरेलू उत्पाद से भी अधिक खर्च हो जाएगा। अत: विकास को पर्यावरण के साथ सन्तुलन बनाकर आगे बढ़ना

होगा। दु:ख है, इस दिशा में राजनैतिक दलों में भी सचेतनता आना आवश्यक है। 2014 के लोकसभा चुनावों में विजयी दल भाजपा ने अपने घोषणा-पत्र में केवल कोयले के खनिज तथा स्पेक्ट्रम के संरक्षण की अवश्य चर्चा की पर वह केवल पिछले कांग्रेस राज में दोनों क्षेत्रों में हुए भ्रष्टाचार को चिह्नित करने के लिए किया गया। बड़े पैमाने पर जमीन, जंगल, नदी, जल स्रोतों आदि के संरक्षण का मुद्दा गायब था। इसी प्रकार कांग्रेस के घोषणा-पत्र में केवल गंगा की सफाई तथा उसके थाल के संरक्षण का उल्लेख था। आम आदमी दल ने तो संविधान की उद्देशिका को अपने घोषणा-पत्र में स्थान देकर अपने उत्तरदायित्व की इतिश्री समझ ली। यही हाल कमोबेश क्षेत्रीय दलों का है।

आवश्यकता है कि विकास का सही-सही अर्थ सभी लोग समझें तथा वह हमारे शासन का मुख्य लक्ष्य रहे। राजनैतिक दल भी इस दिशा में पहल करें तथा विकास से सतत विकास की ओर बढ़ें।

(ख) भारतीय संविधान में विकास की अवधारणा

भारत का संविधान भारतीयों की आत्मा है। वह भारत के शासन तथा जनता का मित्र, पथ प्रदर्शक तथा विचारक है। भारत का संविधान ही भारत के सभी विधियों, नियमों तथा शासनप्रणाली का आधार है। अत: किसी भी विषय पर विचार-विमर्श के लिए हम भारत के संविधान में उसकी स्थिति का विश्लेषण करें।

भारत के संविधान के निर्माण की उपसमिति के अध्यक्ष डॉ. भीमराव अम्बेडकर ने कहा कि भारत के संविधान का उद्देश्य केवल नागरिकों को राजनैतिक, लोकतांत्रिक अधिकार देना नहीं है अर्थात् एक व्यक्ति, एक वोट। संविधान का वास्तविक उद्देश्य आर्थिक प्रजातंत्र है अर्थात् आर्थिक समता तथा समान अवसरों की उपलब्धि।

सर्वप्रथम भारत के संविधान की उद्देशिका में ही कहा गया है कि भारत के समस्त नागरिकों को सामाजिक, आर्थिक और राजनैतिक न्याय, अवसर की समता उपलब्ध कराना है। इसे उपलब्ध कराने के लिए भारत में सभी व्यक्तियों को विधि के समक्ष समता तथा विधियों का समान संरक्षण प्राप्त होगा। राज्य किसी भी नागरिक के विरुद्ध केवल धर्म, मूलवंश, जाति, लिंग, जन्मस्थान के आधार पर कोई विभेद नहीं करेगा। उसे कोई भी पेशा, उपजीविका, व्यापार या कारबार करने की स्वतंत्रता है। राज्य की नीति के निदेशक तत्त्वों के अनुसार पुरुष और स्त्री सभी नागरिकों को समान रूप से जीविका के पर्याप्त साधन प्राप्त करने का अधिकार हो। समुदाय (समाज या राज्य) के भौतिक संसाधनों या स्वामित्व और नियंत्रण इस प्रकार बँटा हो जिससे सामूहिक हित का सर्वोत्तम रूप से साधन हो, तथा आर्थिक व्यवस्था इस प्रकार चले जिससे धन और उत्पादन साधनों का सर्वसाधारण के लिए अहितकारी केन्द्रीकरण न हो। संविधान का यह निदेश इतना शक्तिशाली है

कि भारत में साम्यवादी व्यवस्था लागू होने पर भी संवैधानिक अड़चन सामने नहीं आएगी। संविधान का उद्‌देश्य है कि भारत में विकास की नदी इस प्रकार प्रवाहित हो कि उसमें सभी स्नान करके समान रूप से बाहर निकलें। इसी उद्‌देश्य की प्राप्ति के लिए सम्पत्ति के मौलिक अधिकार को संविधान के भाग तीन से निकालकर अनुच्छेद 300क में तत्कालीन प्रधानमंत्री के नेतृत्व में स्थानान्तरित करके उसे केवल संवैधानिक अधिकार बना दिया गया है अर्थात् सम्पत्तिशाली व्यक्ति उनके सम्पत्ति के अधिकार को प्राप्त करने हेतु आसानी से उच्च न्यायालय तथा सर्वोच्च न्यायालय का दरवाजा नहीं खटखटा सकते। संविधान निर्माता चाहते थे कि गाँवों में रहनेवाली अधिकांश आबादी अपना स्वयं शासन करे। इसी उद्‌देश्य की प्राप्ति के लिए सन् 1992-93 में तत्कालीन प्रधानमंत्री स्व. राजीव गांधी ने संविधान में भाग 9 तथा 9 क सम्मिलित किया जिनके अनुसार ग्रामीण भारत में पंचायतें तथा नगरों में नगर पालिकाएँ स्थानीय स्वशासन की इकाइयों के रूप में काम करेंगी। उन्हें संविधान में ग्यारहवीं तथा बारहवीं अनुसूची में इतने विषयों पर क्षेत्राधिकार दे दिया गया है कि वे ही स्थानीय नागरिकों के विकास तथा समस्याओं का हल कर सकती हैं। उन्हें राज्य वित्त आयोग की अनिवार्य सहायता द्वारा वित्तीय स्वावलम्बन प्रदान किया गया है। अनुच्छेद 243 य घ में जिला योजना के लिए समिति का प्रावधान है जिसे विकेन्द्रीकृत योजना प्रणाली का मैग्ना कार्टा कहा जा सकता है। इसके अनुसार ग्रामीण तथा शहर की सभी विकास योजना निचले स्तर से ऊपर जाएगी न कि ऊपर से नीचे। अर्थात् विकास ऊपर से थोपा नहीं जाएगा। जो बहुमत से जैसा विकास चाहते हैं, उनको वैसी ही विकास की बयार मिलेगी। ग्राम पंचायतों, पंचायत समितियों, जिला परिषद् तथा जिले में स्थित नगरपालिकाओं से प्राप्त योजनाओं पर जिला योजना समिति विचार-विमर्श करेंगी तथा उसे अन्तिम स्वरूप देकर राज्य स्तर पर भेजेंगी जहाँ वह राज्य के वार्षिक योजना में विचार-विमर्श के पश्चात् सम्मिलित की जाएँगी। तत्पश्चात् नीति आयोग द्वारा राज्यों की योजनाओं को केन्द्रीय बजट तथा वार्षिक योजना में सम्मिलित किया जाएगा। नगरमहापालिकाओं के लिए पृथक् से संविधान में प्रावधान है कि उनके वार्डों में वार्ड-स्तर पर समिति होगी तथा वार्ड समितियों तथा विशेषज्ञों के सुझावों के अनुसार नगरमहापालिकाओं के वार्षिक बजट को अन्तिम रूप दिया जाएगा। इस प्रकार संविधान में एक सुस्पष्ट विकेन्द्रीकृत विकास की अवधारणा है ताकि जनता का विकास जनता द्वारा, जनता के लिए हो।

संविधान में केन्द्र तथा राज्यों के बीच स्पष्ट वित्तीय विभाजन तथा प्रशासनिक सम्बन्धों के प्रावधान हैं जिससे वे तानाशाह न हो सकें तथा राज्य सरकारें संघीय शासन पद्धति के अनुसार अपने-अपने राज्यों में स्वायत्त तथा स्वतंत्र रहें। हाल ही में प्रभावी वस्तु एवं सेवा कर प्रणाली ने इस संघीय व्यवस्था को और मजबूती

प्रदान की है क्योंकि केन्द्र एवं राज्यों के बीच कराधानों के बँटवारे की क्षमता केन्द्र सरकार के मंत्री, प्रधानमंत्री या नौकरशाहों के पास न होकर वस्तु एवं सेवाकर समिति (काउन्सिल) के पास है जो एक केन्द्र तथा राज्य सरकारों की संयुक्त रूप से स्वायत्त संस्था होगी। पर आपात्काल में संविधान एकात्मक हो ही जाता है तथा यह संघीय व्यवस्था के अपवाद रूप में ही होता है।

भारत के संविधान में कुछ विशेष क्षेत्रों तथा वर्गों के लिए विशेष उपबन्ध हैं ताकि आरक्षण के माध्यम से वे पहले सामान्य स्तर प्राप्त करें, फिर वे भारत के सामान्य नागरिक के हिसाब से गण्य होंगे। इनके अन्तर्गत अनुसूचित जातियों, जनजातियों के लिए नौकरियों में आरक्षण तथा धनराशि के विशेष आवण्टन की सुविधा है। इसके अतिरिक्त आर्थिक रूप से पिछड़े क्षेत्रों जैसे आसाम, मणिपुर, मेघालय, मिजोरम, नागालैंड, त्रिपुरा, सिक्किम, अरुणाचल प्रदेश के लिए विशेष उपलब्ध हैं जिन्हें विस्तार से अनुसूची 5 तथा 6 में रखा गया है। इसी प्रकार कई राज्यों के विशेष जनजाति क्षेत्रों को स्वायत्त प्रदान करके उनके लिए विकास काउन्सिलों की व्यवस्था है। इसी प्रकार जम्मू और कश्मीर राज्य को भारत का अविभाज्य अंग मानकर उसको अपने विकास में विशेष स्वायत्तता प्रदान की गई है।

पर विकास की यह गंगा केवल सरकार या संविधान की ओर से ही अबिधित रूप से प्रवाहित नहीं हो सकती जब तक भारत का नागरिक संविधान के अनुच्छेद 51क में उल्लिखित अपने कर्त्तव्यों का पालन न करे या कम-से-कम उनके प्रति सचेत हो। प्रत्येक देश के नागरिक ही उस देश की सच्ची सम्पत्ति तथा सही सुरक्षा हैं। भारत के नागरिक को भारत की एकता एवं अखंडता की रक्षा करनी चाहिए। परस्पर बन्धुत्व एवं धर्म निरपेक्षता को प्रोत्साहन देना चाहिए तथा नहिलाओं की बेइज्जती का विरोध करना चाहिए। सार्वजनिक सम्पत्ति को सुरक्षित रखें और हिंसा से दूर रहें। प्राकृतिक पर्यावरण की जिसके अन्तर्गत वन, झील, नदी और वन्य जीव हैं, रक्षा करे और उसका सम्वर्द्धन करे। व्यक्तिगत और सामूहिक गतिविधियों जैसे श्रमदान तथा स्वच्छता मिशन के सभी क्षेत्रों में उत्कर्ष की ओर बढ़ने का सतत प्रयास करे जिससे राष्ट्र निरन्तर बढ़ते हुए प्रगति और उपलब्धि की नई ऊँचाइयों को छू ले। इस प्रकार शासन तथा जनता के पूर्ण सहयोग से ही भारत के संविधान के अनुसार भारत का विकास गतिमान रहेगा।

(ग) पंचवर्षीय योजनाओं द्वारा क्रमिक विकास

भारत के विकास की रणनीति पंचवर्षीय योजनाओं पर आधारित थी। हम सन् 1950 के पश्चात् यह सर्वेक्षण करें कि विभिन्न पंचवर्षीय योजनाओं के अन्तर्गत हमारी क्या उपलब्धियाँ रहीं।

पहली पंचवर्षीय योजना

1951 में बड़े पैमाने पर खाद्यान्नों के आयात और मुद्रास्फीति को ध्यान में रखकर पहली पंचवर्षीय योजना (1951-56) में कृषि को सर्वोच्च प्राथमिकता दी गई, जिसमें सिंचाई और बिजली परियोजनाएँ प्रमुख थीं।

दूसरी पंचवर्षीय योजना

दूसरी पंचवर्षीय योजना (1956-1957 से 1960-1961) का लक्ष्य विकास के प्रारूप को बढ़ावा देना था। इसका उद्देश्य अन्ततः भारत में एक समाजवादी समाज का प्रारूप स्थापित करना था। इसका प्रमुख लक्ष्य था (1) राष्ट्रीय आय में 25 प्रतिशत की बढ़ोतरी करना, (2) आधारभूत और भारी उद्योगों पर विशेष ज़ोर देकर तीव्र औद्योगिकीकरण करना, (3) रोज़गार के अवसरों का बड़े पैमाने पर प्रसार और (4) आय और धन की असमानता कम करना और आर्थिक शक्ति का समान वितरण करना। योजना का लक्ष्य 1960-61 तक पूँजी निवेश की दर को बढ़ाकर राष्ट्रीय आय के लगभग सात प्रतिशत से बढ़ाकर 11 प्रतिशत करने का रखा गया। इसमें औद्योगिकीकरण, लौह एवं इस्पात के उत्पादन में बढ़ोतरी, नाइट्रोजनीकृत उर्वरकों सहित भारी रसायनों तथा भारी इंजीनियरिंग एवं मशीन निर्माण उद्योगों के विकास पर ज़ोर दिया गया।

तीसरी पंचवर्षीय योजना

तीसरी पंचवर्षीय योजना (1961-62 से 1965-66) का लक्ष्य आत्मनिर्भर विकास को प्राप्त करने में उल्लेखनीय प्रगति हासिल करना था। इसके तात्कालिक उद्देश्य (1) राष्ट्रीय आय को 5 प्रतिशत वार्षिक से अधिक करना और आगामी पंचवर्षीय योजना में विकास की यह दर जारी रह सके, इसके लिए निवेश के प्रारूप को सुनिश्चित करना; (2) खाद्यान्न में आत्मनिर्भरता प्राप्त करना और उद्योग तथा आयात की ज़रूरतों को पूरा करने के लिए कृषि उत्पादन बढ़ाना; (3) महालोनोबिस विकास के मॉडल अनुसार इस्पात, ईंधन और ऊर्जा जैसे आधारभूत उद्योगों का प्रसार और मशीन निर्माण की क्षमता का विकास करना ताकि 10 वर्षों के भीतर देश के अपने संसाधनों से औद्योगिकीकरण की ज़रूरतों को पूरा किया जा सके। (4) अधिक-से-अधिक अवसरों का उत्तरोत्तर विकास करना और आय व धन की असमानता में कमी लाना तथा आर्थिक शक्ति का समान वितरण करना था।

वार्षिक योजना

1965 में भारत-पाकिस्तान युद्ध से उत्पन्न विभीषक आर्थिक स्थिति, निरन्तर दो वर्ष भीषण सूखा, मुद्रा का अवमूल्यन, क़ीमतों में सामान्य वृद्धि और योजना के निर्धारण के लिए उपलब्ध संसाधनों में क्षरण होने के कारण चौथी पंचवर्षीय योजना

के निर्णय में देरी हुई। इसके स्थान पर 1966 और 1969 के बीच चौथी योजना मसौदा की रूपरेखा के तहत तीन वर्षीय योजनाएँ तैयार की गईं।

चौथी पंचवर्षीय योजना

इस योजना में विशेषतौर पर रोज़गार और शिक्षा के प्रावधानों के ज़रिये कम सुविधा प्राप्त और दुर्बल वर्ग की स्थिति में सुधार लाने पर विशेष ज़ोर दिया गया। समानता को बढ़ावा देने के लिए धन, आय और आर्थिक शक्ति के केन्द्रीकरण में कमी लाने के लिए प्रयास किए जाने की बात थी।

पाँचवीं पंचवर्षीय योजना

पाँचवीं पंचवर्षीय योजना (1974-79) गम्भीर मुद्रास्फीति के दबावों की पृष्ठभूमि में तैयार की गई थी। इसके प्रमुख उद्देश्यों में आत्मविश्वास प्राप्त करना तथा ग़रीबी रेखा के नीचे रह रहे लोगों के खपत मानक में वृद्धि करने के लिए उपायों को अपनाना था। इस योजना में मुद्रास्फीति को नियंत्रण में लाने और आर्थिक स्थिति में स्थायित्व पाने को भी उच्च प्राथमिकता दी गई थी।

छठी पंचवर्षीय योजना

छठी पंचवर्षीय योजना (1980-85) का सबसे प्रमुख उद्देश्य ग़रीबी उन्मूलन था। इसमें कृषि एवं औद्योगिकीकरण के लिए एक साथ अवसंरचना को मज़बूत करने की रणनीति अपनायी गई थी। सभी क्षेत्रों में वृहत प्रबन्धन, कार्यक्षमता और व्यापक निगरानी के साथ व्यवस्थित दृष्टिकोण से अन्तर्सम्बन्धित समस्याओं के निराकरण पर बल दिया गया था। इसके साथ ही स्थानीय स्तर पर विकास की विशेष योजनाओं को निर्मित करने में जन भागीदारी तथा योजनाओं के तीव्र और प्रभावी क्रियान्वयन को सुनिश्चित करने को प्रमुखता दी गई थी।

सातवीं पंचवर्षीय योजना

सातवीं पंचवर्षीय योजना (1985-90) में नीतियों और कार्यक्रमों पर बल दिया गया था, यह योजना खाद्यान्न, रोज़गार के अवसरों में बढ़ोत्तरी और विकास, आधुनिकीकरण, आत्मनिर्भरता और सामाजिक न्याय आदि नियोजन के वुनियादी सिद्धान्तों की संरचना में उत्पादकता पर केन्द्रित था।

आठवीं वार्षिक योजनाएँ

आठवीं वार्षिक योजना (1990-95) केन्द्र में तेज़ी से बदल रही राजनीतिक स्थिति के कारण आरम्भ नहीं की जा सकी। आठवीं पंचवर्षीय योजना 1992

से शुरू हुई और 1990-91 और 1991-92 को पृथक् वार्षिक योजना के रूप में देखा गया।

आठवीं पंचवर्षीय योजना

आठवीं पंचवर्षीय योजना (1992-97) की शुरुआत 1990-91 के दौरान भुगतान सन्तुलन की स्थिति और महँगाई की स्थिति में विकृति आ जाने के बाद उसकी भरपाई के लिए शुरू की गईं ढाँचागत समायोजन नीतियों और दीर्घ स्थिरीकरण नीतियों के तुरन्त बाद की गई थी। उसके बाद विभिन्न संरचनात्मक समायोजन नीतियों को लाया गया ताकि अर्थव्यवस्था को उच्च विकास दर के पथ पर लाया जा सके और इसे सुदृढ़ किया जा सके तथा इस प्रकार से भविष्य में भुगतान सन्तुलन और महँगाई की संकट की स्थिति को रोका जा सके। इन सुधारों के कारण आनेवाले नीतिगत बदलावों में से कुछ का आठवीं योजना में जायज़ा लिया गया। इन विकास लक्ष्यों को सापेक्ष मूल्य स्थिरता और देश के भुगतान सन्तुलन में ठोस सुधार करके पाने की योजना बनायी गई। आठवीं पंचवर्षीय योजना के दौरान आर्थिक प्रदर्शन की कुछ प्रमुख विशेषताएँ थीं—(क) तीव्र आर्थिक विकास, (ख) निर्माण क्षेत्र और कृषि व सहायक क्षेत्र का तीव्र विकास, (ग) आयात और निर्यात में उल्लेखनीय वृद्धि दर, व्यापार और चालू खाता घाटे में सुधार तथा केन्द्र सरकार के वित्तीय घाटे में उल्लेखनीय कमी।

नौवीं पंचवर्षीय योजना

नौवीं पंचवर्षीय योजना (1997-2002) भारत की आज़ादी के 50 वर्ष पूरे होने पर शुरू की गई थी। इस योजना में जी. डी. पी. की सात प्रतिशत वार्षिक दर हासिल करने का लक्ष्य रखा गया था और सात केन्द्रीय आधारभूत न्यूनतम सेवाओं (बेसिक मिनिमम सर्विसेज—बी. एम. एस.) पर ज़ोर दिया गया था। समयबद्ध तरीके से जनसंख्या को पूर्ण रूप से शामिल करने हेतु इन सेवाओं के लिए अतिरिक्त केन्द्रीय सहायता निश्चित की गई। इसके तहत स्वच्छ पेयजल, प्राथमिक स्वास्थ्य सेवा की सुविधाएँ, प्राथमिक शिक्षा का सार्वभौमिकरण, बेघर ग़रीब परिवारों के लिए सार्वजनिक आवास सहायता, बच्चों को पोषण सहायता, सभी गाँवों और बस्तियों के लिए सड़कें और ग़रीबों को ध्यान में रखकर जन वितरण प्रणाली को सुव्यवस्थित करना शामिल था। इस योजना में सुदृढ़ राजस्व संग्रह और विशेषकर छूट सम्बन्धी अनावश्यक खर्चों को नियंत्रित कर, उपभोक्ता शुल्क की प्राप्ति कर, राज्यों और पंचायती राज संस्थाओं पर और अधिक विश्वास रखते हुए नियोजन एवं क्रियान्वयन का विकेन्द्रीकरण कर केन्द्र, राज्यों और सार्वजनिक क्षेत्र के उपक्रमों (पीएसयू) सहित सरकार के राजस्व घाटे में कमी लाने के लिए राजकोषीय समेकन की नीति अपनायी गई थी।

दसवीं पंचवर्षीय योजना

राष्ट्रीय पंचवर्षीय विकास परिषद् (एन. डी. सी.) ने दिसम्बर 2002 में दसवीं पंचवर्षीय योजना (2002-07) का अनुमोदन किया था। इस योजना में एन. डी. सी. के अधिदेश उद्देश्यों को बढ़ाते हुए दस वर्षों में प्रतिव्यक्ति आय को दुगुना करने और वार्षिक विकास दर जी. डी. पी. के आठ प्रतिशत का लक्ष्य रखा गया। चूँकि आर्थिक विकास ही एकमात्र उद्देश्य नहीं था, बल्कि योजना में विकास के लाभ का उपयोग लोगों के जीवन-स्तर में सुधार करना था।

दसवीं योजना के अन्तिम चार वर्षों (2003-04 से 2006-07) में औसत विकास दर आठ प्रतिशत से कुछ अधिक थी, इस प्रकार सम्पूर्ण दसवीं योजना के दौरान विकास दर 7.7 प्रतिशत रही। यद्यपि यह दसवीं योजना के लिए 8 प्रतिशत के लक्ष्य से कम रही, लेकिन यह किसी योजना में हासिल की गई विकास दर में उच्चतम है।

ग्यारहवीं पंचवर्षीय योजना

ग्यारहवीं पंचवर्षीय योजना (2007-12) ने समावेशी विकास, अर्थव्यवस्था की बढ़ती ताक़त पर निर्माण के साथ उभर कर आई कमज़ोरियों को दूर करने के लिए एक व्यापक रणनीति प्रदान की। इसमें पाँच वर्षों के दौरान 9 प्रतिशत की विकास दर हासिल करना और योजना के अन्त में इसे तीव्र कर 10 प्रतिशत पर पहुँचाने का लक्ष्य रखा गया था।

बारहवीं पंचवर्षीय योजना

बारहवीं पंचवर्षीय योजना में जिस व्यापक दृष्टि और आकांक्षा को पूर्ण करने की बात है, उसे तीव्र, सतत और ज़्यादा समावेशी विकास के उप शीर्षक के तहत् दर्शाया गया है। विकास का उद्देश्य अपने लोगों की आर्थिक और सामाजिक स्थिति में व्यापक बदलाव लाना है, इसे बारहवीं योजना में पूर्ण रूप से आत्मसात् किया गया है, तथापि इस उद्देश्य की प्राप्ति हेतु जी. डी. पी. में तीव्र वृद्धि आवश्यक है।

बारहवीं योजना के दृष्टि-पत्र में इस पंचवर्षीय योजना (2012 से 2017) के दौरान औसत विकास दर जी. डी. पी. के 9 प्रतिशत पर लाने का लक्ष्य रखा गया।

ग़रीबी में कमी के लिए समावेशण

प्रचलित तेन्दुलकर पद्धति के अनुसार 2011-12 के लिए ग़रीबी का अनुमान लगाया गया और इसे जुलाई, 2013 में जारी किया गया। 2011-12 में ग़रीबी की दर अखिल भारतीय स्तर पर 21.9 प्रतिशत, ग्रामीण स्तर पर 25.7 प्रतिशत और शहरी स्तर पर 13.7 प्रतिशत होने का अनुमान था। भारत में ग़रीबी उन्मूलन के लिए कार्यदल ने अपनी रिपोर्ट में कहा कि तेन्दुलकर या उच्चतर ग़रीबी रेखा के पक्ष में आम राय

नहीं है। कार्यदल ने निष्कर्ष दिया कि ग़रीबी पर अन्तिम निर्णय लिये जाने से पहले देश के बड़े विशेषज्ञों द्वारा और अधिक गहराई से विचार किया जाना चाहिए। उसने सलाह दी कि ग़रीबी की रेखा तय करनेवाले स्तर के बारे में कोई फ़ैसला लेने के लिए एक विशेषज्ञ दल का गठन किया जाए।

नीति आयोग की स्थापना

एन.डी.ए. सरकार ने अपने चुनावी घोषणा-पत्र के आधार पर भाजपा के नेतृत्व में योजना आयोग के स्थान पर नीति आयोग का गठन किया। नीति आयोग की शासी परिषद् की पहली बैठक 2015 में नई दिल्ली में आयोजित की गई। इसकी दूसरी बैठक 15 जुलाई, 2015 को हुई। इसमें प्रधानमंत्री ने इस दृष्टिकोण को दोहराया कि सभी विकासात्मक प्रयासों का केन्द्रबिन्दु राज्य होने चाहिए। संघीय ढाँचे की दिशा में कार्य करने के लिए केन्द्र और राज्यों दोनों की प्राथमिकताओं और सहयोगात्मक कार्यवाही पर चर्चा के लिए कई बैठकें आयोजित की गईं। नीति आयोग में हुई इन बैठकों में राज्यों के साथ मिलकर काम करने की नीति पर विचार किया गया।

नीति आयोग के मुख्य क्रिया-कलाप

राज्यों के साथ समन्वय से सहकारी संघवाद को प्रोत्साहित करते हुए नीति को गत्यात्मकता और दिशा प्रदान करने में सरकार के 'थिंक टैंक' के रूप में नीति आयोग सहायक रहा है। आजकल नीति आयोग ही देश के विकास में मुख्य भूमिका निभा रहा है।

(घ) जनसंख्या वृद्धि और विकास

कुछ विशेषज्ञों के अनुसार भारत की अनियंत्रित जनसंख्या-वृद्धि विकास में मुख्य रोड़ा है। एक आकलन के अनुसार कुछ दशकों में ही भारत चीन को पीछे करके विश्व का सबसे अधिक आबादी वाला देश हो जाएगा। मार्च, 2011 की जनगणना के अनुसार भारत की कुल जनसंख्या 121.09 करोड़ हो गई जिसमें पुरुष 62.33 करोड़ तथा महिलाएँ 58.76 करोड़ थीं। 20वीं शताब्दी के प्रारम्भ में लगभग 23.84 आबादी थी। पिछले कुछ दशकों में जनसंख्या वृद्धि निम्न प्रकार थी,

जनगणना वर्ष	औसत वार्षिक दशकीय विकास (प्रतिशत)
1971	2.20
1981	2.22
1991	2.16
2001	1.97
2011	1.64

स्पष्ट है कि भारत का प्रति वर्ष 1.5 प्रतिशत से अधिक वृद्धि की दर संकट का सूचक है। बढ़ती हुई जनसंख्या के कारण अर्थतंत्र पर निरन्तर बोझ बदल जाता है तथा विकास दर को उसी स्तर पर रखने के लिए काफ़ी प्रयास करना पड़ता है, साथ-साथ बढ़ती हुई जनसंख्या से ग़रीबों की कुल संख्या में निरन्तर वृद्धि पर प्रति व्यक्ति आय तथा प्रति व्यक्ति भूमि तथा अन्य संसाधनों की उपलब्धि कम होती जाती है। इसके अतिरिक्त पूँजी में वृद्धि अतिरिक्त जनसंख्या के जीवन-स्तर को ठीक रखने में खप जाता है। आश्चर्य की बात है कि देश में जनसंख्या वृद्धि पर भी राजनीति होती है। कुछ लोग या दल धर्म की आड़ में मुसलमानों को परिवार-नियंत्रण न करने के लिए गुमराह करते हैं तथा इसे अनावश्यक रूप से धर्म के विरुद्ध दिखाने का प्रयत्न करते हैं। पर अब मुसलमानों में भी शिक्षा का प्रचार-प्रसार हो रहा है और वे भी परिवार नियोजन को नये उत्साह एवं उद्दीपन से अपना रहे हैं। इसके साथ-साथ परिवार नियोजन की सहज तथा उन्नत तकनीकी विकसित हो गई हैं कि व्यक्तियों को उन्हें अपनाने में कोई परेशानी नहीं होती। अत: अब परिवार नियोजन भारत में एक स्वेच्छापूर्ण आन्दोलन हो गया है तथा शीघ्र ही भारत के सचेत नागरिक हम दो हमारा एक सिद्धान्त अपना लेंगे। पर उससे ऐसा न हो कि चीन की भाँति भारत में पुरुषों का लिंगानुपात काफ़ी बढ़ जाए तब भारत को भी उल्टी दिशा में जाना पड़े। जनसंख्या वृद्धि से सम्बन्धित जहाँ सभी नकारात्मक पहलू हैं, वहाँ एक भारत के विकास में उत्प्रेरक एक गणक है कि भारत में युवाओं की संख्या 2020 तक विश्व की 40 प्रतिशत होगी जो विश्व में सर्वाधिक होगी और वे भारत की नैया सभी बाधाओं के बावज़ूद पार कर ले जाएँगे। पर इसनें राजनीतिक मतभेद नहीं होना चाहिए कि भारत की जनसंख्या नियंत्रित होनी चाहिए तथा उसके लिए सरकारों को सभी सह प्रयास करने चाहिए।

(च) विलम्ब : विकास में सबसे बड़ी बाधा

भारत में विलम्ब को विकास का सबसे बड़ा दुश्मन कहा जाता है। विलम्ब भ्रष्टाचार का सबसे बड़ा मित्र है। अत: यदि भारत के शासन में विलम्ब को दूर किया जाए, तो भ्रष्टाचार पर स्वत: नकेल लग जाएगी। सभी जानते हैं कि अधिकारी तथा कर्मचारी क़ानून एवं नियमों की आड़ में अपना निहित स्वार्थ पूरा करते हैं तथा उन्हें अपने इस कार्य में अपने राजनीतिक आकाओं का समर्थन तथा वरद् हस्त प्राप्त है, क्योंकि वे भी प्रत्येक भारतीय की भाँति विलम्ब के अभ्यस्त हैं। वे नहीं समझते कि उनके द्वारा एक प्रस्ताव को अनुमोदन में एक दिन विलम्ब करने से सरकार को लाखों का नुकसान हो जाता है। ऐसे हज़ारों उदाहरण हैं। नवम्बर, 1996 में देर से निर्णय लेने के कारण इन्दिरा गांधी अन्तरराष्ट्रीय विमान पतन कोहरे में विमान उतरने की व्यवस्था (ALS) नहीं किये जाने के कारण दक्षिण अरब गणराज्य तथा

कजाकिस्तान के दो विमानों में विध्वंसकारी टक्कर हो गई। सरदार सरोवर बाँध परियोजना की लागत वर्षों तक राज्यों एवं न्यायालय में मामला लम्बित होने के कारण हज़ारों करोड़ अधिक हो गई। यही हाल हमारे अनुसन्धानों के प्रस्तावों का है जब तक वे लाल फीता में बँधी फाइलों से बाहर आते हैं, तब उनसे बेहतर तकनीक अन्य देशों में विकसित हो जाती है। भूमि अधिग्रहण में तो सभी परियोजनाओं के विलम्ब का कारण कहा जाता है पर क्या कोई योजना निर्माता ने योजना बनाने के पूर्व भूमि अधिग्रहण में आनेवाली अड़चनों को कम करने का प्रयास करता है? वह योजनाओं का पर्यावरण की दृष्टि से प्रारम्भिक आकलन (ई.आई.ए.) नहीं करता, योजना के सामाजिक प्रभाव का निर्धारण तो दूर की बात है। तब हम कैसे दूसरों को परियोजनाओं में बढ़ती हुई लागत को दोषी ठहरा सकते हैं? सरकारी कार्यों में विलम्ब को दूर करने के लिए राज्य सरकारों ने सरकारी सेवाओं को समयबद्ध देने के लिए क़ानून बनाए हैं पर सरकारी कर्मचारी उनका खुल्लम खुल्ला उल्लंघन करते हैं। उन्हें दंड देने वाले उच्च अधिकारी भी इस विलम्ब में आंशिक रूप से उत्तरदायी हैं क्योंकि वे ऐसे कर्मचारियों को दंडित नहीं करते हैं। उन्हें व्यक्तिगत रूप से आर्थिक दंड ही नहीं देना चाहिए बल्कि उनके सेवा रिकार्ड में भी यह दर्ज होना चाहिए अन्यथा अधिकारी या कर्मचारीगण थोड़ा दंड देकर पुराना राग अलापते रहेंगे तथा भ्रष्टाचार की नद में नहाते रहेंगे। सूचना अधिकार अधिनियम में यही हो रहा है। सूचना न देने वाले अधिकारियों पर प्रथमत: तो आर्थिक दंड नहीं होता है, यदि जैसे-तैसे होता भी है, उसके अल्पांश ही उनसे वसूला जाता है। इसी प्रकार उपभोक्ता न्यायालय सरकारी उपक्रमों पर कड़ा आर्थिक दंड लगाते हैं, पर यह आर्थिक दंड इस कर्मचारी या अधिकारी के वेतन से कटना चाहिए जिसकी विलम्बित कार्यवाही के कारण विलम्ब हुआ। यही हाल आयोगों की रपटों का होता है जिन पर कार्यवाही विलम्ब के गर्त में जाते-जाते अदृश्य हो जाती है। हाल ही में टाइम्स ऑफ इंडिया की दिनांक 11 मार्च, 2018 रपट के अनुसार निदेशक सी.बी.आई. पर महाराष्ट्र के मानव अधिकार आयोग ने 15 लाख रुपए का जुर्माना किया क्योंकि एक छात्र की खड़गपुर में हत्या की जाँच में प्राय: सात वर्ष का विलम्ब किया तथा रपट को तोड़ा-मरोड़ा। पर यदि यह जुर्माना सम्बन्धित अधिकारियों से विभाग वसूले, तो यह क़दम और भी प्रभावशाली होगा। यह भी कहा जाता है कि जो दंडाधिकारी, न्यायाधीश या अन्य अधिकरणों के अध्यक्ष निर्णय देने में विलम्ब करते हैं, मुक़दमा में स्थगन देते हैं, उन्हें व्यक्तिगत रूप से वादकारियों को क्षतिपूर्ण देना चाहिए, आशा है कि विकास प्रक्रिया में गतिमान् करने के लिए विलम्ब के लिए प्रत्येक स्तर पर दंड का प्रावधान हो चाहे वह आर्थिक दंड हो या विभागीय कार्यवाही हो या दोनों हों। आश्चर्य है कि शीर्ष पदों पर बैठे राजनैतिक मंत्रियों या अध्यक्षों द्वारा निर्णय-प्रक्रिया में देरी करने में कोई जवाबदेही नहीं है। वे भी जब

सरकारी पद पर कार्यरत हैं, तब पूर्णत: लोकसेवक हैं। अत: उनका समान रूप से निर्णय लेने में विलम्ब तथा पारदर्शिता के लिए उत्तरदायित्व निर्धारित होना चाहिए तथा उनकी जवाबदेही केवल जनता की अदालत में न होकर प्रशासनिक तौर से भी निर्धारित होना चाहिए क्योंकि शीर्ष पर बैठा व्यक्ति भारतीय दंड शास्त्र के अनुसार अधिक ज़िम्मेदार एवं कर्त्तव्य परायण होना चाहिए। कई बार राजनीतिक कार्यकारीगण नौकरशाही से साँठ-गाँठ करके विलम्ब द्वारा भ्रष्टाचार को बढ़ावा देते हैं। इससे राजकोष की बचत होगी तथा बचत अन्य विकासोन्मूलक योजनाओं में निवेशित हो सकेगा।

(छ) सर्वोच्च न्यायालय की सक्रियता

आज भारत का जनमत उच्चतम न्यायालय के साथ है। लोग कहते हैं कि उच्चतम न्यायालय देश चला रहा है। नौकरशाही तो अपने अधिकारों तथा पक्षपात रहित सक्रियता से पीछे हट गई है। उसका स्थान उच्च न्यायालय तथा उच्चतन न्यायालय ने ले लिया है। आज न्यायालय प्रशासनिक कार्यों में दख़ल दे रहा है। जनहितकारी वादों के माध्यम से तो उच्च न्यायालयों की सक्रियता ने भारत के तंत्र के प्रत्येक अंग को प्रभावित किया है। भारत के प्रशासन को नींद से उठा दिया है तथा राजनीतिक कार्यकर्त्ताओं को झकझोर दिया है। आजकल यदि अवैध कार्य करनेवाले राजनीतिकगण डरते हैं तो केवल सर्वोच्च न्यायालय से। सर्वोच्च न्यायालय के समक्ष यदि कोई राजनैतिक नेता आता है, तो सर्वोच्च न्यायालय बिना किसी पसोपेश के न्याय करता है तथा यह घोषणा करता है कि सभी क़ानून के नीचे है। क़ानून के सामने न कोई बड़ा है न कोई छोटा। सर्वोच्च न्यायालय के सकारात्मक निर्णयों के कारण ही आज प्रदेशों के तीन मुख्य मंत्री जेल की सलाख़ों के पीछे हैं तथा कुछ मृत्यु होने के कारण बच गए हैं। सर्वोच्च न्यायालय के आदेश के कारण ही केन्द्रीय सरकार को राजनैतिक अपराधियों के विरुद्ध मुक़दमों की सुनवाई के लिए विशेष न्यायालयों का गठन करना पड़ा। पूर्व में राजनैतिक माफ़िया, सांसद, विधायक अदालतों में लम्बित मुक़दमों की लम्बी सूची होने के कारण वर्षों अपने मुक़दमें लटकाये रहते थे तथा दूसरी ओर सत्ता-सुख भोगते रहते थे। उच्चतम न्यायालय केन्द्रीय सरकार के मार्च, 2018 में एक शपथ-पत्र के अनुसार देश भर में 1765 सांसदों-विधायकों के विरुद्ध 3045 आपराधिक मुक़दमे लम्बित हैं। इस मामले में उत्तर प्रदेश पहले, तमिलनाडु दूसरे, बिहार तीसरे, पश्चिम बंगाल चौथे और आन्ध्र प्रदेश पाँचवें स्थान पर है। उत्तर प्रदेश में 248 सांसदों-विधायकों के विरुद्ध कुल 565 मुक़दमों में से 126 निपट गए हैं पर 539 अभी भी लम्बित हैं। राष्ट्रीय राजधानी क्षेत्र दिल्ली जैसे छोटे राज्य में 84 सांसदों-विधायकों पर कुल 128 मुक़दमे दायर किए गए जिनमें से 10 निपट गए पर 118 अभी भी लम्बित हैं। हरियाणा में पूर्व मुख्यमंत्री

अजय सिंह चौटाला सहित 13 सांसदों-विधायकों के ख़िलाफ़ कुल 13 मुक़दमे दायर हुए जिनमें छह निपट गए पर सात अभी भी लम्बित हैं। उच्चतम न्यायालय के सामने केन्द्रीय सरकार के ब्योरे के अनुसार केरल में लोकसभा और विधानसभा सीटों की संख्या काफ़ी कम है, लेकिन राजनीतिक माननीयों के विरुद्ध आपराधिक मुक़दमों के मामले में यह राज्य उत्तर प्रदेश और बिहार को टक्कर दे रहा है। यह माँग तेज़ हो रही है कि सज़ा प्राप्त जन प्रतिनिधियों के चुनाव लड़ने पर आजीवन रोक लगनी चाहिए। अभी सज़ा के बाद जेल से छूटने के छह वर्ष तक चुनाव लड़ने की अयोग्यता है। यही कारण है कि राजनीति में अपराधी एवं माफ़िया तत्त्व तेज़ी से प्रवेश कर रहे हैं जैसे इलाहाबाद उ.प्र. से अतीक अहमद, बिहार से पप्पू यादव तथा सहाबुद्दीन। भारत का संविधान की चारदीवारी में निर्वाचन आयोग भी बँधा हुआ है, अतः निर्वाचन आयोग भी राजनीति में शुचिता के लिए सर्वोच्च न्यायालय का दरवाज़ा खटखटाता है।

विकास के पीछे राजनीतिक जनप्रतिनिधियों के आचरण को नियंत्रित करने के साथ-साथ सर्वोच्च न्यायालय ने स्वतंत्र रूप से अपनी ओर से निगरानी समूहों का गठन किया है जो केन्द्र सरकार तथा राज्य सरकारों की महत्त्वपूर्ण योजनाओं का सर्वेक्षण करके सर्वोच्च न्यायालय के सामने अपनी रपट पेश करते हैं जैसे मनरेगा, प्रदूषण या अतिक्रमण सम्बन्धी मामले, गंगा निर्मलीकरण योजना इत्यादि। आशा है कि सर्वोच्च न्यायालय प्रत्येक स्तर पर न्यायालय प्रशासन के विरुद्ध भी लम्बित मुक़दमों के त्वरित निदान के लिए ऐसे ही कड़े क़दम उठायेगा। तभी भारत की जनता सर्वोच्च न्यायालय की जय-जयकार करेगी। साथ-साथ हज़ारों मुक़दमों में फँसी विकास योजनाएँ कार्यान्वयन का प्रकाश देखेंगी तथा लाखों करोड़ रुपए की योजनाओं का लाभ जनता तक पहुँचेगा तथा योजनाओं की लाखों करोड़ रुपए की बढ़ी लागत देश की बचत होगी।

(ज) नौकरशाही बनाम राजनैतिक अधिकारी

नौकरशाहों से प्रायः यह शिकायत करते हुए सुना जाता है कि राजनैतिक सत्ताधारी उन्हें ईमानदारी, पक्षपातरहित तथा पारदर्शी ढंग से काम करने नहीं देते। इसी प्रकार राजनैतिक नेतृवर्ग अपनी असफलताओं के लिए नौकरशाही में व्याप्त पक्षपात, अकर्मण्यता तथा भ्रष्टाचार को दोषी मानता है। पर वास्तव में दोनों अपनी दुर्बलताओं को छिपाने के लिए ऐसा दोषारोपण करते हैं जबकि जनता समझती है कि दोनों की मिली भगत के कारण ही उनका भविष्य अच्छा नहीं हो पा रहा है। नौकरशाहों को विभिन्न अधिनियमों जैसे भारतीय दंड संहिता, आपराधिक प्रक्रिया संहिता इत्यादि में अभय प्राप्त है पर उनकी नियुक्तियाँ तथा स्थानान्तरण स्वेच्छाचारी ढंग से किया जाता है जो मुख्यतः मंत्री द्वारा किया जाता है। पश्चिम बंगाल तथा केरल अपवाद हैं, उन्हें

कोई भी यहाँ तक कि न्यायालय भी चुनौती नहीं दे सकता है। पर भारत के प्रजातंत्र के सत्तर वर्षीय कामकाज के पश्चात् राजनैतिक प्रतिनिधियों ने शनैः-शनैः नौकरशाही पर अपना नियंत्रण बढ़ा दिया है। यहाँ तक कि सचिव के अतिरिक्त नीचे स्तर के नौकरशाहों की चरित्र-पंजिका पर वे अपना मन्तव्य प्रकट करने लगे हैं तथा नौकरशाहों के विरुद्ध भ्रष्टाचार के मामलों का अनुमोदन भी उन्होंने अपने पास कर लिया है। अतः नौकरशाह अब पूर्व काल की भाँति अपने कार्यक्षेत्र में स्वतंत्र तथा स्वायत्त नहीं हैं। पर जिन मुख्यमंत्रियों या प्रधानमंत्रियों ने नौकरशाहों पर भरोसा जताया, वे अपने चुनावी घोषणा-पत्र को कार्यान्वित करने में सफल हुए। मंत्रियों द्वारा भ्रष्टाचार तभी नियंत्रित हो सकता है जब मुख्यमंत्री या प्रधानमंत्री उसके ईमानदार सचिव को वरद् हस्त दें तथा उसे ईमानदारीपूर्वक तथा दक्षतापूर्वक कार्य करने के लिए आश्वस्त करें। यही सिद्धान्त पंचायतों तथा नगरपालिका स्तरों पर भी समान रूप से लागू होता है। भारत की जनता छुट-पुट कामों के लिए इनाम के तौर पर रिश्वत को ख़राब नहीं समझती यदि उससे उसका काम तीव्र गति से सम्पन्न हो। पर आजकल बड़े स्तर पर नौकरशाहों तथा राजनैतिक प्रतिनिधिगणों ने भ्रष्ट आचरणों के द्वारा विकास के लिए आवण्टित धन में भी सेंध लगाना प्रारम्भ कर दिया है। यह देश के लिए ख़तरे की घण्टी है। इसका दुष्परिणाम होगा कि नौकरशाह तथा राजनैतिक प्रतिनिधिगण जन आक्रोश के शिकार होंगे तथा कोई भी उनकी सुरक्षा करने के लिए आगे नहीं आएगा क्योंकि धर्म ही सभी की सुरक्षा करता है जो उनके पास नहीं खड़ा हुआ है। आशा है जनकल्याण को दृष्टि में रखते हुए नौकरशाह तथा राजनैतिक अधिकारीगण या नेतृवर्ग परस्पर सहयोग से कार्य करेंगे तथा भारतीय जनता का दिल जीतेंगे।

(झ) राजनैतिक दल और उसकी सरकार

राजनीतिक दल जब सत्ता में आ जाता है तो उसे यह नहीं भूलना चाहिए कि अब वह केवल अपने समर्थकों के लिये ही सत्ता में नहीं आया है बल्कि जनता के द्वारा सत्ता में भेजे गए प्रतिनिधियों को सभी को समान दृष्टि से देखना चाहिए, एक राजनैतिक दल के लिए विपक्ष में रहते हुए जिन दल के कार्यकर्त्ताओं, कैडरों या प्रचारकों ने संघर्ष किया, हिंसा की, वे उनकी सूची में ऊँचे होते हैं। पर ऐसे लोगों को मंत्री नहीं बनाया जा सकता। न्यायालय ने तो यहाँ तक कह दिया है कि राजनैतिक दल का अध्यक्ष कोई सजायाफ़्ता व्यक्ति नहीं हो सकता। यह सत्य है कि राजनैतिक दल के कार्यकर्त्ताओं के परिश्रम, समर्पण तथा कार्यों से जनता ने उन्हें सत्ता दी है पर राज्य करना तथा विपक्ष में रहना दो पृथक्-पृथक् काम हैं। ऐसा न हो कि राजनैतिक दल अपने मंत्रियों को बिल्कुल भी स्वायत्तता न प्रदान करें जैसा कि साम्यवादी सरकारों में होता है। उससे निर्णय प्रक्रिया में अति विलम्ब होगा तथा देश या प्रदेश का विकास विलम्बित होगा। अतः आवश्यकता है कि प्रत्येक राजनैतिक दल दो

प्रकार के कार्यकर्त्ता तैयार रखे कि एक केवल दल के लिये प्रचार कार्य करे, उसका समर्थन आधार मज़बूत करे तथा दूसरे शिक्षित, विशेष तथा योग्य कार्यकर्त्ता हों जो आवश्यकता पड़ने पर सत्ता सुनियोजित ढंग से संचालन करे। आजकल के विशेषज्ञ युग में यह और भी आवश्यक हो गया है। फिर राजनैतिक दलों को भारत में एक विशाल सुयोग है कि वे अपने असन्तुष्ट कार्यकर्त्ताओं को पंचायतों, नगर-पालिकाओं तथा अन्य अर्द्ध सरकारी संस्थाओं या उपक्रमों में नियुक्त कर सकते हैं। अत: राजनैतिक दल को शासन में सीमित हस्तक्षेप ही करना चाहिए, तभी विकास की तेज़ गति सम्भव है।

(ट) जनता की दृष्टि में विकास

विकास सर्वांगीण और सन्तुलित हो तथा इसका लाभ अधिक-से-अधिक लोगों को मिले तथा असमानताएँ कम हों। आइए, हम विकास का अर्थ विभिन्न वर्गों के दृष्टिकोणों से जानें।

(1) आम आदमी की दृष्टि में विकास—यद्यपि भारत के सकल घरेलू उत्पाद में निरन्तर वृद्धि हो रही है पर भारत के सकल घरेलू उत्पाद में कृषि का योगदान घटा है। यह चिन्ता का विषय है। हाल ही में केन्द्रीय सरकार ने कृषि में कम लागत के उपाय करके जैसे सीधे कृषकों के खाते में उर्वरक अनुदान का जाना तथा कृषि उत्पादों के निम्नतम ख़रीद मूल्य को डेढ़ गुना करके एक पथ प्रदर्शित किया है। कृषकों के अतिरिक्त नगरीय एवं अन्य आम आदमी चाहता है कि उसके बच्चों को कम ख़र्च में शिक्षा प्राप्त हो, उसका नि:शुल्क इलाज हो, दुर्घटना के समय उसे सरकारी सहायता या सामाजिक सुरक्षा जैसे बीमा की धनराशि प्राप्त हो तथा उसे अनावश्यक रूप से सरकारी कर्मचारियों, अधिकारियों तथा पुलिस के शोषण तथा भ्रष्टाचार का शिकार न होना पड़े। यद्यपि मनरेगा के माध्यम से ग्रामीण क्षेत्र में प्रत्येक व्यक्ति को 150 दिन की मज़दूरी सुनिश्चित है तथा ग़रीबी रेखा से नीचे व्यक्तियों को खाद्य-सुरक्षा प्राप्त है पर यह पूरी तौर से गाँव या शहर के निर्धनतम व्यक्ति तक नहीं पहुँच पाती क्योंकि वह अशिक्षित तथा इन सरकारी सुविधाओं से अनभिज्ञ हैं। अत: बिचौलिये ही उसके लाभ का एक बड़ा अंश डकार जाते हैं। पूर्व प्रधानमंत्री स्व. राजीव गांधी के अनुसार विकास योजनाओं का केवल 15 प्रतिशत ही लाभार्थी के पास पहुँच पाता है। इसमें एक बड़ा अंश उस सरकारी तंत्र के रख-रखाव पर ख़र्च होता है जो विकास की योजनाएँ लक्षित व्यक्तियों या समूहों तक पहुँचाने के लिए तैनात है। अत: यह एक मूल धारणा है कि विकास योजनाओं का 85 प्रतिशत भ्रष्टाचार की भेंट चढ़ जाता है। पर आज आम जनता में सुरसा के मुँह की भाँति बढ़ते हुए भ्रष्टाचार के विरुद्ध तीव्र आक्रोश है, उसके धैर्य का बाँध टूट चुका है, अत: प्रशासनिक तंत्र का दायित्व है कि वह विकास का अधिकतम लाभ

अधिकतम लोगों तक पहुँचाये अन्यथा जनता का यह आक्रोश विस्फोटित होकर उन्हें नष्ट-भ्रष्ट कर देगा।

(2) युवा वर्ग की दृष्टि में विकास— आज का युवा चाहता है कि विकास रोज़गार परक हो। चिन्तनीय बात यह है कि हमारी आर्थिक प्रगति तेज़ होने के साथ ही हमारी रोज़गार बढ़ने की रफ़्तार घट गई। देश में जो रोज़गार बढ़ा भी है वह असंगठित क्षेत्र या निजी क्षेत्र में। युवा सरकारी नौकरी का भूखा है पर वह इसके लिए योग्यता जुटाने के लिए परिश्रम नहीं करना चाहता। फिर इन नौकरियों में भ्रष्टाचार है, पक्षपात है तथा नौकरियाँ मिलने में अनावश्यक विलम्ब होता है। अत: सरकारों को रिक्त पदों पर भर्ती के लिए सुस्पष्ट कार्यविधि अपनानी पड़ेगी ताकि युवाओं को नौकरियाँ मिले तथा उनका वेतन कम-से-कम न्यूनतम मज़दूरी से अधिक हो। मज़दूरों को न्यायसंगत वेतन मिले। इस वर्ग के हाथ में क्रयशक्ति से आर्थिक विकास आगे बढ़ेगा। साथ-साथ हमारा युवा वर्ग पूर्ण समर्पण से देश की प्रगति में भागीदार हो।

(3) राजनैतिक प्रतिनिधिगणों की दृष्टि में विकास— राजनैतिक नेतृवर्ग लोगो को समझाता है कि उनका जीवन-स्तर पूर्व से कई गुना उन्नत हुआ है। पर उनका यह तर्क आम आदमी को हज़म नहीं होता क्योंकि वे टेलीविजन पर प्रतिदिन धनाढ्य तथा फ़ैशनपरस्त लोगों को देखते हैं तथा वैसे जीवन स्तर की आकांक्षा करते हैं। राजनैतिक प्रतिनिधियों के लिए यह एक बड़ी चुनौती है। उन्हें जनता और सरकार के बीच सेतु बनना होगा ताकि जन-जागरण के माध्यम से वे सरकार की योजनाएँ जनता तक पहुँचाएँ तथा जनता की माँग एवं आवाज़ सरकार तथा संसद तक पहुँचायें। आज राजनैतिक प्रतिनिधिगण जनता को धर्म तथा जाति के भुलावे में नहीं रख सकते हैं। उन्हें भी युग के साथ स्वयं को सजग बनाना होगा ताकि वे जनता तथा सरकार के सच्चे सन्देश वाहक बन सकें।

(4) नौकरशाह की दृष्टि में विकास— नौकरशाह सभी समय शिकायतें करता है कि विकास योजनाओं के लिए उसे राज्य सरकार से आवश्यक धनराशि प्राप्त नहीं हो पाती है तथा जो होती भी है उसके लिए उसे पंचायतों या नगर पालिकाओं या विभाग से उचित योजनाएँ तथा उपयोगिता प्रमाण-पत्र समयावधि में प्राप्त नहीं होते। पर जो योजनाएँ तथा धनराशि प्राप्त भी होती हैं, उनका समुचित तथा ईमानदारी से कार्यान्वयन करके वह विकास के महायज्ञ में अपनी आहुति दे सकता है। आम आदमी को ख़ुश होने के लिए उपलब्ध योजनाएँ तथा आवण्टित धनराशि ही काफ़ी है। जनता उसे कर्त्तव्यनिष्ठा, ईमानदारी तथा उत्तम व्यवहार से पाकर ही ख़ुश है। उसे अधिक के लिये रोने की आवश्यकता नहीं है।

(5) कमज़ोर वर्गों की दृष्टि में विकास— भारत में आदिवासी तथा तपशील जाति के लोगों की आशाएँ हैं कि विकास का उपयुक्त लाभ उन्हें प्राप्त हो ताकि

वे अन्य वर्गों के समकक्ष आकर उनसे कन्धे से कन्धा मिलाकर देश को प्रगति के रास्ते पर तीव्र गति से ले चले। पर दुर्बल वर्गों तथा अल्पसंख्यकों के लिए लक्षित योजनाओं का सुचारु रूप से कार्यान्वयन नहीं होता है। कभी-कभी देखा जाता है कि नौकरशाही में उनके वर्ग के लोग ही उनके प्रति कम संवेदनशील होते हैं। अतः इन वर्गों के लिए विशेष संवेदनशील कर्मियों को चुनने की आवश्यकता है। यह काम कुछ स्वयंसेवी संस्थाओं को सौंपा गया था पर वे भी शनैः-शनैः भ्रष्टाचार की गिरफ़्त में आ गईं। इसी प्रकार महिलाओं तथा बालक-बालिकाओं के लिये निर्धारित योजनाओं तथा शैक्षणिक स्वास्थ्य सुविधाओं का सम्यक लाभ उन तक नहीं पहुँच पाता है क्योंकि लाभार्थियों की सूचियाँ तैयार करने में ही राजनीतिक भेदभाव होता है तथा बाकी काम राजनैतिक प्रतिनिधि तथा सरकारी अधिकारी एवं कर्मचारी मिलकर बाधित कर देते हैं। आवश्यकता है एक ऐसे विकास तंत्र की जो विकास का लाभ अधिक-से-अधिक तत्परता से लाभार्थी तथा निर्धनतम व्यक्ति तक पहुँचाये।

(ठ) भूमंडलीकरण और राष्ट्रीय विकास

भूमंडलीकरण वर्तमान युग का सत्य है। अतः प्रत्येक देश में राजनैतिक नेतृवर्ग, नौकरशाहों, अर्थशास्त्रियों तथा विशेषज्ञों को मिलकर संयुक्त रूप से एक रणनीति तैयार करनी होगी जिसके अनुसार वह देश भूमंडलीकृत अर्थतंत्र का अपने राष्ट्रीय विकास में अधिकतम शोषण कर सके। उदाहरणार्थ प्रत्येक देश के पेशेवर व्यक्ति दूसरे देशों में विशेषतः विकसित देशों में जाकर बेरोकटोक ढंग से नौकरियाँ कर सकते हैं। इसी का लाभ उठाकर सूचना प्रौद्योगिकी के क्षेत्र में भारत के युवा इंजीनियर विश्व में फैले हुए हैं तथा बहुमूल्य विदेशी मुद्रा देश में ला रहे हैं, भेज रहे हैं, अपने परिवारों की आर्थिक सहायता कर रहे हैं, छोटे-छोटे समूह बनाकर समाज-सेवा कर रहे हैं तथा अपने रिश्तेदार, मित्रों तथा पड़ोसियों को विदेशों में नौकरी का अवसर प्राप्त करने में सहायता कर रहे हैं। पर्यावरण संरक्षा के लिए भारत जैसे विकासशील देशों को विकसित देशों से अरबों रुपए का अनुदान या क्षतिपूर्ति प्राप्त हो रही है क्योंकि उनके द्वारा उत्सर्जित कार्बन से विकसित देशों का पर्यावरण प्रदूषित हो रहा है। इस बहुमूल्य विदेशी मुद्रा का उपयोग देश में जल तथा वायु-प्रदूषण को दूर करने में हो सकता है।

बहुद्देशीय निगमों तथा बड़ी-बड़ी कम्पनियों ने आधुनिक तकनीकी का प्रयोग करके और बड़े पैमाने पर वस्तुओं का उत्पादन और ख़रीद-फ़रोख़्त करके उत्पाद को बेहतर एवं सस्ता बना दिया है। दूसरी ओर बड़े-बड़े मॉल, विपणन-केन्द्रों तथा वातानुकूलित बिक्री केन्द्रों पर इन उत्पादों का प्रदर्शन करके तथा मृदुभाषी बिक्री सहायकों को रखकर ग्राहकों तथा उपभोक्ताओं को अपनी ओर आकर्षित कर लिया है।

जनसंचार माध्यम वैश्वीकरण के प्रमुख संवाहक हैं क्योंकि उन्हें वैश्वीकरण से अधिकतम लाभ पहुँच रहा है। यह कहना अतिशयोक्ति न होगी कि वैश्वीकरण वस्तुतः जन-संचार माध्यमों की धुरी पर चल रहा है। उन्हें बड़े-बड़े विज्ञापन मिलते हैं। अधिकांश समाचार-पत्र केवल विज्ञापनों से चलते हैं। बिना विज्ञापन के व्यापार चलाना भी असम्भव या दुस्साध्य है।

राजनीतिक एवं धार्मिक गुरु संचार माध्यमों के शिकार हो चुके हैं। फलतः जनसंचार माध्यम उन्हें भी मदारी की भाँति अपनी छड़ से नचा रहे हैं क्योंकि शनैः-शनैः वे जनता से अलग हो गए हैं। दूसरी ओर जनसंचार माध्यम विज्ञापनों द्वारा आमदनी बढ़ाने के दुश्चक्र में फँसकर ख़रीदारों के वर्ग तक केन्द्रित हो चुके हैं।

जनता के अधिकारों का एकमात्र आश्रय स्थल न्यायपालिका भी इनके छलावे में आ गई है तथा ख्याति पाने के लिए इनका अन्तिम शिकार हो चुकी है। न्यायपालिका का पथ-प्रदर्शन करनेवाले प्रसिद्ध अभिवक्तागण भी प्रसन्न हैं क्योंकि उन्हें वैश्वीकरण के संचालकों से अप्रत्याशित मोटी फीसें सहज में प्राप्त हो जाती हैं।

निःसन्देह उपभोक्ता ही वैश्वीकरण का केन्द्र है। उपभोक्ता को सस्ते दामों पर उत्तम गुणवत्तावाली वस्तुएँ एवं सेवाएँ उपलब्ध हो जाती हैं। आज सामान्य उपभोक्ता उन वस्तुओं एवं सेवाओं का उपयोग कर रहा है जिन पर एक समय केवल राजा-महाराजाओं, ज़मींदारों तथा पूँजीपतियों का एकाधिकार था। आज उपभोक्ता वातानुकूलित बाज़ारों में ख़रीदारी करने जाता है, सुसज्जित होटल एवं रेस्तराँओं में मनचाहे व्यंजन खाता है, हवाई यात्राएँ करता है तथा वातानुकूलित कारों, रेलगाड़ी के डिब्बों तथा बसों में यात्रा करता है।

कृषकों को भी कुछ फायदे होंगे। कृषकों को अपने खाद्य-पदार्थों की अधिक क़ीमत प्राप्त होगी। किसानों को अपने उत्पादों को सुरक्षित रखने के लिए शीत-श्रृंखला उपलब्ध होगी तथा बेहतर-बाज़ार या मंडी। पर किसान वैश्वीकरण के कट्टर विरोधी हैं क्योंकि बड़े-बड़े कारख़ानों को स्थापित करने के लिए उनकी प्रिय एवं उपजाऊ ज़मीनें चली जाती हैं। भारत में केवल 67 विशेष आर्थिक क्षेत्र (एस.ई.जेड.) स्थापित करने के लिए 1,34,000 हेक्टेयर भूमि का अधिग्रहण हुआ। ज़मीनों के एवज में कुछ परिवारों में एक-एक सदस्य को नौकरी मिल जाती है पर परिवार बाद में फिर भुखमरी के शिकार हो जाते हैं। इन कारख़ानों से निकला धुआँ तथा प्रदूषित जल उन्हें कई बीमारियों का शिकार बना देते हैं। उनकी बची हुई ज़मीनों की मिट्टी प्रदूषित हो जाती है और उनमें फलन कम हो जाता है।

वैश्वीकरण भ्रष्ट राजनीतिज्ञों तथा उनके आश्रित नौकरशाहों की अक्षमता का परिणाम है। राजनीतिज्ञ उनके प्रथम शत्रु हैं। वह उन्हें भेंट देकर उनसे मित्रवत् व्यवहार करता है। वह राजनीतिज्ञों को पहले पैसे से ख़रीदता है, अपने संचार माध्यमों द्वारा उनके कारनामों को उजागर करता है तथा फिर उनका अवैध धन चुनावी मैदान में

ख़र्च के फलस्वरूप उन्हें शासन-तंत्र चलाने के लिए कुछ लोगों से ही आवश्यक राजस्व प्राप्त हो जाता है तथा उन्हें राजस्व उगाही के लिए अपने वातानुकूलित कार्यालयों तथा कमरों से बाहर नहीं आना पड़ता है। पर उन्हें यह सुनिश्चित करना होगा कि वैश्वीकरण या भूमंडलीकरण के फलस्वरूप देश में रोज़गार सृजित हों तथा देश का धन नियम विरुद्ध विदेशों में न जाए।

वैश्वीकरण आज का युगधर्म है। यह एक साधन मात्र है। इस वास्तविकता को हम जितना शीघ्र एवं सहज स्वीकार करें, उतना ही उत्तम होगा। जो इसका अपने हित में उपयोग कर सकेगा, वह उसका सेवक बनकर उसकी हितपूर्ति करेगा पर जो उस पर निर्भर हो जाएगा, उसे यह अपना दास बना लेगा। चीन एक आदर्श उदाहरण है। चीन वैश्वीकरण को अपने यहाँ बन्दी बनाकर इसका पूर्ण दोहन कर रहा है। यदि चीन के शासक भी इसकी पाँच सितारा संस्कृति के दास बन गए तो उनका रूस शासकों की भाँति हश्र होगा। पर भारत को सावधान रहना होगा ताकि देश के कुछ उद्योगपति या पूँजीपति भूमंडलीकरण की आड़ में अपनी पूँजी विदेशों में निवेश करके न भाग जाएँ।

अन्ततोगत्वा बहुदेशीय कम्पनियों के नायक, जन-संचार माध्यमों की नायिकाएँ तथा राजनीतिज्ञ और नौकरशाह खलनायक वैश्वीकरण के प्रभामंडल के सामने नतमस्तक हो जाते हैं। उसका मुकाबला करने के लिए संस्कृतियों तथा साहित्य को खुले आसमान के नीचे धरती के एक कोने से दूसरे कोने तक विचरण करना होगा, सत्य को पहचानना होगा अन्यथा नीले आकाश की आँधी संस्कृतियों और साहित्य को भी धूल-धूसरित कर देगी। यदि संस्कृतियाँ और साहित्य यह कार्य नहीं कर सकी, तो भी वैश्वीकरण का महल अपने विशाल आकार, ऐश्वर्यशाली रहन-सहन तथा उच्च स्तरीय ख़र्च के कारण लम्बी अवधि में स्वयमेव ढह जाएगा।

(ड) भारत की अस्मिता

आज भारतीय आत्मविश्वास अत्यन्त निचले स्तर तक पहुँच गया है जिसके बाद उसका हश्र या तो रसातल अथवा आत्मसंहार ही है। हम सत्ता में आते ही अपने को लॉट गवर्नर समझ लेते हैं, तथा थोड़ा-सा दुःख होने में अकिंचन हो उठते हैं जैसे ईश्वर के लिए सभी की इच्छाओं की पूर्ति करने के अतिरिक्त कोई काम ही नहीं है। ईश्वर को भी दूसरों की इच्छाओं के साथ सन्तुलन करना पड़ता है।

आज यदि भारतीयों को अपने देशत्व का सम्यक् बोध हो जाए तो बहुराष्ट्रीय कम्पनियाँ हमारा क्या बिगाड़ लेंगी? यदि भारतीय विदेशों में बनी वस्तुओं का बहिष्कार करें, जैसा कि महात्मा गांधी ने सिखाया था, तो ये बहुराष्ट्रीय कम्पनियाँ स्वयं ही अपना बोरिया-बिस्तर बाँधकर चली जाएँगी। बड़ी ख़ुशी की बात है कि तमाम प्रचार एवं प्रसार के बावज़ूद भी 'कोका कोला' की बिक्री भारत में नहीं

बढ़ पाई क्योंकि 'कोका कोला' के विरुद्ध इतना प्रचार पहले से ही कर रखा है कि प्रत्येक भारतीय सोचता है कि वह पाँच रुपए की बोतल पीकर दो रुपए विदेश पहुँचा रहा है।

वैश्वीकरण के वर्तमान युग में कोई व्यक्तियों को उपभोग की वस्तुएँ कम करने की सलाह देने से डरता है। उत्तम यही है कि हम विदेशों में या बहुद्देशीय कम्पनियों द्वारा उत्पादित वस्तुओं का उसी गुणवत्ता के स्तर पर देशीय कम्पनियों द्वारा उत्पादन करें। स्वामी रामदेव ने एक आयुर्वेदिक तथा देशीय पद्धति पर आधारित दन्त मंजन, औषधियाँ तथा अन्य दैनिक उपयोग की बेहतर वस्तुओं का उत्पादन करके यह सिद्ध कर दिया है कि प्राचीन भारतीय औषधि या वस्तु-विज्ञान में यह क्षमता है कि औषधियाँ बिना किसी ख़राब प्रभाव के व्यावहारिक तथा बड़े पैमाने पर उत्तम गुणवत्ता के आए निर्मित की जा सकती हैं। आज भारत जाग उठा है। भारत में लोग फूट की राजनीति करनेवालों को तुरन्त चिह्नित करते हैं तथा उनकी कड़ी आलोचना करते हैं। फिर भी निहित राजनैतिक स्वार्थों के लिए लोग साम्प्रदायिक दंगे भड़का देते हैं जिसमें निरीह तथा निर्दोष लोग मारे जाते हैं या घायल होते हैं। स्वतंत्रता के प्राय: सत्तर वर्ष के बाद भी हमारी अस्मिता को सबसे बड़ी चुनौती है। हम परस्पर फूट के कारण ही लम्बी अवधि के लिए गुलाम रहे पर हम अपने सांस्कृतिक गौरव तथा अस्मिता को पकड़े रहे। पर आजकल महिलाओं, लड़कियों तथा बालिकाओं के साथ प्रतिदिन बलात्कार की वीभत्स घटनाओं को पढ़कर तथा देखकर जिस देश में नारियों की पूजा होती थी, उसमें उनके साथ ऐसे दुर्व्यवहार से हमारा सिर नीचा हो जाता है। हमारा सिर उस समय भी नीचा हो जाता है जब युवाओं के विवाह में दहेज़ की माँग होती है, भ्रूण हत्या होती है। भारतीय वाङ्मय में भ्रष्टाचार शब्द ही नहीं है पर आजकल पूरा भारतीय समाज भ्रष्टाचार में संलिप्त है। इसी प्रकार सार्वजनिक सम्पत्तियों को नष्ट करने तथा गंदा करने में हम शायद विश्व में सबसे आगे हैं। भारतीय राजनीति जो धर्म पर आधारित थी, आज अधर्म से आप्लावित है। हम विश्व में जितना भी भारतीय संस्कृति तथा अस्मिता का ढोल पीटते रहें, पर जब तक हम भारतीय समाज में घर कर गई इन बीमारियों को दूर नहीं कर लेते, हम भारत की अस्मिता की विरासत के योग्य नहीं हैं। हम उसका नाम भी लेने योग्य नहीं हैं।

पर यह कोई नहीं जानता कि कैसे इस दैवीय धरती में कुछ है कि देश रसातल में जाने के पूर्व भारत की अस्मिता भारत के मानस तथा जन सामान्य को झकझोर देती है और सभी भारत की अस्मिता की रक्षा करने के लिए एक जुट होकर खड़े हो जाते हैं। वेदों, महाभारत तथा रामायण की ऋचाएँ, श्लोक तथा चौपाई और दोहे फिर गूँजने लगते हैं और यह गूँज भारत को फिर से अपना मौलिक स्वरूप प्राप्त करने के लिये आत्मप्रेरित करती है। अत: भारत की अस्मिता भारत के विकास की दौड़ में एक ऐसी सदाबहार संजीवनी है जो सार्वकालिक तथा सार्वभौमिक सम्बल है।

2

भारतीय राजनीति : एक विहंगम दृष्टि

'राजनीति' शब्द से अभिप्राय शासन के सामयिक प्रश्नों और समस्याओं से है। इन समस्याओं का हल देश के विकास के हित में कहा जाता है। अत: विकास एवं आर्थिक समुन्नति राजनीति का मुख्य लक्ष्य होता है पर आजकल इस लक्ष्य को प्राप्त करने के लिये राजनीतिक रथ को सत्ता प्राप्त करना अनिवार्य होता है। अन्तत: सत्ता संघर्ष प्रधान हो जाता है तथा सत्ता को प्राप्त करने के लिए जो मतदाताओं को आश्वासन दिए जाते हैं वे गौण हो जाते हैं अर्थात् साधन साध्य से बड़ा हो जाता है। कभी-कभी सत्ता में पदस्थ होने के लिए उन्हें अनैतिक साधन अपनाने पड़ते हैं तथा सत्ता में आने के पश्चात् अपने समर्थकों को दल में रखने के लिए उनकी अनुचित माँगों की पूर्ति करनी पड़ती है। जनता को सन्तुष्ट करने के लिए राजनैतिक नेताओं को चुनाव के प्रचार में अनेक अनुचित वायदे करने पड़ते हैं जिनकी पूर्ति देश के संवैधानिक ढाँचे, वित्तीय संसाधनों तथा व्यावहारिक राजनीति के अन्तर्गत सम्भव नहीं होता। भारत जैसे देशों में कहा जाता है कि राजनीति एक व्यवसाय हो गया है क्योंकि राजनीति के प्रतिनिधिगण संसद से लेकर राज्यों के विधानमंडलों, शहरों के नगर पालिकाओं, नगर निगमों तथा ग्रामों के अन्तिम छोर ग्राम पंचायत तक फैले हुए हैं। इस प्रकार भारत में प्राय: पैंतीस लाख से अधिक राजनैतिक प्रतिनिधिगण या कार्यकर्त्ता हैं जिनके हाथों में देश के प्रशासन का नेतृत्व सन्निहित है। पर यह राजनीतिज्ञ जनता के विकास की अपेक्षा अपने निज स्वार्थ एवं दल के हित में अधिक संलिप्त रहते हैं। इसीलिए कुछ लोगों का मत है कि राजनीति और विकास परस्पर विरोधी हैं। पर नौकरशाही इतनी उदासीन तथा संवेदनहीन है कि जनता को अपनी समस्याओं को हल के लिये राजनैतिक प्रतिनिधियों के पास जाने के अतिरिक्त कोई उपाय नहीं है। कम-से-कम वे उनकी समस्या सुनते तो हैं तथा अपनी समझ के अनुसार सुझाव भी देते हैं, चाहे समस्या का हल हो या नहीं। कुछ लोगों का मत है कि आज की समस्याओं के लिए भारत की दलगत राजनीति ही ज़िम्मेदार है। पर ऐसा नहीं है। राजनीति का आरम्भ उत्तम सिद्धान्तों से हुआ है पर सत्ता हथियाने की दौड़ में इसमें प्रदूषण आता गया। रजनी कोठारी के अनुसार, "भारतीय समाज को समझने की कुंजी उसकी राजनीति में निहित है। एक प्राचीन, परम्पराबद्ध, बहुल और खंडित संरचनाओं

वाला सभ्यतामूलक समाज अपनी संरचनाओं के राजनीतिकरण के जरिये आधुनिक बन रहा है।" यदि 'आधुनिकीकरण' हमारे समय की केन्द्रीय प्रवृत्ति है तो उसकी चालक शक्ति है 'राजनीतिकरण'। राजनीति भी जनता के पीछे-पीछे चलती है वह समय चला गया है जब महात्मा गांधी जैसे राजनीतिक नेतागण समानरूप से समाज के भी नेता थे, वे सामाजिक सोच-विचार के नायक थे। अरस्तू के विचार से अलग होकर जब राजनीति नैतिकता से दूर होती गई, तब राजनीति क्रमशः कमज़ोर पड़ती गई। आजकल राजनीति वैसे ही नाचती है जैसे जनता चाहती है। पर जनता की सोच भी स्थिर नहीं है। दूसरी ओर यह भी सत्य है कि सुधार-प्रक्रिया प्रभावित समाज से बहुत आगे नहीं चल सकती। वह उतना ही तेज़ चल सकती है जितना लक्षित समाज उसे अपने में समाहित कर सके। अतः राजनीति और समाज में चोली-दामन का साथ है। वे एक दूसरे पर अन्योन्याश्रित हैं तथा एक के बिना दूसरे की कल्पना भी नहीं की जा सकती। यह सम्बन्ध देशकाल के अनुसार परिवर्तनशील है। कभी राजनीति समाज पर सवार होती है तो समाज राजनीति पर। उदाहरणार्थ राम की राजनीति पूर्णतः धर्म पर आधारित थी, इसी प्रकार महात्मा गांधी की भी। पर आजकल हम सिद्धान्तविहीन राजनीति के साये में जी रहे हैं। राजनीति परिस्थिति के अनुसार स्वयं को ऐसे ढाल रही है ताकि उसके चाहनेवाले उससे विलग न हो जाए। जैसे भारतीय जनता दल द्वारा राम मन्दिर निर्माण का मुद्दा उठाना तथा दक्षिण में राजनीतिक दलों द्वारा हिन्दी भाषा का विरोध करना अथवा उत्तर भारत में बहुजन समाज दल द्वारा दलित जाति के सदस्यों के तथाकथित शोषण को सामने रखकर उन्हें अपनी ओर करना अथवा कश्मीर में राजनीतिक दलों द्वारा भारत के विरुद्ध राग अलापना। इस प्रकार भारत में राजनीति एक उत्तम पेशा होता जा रहा है। भारतीयों को राजनीति में अत्यधिक रुचि है। उनकी सोच के अनुसार राजनीति ही उनका भाग्य-विधाता है। राजनीति ही उनकी सोच, उनका वार्त्तालाप और उनका कर्म है। वे सोचते है कि देश में जो भी हो रहा है राजनीति से प्रेरित है। वे प्रातः काल से लेकर सोने तक राजनीति के विषय में सोचने तथा वार्त्तालाप करते नहीं थकते। कुछ में परस्पर पति-पत्नी की भाँति सम्बन्ध हैं। यही कारण है कि भारत में दूरदर्शन, रेडियो, समाचार-पत्र तथा सोशल मीडिया राजनीतिक उठा-पटक से भरे रहते हैं। उनमें सामाजिक, आर्थिक, सांस्कृतिक तथा साहित्यिक समाचारों का कम समावेश रहता है क्योंकि लोग ऐसा ही पसन्द करते हैं। अतः आजकल का जनसंचार-माध्यम वही परोस रहा है जो लोगों की रुचि है। इसीलिए कहा जाता है कि समाचार-पत्र, रेडियो, तथा टेलीविजन भी राजनीति करते हैं। चलती भाषा में राजनीति का समानार्थी है सियासत। सियासत वह है जो सियासी चालों से युक्त है अर्थात् जिसमें षड्यंत्र, उकसाना, भड़काना, उत्तेजना तथा पीठ पीछे काम करना युक्त हो। भूतकाल में शासन या राज्य का शासन राजदरबार राजनीति से चलता था जिसमें रानी-आवास का अपना स्वतंत्र योगदान था। पर आजकल राजदरबार राजनीति का भी प्रजातंत्रीय

पद्धति के दबाव में विकेन्द्रीकरण हो गया है। अब राजनीति सभी स्तरों पर विद्यमान है अर्थात् संस्था के स्तर पर, मध्यम वर्ग के स्तर पर तथा निचले स्तर पर। जहाँ देखो तुम-ही-तुम हो। न तेरे जैसी ख़ुशबू और न तेरे जैसी बदबू है। भारत में सभी राजनीति का जाप करते हैं। राजनीति का स्थिर स्वरूप जानने के लिए हम यह जानें कि भारत में विभिन्न राजनीतिक विचारधाराओं का क्या स्रोत है तथा उनके क्या मुख्य-मुख्य सिद्धान्त हैं जिनकी राजनीतिक दलों को निर्वाचन के पूर्व स्मरण आते हैं तथा शासन में आने के पश्चात् उनके कार्यकलापों को उन सिद्धान्तों के परिप्रेक्ष्य में समझा जा सके। कभी-कभी प्रत्येक राजनीतिक दलों में कुछ ऐसे शीर्ष नेता होते हैं जिनके विचार एवं कर्त्तव्य ही उस राजनीतिक दल की विचारधारा हो जाती है तथा उनके कार्यकलाप ही उनके समर्थकों को अनुप्राणित करते हैं जैसे कांग्रेस में पंडित जवाहरलाल नेहरू तथा श्रीमती इन्दिरा गांधी तथा भारतीय जनता दल में दीनदयाल उपाध्याय। कुछ राजनीतिक नेता अपने दल की परिधि से निकल कर समाज और राष्ट्र के लोकप्रिय नेता हो जाते हैं। उनके विचार एवं कार्य पूरे देश को अनुप्राणित करते हैं जैसे महात्मा गांधी, पर ऐसे नेता अपवादस्वरूप ही देश के इतिहास में हुए हैं जो अपने राजनीतिक दल का स्वार्थ देश के स्वार्थ में बलिदान कर देते हैं। इसे कहते हैं राजनीति के साथ नैतिकता का विवाह। अधिकांश नेतृवर्ग यह मुख्य उद्देश्य से विलग नहीं हो सकता कि उसे सत्तासीन होना है। सत्ता से बाहर रहने पर उन्हें असुरक्षा का अनुभव होता है जबकि भारतीय जनमानस उनके अच्छे कार्यों के लिए उन्हें सदैव अपने सिरमाथे रखती है। भारत में व्यक्ति पूजा सार्वकालिक तथ्य है चाहे उसके विरुद्ध कितना ही तार्किक मत दिया जाए क्योंकि यह राम और कृष्ण का देश है जहाँ व्यक्ति अपने सर्वप्रिय नेता के हाथ में अपना भाग्य सौंपकर आराम से रहना चाहता है। जो राजनैतिक नेता उसे यह आश्वस्त करता है, एवं अपने कार्यों से इस आश्वासन की पूर्ति करेगा, वह भारतीय जनता के लिए उसके दल से ऊँचा हो जाता है। पर भारतीय जनता अब जाग्रत हो चुकी है। केवल चुनाव के समय स्वर्ग के सपने दिखाकर कोई उसके वोट की चोरी नहीं कर सकता। यह संघर्ष चल रहा है। वर्ष 2014 में नरेन्द्र मोदी ने भारतीय जनता को विकास का मंत्र दिया तथा उसे धर्म, जाति तथा क्षेत्रवाद से ऊपर उठने के लिए कहा पर यह तो भविष्य ही तय करेगा कि भारतीय जनमानस उनके इस मंत्र को कैसे ग्रहण करती है। आवश्यकता है कि भारतीय जनमानस को धर्म-जाति तथा क्षेत्र के दलदल से निकालना और विकास तथा परस्पर भाई-चारे के पथ पर स्थित करना। सभी राजनीतिक दल यह कहते अवश्य हैं पर जब उनकी यह विचारधारा नीचे स्तर पर जाकर वही जाति बिरादरी, सम्प्रदाय एवं अन्य क्षुद्र स्वार्थों में बदल जाती है। फिर भी हम प्रत्येक दल के उन सार्वभौमिक तथा सार्वकालिक तत्त्वों का सर्वेक्षण करें जो अन्ततः उस राजनीतिक दल की संजीवनी है।

कांग्रेस

कांग्रेस के तीन स्वरूप पूर्णत: परिलक्षित हैं प्रथम स्वतंत्रता के पूर्व, द्वितीय स्वतंत्रता के पश्चात् एवं तृतीय सन 1975-77 के आपात्कालीन युग के बाद जन्मी कांग्रेस। स्वतंत्रता के पूर्व की कांग्रेस के सभी सिद्धान्त देशोन्मुखी तथा समाजोन्मुखी थे। कांग्रेस में ही प्राय: सभी राजनीतिक दल समाहित थे। सभी ने मिलकर स्वतंत्रता संग्राम में योगदान दिया। कभी इक्का-दुक्का राजनैतिक नेता यहाँ-वहाँ दृष्टिगोचर हो जाते थे। उस समय की कांग्रेस द्वारा मान्यता प्राप्त सिद्धान्तों से ही भारत में साम्यवादियों को छोड़कर सभी राजनीतिक दल जन्मे हैं। जब स्वतंत्रता के पूर्व की कांग्रेस भूमि-सुधारों तथा विकेन्द्रीकृत पंचायती राज तथा स्थानीय स्वायत्त प्रशासन की बात करती है, वह साम्यवादियों से भी दो क़दम आगे है। पर स्वतंत्रता के पश्चात् की कांग्रेस में व्यक्तिवाद एवं चाटुकारितावाद घुस गया। लोग सिद्धान्तों के पीछे न भागकर व्यक्तियों के अनुयायी होने लगे। वे नेता का हाथ पकड़कर चलने के अभ्यस्त हो गए। इसीलिए गांधी जी ने कहा था कि 'यदि मेरी चले, तो मैं कांग्रेस का विखंडन करके उसका एक "समाज सेवा दल के रूप में पुनर्गठन करूँ।" पर कांग्रेस में किसी ने उनकी बात न सुनी और वे यूरोप और अमेरिका के मॉडल पर भारत के विकास का रथ आगे बढ़ने में संलग्न हो गए। प्रशासन तो सैकड़ों वर्ष से ब्रिटिश राज्य के साथ काम करते हुए उनके रंग में रँग गए थे।

गांधी जी की कल्पना का नया समाज या 'रामराज्य' राज्यरहित जनतंत्र है। आदर्श समाज विकेन्द्रित समाज होगा और समता उसके प्रत्येक क्षेत्र की विशेषता होगी। आदर्श जनतंत्र ग्रामों में रहनेवाले जनतंत्रवादी और लगभग स्वावलम्बी सत्याग्रही समुदायों का संघ होगा। वह गाँव का धन गाँव में ही रखना चाहेगा। वह सामाजिक-आर्थिक संगठन अपरिग्रह, शरीर-श्रम, स्वदेशी और विकेन्द्रीकरण के सिद्धान्त पर आधारित होगा जिसमें खादी व घरेलू उद्योगों को प्रोत्साहन होगा। यही कारण है कि गांधी जी के सिद्धान्तों का पालन करते हुए स्वतंत्रता के पश्चात् सभी राज्यों की कांग्रेसी सरकारों ने जाकर भूमि सुधारों तथा पंचायती राज्य व्यवस्था का क्रियान्वयन किया। गांधी जी के सिद्धान्तों को आगे बढ़ाते हुए पं. नेहरू ने धर्मनिरपेक्षवाद को आधुनिक लोकतंत्रीय समाज का एक अटूट अंग माना। उन्होंने सामुदायिक विकास कार्यक्रम को गांधी जी के आत्मनिर्भर ग्रामीण गणराज्यों के साथ मिलाया। पर नेहरू जी ने भारत के आधुनिक विश्व के साथ तेज़ी से क़दम बढ़ाने की सिफारिश की। वे मिश्रित अर्थव्यवस्था के समर्थक थे। राष्ट्रवाद, प्रजातंत्र, धर्मनिरपेक्षता तथा आर्थिक विकास नेहरू की नीति के चार स्तम्भ हैं। उनकी धारणा है कि पूँजीवाद के कारण अमीर और अधिक अमीर बने हैं और ग़रीब और अधिक ग़रीब। उन्होंने स्पष्ट किया कि चाहे पूँजीवाद ने उत्पादन को बढ़ाया है, वह धन के

उचित बँटवारे की समस्या का समाधान करने में असफल रहा है। अतः राजशक्ति के माध्यम से नेहरू ने धन के उचित बँटवारे का प्रयास किया। नेहरू की पुत्री इन्दिरा गांधी कांग्रेस की शक्तिशाली तथा अपराजेय नेत्री थीं। जिन्होंने उन्हें देखा है, वे उन्हें दुर्गा का रूप मानते हैं। उन्होंने 1975 में आपातकाल की घोषणा की तथा उसे बलपूर्वक क्रियान्वित किया पर 1977 में करारी हार के पश्चात् वे विचलित हो गईं और कांग्रेस को प्रथम सबसे बड़ा झटका लगा। अस्सी का दशक इन्दिरा और उनके पुत्र राजीव गांधी का दौर था। इन्दिरा गांधी ने आर्थिक मुद्दों को केन्द्रीय मुद्दा बनाकर पार्टी और प्रशासन का राजनीतिकरण प्रारम्भ किया। 'ग़रीबी हटाओ' 'घरीबी हटाओ' के नारे दिए। 1982-83 तक 'ग़रीबी हटाओ' के नारे का आकर्षण समाप्त हो गया और अल्पसंख्यक, आदिवासी और गाँव के ग़रीब कांग्रेस से दूर जाने लगे। इन्दिरा गांधी की मृत्यु के पश्चात् उनके पुत्र प्रधानमंत्री राजीव गांधी अपनी 'मिस्टर क्लीन' की छवि पर क़ायम न रह सके एवं बोफर्स रक्षा सौदे में तथाकथित भ्रष्टाचार ने उन्हें गिरा दिया। बाद में वित्तमंत्री मनमोहन सिंह ने नब्बे के दशक में देश की आर्थिक स्थिति को सँभाला। बाद में एक दशक प्रधानमंत्री (2001-2014) के रूप में जहाँ डॉ. मनमोहन सिंह ने कांग्रेस अध्यक्ष श्रीमती सोनिया गांधी के इशारों पर गठजोड़ सरकार चलायी पर गुजरात के सफल मुख्यमंत्री नरेन्द्र मोदी के नेतृत्व में सन् 2014 में भाजपा ने कांग्रेस के बालू के घर को ढहा दिया।

अब सोनिया गांधी तथा उनके पुत्र राहुल गांधी कांग्रेस की बागडोर अपने हाथ में लेकर उसे पुनरूज्जीवित करने का प्रयास कर रहे हैं। वे नरेन्द्र मोदी की भाँति ही स्वच्छ छवि के व्यक्ति हैं पर नरेन्द्र मोदी की भाँति भाषण देने में पटु नहीं हैं। यह भविष्य ही तय करेगा कि नेता के पीछे चलनेवाली आरामपसन्द कांग्रेस को वे कैसे एक संघर्षशील राजनीतिक दल के रूप में उबार सकते हैं।

भारतीय जनता दल (भाजपा)

भारतीय जनता दल का पूर्ववर्ती दल भारतीय जनसंघ की डॉ. श्यामा प्रसाद मुखर्जी ने नेहरू के मंत्रिमंडल से त्यागपत्र देकर हिन्दुओं के स्वार्थों की रक्षा हेतु स्थापना की। जनसंघ ने प्रारम्भ से ही साम्प्रदायिकता, जातिवाद, भाषावाद तथा क्षेत्रवाद के विरुद्ध आवाज़ उठायी तथा राष्ट्रीय एकता को संगठित किया। जनसंघ के महासचिव तथा विचारक दीनदयाल उपाध्याय ने भारत के निर्माण को दल के ऊपर रखा तथा कर्मयोगी बनकर भारत के निर्माण में योगदान का आह्वान किया। भाजपा ने भारत को राजनैतिक, सामाजिक तथा आर्थिक प्रजातंत्र बनाने का उद्देश्य सामने रखा जो भारतीय संस्कृति तथा मर्यादा पर आधारित था। उन्होंने भारत की एक समृद्ध, शक्तिशाली, संगठित तथा प्रगतिशील राष्ट्र की परिकल्पना की जो पाकिस्तान जैसे दूसरे देशों की आक्रामक कार्यवाहियों का सटीक जवाब देकर विश्वशान्ति की

स्थापना करेगा। प्रारम्भ में मुखर्जी को राष्ट्रीय स्वयंसेवक संघ ने अपने कार्यकर्त्ता दिए जो राजनीति में सीधे प्रवेश करना चाहते थे। इस प्रकार जनसंघ तथा भाजपा का आर.एस.एस. से सम्बन्ध स्थापित हुआ जो आज भी अपरिभाषित होकर भी बहुप्रचलित तथा स्थायी है। वस्तुतः आर.एस.एस. के कार्यकर्त्ता ही भाजपा की नींव में हैं। यद्यपि राष्ट्रीय स्वयंसेवक संघ स्वयं को समाज-कल्याण में समर्पित एक ग़ैर सरकारी संगठन घोषित करता है। दीनदयाल उपाध्याय की 52 वर्ष की उम्र में दुर्घटना में मौत के पश्चात् अटल बिहारी वाजपेयी ने दल के संगठन को खड़ा करने का निश्चय किया। वर्ष 1965 में भारत और पाकिस्तान के बीच कच्छ समझौते का अटल बिहारी वाजपेयी ने कड़ा विरोध किया। श्रीमती इन्दिरा गांधी द्वारा आपातकाल का मुखर विरोध करने पर जनसंघ मुख्य विरोधी दल बन गया तथा 1977 में भारतीय जनता दल हो गया जो अब भी चला आ रहा है। अटल बिहारी वाजपेयी सन् 1980 में इसके प्रथम अध्यक्ष चुने गए। उन्होंने गांधीवादी समाजवाद का समर्थन किया जिसे राष्ट्रीय स्वयं सेवक संघ बहुत अच्छी तरह नहीं पचा पाता। 1999 से 2004 की अवधि में अटल बिहारी वाजपेयी ने भाजपा के नेतृत्ववाली सरकारी की बागडोर सँभाली और वह करिश्मा कर दिखाया जो पूर्व में न हो सका। नरेन्द्र मोदी के गुजरात में अभूतपूर्व प्रगति तथा समृद्धि को दृष्टिगोचर करके समस्त भारत ने मोदी के नेतृत्व में भाजपा को एक और स्थायी सरकार बनाने का जनादेश दिया। यह भविष्य ही तय करेगा कि क्या नरेन्द्र मोदी के नेतृत्व में भाजपा को देश का विश्वास प्राप्त हो सकेगा जिसमें सभी जाति, सम्प्रदाय तथा वर्गों के लोग शामिल होंगे।

क्षेत्रीय दल एवं गठबन्धन या सरकारें

1977 के बाद देश को अनेक मध्यावधि चुनावों की मार झेलनी पड़ी जिसमें किसी भी एक दल को स्पष्ट बहुमत प्राप्त नहीं हो पा रहा है। फलतः देश में और कई राज्यों में मिली-जुली सरकारें बनानी पड़ती हैं जिन्हें संविदा सरकारें कहते हैं। गत अनुभव के आधार पर यह कहा जा सकता है कि ये सरकारें विकास हेतु उपयुक्त नहीं हैं। इनमें विकास की अपेक्षा राजनीति को प्राथमिकता रहती है। छोटे-छोटे दल अपने दल का या अपना निहित स्वार्थ पूरा करने में लगे रहते हैं। मुख्य मंत्री या प्रधानमंत्री के इन्हें टोकने पर ये त्यागपत्र देकर साझा सरकारों के गिराने की धमकी देते हैं। प्रत्येक विधान सभा या लोकसभा का सदस्य एक बार निर्वाचित होने के पश्चात् मध्यावधि चुनाव नहीं चाहता है। 1977 में कामरेड ज्योतिबसु के नेतृत्व में पश्चिम बंगाल में वामपन्थी सरकार का गठन हुआ। यद्यपि ज्योतिबसु के दल सी.पी.आई.एम. को अपने बल पर ही बहुमत प्राप्त था, फिर भी उनके घटक दलों को इतने मत मिले जबकि अकेले सी.पी.आई.(एम.) को पचास प्रतिशत मत नहीं

मिले। पर घटक दलों की अपनी मजबूरी होती है। उनका मंत्रिमंडल में प्रतिनिधि उनके संसाधनों का स्रोत होता है। अत: घटक दलों के भ्रष्टाचार को रोकना मुश्किल होता है। जहाँ संविदा सरकारें मुख्य दल के नेता को तानाशाह या स्वेच्छाचारी बनने से रोकती हैं, वहाँ इस प्रकार की सरकार में निर्णय-प्रक्रिया विलम्बित हो जाती है तथा जन-कल्याण का मूल उद्‌देश्य परस्पर राजनैतिक खींचातानी में विलुप्त हो जाता है। प्रत्येक मंत्री की अपने मंत्रालय पर पकड़ मज़बूत हो जाती है। इस कारण नौकरशाही के सामने धर्मसंकट उपस्थित हो जाता है कि वह मंत्रियों के आदेशों का पालन करे या मुख्यमंत्री अथवा प्रधानमंत्री का। प्रधानमंत्री या मुख्यमंत्री नीति निर्धारण नहीं कर सकता है, क्योंकि संविदा सरकार गठन के पूर्व एवं बाद में भी एक न्यूनतम साझा कार्यक्रम तैयार करती है। उन्हें कभी-कभी बाहर से समर्थन करनेवाली साम्यवादी (मार्क्सवादी) दल के दबाव में भी काम करना पड़ता है जैसे बांहर से समर्थन करनेवाली साम्यवादी (मार्क्सवादी) दल के दबाव में मनमोहन सिंह सरकार को 2004-09 के बीच आर्थिक सुधार कार्यक्रम, नई पेन्शन योजना, परमाणु समझौता आदि लाने पड़े। कहते हैं कि 2009-14 की गठबन्धन (यू.पी.ए.-2) सरकार में प्रधानमंत्री मनमोहन सिंह का सबसे बड़ा उत्तरदायित्व था कि राजनीतिक स्वार्थों के आधार पर बनी गठबन्धन सरकार को कैसे चलाया जाए। गठबन्धन सरकार के प्रथम गठन के साथ ही मनमोहन सिंह आधी बाजी हार चुके थे। उन्हें डी.एम.के. आदि के दबाव में मालदार मंत्रालय शरीक दलों के नामित मंत्रियों को देने पड़े। रेल मंत्रालय, उद्योग मंत्रालय तथा संचार मंत्रालय के लिये काफ़ी खींचातानी थी। उन्हें यह स्वायत्तता नहीं थी कि वे सांसद की योग्यता या ईमानदारी परख लें। नामित मंत्रियों ने किया भी वही जो उसके प्रान्तीय नेता चाहते थे—अपने लोगों को ख़ूब नौकरियाँ दीं, पैसा बनाया तथा अपने राज्य में अपने मंत्रालय की सभी योजनाएँ ले गए। जो मंत्री ऐसा नहीं कर पाए, उन्हें उन राजनीतिक दलों ने बाद में प्रतीक्षा सूची में डाल दिया। दो गठबन्धन सरकारों ने सिद्धान्तों से कम समझौता किया वे हैं—ज्योतिबसु के नेतृत्व में बनी पश्चिम बंगाल राज्य में 1977 से 2008 प्राय: तीस वर्ष तक वामदल सरकार तथा 1999 में भारतीय जनता दल की अटल बिहारी वाजपेयी के नेतृत्व में बनी केन्द्र में एन.डी.ए. सरकार। पर गठबन्धन सरकारें आजकल का सत्य हैं। बहुमत की सरकारें इनके स्थान पर तभी आती हैं जब जनता गठबन्धन सरकारों के भ्रष्टाचार, पक्षपात तथा अस्थायीपन से थक जाती है अथवा उसके सामने कोई ठोस व्यक्तित्व या स्थायी विकल्प उभर कर आता है। वैसे भारत की जनता की अपनी ही दुर्बलता है कि वह जाति-बिरादरी, सम्प्रदाय, धर्म अथवा क्षेत्रवाद के आधार पर वोट देती है। व्रह सोचती है कि जाति-बिरादरी के लोग पास में होने के कारण उसकी कठिनाई या विपत्ति में सहायता करेंगे पर ऐसा नहीं होता। निर्वाचित होने के पश्चात् प्रतिनिधिगण तुरन्त पाला बदल देते हैं तथा वे शासन-तंत्र में सम्मिलित हो

जाते हैं। इसे राजनीति में 'जातिवाद' या 'जातियों का राजनीतिकरण' की संज्ञा दी जा सकती है। इस प्रकार जाति-समूहों ने राजनीति को अपनी गतिविधियों का केन्द्र बनाकर अस्मिता का दावा पेश करने और राज्य व्यवस्था में अपनी स्थिति सुधारने का अवसर प्राप्त कर लिया है। दलितों और आदिवासियों को इससे विशेष लाभ मिला है। संविधान प्रदत्त विधायिकाओं नगर पालिकाओं तथा पंचायतों में सीटों और सरकार में नौकरियों के द्वारा उनकी राजनीतिक लेन-देन की ताकत मज़बूत हुई है। राजनीति में उन्हें जो लाभ मिला, वह समाज के स्तर पर उनके पिछड़ेपन की कुछ भरपाई कर देता है। इन कुछ जातीय समूहों को संविधान में भी विशेष दर्जा प्राप्त हुआ। उदाहरणार्थ असम के आदिवासियों ने आल पार्टी हिल कान्फ्रेन्स के द्वारा स्वायत्तशासी परिषद् प्राप्त की। इसी प्रकार नागालैंड सहित उत्तर पूर्व राज्यों को विशेष दर्जा प्राप्त है। अब तो झारखंड अलग प्रान्त बन जाने से वहाँ के आदिवासियों ने अधिक स्वायत्तता प्राप्त कर ली है।

मुसलमान और राजनीति

देश में प्राय: दस प्रतिशत मुसलमानों को लेकर बहुत राजनीति होती है। पाकिस्तान की स्थापना के पश्चात् मुसलमान पृथक राजनीतिक दल न बना सके। वास्तव में कांग्रेस, समाजवादी दल तथा बहुजन समाज पार्टी उनके वोट-बैंक मुसलनानों के इतने पक्षधर रहे कि उन्हें पृथक् राजनैतिक दल बनाने की आवश्यकता नहीं पड़ी। दक्षिण के सभी छोटे-छोटे राजनीतिक दल जैसे मुस्लिम लीग, ए.आई.डी.एम.के., डी.एम.के. आदि मुसलमानों के पक्षधर रहे। जम्मू एवं कश्मीर में सभी दल मुसलमान बहुसंख्यक दल हैं। वहाँ की राजनीति में हिन्दू अल्पसंख्यक हैं तथा कश्मीर घाटी से आतंकियों के आतंक से कश्मीर ब्राह्मणों को विस्थापित होना पड़ा। भारत में इससे बड़ी विडम्बना क्या हो सकती है? यह भारत की संघात्मक संरचना तथा स्वस्थ प्रजातंत्र का परिचायक है कि देश का बहुसंख्यक समूह अपने देश में ही शरणार्थी है। मुसलमानों के लिए सीटें आरक्षित नहीं थीं, पर भाजपा को छोड़कर कांग्रेस और दूसरे दलों ने उन्हें न्यूनतम टिकट देने का सब समय प्रयत्न किया। ताकि उन्हें आनुपातिक प्रतिनिधित्व प्राप्त हो सके। इससे देश के सबसे बड़े अल्पसंख्यक समुदाय का राष्ट्रीय मुख्यधारा में आत्मसातीकरण बढ़ा। भारतीय जनता दल मुसलमानों को राष्ट्रीय मुख्यधारा में मिलने की बात तो करती रही पर राष्ट्रीय स्वयं सेवक संघ के हिन्दू पक्षीय प्रभाव के कारण वह उन्हें कुछ विशेष सुविधा न दे सकी। जहाँ कांग्रेस, साम्यवादी दल, जनता दल, जनता यूनाइटेड दल, डी.एम.के., बहुजन समाज पार्टी, तेलुगू देशम्, समाजवादी दल उनकी भलाई के लिये भाषण तो देते रहे पर उनके कल्याण के लिये योजनाओं को उन तक न पहुँचा सके। विशेषत: बिहार में लालू प्रसाद का जनता दल तथा उ.प्र. में मुलायम सिंह

का समाजवादी दल। यदि केवल यादव तथा मुसलमानों के पक्ष में भाषण देने से ही सत्ता में आसीन हुआ जाए, तो लोहिया तथा जयप्रकाश नारायण के बताए दुर्गम पथ पर चलकर उनके हित में कुछ करने की क्या आवश्यकता है? वे पारिवारिक समाजवादी हो गए हैं। नरेन्द्र मोदी के नेतृत्व में गुजराज में सत्ताधारी भा.ज.पा. ने मुसलमानों के लिए कई योजनाओं का कार्यान्वयन करके जैसे मुसलमानों के संकुल इलाक़ों को भूमि देकर बाहर बसाना तथा वहीं उनकी मस्जिद निर्माण, उनके मदरसों की सुव्यवस्था, उन्हें पुलिस एवं अन्य नौकरियों में स्थान देकर यह व्यावहारिक रूप में दिखा दिया कि मुसलमानों के हित के लिये क्या किया जा सकता है। केवल मुसलमानों की ओर से कुछ व्यक्तियों को मंत्री, मुख्यमंत्री, राष्ट्रपति या उपराष्ट्रपति बनाने में ही इतिश्री नहीं होती। सम्पूर्ण समुदाय एवं वर्ग के हितों को दृष्टिगोचर रखना होगा। मुसलमान भी सन् 1992 में बाबरी मस्जिद के विध्वंस के बाद भा.ज.पा. से इतने दूरस्थ हो गए हैं कि वे एकजुट होकर भा.ज.पा. के विरोध में वोट करते हैं पर शनैः-शनैः उन्हें वास्तविकता का ज्ञान हो रहा है। आज वे अविश्वास तथा दुश्चिन्ताओं से बाहर आकर अपने सामाजिक, शैक्षिक तथा आर्थिक स्तर को ऊँचा करना चाहते हैं। वे केवल अपने मुल्लाओं तथा उलेमाओं के मस्जिद में कहने पर मतदान नहीं करना चाहते हैं। यही सही है कि राजनीति स्वयं में विभाजन और एकीकरण की प्रणाली होती है और उसी के लिए सामग्री की तलाश में रहती है। यही प्रक्रिया भारतीय समाज में राजनीति द्वारा लाये गए परिवर्तन को समझने की कुंजी है। आधुनिकीकरण तथा भूमंडलीकरण के प्रभाव में मुसलमानों या अन्य जातियों को केवल भड़काकर अपना उल्लू सीधा करना अब आसान नहीं रह गया है। यह उन राजनैतिक दल तथा राजनैतिक प्रतिनिधियों के लिए ख़तरे की घंटी है जो एक बार चुने जाने के पश्चात् पाँच वर्ष तक कुम्भकरणीय नींद लेते रहते हैं तथा चुनाव के समय कुछ साम्प्रदायिक घटनाएँ कर देते हैं या उन्हें प्रश्रय रंग देकर हिन्दू या मुसलमान या जाति ध्रुवीकरण करने का प्रयत्न करते हैं अथवा भारतीय संस्कृति या परम्परा की दुहाई देकर वोट माँगते हैं। यह एक बड़ी चुनौती भारतीय राजनीति के सामने उभर कर आ रही है जहाँ भारतीय मानस जाति- बिरादरी, धर्म एवं सम्प्रदाय से बाहर आने का प्रयास कर रहा है। पर यह एक और भारतीय राजनीति के लिए ख़तरे की घण्टी है कि बेरोज़गार युवा विभिन्न जातियों, प्रजातियों या सेना संगठनों के माध्यम से सभी राजनीतिक दलों को दरकिनार करके उभरने का प्रयत्न कर रहे हैं तथा कुछ संकीर्ण मुद्दों को लेकर अपनी माँगों की पूर्ति के लिये समाज में हिंसा तथा भय का वातावरण फैलाने का प्रयत्न कर रहे हैं। फिलहाल ये आन्दोलन वर्तमान में तो सरकारी नौकरियों में आरक्षण तक केन्द्रित हैं पर ये निकट भविष्य में अपनी राजनीतिक महत्त्वाकांक्षा की ओर बढ़ सकते हैं क्योंकि राजनीतिक सत्ता ही उनके स्वप्निल स्वप्नों को पूरा कर सकती है।

राजनीति का अपराधीकरण

भारत में राजनीति का अपराधीकरण आज राजनीति के अस्तित्व को ही भस्मासुर की भाँति चुनौती दे रहा है। कोई ऐसा दल या निर्दल प्रत्याशी नहीं है जिसके पीछे कुछ अपराधी या असामाजिक तत्त्व न हों। इसमें सभी दल समान हैं। शायद राजनैतिक व्यक्तियों के लिए बिना उनके समर्थन के राजनीति के मैदान में काम करना दुस्साध्य है। शायद समाज में व्याप्त असन्तोष तथा असन्तुष्ट तत्व उन्हें सत्ता प्राप्त करने के पूर्व ही हवा में उड़ा दें। सत्ता में आने के बाद इन्हें इन अपराधियों, माफिया तथा अपराधी गिरोह या संगठनों का प्रत्यक्ष या अप्रत्यक्ष रूप से समर्थन करना पड़ता है अन्यथा वे अपने आकाओं से ही प्रतिकार लेने को उद्यत होंगे। पर शनैः-शनैः ये ही राजनीति में सीधे प्रवेश कर गए हैं क्योंकि सिद्धान्तविहीन राजनीति में यह सम्भव है तथा जनता उनके भय या धन के लालच में मतदान करती है। एक अनुमान के अनुसार वर्तमान में प्रायः बीस प्रतिशत सांसदों तथा विधान सभा सदस्यों (1581) के विरुद्ध गम्भीर आपराधिक मामले न्यायालयों में लम्बित हैं जिनकी संख्या प्रायः 13,500 है। जब तक इनको मामलों में सज़ा होती है, ये विधान सभा या संसद के सदस्य या मंत्री बनने का सुख भोग चुकते हैं तथा अकूत सम्पत्ति इकट्ठी कर लेते हैं जिसके बल पर उनका वृद्धावस्था में जेल में जीवन भी अच्छा ही रहता है। भारत का निर्वाचन आयोग अपराध में दंडित व्यक्तियों को चुनाव के अयोग्य घोषित करने के लिए बार-बार उच्चतम न्यायालय का दरवाज़ा खटखटा रहा है क्योंकि संवैधानिक समस्याएँ हैं। यह एक सुखद समाचार है कि सर्वोच्च न्यायालय के अनुपालन में केन्द्रीय सरकार ने राजनीतिक प्रतिनिधियों के विरुद्ध मामलों की सुनवाई के लिए देश भर में बारह विशेष न्यायालयों के गठन की घोषणा की है तथा इसके लिए 780 करोड़ रुपए भी आवण्टित किए हैं। अब यह ज़िला स्तरीय न्यायपालिका पर है कि वह इनके विरुद्ध मामलों का कितना शीघ्र निबटारा करती है।

मीडिया एवं राजनीति

आज जनता का विचार बनाने में मीडिया अहम् भूमिका का निर्वाह कर रहा है क्योंकि आजकल का मतदाता दूर स्थित बड़े-बड़े मैदानों में राजनीतिक नेताओं के भाषण सुनने की अपेक्षा अपने घर में टेलीविजन के रुपहले पर्दे पर अधिक ध्यान केन्द्रित करता है तथा मोबाइल में फेसबुक, वाट्सएप जैसे सोशल मीडिया से चिपका रहता है। आज टी.वी. चैनलों की भरमार है तथा राजनीतिक दलों के या उनसे सहायता प्राप्त टी.वी. चैनल भी हैं। समाचार-पत्रों के द्वारा भी सरकार के बड़े-बड़े घोटालों जैसे शेयर घोटाला कांड, बोफोर्स कांड, बिहार में चारा घोटाला, स्पेक्ट्रम आवण्टन, कोयला की खानों का आवण्टन, ग़ैर बासमती चावल कांड,

वेस्टलैंड हेलीकॉप्टर ख़रीद कांड का भण्डाफोड़ किया गया जिससे कांग्रेस सरकार के पतन में तेज़ी आई। इन घोटालों को उच्चतम न्यायालय जनहित याचिकाओं द्वारा सुनने पर ये क़ानून के दृढ़ एवं सख़्त हाथों में चले गए जिनसे निकलना राजनीतिक आकाओं को मुश्किल हो गया। अब वह कोमल भारत नहीं रहा कि यहाँ कुछ भी करके कोई भी बच निकल सकता है। क़ानून के सामने सभी समान हैं तथा क़ानून के लम्बे हाथ राजनीति में शुचिता की अपरिहार्यता की ओर इंगित कर रहे हैं क्योंकि विरोधियों या आनेवाली सरकारों को कल्याणमूलक काम करने की अपेक्षा इन घोटालों पर कार्यवाही करने से ही भोली-भाली जनता ख़ुश हो जाती है। पर संचार माध्यम युवकों को जागरूक नागरिक बनाने की चेष्टा नहीं कर रहा है। हमारे युवक अभी भी संकीर्णता जैसे-जाति, धर्म, साम्प्रदायिकता, क्षेत्रवाद से परे उठकर राष्ट्रीय नागरिक नहीं बन रहे हैं, जो सरकार तथा राजनीति के लिए शुभ संकेत नहीं कहा जा सकता।

सारांश

जनता में राजनीति के ऊपर से शनैः-शनैः विश्वास उठ रहा है इसलिए भविष्य में गठबन्धन सरकारें ही आएँगी। पर जनता की बेचैनी एक ख़तरनाक स्थिति है क्योंकि असन्तुष्ट जनता की बेचैनी कभी भी हिंसा के रूप में फट सकती है। इसीलिए आजकल छोटे-छोटे मुद्दों पर बड़ी-बड़ी हिंसाएँ घट जाती हैं। अब तक राष्ट्र जिस तरह के लोगों द्वारा शासित होता रहा है, उनकी प्रवृत्तियाँ मध्यमार्गी और राष्ट्रवादी थीं। वे अपने राजनीतिक स्वार्थों के आगे देश के हितों की रक्षा के लिए सोचते थे तथा कार्य करते थे। राजनीतिक नेतृवर्ग राष्ट्र-संचालन में स्थापित मान्यताओं और पहले से स्थापित प्रक्रिया का इस्तेमाल करते थे। यह एक ऐसी दुनिया थी जिसमें स्थायित्व था, जिसमें 'वृद्धि' और 'विकास' की निरन्तरता थी और राष्ट्र-राज्य टिकाऊ लगता रहता था। आज राजनीति में इतना भ्रष्टाचार प्रवेश कर चुका है या राजनीतिक स्वार्थ सर्वोपरि हो गया है कि हमारा न सिर्फ़ आत्मविश्वास ख़त्म हो चुका है, बल्कि वह आशा भी प्रायः समाप्त हो गई है जिसके कारण अधिकतर लोगों के जीवन में कोई-न-कोई सम्भावना दृष्टिगोचर होती थी। पहले लोगों की भारत की नौकरशाही के प्रति विश्वास डगमगाया क्योंकि नौकरशाही केवल भ्रष्टाचार में ही संलिप्त नहीं हुई, वह सामने खड़े व्यक्ति की छोटी-छोटी न्यायसंगत समस्या के प्रति भी संवेदनहीन एवं उदासीन हो गई। इसके बाद लोगों की नौकरशाही के आका राजनैतिक नौकरशाह अर्थात् मंत्रियों, पंचायत एवं नगरपालिका के पदाधिकारियों के प्रति आस्था का ह्रास हुआ। हाँ, लोगों को पंचायत तथा नगरपालिकाओं के राजनैतिक या ग़ैर-राजनैतिक प्रतिनिधियों पर अभी भी कुछ भरोसा अटका हुआ है क्योंकि उनके चुने हुए या निकट सम्बन्धी ही उन पदों पर आसीन हैं। लोगों का निजी

उद्योगपतियों पर पहले से ही भरोसा नहीं है क्योंकि यह वर्ग ही वर्तमान राजनीति में लाभान्वित हो रहा है तथा उसके पास निरन्तर धन केन्द्रीकृत हो रहा है। वैश्वीकरण के युग में उद्योग-जगत को शत्रु मानना भी सम्भव नहीं है क्योंकि वे ही समृद्धि के संवाहक हैं पर उन्हें नियंत्रित तो किया जा सकता है ताकि उनके एवं राजनीति के अपवित्र गठजोड़ में सामान्य जनता न पिसे। ग़रीब से लेकर मध्यवर्ग तक जनता के अन्य वर्गों में असुरक्षा की भावना स्पष्ट रूप से बढ़ रही है। भारत का मुख्य आर्थिक क्षेत्र कृषि आशानुकूल वृद्धि नहीं कर पा रहा है। कृषि अब लाभ का पेशा नहीं बचा है। फ़सल बीमा या अन्य बीमा कुछ उपाय हैं। छोटे-मोटे कारोबारियों पर या तो सूचना प्रौद्योगिकी कार्याविधि का असहनीय दबाव है अथवा कर-विभाग उनकी बची-खुची आमदनी पर गिद्ध की भाँति दृष्टि जमाये हुए है पर सरकार दूसरी ओर कर-विभाग तथा पुलिस के भ्रष्टाचार से बेफ़िक्र है तथा कुछ भी प्रभावशाली करने में अक्षम है। स्वयंसेवी संस्थाओं में भी भ्रष्टाचार का दीमक लग चुका है तथा इन संस्थाओं में भी स्वायत्तता न होकर चंद लोगों का आधिपत्य है। अब तो कुछ धार्मिक गुरुओं के भ्रष्ट आचरण पर रहस्योद्घाटन होने पर लोगों का उन पर भी भरोसा उठ रहा है। यहाँ तक कि आशा की एकमात्र किरण न्यायपालिका से टिमटिमा रही थी पर उसमें भी दलबन्दी, भ्रष्टाचार तथा अहम क्रमश: हावी हो रहे हैं। फलत: भारत का आस्थाहीन समाज भारतीय राजनीति के अहम् के लिए सबसे बड़ी चुनौती है, चूँकि राजनीतिक नेतृवर्ग जनता के सबसे पास है, वही जनता में कर्मठता, नैतिकता, देश-प्रेम तथा त्याग की भावना जाग्रत करके देश को फिर से विश्व के अग्रणी राष्ट्रों की पंक्ति में खड़ा कर सकता है। पर इसके लिए उनका अपना आचरण शक की सुई से परे होना अत्यावश्यक है।

इस विषम परिस्थिति को हमें नये भारत के जन्म की प्रसव-पीड़ा ही मानना पड़ेगा जहाँ देश के निम्नतम व्यक्ति से लेकर उच्चतम व्यक्ति ही भ्रष्ट हैं। राजनीतिक प्रतिनिधियों को अपने निर्वाचकों को रिश्वत देनी पड़ती है। फिर उनसे पूर्णत: शुचिता की कैसे आशा की जा सकती है। आज सामान्य जनता को जिन समस्याओं का सामना करना पड़ रहा है, वे पिछले 20-25 वर्षों में नहीं थीं। अत: जनता एक ऐसे सन्धिकाल से गुज़र रही है जहाँ पूर्व-प्रचलित नैतिक आचार-संहिता प्रासंगिक नहीं रह गई है और नई संहिता का अब तक जन्म ही नहीं हुआ है। आज भी देश में न्यायपालिका के दबाव में संविधान के प्रति आस्था, महात्मा गांधी का जीवन-दर्शन तथा देश-प्रेम ही सम्बल हैं। आशा है जनता के सबसे पास, जनता द्वारा तथा जनता की राजनीतिक सत्ता इन सभी जटिल समस्याओं का समाधान करेगी।

3

राज्यों की तुलनात्मक आर्थिक तथा सामाजिक स्थिति

भारत राज्यों का संघ है। भारत में 29 राज्य और सात केन्द्रशासित प्रदेश हैं। कुल जनसंख्या के घटते क्रम में राज्य एवं केन्द्र शासित प्रदेश क्रमवार हैं—उत्तर प्रदेश (16.5 प्रतिशत देश की आबादी का), महाराष्ट्र, बिहार, पश्चिम बंगाल, आन्ध्र प्रदेश, मध्य प्रदेश, तमिलनाडु, राजस्थान, कर्नाटक, गुजरात, ओडिशा, केरल, झारखंड, असम, पंजाब, छत्तीसगढ़, हरियाणा, राष्ट्रीय राजधानी क्षेत्र, दिल्ली, जम्मू-कश्मीर (जम्मू कश्मीर, वर्ष 2019 में दो केन्द्र शासित प्रदेशों में विभक्त हो गया है—जम्मू एवं कश्मीर तथा लद्दाख), उत्तराखंड, हिमाचल प्रदेश, त्रिपुरा, मेघालय, मणिपुर, नागालैंड, गोवा, अरुणाचल प्रदेश, पुडुचेरी, मिजोरम, चण्डीगढ़, सिक्किम, अण्डमान-निकोबार द्वीप समूह, दादरा और नगर हवेली, दमन और दीव तथा लक्षद्वीप। सन् 2011 की जनगणना के अनुसार उत्तर प्रदेश सबसे अधिक 19,198 करोड़ आबादी वाला राज्य था जबकि लक्षद्वीप 64,473 आबादीवाला सबसे छोटा केन्द्र शासित प्रदेश था।

भारत विविधताओं में एकता का देश है। पर देश की लम्बी परतंत्रता से सबक लेकर भारत के संविधान-निर्माताओं ने देश की संघीय विविधतापूर्ण गणतांत्रिक परम्परा के साथ-साथ आपात्काल में एकात्मक प्रणाली की भी व्यवस्था है। भारत का क्षेत्रफल 32,87,263 वर्ग किलोमीटर है। यह उत्तर में बर्फ से आच्छादित हिमालय से लेकर दक्षिण में धूप एवं गर्मी से सराबोर तटवर्ती गाँवों और दक्षिण-पश्चिम तट पर आर्द्र उष्ण कटिबन्धीय जंगलों, पूर्व में ब्रह्मपुत्र नदी के उपजाऊ क्षेत्र से लेकर पश्चिम में थार रेगिस्तान तक फैला है। अत: सभी दृष्टियों से भारत के राज्यों तथा केन्द्र शासित प्रदेशों की अपनी विशेषताएँ हैं, जो एक को दूसरे से पृथक् करती है। सभी भारत के प्रजातांत्रिक सूत्र तथा सांस्कृतिक समरसता के सूत्र से बँधे हैं। सन् 1947 में स्वतंत्रता के तथा सन् 1956 में राज्यों के पुनर्गठन के बाद भारतीय संघ में 22 राज्य और 9 केन्द्रशासित प्रदेश थे जो अब बढ़कर 28 राज्य तथा घटकर 7 केन्द्रशासित प्रदेश हो गए हैं। हम विकास की दृष्टि से उच्च श्रेणी के राज्यों एवं केन्द्र शासित प्रदेशों का आकलन करें—

1. गुजरात

गुजरात विकास की दौड़ में सबसे आगे है। गुजरात में आरम्भ से ही पंचायती-राज संस्थाएँ तथा सहकारी समितियाँ सक्रिय रहीं। इसका उदाहरण दुग्ध सहकारी समितियों का देश में अग्रणी दुग्ध संगठन अमूल है। इसके अतिरिक्त गुजराती स्वभाव से परिश्रमी तथा व्यवसायी लोग हैं तथा वे विश्व-भर में फैले हुए हैं क्योंकि गुजरात में इतना उद्योगों तथा सेवाओं के विस्तार का अवसर नहीं था। विदेशों में बसे गुजराती अनिवेशी (एन. आर.आई.) बन्धुओं ने अपने परिवारों को विदेशों में अर्जित विदेशी मुद्रा भेजी और भेज रहे हैं तथा वे अपनी जन्मभूमि गुजरात में उद्योग स्थापित कर रहे हैं और स्वयंसेवी संस्थाएँ चला रहे हैं वे स्वभावतः सरकार पर निर्भरशील लोग नहीं हैं। वर्तमान में गुजरात में इतनी स्वयंपोषित एवं वित्तीय रूप से स्वावलम्बी स्वयंसेवी संस्थाएँ काम कर रही हैं कि वे जनकल्याणमूलक कार्य स्वयं कर रही हैं तथा भूकम्प, सूखा एवं बाढ़ में सरकारी सहायता के बिना ही लोगों की पूर्ण सहायता करती हैं। अतः गुजरात में इन्हीं का वर्चस्व चारों ओर दृष्टिगोचर होता है। गुजराती शान्तिप्रिय व्यक्ति हैं अतः साम्प्रदायिक दंगों के अतिरिक्त वहाँ क़ानून एवं व्यवस्था की समस्याएँ अधिक नहीं हैं। उद्योगों में श्रमिक जी-तोड़ परिश्रम करते हैं तथा गुजरात में श्रमिक-हिंसा, हड़ताल या श्रमिक-स्वामी समस्याएँ जापान की भाँति नगण्य हैं। यही कारण है कि जनसंख्या के हिसाब से मँझोला होते हुए भी गुजरात में 2013-14 के ए.एस.आई. आँकड़ों के आधार पर कुल उत्पादन प्रायः 12.3 लाख करोड़ रुपए है, जबकि दूसरे स्थान पर बड़े राज्य महाराष्ट्र में कुल उत्पादन 10.66 लाख करोड़ रहा। यही कारण है गुजरात में विदेशी निवेश भी सर्वाधिक हुआ। गुजरात की प्रति व्यक्ति आय सरकारी संस्था प्रेस इन्फॉरमेशन ब्यूरो के अनुसार 2017 की क़ीमतों पर 1,24,678 है जो महाराष्ट्र, कर्नाटक, तमिलनाडु, हरियाणा से कम है। गुजरात में प्रशासन भी जनता के प्रति जवाबदेह है तथा शीघ्रातिशीघ्र जन-समस्याओं को हल करने का प्रयत्न करता है। परम्परागत गुजरात में राजनीतिकों का नौकरशाही में कम दखल है तथा दोनों अपने-अपने क्षेत्रों में कुशलतापूर्वक कार्य करते हैं। यही कारण है कि गुजरात में सूरत जैसे गन्दे शहर अन्तरराष्ट्रीय स्तर के स्वच्छ हो गए तथा वर्षों से प्रदूषित साबरमती नदी भी सुन्दर हो गई है। गुजरात में मुख्यमंत्री रहते हुए वर्तमान प्रधानमंत्री नरेन्द्र मोदी ने मुसलमानों को अलग बसाकर, उन्हें पुलिस एवं अन्य सरकारी नौकरियों में भर्ती करके तथा उनके मदरसों का आधुनिकीकरण करके साम्प्रदायिक सद्भाव तथा 'सबके विकास' की ओर एक उत्तम विकास का उदाहरण पेश किया तथा भारत की जनता ने उन्हें उनके गुजरात मॉडल को कार्यान्वयन करने के लिए भारत का प्रधानमंत्री चुना। गुजरात में भूमि-सुधार की दिशा में कम काम हुआ है। वहाँ पर सरकार में निहित ज़मीन का वितरण तो हुआ पर वह अधिक तपशील जाति तथा जनजाति के ग़रीब सदस्यों में वितरित होनी चाहिए थी जिनमें अभी भी बहुत भूमिहीन व्यक्ति हैं। गुजरात उच्च

न्यायालय में लम्बित मुक़दमों में काफ़ी ज़मीन लम्बित है। बहुत सी ज़मीन पाटीदारों से केवल काग़ज़ पर ली गई है पर वह कोलियों और तपशील जाति एवं उपजाति के लोगों में वितरित न हो सकी। बहुत-सी ज़मीन बड़ी-बड़ी संस्थाओं में वितरित कर दी गई जोकि किसानों के पास जानी चाहिए थी। यदि भूमि-सुधार गुजरात में लागू हो जाए, तो गुजरात सभी दृष्टियों से भारत का अग्रणी राज्य होगा।

2. महाराष्ट्र

महाराष्ट्र में भी ज़मीनी स्तर पर आरम्भ से पंचायतें काफ़ी विस्तृत तथा क्षमताशील हैं। संविधान में संशोधन के पूर्व भी महाराष्ट्र में ग्रामीण विकास का कार्य मुख्यतः पंचायतों के माध्यम से होते थे तथा ज़िला परिषद का मुख्य कार्यकारी अधिकारी, ज़िलाधीश से भी वरिष्ठ होता था। इस कारण महाराष्ट्र में ग्रामीण विकास के लिए एक पृथक ढाँचा खड़ा हो गया जो सन् 1993 के पश्चात् संवैधानिक मान्यता प्राप्त करने पर और सशक्त हुआ। महाराष्ट्र ही ऐसा एक राज्य है जहाँ पंचायत अधिकारियों या पंचायत प्रतिनिधियों के भ्रष्टाचार के विरुद्ध कार्यवाही का एक स्पष्ट कार्यकारी तंत्र विद्यमान है कि मंडलायुक्त ज़िला परिषद्, ज़िलाधिकारी पंचायत समिति एवं परगनाधिकारी या उप-ज़िलाधिकारी (एस.डी.ओ.) ग्राम पंचायत एवं उनके अधिकारियों के विरुद्ध कार्यवाही कर सकते हैं। महाराष्ट्र में ही देश की वित्तीय राजधानी मुम्बई है। फिर भी महाराष्ट्र में प्रति व्यक्ति वार्षिक आय 1,34,081 रुपए है अर्थात् 11,173 रुपए मासिक। महाराष्ट्र एक औद्योगिक राज्य है जहाँ कारख़ानों की संख्या 2013-14 में 29,123 थी।

महाराष्ट्र का प्रशासन भी गुजरात की भाँति जनमूलक है। इस पर छत्रपति शिवाजी के कुशल नेतृत्व की छाप है। पर बार-बार सूखा ने महाराष्ट्र में कपास के किसानों की टाँग तोड़ दी है। महाराष्ट्र के विदर्भ क्षेत्र में किसानों की आत्महत्या की अनेक घटनाएँ हो रही हैं। यह महाराष्ट्र जैसे प्रगतिशील राज्य के लिए कलंक है। ज्ञात होता है कि महाराष्ट्र का परम्परागत सरकारी समितियों का तंत्र कमज़ोर हो गया है अथवा उसमें भ्रष्टाचार का घुन लग गया है। इसी प्रकार महाराष्ट्र के एक ज़िला गड़चिरोली में अनेक नक्सल हिंसा की घटनाएँ होती हैं जो इतना बड़ा राज्य तीस वर्ष से रोकने में विफल है। महाराष्ट्र राज्य के प्रशासन को तुरन्त ही अपने भूमि आलेखों को आधुनिक बनाना चाहिए तथा बैंक या और संस्थागत वित्तीय ऋण कम ब्याज़ पर किसानों को देकर विदर्भ तथा मराठवाड़ा क्षेत्रों में किसानों की आत्महत्या के अभिशाप से बचना चाहिए।

3. हरियाणा

2.54 करोड़ की जनसंख्यावाला छोटा राज्य हरियाणा अनेक क्षेत्रों में शीर्ष पर है। जहाँ यह खेतों तथा खाद्यान्न उत्पादन में आगे है, वहाँ यह औद्योगिक उत्पादन में

भी बड़े राज्यों जैसे राजस्थान, पश्चिम बंगाल, मध्य प्रदेश, आन्ध्र प्रदेश, केरल, बिहार से आगे है। यह अप्रत्याशित विकास हरियाणा के लोगों के कठिन परिश्रम, लक्ष्य के प्रति समर्पण तथा सादा जीवन के सिद्धान्तों के परिपालन के कारण है। हरियाणा की प्रति व्यक्ति आय रु. 1,48,485 प्रति वर्ष दिल्ली तथा गोवा को छोड़कर शीर्ष पर है। यह समाजविज्ञान के शोधार्थियों के लिए एक अच्छा विषय है। यद्यपि हरियाणा यौन वैषम्य के कारण देश में बदनाम है पर वह भी वहाँ की जातीय खाप पंचायतों द्वारा दिए गए निर्णयों का अत्यधिक प्रचार के कारण। यद्यपि आरक्षण को लेकर जाट आन्दोलन वहाँ की विकासोन्मुख परम्परा को बाधित कर रहा है पर विकास के प्रति पूर्णत: समर्पित हरियाणावासी उसे नकार कर केवल विकास और विकास को ही समर्पित होंगे। हरियाणा में उच्च स्तरीय उत्पादन की आँधी ने छोटे किसानों एवं भूमिहीनों की समस्याओं को साथ में उड़ा लिया है क्योंकि वहाँ कृषि क्षेत्र में सभी के लिए काम उपलब्ध है पर हरियाणा में ठेके पर खेती को नियंत्रित करना आवश्यक है ताकि ज़मीन पर काम करनेवाले किसानों तथा खेतिहर मज़दूरों के हितों की रक्षा हो सके।

4. तमिलनाडु

दक्षिण भारत का राज्य तमिलनाडु अपने निवासियों की धार्मिक भावना तथा कार्य-संस्कृति के लिए प्रसिद्ध है। यद्यपि तमिलनाडुवासी अपने फ़िल्मी पर्दे के नायकों में विश्वास प्रकटकर रहे, तथा उनके भ्रष्ट कारनामों की अनदेखी करते रहने पर तमिलनाडु अपने निवासियों के कड़े परिश्रम तथा कर्त्तव्य-परायणता के कारण सतत प्रगति करता रहा। यही कारण है कि आज सूचना प्रौद्योगिकी क्षेत्र तथा बहुद्देशीय कम्पनियाँ तमिलनाडु के गर्म मौसम के बावज़ूद वहाँ अपने परिसर तथा कारख़ाने स्थापित कर रही हैं। तमिलनाडु में देश के सर्वाधिक 37,378 कारख़ाने हैं जिसमें अनेक कोयम्बटूर के पास वस्त्र उद्योग के कारख़ाने हैं। तमिलनाडु का औद्योगिक उत्पादन भी देश में तीसरे स्थान पर सन् 2013-14 में 6.77 लाख करोड़ रुपए था तथा प्रति व्यक्ति आय 2017 में रु. 1,30,197 प्रति वर्ष हैं। यद्यपि तमिलनाडु का दक्षिण भाग अनुपजाऊ है पर वहाँ भी अन्य क्षेत्रों को प्रोत्साहन देकर समृद्धि आ रही है। ज्ञात होता है कि तमिलनाडु अपने राजनैतिक अस्थिर शासकों के लिए भाग पृथक् रख देता है ताकि वे प्रदेश के बाकी विकास में बाधा न दें।

तमिलनाडु में लिग्नाइट, चूना पत्थर, सिलिका सैण्ड, मैग्नेसाइट, लौह अयस्क इत्यादि औद्योगिक खनिजों के भण्डार हैं। यहाँ का 1.76 किलोमीटर समुद्र तट देशी-विदेशी व्यापार के लिए उपलब्ध है।

आइए, हम कुछ प्रमुख राज्यों की वर्तमान अन्तरराष्ट्रीय मानकों पर विकास की तुलना करें जिन पर पुस्तक के अन्य भागों में विस्तार से चर्चा की गई है—

राज्य	नारी साक्षरता	पुरुष नारी की साक्षरता	नारी-पुरुष भागीदारी श्रमशक्ति	शहरीकरण	चिकित्सा सुविधाएँ	ग़रीबी	अनु. जातियाँ	अनु. जन-जातियाँ
	(1)	(2)	(3)	(4)	(5)	(6)	(7)	(8)
आन्ध्र प्रदेश	19.4	38.4	27.5	22.8	25.9	15.8	15.0	6.4
बिहार	13.4	37.6	8.6	11.6	18.1	24.8	14.9	1.8
गुजरात	30.9	53.1	10.7	28.2	28.2	15.5	7.4	11.0
हरियाणा	21.5	48.0	4.5	21.4	58.2	3.7	18.9	0.0
कर्नाटक	27.1	48.0	19.9	24.5	13.4	14.5	14.2	5.1
केरल	66.0	75.4	13.1	17.9	95.8	20.9	10.4	0.9
मध्य प्रदेश	14.5	38.5	20.3	19.6	5.8	19.3	14.9	21.1
महाराष्ट्र	31.8	56.4	26.2	26.2	18.3	25.1	7.3	10.1
उड़ीसा	18.9	44.9	11.8	11.6	10.8	37.8	14.2	24.9
पंजाब	33.4	47.4	2.4	26.7	26.8	3.8	26.7	0.0
राजस्थान	10.5	34.4	9.6	19.2	16.7	13.2	16.7	14.2
तमिलनाडु	35.7	58.5	22.7	32.3	32.6	17.6	17.6	1.1
उत्तर प्रदेश	14.7	50.2	8.0	17.3	11.8	13.0	20.8	0.5
पश्चिम बंगाल	28.2	46.6	7.1	23.3	15.2	28.4	22.9	7.2
भारत	22.1	44.7	14.3	20.7	21.4	17.9	15.9	8.0

नोबल पुरस्कार विजेता भारतीय अर्थशास्त्री प्रो. अमर्त्य सेन के अनुसार—

"नारी साक्षरता से बाल मरणशीलता कम होने का एक तरीक़ा यह भी हो सकता है कि साक्षर महिलाएँ चिकित्सा-सुविधाओं का अधिक अच्छी तरह उपयोग कर पाने में समर्थ हो जाती हैं। यदि यह धारणा ठीक हो तो फिर हम यह मान सकते हैं कि नारी साक्षरता तथा चिकित्सा सुविधाओं के बाल अनुजीवन पर बहुत समन्वित तथा सकारात्मक प्रभाव होंगे—क्योंकि जब इनमें से एक कारक सशक्त होता है तो दूसरा भी अधिक सबल हो जाता है। इस धारणा की जाँच के लिए हम बाल मरणशीलता का प्रतीपगमन में एक अतिरिक्त कारक के रूप में इन दो चरों के गुणन को 'अन्तर्सम्बन्ध' के रूप में स्थान दे रहे हैं। इस प्रकार चिकित्सा सुविधाओं और नारी साक्षरता के स्तरों में बदलाव बहुत अच्छी तरह से विश्लेषण में शामिल हो जाएँगे। हमारे प्राक्कलन ने दिखाया है कि इस कारक का गुणांक ऋणात्मक और सांख्यिकीय दृष्टि से महत्त्वपूर्ण है। इसका अभिप्राय हुआ कि चिकित्सा सुविधाओं तथा नारी साक्षरता के बाल मरणशीलता को घटाने में समन्वित प्रभाव रहता है।"

प्रो. सेन की यह खोज जनजातियों में स्त्री-समाज के प्रति सम्मान के विषय में अत्यन्त महत्त्वपूर्ण तथा ग्रहणीय है—

जनसंख्या के अनुसूचित जनजातियों का अधिक अनुपात बाल अनुजीवन में नारी की अभावग्रस्तता को कम करता है। यह प्रभाव सांख्यिकीय दृष्टि से महत्त्वपूर्ण

भी है। यह भी ध्यान देने योग्य बात है कि इस निष्कर्ष पर नारी की श्रमशक्ति में भागीदारी का अनुसीमन करने पर भी कोई कमी नहीं आती—यही नहीं, जनजातियों में तो नारी की यह भागीदारी और भी अधिक होती है। इससे ऐसे संकेत मिलते हैं कि जनजातियों की सामाजिक रचना में ही ऐसे कुछ विशेष गुण होंगे जिनके कारण लड़कियों के अनुजीवन में सुधार होता है। इस प्रक्रिया को समझ पाने में उनकी बन्धुता तथा सम्पत्ति अधिकार की व्यवस्थाएँ सम्भवत: महत्त्वपूर्ण योगदान दे सकती हैं।

यह भी ध्यान देने योग्य बात है कि लड़कों और विशेषकर लड़कियों की मरणशीलता उन जनपदों में खास तौर पर कम पाई गई जहाँ अनुसूचित जनजातियों की बहुतायत है। इस निष्कर्ष की प्राप्ति के पूर्व उनमें व्याप्त ग़रीबी तथा साक्षरता का अनुसीमन कर लिया गया था। यह निष्कर्ष जनजातीय जीवन-शैली कुछ स्वस्थ विशेषताओं से जुड़ी धारणाओं के अनुरूप ही है। जनजातीय जीवन-शैली में अधिक भीड़भाड़ तथा प्रदूषण नहीं होते। फिर भी इस सांख्यिकीय सहगामिता के निश्चित आधार को समझने के लिए और गहन अध्ययन की आवश्यकता होगी।

जनसंख्या में अनुसूचित जातियों की बहुतायत तथा बाल अनुजीवन में नारी की अभावग्रस्तता के बीच कोई महत्त्वपूर्ण सहगामिता नहीं दिखाई पड़ती। यह तथ्य हाल ही में इन जातियों में स्त्री-पुरुष विषमताओं तथा स्त्री-पुरुष अनुपात आदि के विषय में हुए अध्ययनों से भी मिलता-जुलता है। कुछ दशकों पूर्व तक आज अनुसूचित कही जानेवाली जातियों सहित सभी अभावग्रस्त समुदायों में स्त्री-पुरुष अनुपात औसत से अधिक रहता था। अनेक अध्येताओं ने इसे इन जातियों के अधिक समतापूर्ण स्त्री-पुरुष सम्बन्धों का परिणाम ही कहा है। पर पिछले कुछ दशकों से इन जातियों में भी स्त्री-पुरुष अनुपात में बहुत महत्त्वपूर्ण गिरावट देखी गई है। अब तो हालत यह है कि 1991 में अनुसूचित जातियों के स्त्री-पुरुष अनुपात 922 रह गया है। यह स्तर सारे देश के औसत स्तर 927 के निकट ही नहीं बल्कि उससे कम भी है। दूसरे शब्दों में, अब अनुसूचित जातियों के स्त्री-पुरुषों के सम्बन्ध अन्य जातियों जैसे ही हो चले हैं—स्त्री-पुरुष अनुपात से तो इनके बीच के अन्तरों की पूर्ण समाप्ति के ही संकेत मिल रहे हैं (ध्यान रहे कि स्त्री-पुरुष अनुपात को स्त्री-पुरुष विषमता का एक आधारभूत सूचक माना जाता है)। बालिका अनुजीवन के सन्दर्भ में भी अनुसूचित जातियों तथा शेष जातियों में अब कोई अन्तर नहीं रहा है—यह तथ्य भी उपर्युक्त स्त्री-पुरुष अनुपात विषयक प्रवृत्तियों के अनुरूप ही है। यह भी कहा जा रहा है कि सम्भवत: इसका कारण अनुसूचित जातियों के संस्कृतीकरण में निहित है—ये जातियाँ भी 'उच्च' वर्णों के लक्षणों को अपनाकर अपने सामाजिक स्तर को 'सुधार' रही हैं।

उपर्युक्त मानक भी हमारे सामान्य विश्लेषण के आसपास है। स्पष्ट है कि यदि हरियाणा में महिलाओं की स्थिति बेहतर हो जाए, तो यह राज्य देश का सिरमौर

राज्य होगा। जनजाग्रति हो रही है तथा यह प्रक्रिया भी प्रारम्भ हो गई है। हरियाणा से महिलायें खेलों में राष्ट्रीय एवं अन्तरराष्ट्रीय स्तर पर आगे आकर भारत का नाम रोशन कर रही हैं। यह विकास की धारा जब गाँवों तक पहुँचेगी, तो हरियाणा चहुँमुखी विकास के पथ पर अग्रसर होगा।

ग़रीबी की दृष्टि से तुलना

भारत के छह राज्यों में देश के औसत स्तर से अधिक ग़रीबी है जिसमें बिहार में सबसे अधिक 45.5 प्रतिशत व्यक्ति ग़रीबी रेखा से नीचे हैं। अन्य राज्य क्रमशः हैं—मध्य प्रदेश, उड़ीसा, तमिलनाडु, उत्तर प्रदेश, पश्चिमी बंगाल। सबसे कम ग़रीबी चार राज्यों में क्रमागत हैं—हरियाणा, पंजाब, नागाफिनलैंड तथा मणिपुर।

शहर और गाँवों में ग़रीबी का निम्न अनुपात है—

ग्रामीण	**शहर**	**कुल**	**(वर्ष 1989-90)**
28.3%	19.3%	25.8	

कुल ग़रीबी का प्रतिशत अब कम हो गया है और कम हो रहा है। जनसंख्या वृद्धि के कारण कुल ग़रीबों की संख्या में उतनी आनुपातिक कमी नहीं आ रही है। ग़रीबी के आर्थिक कारण हैं—आय की असमानता, बेरोज़गारी, अपर्याप्त आर्थिक विकास, मूल्य-वृद्धि (मुद्रास्फीति), जनसंख्या विस्फोट। विकास के सामाजिक आयाम हैं—सामाजिक न्याय, पर्यावरण-प्रदूषण की रोकथाम, सांस्कृतिक संवेदनशीलता, लोकतंत्रीकरण तथा सहभागिता।

इन आँकड़ों का इस बात से सत्यापन होता है क्योंकि देश में निम्न प्रथम दस सबसे अधिक पिछड़े ज़िले आर्थिक तथा सामाजिक रूप से पिछड़े राज्यों में ही है—

क्रम	ज़िला	राज्य
1.	बीजापुर	छत्तीसगढ़
2.	नबरंगपुर	ओडिशा
3.	अलीराजपुर	मध्य प्रदेश
4.	दक्षिण बस्तर दन्तेवाला	छत्तीसगढ़
5.	मल्कानगिरी	ओडिशा
6.	झबुआ	मध्य प्रदेश
7.	नारायणपुर	छत्तीसगढ़
8.	मधेपुरा	बिहार
9.	अरेरिया	बिहार
10.	पुर्निया	बिहार

यही ज़िले नक्सलवादी आन्दोलन से भी सबसे अधिक प्रभावित हैं। अत: विकास एवं जन हिंसा का सीधा सम्बन्ध है। हम यह विश्लेषण करें कि किस प्रकार परस्पर राज्यों में असमानता की खाईं को कम किया जाए।

राज्यवार सकल घरेलू उत्पाद एवं प्रति व्यक्ति आय

31.03.2017 को वर्तमान क़ीमतों पर—

क्रम संख्या		राज्य एवं केन्द्रशासित प्रदेश वर्ष 2014-15	सकल घरेलू उत्पाद वित्तीय प्रति व्यक्ति आय 2014-15
1.	आन्ध्र प्रदेश	5,26,468	93,699
2.	अरुणाचल प्रदेश	16,671	1,03,633
3.	आसाम	1,98,098	54,618
4.	बिहार	3,73,920	31,380
5.	छत्तीसगढ़	2,34,982	78,001
6.	गोवा	40,633	2,42,745
7.	गुजरात	8,95,027	1,24,678
8.	हरियाणा	4,37,462	1,48,485
9.	हिमाचल प्रदेश	1,04,369	1,24,500
10.	जम्मू एवं कश्मीर	1,00,404	62,857
11.	झारखंड	2,17,107	56,737
12.	कर्नाटक	9,21,788	1,35,880
13.	केरल	5,26,002	1,39,195
14.	मध्य प्रदेश	4,81,982	56,182
15.	महाराष्ट्र	17,92,122	1,34,081
16.	मणिपुर	18,043	52,436
17.	मेघालय	24,408	68,202
18.	मिजोरम	11,559	85,659
19.	नागालैंड	18,414	78,526
20.	ओडिशा	3,21,971	64,869
21.	पंजाब	3,68,011	1,14,561
22.	राजस्थान	6,12,194	76,381
23.	सिक्किम	15,209	2,10,394
24.	तमिलनाडु	10,92,564	1,30,197
25.	तेलंगाना	5,11,178	1,25,832

26.	त्रिपुरा	29,667	71,666
27.	उत्तर प्रदेश	10,43,371	43,867
28.	उत्तराखंड	1,61,985	1,34,784
29.	पश्चिम बंगाल	8,00,868	78,903
30.	अण्डमान एवं निकोबार द्वीप समूह	5,727	1,27,454
31.	चण्डीगढ़	27,844	2,25,369
32.	दिल्ली	4,92,424	2,49,004
33.	पुडुचेरी	2,40,89	1,58,830

(श्री डी.वी. सदानन्द गोउडा, केन्द्रीय मंत्री सांख्यिकी तथा कार्यक्रम कार्यान्वयन मंत्री द्वारा लोकसभा में दिनांक 02.08.2017 को प्रश्न संख्या 2837 के उत्तर में दिए गए आँकड़े)

नोबुल पुरस्कार विजेता अर्थशास्त्री अमर्त्य सेन ने भारत के तीन राज्यों—उत्तर प्रदेश, पश्चिम बंगाल और केरल के विस्तृत अध्ययन के पश्चात् तुलना की है ताकि उनके प्रकाश में अन्य प्रदेश भी अपनी विकास योजनाएँ सफलतापूर्वक क्रियान्वित कर सकें। डॉ. सेन के अनुसार—

"सबसे पहली बात तो यह है कि उत्तर प्रदेश भारत के उन क्षेत्रों में से है जो अधिकांश विकास सूचकों की कसौटी पर बहुत पिछड़े हुए रह गए हैं। इस बात को दोहराना इसलिए आवश्यक हो गया है कि कुछ ही समय पूर्व तक उत्तर प्रदेश को इस बुरी तरह पिछड़ा हुआ नहीं माना जाता था। हमने पहले में देखा ही है कि परम्परागत निर्धनता के सूचकों के आधार पर तो यह प्रदेश प्रायः सारे भारत जैसे ही स्तर पर है। अधिकांश विकास नीतिगत चर्चाएँ इन्हीं सूचकों पर केन्द्रित रहती हैं। इसी कारण इस प्रदेश की समस्याओं की गम्भीरता की ओर अभी तक विकास योजनाओं में पर्याप्त ध्यान नहीं दिया जा सका है। कई बार यह भी कहा गया है कि उत्तर प्रदेश तो हरित क्रान्ति से लाभान्वित हुए प्रगतिशील प्रान्तों में से है, अतः उसे तो वास्तव में अधिक सरकारी सहायता एवं समर्थन के लाभ पहुँचे हैं—उसकी ओर कम ध्यान दिए जाने की सम्भावना ही कहाँ बचती है? यह विचार भी मानवीय अभाव एवं वंचना के मृत्यु दर एवं निरक्षरता जैसे सूचकों की उपेक्षा पर ही आधारित रहा है। यह भी बहुत विलक्षण बात है कि उत्तर प्रदेश सहित समूचे उत्तर भारतीय क्षेत्र में जननशीलता की उच्च दरों के कारण ही अन्ततः सारे 'बीमारू' (बिहार, मध्यप्रदेश, राजस्थान, उत्तर प्रदेश के पहले अक्षरों से मिलकर बना शब्द) क्षेत्र के 'सामाजिक विकास' की ओर ध्यान आकर्षित हो पाया है।

दूसरी बात यह है कि उत्तर प्रदेश में व्याप्त अभावों की गाथा केवल निम्न प्रति व्यक्ति आय और धीमी आर्थिक संवृद्धि की चर्चा मात्र से सम्पूर्ण नहीं हो जाती। इन एवं आर्थिक प्रगति की अन्य सभी मानक कसौटियों के आधार पर केवल उत्तर प्रदेश ही नहीं, प्रायः सारा ही देश पिछड़ा हुआ प्रतीत होता है। न्यून आर्थिक

निष्पादन का मुद्दा भी चिन्ता का विषय है—पर उत्तर प्रदेश में तो मानव जीवन के स्तर को सुधारने की दिशा में और भी अनेक प्रकार की विफलताएँ ही दिखाई पड़ रही हैं। इन्हीं विफलताओं में प्रमुख हैं—"भू-सुधारों का बण्टाधार, जनस्वास्थ्य व्यवस्था का परिवार नियोजन कार्यक्रम द्वारा अपहरण, सार्वजनिक स्कूल व्यवस्था का अधोपतन, ग़रीबी निवारण कार्यक्रमों में भ्रष्टाचार का नग्न नृत्य, महिलाओं की संज्ञान वृहत्तर भूमिका का निरन्तर दमन एवं स्थानीय लोकतांत्रिक व्यवस्था का अति-भंगुर आधार आदि। इन सभी विफलताओं के पीछे सहयोगी एवं विरोधी दोनों ही प्रकार की जनसक्रियता के अभाव का भी हाथ रहा है। यही कारण है कि सामाजिक आवश्यकताओं विशेषकर अभावग्रस्त जन समुदाय की आवश्यकताओं की सम्पूर्ति की ओर किसी का ध्यान ही नहीं जाता।"

"हमारे अध्ययन से स्पष्ट हो रहा है कि सामाजिक विषमताएँ किस प्रकार सामाजिक सफलताओं की सम्भावनाओं को पंगु बना देती हैं। उत्तर प्रदेश में राजनीतिक शक्ति की अतिविषमताओं ने अधिकांश विकास कार्यक्रमों में राजकीय हस्तक्षेप (योगदान) की प्राथमिकताओं को भी पूरी तरह से विकृत कर दिया है। राजनीतिक प्रक्रिया में अभाव वंचनाग्रस्तों की अतिन्यून भागीदारी केवल वर्ग ही नहीं, जाति एवं लिंग पर आधारित विषमताओं के निरन्तर चल रहे प्रभावों की व्यापकता की ही एक झलक है। साक्षरता को व्यापक बना पाने में विफलता भी इसी सामान्य सामाजिक परिदृश्य का एक अंग ही है। यही बात शिक्षा नीति के रूझानों एवं स्कूल तंत्र की उत्तरदायित्वविहीनता में भी परिलक्षित होती है।"

द्रष्टव्य यह है कि वर्तमान राज्य की भाजपा तथा केन्द्रीय सरकार देश के सबसे बड़े राज्य की इन चुनौतियों से कैसे जूझती है। अभी तक तो पूर्व एवं वर्तमान सरकार में कोई खास अन्तर दृष्टिगोचर नहीं हो रहा है। आवश्यकता है उ.प्र. की शक्तिशाली नौकरशाही में आमूल-चूल संस्थागत परिवर्तन।

प्रो. सेन प्रथम पश्चिम बंगाल में वाम मोर्चा सरकार के बड़े समर्थक थे पर आखिरी वर्षों में उनका उस सरकार से मोहभंग हो गया और वे कोलकाता आकर वाम मोर्चा सरकार पर कड़ा प्रहार करते थे। डॉ. सेन के अनुसार—

"यद्यपि पश्चिम बंगाल के भू-सुधार कार्यक्रम से प्रभावित भू-क्षेत्र तो बहुत सीमित ही रहा, किन्तु उससे ग्रामीण जनता के बहुत बड़े हिस्से को लाभ पहुँचा। बर्गा कार्यक्रम से 14 लाख 40 हज़ार तथा भू-सीमा निर्धारण से 21 लाख 50 हज़ार परिवारों को लाभ पहुँचाया। कुल मिलाकर ये प्रदेश के सारे ग्रामीण परिवारों के आधे के समान रहे। यह सम्भव है कि इन दोनों कार्यक्रमों से लाभान्वित परिवारों में कुछ ऐसे भी रहे हों जिन्होंने दोनों का ही लाभ उठाया हो, पर इस विषय में कोई सन्देह नहीं कि सामान्य से अति सीमित धन सम्पत्तिवाले एवं अनेक अभावों से ग्रस्त परिवारों को इन कार्यक्रमों से प्रत्यक्ष रूप से लाभ मिला है। यद्यपि विभिन्न वर्गों के हितों की

समूहों में निर्णायक बदलाव का आरम्भ तो 60 दशक के भूमि के लिए संघर्ष से ही हो गया था पर उसके दस वर्ष बाद वाममोर्चा ने उस बदलाव को स्थूल रूप देते हुए भूमि के प्रति दावों के पुनः वितरण की ऐसी संस्थागत व्यवस्था की रचना कर डाली जिससे लाखों परिवारों के करोड़ों सदस्यों को लाभ पहुँचा है। हमारे विचार में यह उपलब्धि कोई छोटी-मोटी बात नहीं है। अनेक अति अभावग्रस्तों को मिले आर्थिक लाभ तो बहुत ही ठोस एवं स्थायी है। पश्चिम बंगाल में ग्रामीण क्षेत्रों में दरिद्रता में बहुत तेज़ी से कमी आई है और जनसामान्य में उपयोग के वितरण में अच्छा-ख़ासा सुधार दिखाई देने लगा है।"

वाममोर्चा के सुधारों के पीछे मुख्य शक्ति राजनीतिक संगठन करने और इसे अधिक सुदृढ़ बनाने की आवश्यकताएँ ही रही हैं। इन्हीं आवश्यकताओं ने कृषि के प्रश्नों को राजनीति का एक मुख्य मुद्दा बनाया है। अन्य प्रदेशों आदि की भाँति ही पश्चिम बंगाल में भी समाज के राजनीतिकरण के इतिहास ने ही सामाजिक-राजनीतिक परिवर्तन के स्वरूप की रूपरेखा गढ़ी है। इसी रूपरेखा ने पुनः वितरण की जिन सम्भावनाओं और सीमाओं का निर्धारण किया है, उनके विषय में हमने पहले भी बातचीत की है। भू-पुनर्वितरण कार्यक्रम का चरम ध्येय भू-स्वामित्व की पूर्ण समता नहीं हो सकता क्योंकि ऐसा करने का प्रयास वाम मोर्चा के अपने जनाधार के हितों को ध्वस्त कर सकता है। दूसरे, पुनः वितरण का आधार एक ग्राम को ही माना गया है—अर्थात् उस ग्रामवासियों के बीच ही भूमि का पुनः वितरण हुआ है। अतः भूमिविहीन ग्रामीण ग़रीबों की दशा में सुधार का स्तर तो उस गाँव का भू-वितरण एवं कृषि अर्थव्यवस्था की प्रारम्भिक रचना पर निर्भर रह जाता है।

बाद में वाम मोर्चा सरकार ने अपने घटकों के विरोध के बावज़ूद औद्योगिकीकरण का प्रयास किया पर वे पूर्णतः असफल हो गए क्योंकि उद्योग की उनकी संस्कृति नहीं थी तथा ग्रामों तक पंचायतों के माध्यम से सक्रिय उनका स्वयंसेवक (कैडर) भ्रष्टाचार के पंक में डूब गया। केरल राज्य के प्रो. सेन अति प्रशंसक हैं। डॉ. सेन के अनुसार—

"आज केरल के समक्ष सबसे बड़ी आर्थिक चुनौती रोज़गार एवं भौतिक उत्पादन की समस्याएँ हैं। निम्न तथा शून्य संवृद्धि की वर्तमान स्थिति न तो वांछनीय है और न ही राजनीतिक दृष्टि से व्यवहार्य है (कोई आश्चर्य नहीं कि आज केरल की राजनीति के वामपन्थी नेतागण राज्य की अर्थव्यवस्था में उत्पादन की परिस्थितियों के बदलाव को सबसे आवश्यक काम बता रहे हैं)। केरल के विकास अनुभव और इस स्रोत का भावी विकास दोनों ही वामपन्थियों की दृष्टि से राष्ट्रीय एवं अन्तरराष्ट्रीय महत्त्व के मुद्दे हैं। भारतीय संविधान की व्यवस्थाओं तथा विपक्षीय केन्द्रीय सरकार के अस्तित्व की सीमाओं में बँधे हुए भी केरल के वामपन्थी दल जनता को जिस प्रकार के सामाजिक बदलाव के लिए संगठित कर पाए हैं, उसकी

देशभर में कोई और मिसाल नहीं मिलती। अब यह भी स्पष्ट है कि रोज़गार और उत्पादन बढ़ाने (तथा उत्पादन की दशाओं को बदलने) का काम केरल के विकास के भावी सोपान का एक परिहार्य घटक होगा। पर यह बदलाव पिछली उपलब्धियों पर आधारित उनका पोषणकारी एवं सवंर्द्धनकारी होना चाहिए—इसमें सार्वजनिक सक्रियता के लम्बे इतिहास की उपलब्धियों को नकारकर पूँजीवादी बाज़ार-प्रेरित और केवल आय संवृद्धिकारी विकास युक्ति को जनता पर थोपने का प्रयास नहीं होना चाहिए। ऐसे नव विकास सोपान के लिए केरल में पर्याप्त विशेष संसाधन विद्यमान हैं। यह प्रदेश प्राकृतिक सम्पदाओं से परिपूर्ण, भू-सुधारों से लैस, शिक्षित, प्रशिक्षित एवं राजनीतिक जागृतिपूर्ण श्रमशक्ति से सम्पन्न तथा स्वास्थ्य एवं शिक्षा के क्षेत्रों में अभूतपूर्व सफलताओं से समृद्ध भी है। यहाँ विकास एवं संवृद्धि के मुद्दों के प्रति अति संवेदनशील सशक्त वामपन्थी राजनीतिक आन्दोलन भी विद्यमान हैं जिसने आर्थिक विकास और सामाजिक-राजनीतिक परिवर्तन के लिए नई सामाजिक एकजुटता की रचना करने का बीड़ा उठाया है। यह धारा राज्य में नई स्थानीय स्वशासन संरचना के निर्माण के लिए भी सक्रिय रूप से आन्दोलन में जुटी हैं।

अन्त में एक बार फिर हम इस अध्ययन के मुख्य निष्कर्षों को दोहरा रहे हैं। केरल की सफलताएँ व्यापक जन साक्षरता तथा परम्परागत लिंग, जाति एवं वर्ग प्रबलता के स्वरूप में आमूल बदलाव के कारण सम्भव हो पाई हैं। आज के भारत के सन्दर्भ में केवल इतना कहना पर्याप्त होगा कि केरल की प्रगति रथ के वहन का कार्य वैश्वीकरण और उदारीकरण नहीं बल्कि सतत सार्वजनिक सक्रियता ने ही किया है।

सारांश

विकास की दौड़ में गुजरात और महाराष्ट्र दो ऐसे प्रदेश हैं जो सतत शीर्ष पर रहे हैं। तमिलनाडु, कर्नाटक, केरल का स्वर्णिम त्रिकोण भी दक्षिण में शान्तिपूर्वक तथा धैर्यपूर्वक विकास के पथ पर आरूढ़ है पर जहाँ कर्नाटक में लौह अयस्क माफिया, चन्दन तस्कर तथा निजी इंजीनियरिंग एवं मेडिकल कॉलेज माफिया विकास की रेल को पटरी से उतार सकते हैं, वहाँ आई.टी. की बड़ी-बड़ी कम्पनियों की चकाचौंध में स्थानीय लोगों में समृद्धि की असीमित लालसा भी नकारात्मक कार्य कर रही है। केरल में वामपन्थी सरकारों की बारी-बारी से राजनैतिक हिंसा के दौर सब समय शिक्षा, स्वास्थ्य तथा प्रशासन में ईमानदारी के क्षेत्र में आगे रहनेवाला प्रशासन विकास को छोड़कर क़ानून और व्यवस्था के जाल में फँस सकता है। आन्ध्र प्रदेश में चन्द्रबाबू नायडू एक कुशल प्रशासक हैं पर उनकी भ्रष्टाचार की ख़राब छवि आन्ध्र प्रदेश को पीछे ढकेल रही है। दूसरी ओर नये राज्य तेलंगाना के प्रथम मुख्यमंत्री के. चन्द्रशेखर राव भी आन्ध्र प्रदेश की परम्परागत कुशल प्रशासन की

विरासत को आगे बढ़ाने के लिये प्रयत्नशील हैं पर पृथक् तेलंगाना राज्य आन्दोलन के एकमात्र नेता होने के अपने तानाशाही रवैये को वे नहीं दूर रख सके हैं, जबकि स्वस्थ प्रशासन के लिये यह प्रथम आवश्यकता है। आज भी एस.आर. रेड्डी जैसे मुख्य मंत्री का अभाव दोनों राज्यों को खटकता है जो समस्याओं के मूल में जाकर उन्हें हल करता था। उन्होंने ही प्रदेश में अभूतपूर्व सिंचाई साधन निर्मित करवाये तथा नक्सलवादी आन्दोलन का भूमि-सुधारों तथा शक्तिशाली पुलिस बल ग्रेहाउण्ड्स द्वारा दमन किया।

मध्य प्रदेश में नौकरियों में बड़े पैमाने पर धाँधलियाँ तथा प्रशासन में नीचे स्तर तक भ्रष्टाचार राज्य के विकास में बड़ी बाधा है। साथ-साथ राजनीतिक व्यक्तियों द्वारा खनिज एवं वन माफ़िया को संरक्षण विकास क्रम को पीछे करता है। वहीं मध्य प्रदेश से निकले छत्तीसगढ़ में प्रशासन तंत्र बेहतर है। नक्सली समस्या के कारण कम-से-कम एक चौथाई राज्य में विकास कार्य मन्द है। छत्तीसगढ़ सरकार ने सस्ते दामों पर ग़रीब लोगों तथा नक्सली क्षेत्रों में चावल उपलब्ध कराकर नक्सलियों को परास्त कर दिया है। बाक़ी काम पुलिस तथा केन्द्रीय अर्द्ध सैनिक बलों को करना है। उत्तर प्रदेश तथा बिहार में जब तक भ्रष्टाचार पर नकेल नहीं होती, तब तक विकास के लिए आवण्टित धनराशि ग़रीबों तक नहीं पहुँचेगी। उत्तर प्रदेश तथा बिहार में स्कूलों में बड़े पैमाने पर नकल ने नई पीढ़ी को अकर्मण्य बना दिया है तथा गाँवों का परिवेश विषाक्त हो गया है। गाँवों में शराब तथा जुआ ने सामाजिक सौहार्द तथा कर्म-संस्कृति को नष्ट कर दिया है। उस पर भ्रष्ट राजस्व तंत्र ने लेखपाल के नेतृत्व में तथा पुलिस ने पंचायती व्यवस्था को नाकाम कर दिया है। पंचायती प्रतिनिधि भी शनैः-शनैः सरकारी तंत्र का अनुसरण कर रहे हैं। उत्तर प्रदेश में सरकारी कर्मचारियों तथा अधिकारियों के स्थानान्तरण तथा नियुक्तियों की कोई स्पष्ट नीतियाँ नहीं हैं। फलस्वरूप देश के सबसे बड़े राज्य में तैनातियाँ तथा स्थानान्तरण राजनैतिक व्यक्तियों के लिए एक बड़ा उद्योग हो गया है। जनता समझ नहीं पाती कि कैसे विधायक या सांसद बनते ही व्यक्ति के पास शानदार गाड़ियाँ हो जाती हैं तथा ऐश्वर्यशाली गाड़ियों का काफ़िला हो जाता है। आशा है कि आबादी के हिसाब से भारत के दो प्रमुख राज्य अपने पुराने गौरव को प्राप्त करने का प्रयास करेंगे तथा अपने पिछड़ेपन का कलंक साफ करेंगे। पंजाब प्रदेश कृषि उत्पादन में अग्रणी है पर वहाँ पर बड़े पैमाने पर अकाली दल के भ्रष्टाचार ने राज्य में अवैध ड्रग तस्करी को बढ़ावा दिया जिसका दुष्प्रभाव पंजाब की नई पीढ़ी पर पड़ा। वे कब तक बाहर प्रदेशों से आयातित श्रमिकों के भरोसे कृषि में प्रथम स्थान पर रहेंगे? हिमाचल प्रदेश एक सुसम्पन्न शान्तिप्रिय पहाड़ी प्रदेश है जिसे उत्तराखंड की भाँति हिमाचल स्थित देवों का वरदान हस्तगत है पर इन प्रदेशों में भी राजनीतिक तथा प्रशासनिक भ्रष्टाचार इन प्रदेशों की जड़ों में दीमक की तरह लगकर उन्हें खोखला

बना रहा है। जम्मू और कश्मीर केन्द्रीय सरकार की सहायता तथा अनुदान पर संचालित केन्द्र शासित प्रदेश है पर पाकिस्तान द्वारा प्रायोजित आतंकवाद सब समय प्रशासन का ध्यान उस ओर मोड़े रहता है। सामान्य प्रशासन को तो विकास-कार्यों के लिए पुलिस संरक्षण के बिना काम करना मुश्किल है। वहाँ की आम जनता भी आतंकवादी संगठनों के भुलावे में दिशाहीन हो रही है। उन्हें धर्म की अफीम के नशे से बाहर निकालना प्रथम महत्त्वपूर्ण कार्य है। यह अकेला राज्य प्रशासन नहीं कर सकता। राजनीतिक प्रतिनिधिगण भी आतंकवादियों के भय से उनके विरुद्ध बोलने से डरते हैं। अब तो प्रदेश में स्वयं अपने कई आतंकवादी पैदा हो गए हैं। सरकार तथा सेना सम्मिलित रूप से इन दिशाविहीन युवाओं को विकास के पथ पर लाने का बेजोड़ प्रयास कर रही है। भविष्य ही इसका निर्णय करेगा पर आतंकवाद का हल भी विकास, समाज-सुधार तथा भूमि-सुधारों में निहित है।

उत्तर पूर्वी राज्यों में असम एक प्रगतिशील राज्य है जो अपने चाय एवं तेल क्षेत्रों के लिए सम्पन्न है पर असम में भी बोडों एवं अन्य स्थानीय स्वायत्तता की माँग करनेवाले संगठन समय-समय पर विकास की गति में ब्रेक लगा देते हैं। वैसे सभी उत्तर-पूर्वी राज्य वन्य सम्पदा से सम्पन्न हैं पर वहाँ भरपूर केन्द्रीय अनुदान ने विकास कार्यों में भ्रष्टाचार को पोषित किया है। यहाँ राजनैतिक कर्त्ताधर्ता तथा नौकरशाह मिलकर केन्द्रीय धनराशि की लूट करते हैं, पर इन राज्यों में पृथक् राज्यों या स्वतंत्रता की माँग के कारण केन्द्रीय सरकार चुप्पी साधे रहती है। नागालैंड की तो अजीब समस्या है। कुछ पृथक्तावादी तत्त्व सब समय बन्दूक के बल पर भारत के विरुद्ध विद्रोह का बिगुल बजाकर ठेकेदारों तथा सरकारी नौकरों से धन ऐंठते रहते हैं। वहाँ जैसे प्रशासन है ही नहीं। अरुणाचल प्रदेश एक शान्त राज्य हैं पर वहाँ विकास कार्यों की गति पकड़ने पर चीन इनका विरोध करने लगता है कि उसका अरुणााचल प्रदेश पर सार्वभौमिक अधिकार है। उत्तर-पूर्व में सिक्किम गोवा की भाँति उत्तम प्रशासित राज्य है जिसकी प्रति व्यक्ति आय भी काफ़ी अधिक है। वर्तमान मुख्यमंत्री चामलिंग के नेतृत्व में सिक्किम ने इतनी अधिक प्रगति की है कि लगता है कि विकास और अनुशासन की दृष्टि से हम किसी विदेश की धरती पर हैं। इसी प्रकार त्रिपुरा में ईमानदार मुख्यमंत्री माणिक सरकार ने अपने पच्चीस वर्षों के निरन्तर शासनकाल में त्रिपुरावासियों को एकजुट किया है तथा वे भारतवासियों में सबसे अधिक देशभक्त हैं। इसी प्रकार पश्चिम बंगाल में वाम दल सरकार ने ज्योतिबसु सरकार के लम्बे तीस वर्ष के शासन काल में ग्रामों तक पंचायती व्यवस्था को किले की भाँति सुदृढ़ कर दिया है। ज्योतिबसु एक राष्ट्रीय स्तर के राजनैतिक व्यक्ति थे। अत: वे जनता को बड़े-बड़े विकास के स्वप्न नहीं दिखाते थे। वे कहते थे कि वह भारत की वर्तमान प्रजातांत्रिक तथा संवैधानिक व्यवस्था में उनके लिए बहुत अधिक विकास नहीं कर सकते, फिर भी उन्हें जनता मत देकर

जिताती थी। यह है राजनीति में जनता का अन्धविश्वास। ज्योतिबसु और उनके साथी विनयकृष्ण चौधरी स्वतंत्रता संग्राम में भी प्राय: चौदह-पन्द्रह वर्ष जेल में थे। अत: जनता का दोनों पर अन्ध विश्वास था। ज्योतिबसु केवल कोलकाता के ब्रिगेड मैदान पर अपनी सरकार की असफलताओं या निष्क्रियता का उत्तरदायित्व केन्द्र सरकार के माथे मढ़कर चुनाव जीत लेते थे तथा फिर पाँच वर्ष राज्य करते थे। उनकी मृत्यु के पश्चात् वर्तमान मुख्यमंत्री ममता बनर्जी भी उसी मार्ग पर अग्रसरित हैं। देखना है कि पश्चिम बंगाल की आम जनता कितने वर्षों तक केन्द्रीय सरकार की आलोचना सहन करती रहेगी जबकि दूसरे प्रदेश निरन्तर विकास करके उससे आगे निकल रहे हैं। राजस्थान एक ऐसा राज्य है जहाँ पर अपेक्षाकृत भ्रष्टाचार कम है तथा लोग विकास कार्यों को दृष्टिगोचर करके अपना मत देते हैं। अत: वहाँ कहीं भ्रष्टाचार के आक्षेप आने पर या विकास कार्य कम होने पर सरकार बदल जाती है। यह एक विकास कार्यों के लिए शुभ संकेत है। यदि विकास के नाम पर वोट होने लगे, तो विकास स्वयमेव ही त्वरित हो जाएगा। उड़ीसा भी पूर्ववर्ती सरकारों में भ्रष्टाचार का केन्द्र रहा पर बीजू पटनायक की विरासत ने ऐसा जादू किया कि उनके सुपुत्र नवीन पटनायक निरन्तर मुख्यमंत्री के पद पर आसीन चले आ रहे हैं। यद्यपि उन पर भ्रष्टाचार के आरोप नहीं हैं क्योंकि वे अविवाहित हैं पर उड़ीसा में विकासदर धीमी है तथा जो निर्धनतम जनजाति ज़िले हैं उनकी हालत पूर्ववत् ही है। आज भी ग़रीबी के कारण मौतों या निराहार जीवनयापन के समाचार उड़ीसा से ही आते हैं। कई युवा ज़िलाधिकारी विकास की गति वृद्धि करने का प्रयास करते हैं, पर नक्सलवादियों द्वारा उनका अपहरण या धमकी उनके सद्प्रयत्नों में रोड़ा अटकाती है। गोवा छोटा प्रदेश है तथा अन्तरराष्ट्रीय पर्यटन का केन्द्र है। खनिज पदार्थों के खनन पर सर्वोच्च न्यायालय द्वारा रोक के बावज़ूद गोवा देश के सर्वाधिक समृद्धशाली राज्यों में एक है। भारत की राजधानी दिल्ली सबसे अधिक विकसित राजधानी क्षेत्र है जिसमें भूमि, क़ानून-व्यवस्था आदि केन्द्रीय सरकार के पास है। यहाँ देश के मेधावी व्यक्ति अवकाश प्राप्ति के पश्चात् निवास करते हैं तथा वे देश के सभी भागों में अपना योगदान देते हैं। यहाँ सलाहकार का एक अच्छा पेशा है। केन्द्रीय सरकार भी दिल्ली को शान्त रखने के लिए अपना ख़जाना खोले रखती है। अत: आप जैसी विरोधी सरकार भी शासन में रहने पर दिल्ली राजधानी क्षेत्र निरन्तर विकास करता रहता है। यह राज्य केन्द्रीय सरकार पर आश्रित प्रदेश नहीं है तथा उत्तर-पूर्वी एवं सभी राज्यों से आकर लोग दिल्ली को समृद्ध कर रहे हैं। आशा है कि दिल्ली और विकसित होगा। यहाँ के निर्धन लोगों पर और अधिक ध्यान दिया जाएगा ताकि दिल्ली का परिदर्शन करके हमारे विदेशी अतिथि भारत के विषय में अपना दृष्टिकोण सुधारें तथा देश को निरन्तर विदेशी निवेश, पर्यटन तथा अन्तरराष्ट्रीय सहायता एवं सहयोग प्राप्त होता रहे।

4

कृषि, भूमि-सुधार और खाद्य सुरक्षा

जैसे-जैसे कोई देश तकनीकी की दिशा में प्रगति करता है, कृषि के क्षेत्र में देश की 55 प्रतिशत आबादी संलग्न होती है, परन्तु घरेलू उत्पाद में कृषि का योगदान क्रमश: कम होता जाता है। भारत में कृषि का योगदान 2011 में प्राय: 17.4 प्रतिशत है जबकि यही प्रतिशत जापान में तेरह एवं अमेरिका में चार है। पर जनसंख्या वृद्धि को देखते हुए भारत जैसे विकासशील देश में कृषि की प्राथमिकता को कम नहीं किया जा सकता है—विशेषत: जब भारत अन्तरराष्ट्रीय स्तर पर न्याय का पक्षधर होते हुए शक्तिशाली ख़ेमों का विरोधी क़रार दिया जा रहा हो तथा उसके अपने कुछ पड़ोसियों के साथ सम्बन्धों के क्षेत्र में अनिश्चितता के बादल छाये दिखाई दे रहे हों।

भारत की कृषि को एक जुआ कहा जाता है क्योंकि भारतीय कृषि मुख्यत: मानसून पर निर्भर है। जिस वर्ष अच्छा मानसून हो गया, उत्पादन उत्तम हो गया अन्यथा सूखे की स्थिति आ जाती है। अभी भी हमारे देश में प्राय: पचीस प्रतिशत सिंचित ज़मीन है एवं किसी भी हालत में एक-तिहाई से अधिक सिंचित ज़मीन मानना अतिशयोक्ति होगी।

हमारे देश में वार्षिक उत्पादन की स्थिति इस प्रकार रही—

1947	437 लाख टन
1950-1951	510 लाख टन
1955-56	669 लाख टन
1970-71	1080 लाख टन
1994-95	1910 लाख टन
2007-2008	2160 लाख टन
2008-2009	2340 लाख टन
2013-2014	2650 लाख टन (रिकार्ड उत्पादन)

इस प्रकार 1950-51 से 2013-14 तक खाद्यान्न के उत्पादन में प्राय: 5.2 गुना वृद्धि हुई है।

अत: हमारे देश में कृषि उत्पादन की स्थिति को खराब नहीं कहा जा सकता है। देश में कृषि ज़मीन भी काफ़ी है क्योंकि प्रसिद्ध कृषि वैज्ञानिक डॉ. स्वामीनाथन

के अनुसार 100 लाख हेक्टेयर ज़मीन से 1000 लाख टन खाद्यान्न उत्पन्न किया जा सकता है जबकि हमारे देश में कुल कृषि योग्य भूमि 1630 लाख हेक्टेयर है। प्रश्न यह है कि हम किस प्रकार अपने कृषि-क्षेत्र की व्यवस्था एवं प्रबन्धन को उन्नत करें ताकि हम कृषि-क्षेत्र से निश्चिन्त हो जाएँ एवं अन्य क्षेत्रों की ओर विशेष ध्यान दें जो आज की प्रगति के मापदंड हैं।

कृषि के क्षेत्र में हमारा उत्पादन अन्य विकसित देश की अपेक्षा अत्यधिक कम है। अन्तरराष्ट्रीय स्तर की उत्पादकता उपलब्ध करने के लिए हमें चावल के क्षेत्र में चार गुना, गेहूँ के क्षेत्र में चार गुना से अधिक, मूँगफली के क्षेत्र में साढ़े चार गुना तथा मक्के के क्षेत्र में छह गुना उत्पादन प्रति एकड़ बढ़ाना होगा।

हमारे देश में पंजाब का चावल तथा मध्य प्रदेश एवं पंजाब का गेहूँ के क्षेत्र में उत्पादन का स्तर अत्यन्त ऊँचा है। यह तर्क ठीक नहीं है कि हमारे देश में प्रति व्यक्ति औसत ज़मीन कम होने के कारण ऐसा है क्योंकि जापान एवं मिस्त्र की अपेक्षा हमारे यहाँ प्रति व्यक्ति ज़मीन लगभग दोगुनी है।

हम निम्न पदक्षेत्रों पर गम्भीरतापूर्वक विचार कर सकते हैं—

(क) कृषि के क्षेत्र में छोटी-छोटी विकेन्द्रीकरण सिंचाई सुविधाओं को बढ़ावा दें एवं जल ग्रहण क्षेत्र प्रबन्धन को तेज़ी से लागू करें ताकि वर्षाकाल में प्राप्त उपलब्ध जल बर्बाद न जाए एवं उसका उपयोग शेष वर्ष में किया जा सके।

(ख) कृषि के क्षेत्र में विपणन (मार्केटिंग) की व्यवस्था को चुस्त-दुरुस्त किया जाए ताकि कृषि उत्पादन को ख़रीदनेवाले मध्यस्थों एवं शोषणकर्त्ताओं को हटाया जा सके। सरकार की ओर से नियंत्रित बाज़ार समितियाँ या मंडी समितियाँ हों जो कृषकों को उनके उत्पादों का एक व्यावहारिक मूल्य दिलवा सकें तथा कृषकों को अपने उत्पादों को बेचने के लिए आठ-दस किलोमीटर से अधिक न जाना पड़े।

(ग) सरकार कृषि-क्षेत्र में मृदा परीक्षण की व्यवस्था करे ताकि कृषक तदनुसार अपनी ज़मीन में फ़सल उगाएँ एवं उसके अनुसार रासायनिक उर्वरकों एवं कीटनाशकों का प्रयोग करें।

(घ) कृषि के क्षेत्र में जो विदेशी तकनीक आए उसका प्रयोग कृषकों की मानसिक एवं सामाजिक परिस्थिति को देखकर ही करना चाहिए। उदाहरणार्थ जहाँ एक ओर पंजाब का किसान ट्रैक्टर से कम सोच नहीं सकता वहाँ आदिवासी क्षेत्रों के कृषकों के लिए ट्रैक्टरों तक पहुँच ही पर्याप्त होगी। पर जो भी कृषि-कॉलेजों एवं प्रयोगशालाओं में अनुसन्धान हों उन्हें तुरन्त कृषकों तक पहुँचाने की व्यवस्था हो न कि वे फ़ाइलों में दबकर रह जाएँ। सरकर यह न समझे कि किसानों के लिए कुछ एप्पों का निर्माण करके उनकी इतिश्री हो गई है। सरकार को पूर्व की भाँति कृषि सहायक नियुक्त करना चाहिए जो किसानों के खेतों पर जाकर उनकी उत्पादन सम्बन्धी समस्याओं का निराकरण करें तथा उच्च उत्पादकता के लिए उनका पथ प्रदर्शन करें।

(ङ) कृषि-क्षेत्र में बैंकों, सहकारिता आदि क्षेत्रों द्वारा निवेश बढ़ाया जाए एवं ये संस्थाएँ कृषकों को ऋण देकर ही अपने कर्त्तव्य की इतिश्री न समझें बल्कि उनके उपयोग को भी देखें एवं उपभोक्ता का समय-समय पर उसके खेत में जाकर उसका पथ प्रदर्शन भी करें।

(च) कृषि का क्षेत्र देश के कुल निर्यात का लगभग 35 प्रतिशत निर्यात करता है, पर इस क्षेत्र को विदेशी निवेश के लिए अन्धाधुन्ध रूप से खोलना उचित न होगा क्योंकि हमारे कृषकों का शैक्षिक स्तर ऊँचा नहीं है तथा वर्तमान न्याय-प्रणाली में उनके लिए न्याय की गुहार लेकर दर-दर भटकना सम्भव नहीं है। अत: उनका शोषण के विरुद्ध पदक्षेप लेना कठिन हो जाएगा। ट्रिप जैसी सन्धियों का इसीलिए कृषकों ने विरोध किया एवं कर्नाटक जैसे प्रान्तों में वे कृषक, आन्दोलन सफल हो रहे हैं जो विदेशी वस्तुओं का बहिष्कार कर रहे हैं। हम उस तकनोकी स्तर पर ले जाएँ जिस पर ग्रहणकारी उसे आत्मसात् कर सकें। ऊपर या बाहर से आरोपित कोई भी प्रणाली या तकनीक कभी सफल नहीं हो सकती।

(छ) कृषि के क्षेत्र में लगभग 20 प्रतिशत अनाज भण्डारण की अवैज्ञानिक व्यवस्था के कारण नष्ट हो जाता है। अत: इस ओर भी वैज्ञानिक दृष्टिकोण के प्रचार-प्रसार एवं सरकारी निवेश की आवश्यकता है।

(ज) कृषि-क्षेत्र में जो 44 ज़िले सिचाई के क्षेत्र में अग्रणी थे, उनमें भी उत्पादन अब उस अनुपात में नहीं बढ़ रहा है तथा ज़मीन में कुछ क्षरण आरम्भ हो गया है। अत: यह आवश्यक है कि उर्वरकों का इस्तेमाल निरंकुश ढंग से न हो तथा पर्यावरण प्रदूषण का उचित ध्यान रखा जाए। एक सीमा से अधिक रासायनिक उर्वरकों का लम्बे समय में प्रभाव उल्टा होता है। यह ध्यान रहे कि उर्वरक उत्पादन के लिए है न कि केवल प्रयोग के लिए। रासायनिक उर्वरकों के स्थान पर क्रमश: जैव-उर्वरकों आदि का प्रयोग हो जो कि पर्यावरणीय दृष्टि से भी हितकर सिद्ध हो तथा ज़मीन की उर्वरक क्षमता दीर्घ अवधि में ठीक रहे।

(झ) हमारे देश की प्राय: 55 प्रतिशत जनता कृषि में लगी हुई है। यदि उन्हें इस क्षेत्र में उचित सम्मान एवं मालिकत्व मिले तो वे और मनोयोगपूर्वक काम कर सकते हैं। इसका सम्बन्ध मानव संसाधन विकास में है। कृषि के क्षेत्र में मानव संसाधन विकास का अर्थ है कि जो कृषि करता है, हल चलाता है उसको ही ज़मीन का हक़ मिलना चाहिए। अत: जो सरकारी भूमि है, उसे भूमिहीनों में तुरन्त वितरित करना चाहिए तथा बड़े-बड़े भूमिधरों से ज़मीनें लेकर उन्हें देना चाहिए, भूमि-सुधारों की ओर लोकप्रिय सरकारों को फिर से नई दृष्टि से देखना चाहिए। जो बटाईदार या बर्गादार हैं उनके नाम सरकारी राजस्व आलेखों में अंकित होना चाहिए ताकि उन्हें उनकी प्रिय कृषि भूमि से निरंकुश ढंग से अलग न किया जा सके। कृषक संगठनों को बनाने के लिए भी प्रोत्साहन प्राप्त होना चाहिए क्योंकि ये संगठन ही

कृषकों के हितों की सही अर्थों में रक्षा कर सकते हैं। यदि सरकार इस दिशा में पदक्षेप नहीं लेती तो कृषक नक्सलवादी जैसे उग्रवादी संगठनों के बहकावे में आ जाएँगे एवं आन्ध्र प्रदेश, मध्य प्रदेश, छत्तीसगढ़, बिहार जैसी स्थिति दूसरे प्रान्तों में फैल जाएगी, जबकि पश्चिम बंगाल में भूमि-सुधारों एवं प्रभावी कृषक संगठनों के कारण जहाँ एक ओर कृषि उत्पादकता देश में सर्वाधिक बढ़ी वहाँ ग्रामों में शान्ति स्थापना हुई। शान्ति एवं नियमन ही किसी देश के उन्नयन की नींव है। अत: ग्रामों में पंचायतों के माध्यम से विकेन्द्रीकृत स्वशासन प्रणाली तुरन्त लागू होनी चाहिए। यही गांधी जी का स्वप्न था।

आजकल हमारे देश में तिलहनों एवं दालों का काफ़ी अभाव है। अत: ख़रीफ़ में धान एवं रबी में गेहूँ की फ़सल प्रतिवर्ष लेने के 'फ़सलचक्र' में परिवर्तन करना चाहिए क्योंकि ऐसा न करने से तरह-तरह के खर-पतवार पनपते हैं। इससे ज़मीन की उत्पादकता भी बढ़ेगी तथा देश में तिलहन एवं दालों का उत्तम उत्पादन होने से बहुमूल्य विदेशी मुद्रा की बचत होगी।

वैसे, आजकल किसान बड़ा चतुर है। वह बाज़ार के रुख को दृष्टिगत करते हुए फ़सलें बोता है जैसे कि यदि किसी वर्ष पटसन सस्ते दामों में बिका तो दूसरे वर्ष किसान उसे कम मात्रा में बोयेंगे। फिर भी भोले-भाले किसान बाज़ार के कुचक्रों में फँस ही जाते हैं। वे जिस फ़सल को अपनाते हैं, माँग आपूर्ति चक्र के कारण उसी की आपूर्ति अधिक होने से उसके भावों में कमी आ जाती है। अत: सरकार ने उनकी फ़सलों को डेढ़ गुना लागत पर ख़रीदने का निर्णय लिया है, जो स्वागत योग्य है।

अब किसानों को यह हृदयंगम करना होगा कि उनके खेतों तक जानेवाली सिंचाई की नालियों की मरम्मत उन्हें ख़ुद ही करनी होगी। अब यह दायित्व सरकार स्व सहायता समूहों के माध्यम से किसानों को ही सौंपने जा रही है। प्रथमत: इसलिए क्योंकि लोकप्रिय सरकारों के पास धन का अभाव है, द्वितीय सामुदायिक अंश ग्रहण के कारण सभी व्यक्ति उस सम्पदा को बचाने में जी-जान लगा देते हैं।

ग्रामों में जो ऊसर, बंजर, असिंचित ख़ाली भूमि पड़ी है, उसे युद्ध स्तर पर कृषि योग्य बनाने की आवश्यकता है। यह भूमिहीन किसानों को संगठित करके तथा भूमि सेना गठित करके सफलतापूर्वक किया जा सकता है। इन ज़मीनों पर एग्रो फॉरेस्ट्री को प्रोत्साहित किया जा सकता है।

कृषिजनित उद्योगों को विशेष रूप से किसानों की आमदनी बढ़ाने के लिए प्रोत्साहित किया जा सकता है। जैसे धान की फ़सल का बचा हुआ अंश पुआल। पुआल का महत्त्वपूर्ण उपयोग काग़ज़ उद्योगों में किया जा सकता है। यहाँ तक इसका उपयोग ईंधन के रूप में विद्युत् उत्पादन में किया जा सकता है।

हमारे किसानों में बुद्धि का अभाव नहीं है। वह आजकल के 'जेनेटिक' युग में भी अपनी स्थानीय ज्ञान सम्पदा के आधार पर उच्चकोटि के बीज उत्पन्न करके उत्पादन

बढ़ा सकते हैं। बस उन्हें प्रोत्साहन की आवश्यकता है। अनेक क्षेत्रों में 'स्प्रिंकल' अर्थात् छिड़काव सिंचाई प्रणाली के द्वारा पानी उपलब्ध कराया जाता है। किसानों को फ़सल बीमा का लाभ मिले तथा बैंकों से भी फ़सल के लिए ऋण प्राप्त हो।

अत: आवश्यकता है, आजकल बहुकोणीय सघन फ़सल पद्धति अपनाने की जिससे देश में उत्पादन वृद्धि के साथ-साथ किसानों के पास भी पैसा पहुँचे ताकि वे और उत्साह के साथ कृषि उत्पादन की वृद्धि में मनोयोग से जुटें। इसी में राष्ट्र का कल्याण है।

भूमि-सुधार

भूमि-सुधार और कृषि-क्षेत्र का अन्योन्याश्रय सम्बन्ध है। गांधी जी के नेतृत्व में स्वतंत्रता-संग्राम का यह मूलमंत्र था। फलत: स्वतंत्रता-प्राप्ति के पश्चात् प्राय: सभी राज्यों ने भूमि सुधार सम्बन्धी कानून लागू किए पर शायद भारत के संविधान निर्माताओं से यह चूक हो गई कि उन्होंने भूमि-सुधारों को राज्य की नीति निदेशक तत्त्वों की सूची में सम्मिलित नहीं किया। यद्यपि नवीं अनुसूची में भूमि-सुधार सम्बन्धी क़ानूनों को सम्मिलित करके उन्हें संवैधानिक सुरक्षा छतरी प्राप्त हो गई पर परवर्ती सरकारों के लिए ऐसे क़ानूनों को बनाना तथा उनके अनुपालन सम्बन्धी बाध्यता नहीं रही। अत: स्वतंत्रता के बाद की पीढ़ी इन क़ानूनों की महत्ता को शनै:-शनै: भूलती गई एवं अब तो भूमि-सुधारों के प्रति गम्भीरता लुप्तप्राय हो गई है। पर ख़ुशी की बात यह है कि संयुक्त राष्ट्र संघ तथा विश्व बैंक ने भूमि-सुधारों के महत्त्व को नये सिरे से समझा है तथा भूमि-सुधारों से सम्बन्धित स्वैच्छिक मार्गदर्शक सिद्धान्त (वालण्टरी गाइडलाइन्स) अपनाये हैं जो मई, 2012, विश्व खाद्य सुरक्षा समिति के अड़तीसवें विशेष अधिवेशन में पारित हुए। भारत संयुक्त राष्ट्र संघ का सदस्य है तथा संसार के निर्धनों का मुखर प्रवक्ता है। अत: ग़रीबी निवारण के सन्दर्भ में यह आज और भी आवश्यक है कि हम भारत में भूमि-सुधार सम्बन्धी कार्यक्रमों पर आत्मविश्लेषण करें। भारत की अपनी समस्याएँ हैं जैसे नक्सलवाद की समस्या। नक्सलवाद की समस्या का आधारभूत हल भी भूमि-सुधारों के उचित कार्यान्वयन में है। प्राय: जिन राज्यों में भूमि-सुधार मन्थर गति से हुआ है, उन राज्यों में नक्सलवाद की समस्या अति विकराल स्वरूप में है। भारत की प्राय: पचपन प्रतिशत जनसंख्या अभी भी ग्रामों में रहती है तथा प्रत्यक्ष या अप्रत्यक्ष रूप से कृषि पर निर्भर रहती है। अत: इस क्षेत्र में भूमि-सुधारों को लागू करके ग्रामों तथा ग्रामवासियों की आर्थिक दशा में सुधार लाया जा सकता है। हम जितना ही निर्धन जनता को रोज़गार देनेवाली या सीधा धन उपलब्ध करानेवाली योजनाएँ लागू करें पर भूमि-सुधारों के बिना उनका स्थायी लाभ नहीं होगा और वे जल में बुलबुले की भाँति असफल होकर अपना वजूद खो देंगी। अन्न के बदले काम की योजनाएँ कितने मुखों को खिलाएँगी? गाँव में ज़मीन व्यक्ति की पहचान है तथा बटाई पर खेती

करनेवाला किसान भी यह नहीं चाहता कि उसको ज़मीन मालिक किसी भी मुहूर्त्त में अपनी इच्छा से निकाल दे। बटाई में स्थायित्व होने पर वह ज़मीन पर और अधिक लगन से काम करेगा। वह उन ज़मीनों पर बाड़ लगाएगा तथा सिंचाई की व्यवस्था करेगा तथा स्थानीय उपलब्ध खाद डालेगा। उसके परिवार के सभी लोग उसके साथ खेती में जुटेंगे इससे अधिक उत्पादन होगा। वैसे भी यह जीविका का मौलिक अधिकार है कि राज्य व्यक्ति को उसकी योग्यता के अनुसार उसे परिश्रम करने का अवसर प्रदान करे। बड़े आश्चर्य की बात है कि उड़ीसा में 74 प्रतिशत ज़मीन या तो सरकार के पास है या वन विभाग के अन्तर्गत है। बेचारे आदिवासी केवल बँधुआ मज़दूर की भाँति सरकार की ओर ताकते रहते हैं। छत्तीसगढ़ के कुल 21,395 वर्ग किमी. अर्थात् 30 लाख एकड़ ज़मीन का स्वामित्व ठीक नहीं है। इसमें या तो ज़मीन कृषि योग्य नहीं है अथवा वन से आच्छादित है अथवा ज़मीन के आलेख उपलब्ध नहीं हैं। इससे अधिक स्वतंत्रता के पश्चात् लोकप्रिय सरकारों के लिए क्या अपमान की बात है? वे तो दुनिया के सामने हास्य के पात्र हैं। समस्या का स्वरूप यह है कि आज भी सीमा से अधिक सरकार में निहित भूमि दिसम्बर, 2012 तक 17,603 लाख छोटे किसानों में नहीं बाँटी जा सकी है। सरकारी पतित ज़मीन तथा भूदान ज़मीनों का तो ठीक हिसाब ही नहीं। यह तो कोई नीतिगत सवाल नहीं है। केवल विभिन्न राज्यों के राजस्व विभागों की व्यर्थता है। हम यह सवाल छोड़ ही दें कि सरकार अधिकतम जोत सीमा कम करे या बटाईदारों को उनका अधिकार उपलब्ध कराए। कम-से-कम जो ज़मीनें बेकार में पड़ी हुई हैं। देश के हित में उन पर कृषि हो तथा उत्पादन वृद्धि से जैसे पश्चिम बंगाल के बर्गादरों ने अपने नाम सरकारी आलेखों में पाकर ज़मीनों पर अधिक परिश्रम किया और भारत की भूमि का शस्य-श्यामला नाम चरितार्थ किया।

यदि हम आज के वैश्वीकरण के युग में ज़मीन से जुड़े सवालों पर विचार करें तो हम पाएँगे वे ही देश आज भूमंडलीकरण या वैश्वीकरण के युग में आगे हैं जिन्होंने अपने देश में पड़ी हुई कृषि योग्य ज़मीनों को भूमिहीन परिवारों में बाँट दिया है। उदाहरणार्थ चीन ने 90 और जापान में 94 प्रतिशत सरकारी ज़मीनों का वितरण कर दिया है तथा जापान में 81 प्रतिशत भूमिहीन परिवारों को सरकार की ओर से ज़मीन मिल चुकी है जबकि भारत में कुल सरकार में निहित ज़मीन का प्राय: 5 प्रतिशत ही 28 प्रतिशत से कम भूमिहीन परिवारों में वितरित हुई है। इसमें वे राज्य भी सम्मिलित हैं जिन्होंने इस क्षेत्र में उत्तम काम किया है जैसे पश्चिम बंगाल, केरल, जम्मू एवं कश्मीर तथा कर्नाटक।

संयुक्त राष्ट्र संघ द्वारा पदक्षेप

आजकल जीविका के लिए काम करने को मौलिक अधिकार माना गया है। यदि व्यक्ति काम करना चाहता है, तो संवैधानिक सरकार उसे काम देने के लिए बाध्य है।

यह विचार भारत में भी न्यायालयों द्वारा अपने निर्णयों में प्रतिस्थापित किया जा चुका है। संयुक्त राष्ट्र संघ के खाद्य एवं कृषि संगठन ने स्वैच्छिक मार्गदर्शक सिद्धान्तों के अन्तर्गत सरकारी ज़मीनों के साथ-साथ, वन एवं मत्स्य क्षेत्रों को भी इसमें शामिल किया है। स्वैच्छिक मार्गदर्शक सिद्धान्तों के कुछ निम्न मुख्य विचारणीय बिन्दु हैं—

(क) भूमि, मत्स्य क्षेत्र तथा वनों के उपयोग में अधिक समानता हो,

(ख) लोगों को ज़ोर-ज़बर्दस्तीपूर्वक उन्हें खेती के अधिकार से वंचित न किया जाए,

(ग) क़ानून, नीतियों तथा उनके परिपालन में भेदभाव न हो।

(घ) अधिक पारदर्शी तथा विकेन्द्रीकृत निर्णय-प्रक्रिया हो।

इसका सुफल यह होगा कि व्यक्ति अपने परिवार की आवश्यकता के लिए तो खाद्य उत्पादन करेगा ही, साथ-साथ बाज़ार में अधिक पैदावार बेचकर अपने रहने तथा ख़राब समय के लिए खाद्य एवं आमदनी की व्यवस्था करेगा। इससे वनों के आस-पास तथा वनों पर निर्भर लोगों विशेषत: आदिवासियों के परम्परागत, जीवन-निर्वाह सुनिश्चित होगा जैसे भारत में स्टॉर्फा अधिनियम के अन्तर्गत किया जा रहा है।

जो स्वयं खेती करते हैं उन्हें खेती करने के लिए फिर से ज़मीनें बाँटकर अर्थात् बड़े-बड़े भूमि-मालिकों से ज़मीनें लेकर भूमिहीनों में बाँटकर, उनकी ज़मीनों को उपजाऊ बनाकर तथा भूमि मालिकों को उचित मुआवजा देकर सरकारें भूमि के क्षेत्र में स्थायित्व लायेंगी जिससे अन्नोत्पादन में वृद्धि होगी।

इसके लिए आवश्यकता है कि सरकारी प्रशासन विशेषत: भूमि-प्रशासन चुस्त-दुरुस्त हो तथा राजस्व न्यायालय तथा अदालतें त्वरित, सस्ता तथा सरल न्याय प्रदान करें।

भूमि-सुधार एवं उत्पादकता

जो खेती करता है, उसी का ज़मीन पर अधिकार होना चाहिए। यह एक सर्वमान्य सिद्धान्त है पर निजी सम्पत्ति के अधिकार ने विशेषत: भूमंडलीकरण के दौर में इसे सीमित कर दिया है। आजकल खेती करने का अधिकार भी शनै:-शनै: संविदा पर आधारित होता जा रहा है अर्थात् यदि भूमि स्वामी तथा काश्तकार में कोई सहमति, करार या संविदा हुआ है तो ज़मीन पर खेती एवं उसके उत्पादन का भाग-बँटवारा उसी के अनुसार होगा। भारत जैसे ब्रिटिश क़ानून को माननेवाले देशों में यह क़रार दोनों पक्षों के व्यवहार या कार्यकलापों से भी प्रमाणित या निर्णीत हो सकता है, विशेषत: ग्रामीण क्षेत्रों में जहाँ प्रत्येक सहमति या समझौता को लिखा नहीं जाता वहाँ इस विधि-व्यवस्था को क़ानूनी जामा पहनाना अत्यावश्यक है। इसका एक तुरन्त परिणाम यह होगा कि अस्थायी अवधि के लिए दूसरे की ज़मीन पर खेती करनेवाला और अधिक परिश्रम एवं लगाव से काम करेगा। यदि उसे प्रत्येक वर्ष

खेती करने के लिए ज़मीन बदलना पड़े तो वह न तो कोई ज़मीन पर मेड़ बनाएगा और न ही अपनी झोंपड़ी बनाएगा और न ही उसका ज़मीन पर कोई निवेश करने की इच्छा होगी। अत: सुरक्षित काश्तकारी प्रणाली होने से समाज या देश के हित में अन्नोत्पादन बढ़ेगा जो कि प्रत्येक कृषि-तंत्र या राज्य-व्यवस्था का लक्ष्य है। फिर वह अपने परिवार के सभी सदस्यों को ज़मीन पर लगाता है जिनके पास प्रचुर खाली समय है। वे नहीं जानते हैं कि वे उनके ख़ाली समय या परिश्रम का कहाँ उपयोग करें। ये प्रयोग भारत सहित चीन, दक्षिणपूर्वी एशिया एवं अफ्रीका में अति सफल हुए। पश्चिम बंगाल में पन्द्रह लाख बर्गादरों तथा बीस लाख भूमिहीनों को ज़मीनें देकर तथा सरकारी आलेखों में उन्हें पंजीकृत करने के पश्चात् प्रदेश का कृषि-उत्पादन, अप्रत्याशित रूप से बढ़ गया एवं पश्चिम बंगाल अन्नोत्पादन में स्वावलम्बी हो गया जबकि उसके पूर्व वह प्रान्त के बाहर से आयात पर निर्भर था। ऐसा ही केरल तथा महाराष्ट्र में हुआ। सरकारी आलेखों में काश्तकारों तथा पट्टेदारों के नाम चढ़ जाने से उन्हें बैंकों तथा अन्य स्रोतों से ऋण उपलब्ध हो जाते हैं तथा यह क्षेत्र जो प्रत्येक अर्थतंत्र का संकटग्रस्त क्षेत्र है, चिन्ता से मुक्त हो जाता है। अत: आवश्यकता है कि सभी देशों में अनौपचारिक काश्तकारों की खोज एवं पहचान करके उनका सरकारी आलेखों में नाम पंजीकृत कराए जाएँ जिनमें यह स्पष्ट हो कि उनकी काश्तकारी कितने वर्षों के लिए है। यदि भूमि-स्वामी वास्तव में स्वयं खेती करना चाहे तो उसे किसी भी समय अपनी ज़मीनों पर खेती करने का अधिकार मिले तथा काश्तकारों को उन ज़मीनों से बेदख़ल करके उन्हें अन्य ज़मीन उपलब्ध कराई जाएँ। प्रत्येक खेती करने में सक्षम व्यक्ति को ज़मीन उपलब्ध कराना सरकारी तंत्र का नैतिक एवं मौलिक दायित्व है जो काश्तकारों के जीवन-सम्बन्धी तथा मानवीय अधिकारों को सुनिश्चित करता है। यह कहना भ्रामक है कि सरकारी ज़मीनें बची ही नहीं। वे अजस्त्ररूप में उपलब्ध हैं। बस उन्हें देखने के लिए समानता का चश्मा पहनना पड़ेगा। यदि ज़मीनें ना भी उपलब्ध हों तो सरकार ज़मीनें ख़रीदकर भूमिहीनों को वितरित करे। जहाँ काश्तकारी प्रथा प्रचलित है, वहाँ जागरुकता तथा जनजागरण अभियान हों तथा अधिकार पाने के लिए स्वैच्छिक संगठन, ग्राम पंचायतें तथा कृषक संगठन उनकी सहायता करें।

अत: भूमि-सुधारों के माध्यम से देश में खाद्य सुरक्षा को सहायता मिलेगी। यह एक आश्चर्य का विषय है कि राजनैतिक दल भूमि-सुधारों को कार्यान्वयन से क़तरा रहे हैं। केरल, पश्चिम बंगाल तथा त्रिपुरा को छोड़कर किसी भी राज्य में भूमि सुधारों को प्राथमिकता नहीं है। राजनैतिक दल, नौकरशाही की भाँति यथास्थिति (स्टेटस को) में विश्वास रखने लगे हैं। वे नहीं चाहते कि ऊपर से शान्त दिख रहे समाज में खलबली मचे। पर वे यह नहीं समझ रहे हैं कि एक-न-एक दिन यह ज्वालामुखी फटकर उन्हें ही भस्म कर देगा जैसा कि समय-समय पर किसान-आन्दोलनों द्वारा

दृष्टिगोचर होता है। शायद प्रत्येक राजनीतिक दल का आधार उसका समर्थक वह मध्यम वर्ग है जो भूमि-सुधारों के लागू होने से उनका साथ छोड़ देगा। पर वे यह भूल जाते हैं कि उनकी स्वामिभक्ति अस्थायी है जबकि किसानों, भूमिहीनों तथा बटाईदारों की उनके प्रति स्वामिभक्ति स्थायी होगी जैसा पं. बंगाल में हुआ। यह समझ में नहीं आता कि नक्सलवाद से प्रभावित राज्य जैसे बिहार तथा छत्तीसगढ़ भी भूमि-सुधार तो दूर, राज्य के भूमि आलेखों का आधुनिकीकरण नहीं कर रहे हैं, जबकि इस कार्य के लिए केन्द्रीय सरकार की ओर से प्रचुर अनुदान उपलब्ध हैं।

ग्रामों में स्वरोज़गार योजनाएँ

भारत में किसान पूरे वर्ष काम नहीं पाता है। इसलिए उसे कम-से-कम 4-5 मास के लिए मज़दूरी मिलना अत्यावश्यक है। इसके लिए सरकार ज़मीन काटने, समतल करने, तालाबों की खुदाई इत्यादि श्रमपरक योजनाएँ चलाती है। सन् 2005 में महात्मा गांधी नेशनल रुरल इम्प्लॉयमेंट गारंटी ऐक्ट, 2005 (मनरेगा) के संसद द्वारा पास होने के पश्चात् यह केन्द्रीय सरकार का उत्तरदायित्व हो गया है कि वह इस अधिनियम के अन्तर्गत श्रम माँगनेवाले परिवार को 100 से 150 दिन की मज़दूरी का काम प्रदान करे। इन योजनाओं में 60 प्रतिशत श्रम तथा 40 प्रतिशत सामान का अंश रहता है। यह देश की सर्वप्रमुख रोज़गार सृजन योजना है जिस पर देश को गर्व है तथा इसकी अन्तरराष्ट्रीय संस्थाएँ भी प्रशंसा कर चुकी हैं। इन योजनाओं में से प्राय: पचास प्रतिशत ग्राम पंचायतों द्वारा कार्यान्वित की जाती हैं जो सूचियाँ बनाकर ज़रूरतमन्द परिवारों को काम पर लगाते हैं तथा उनको निम्नतम मज़दूरी के आधार पर उनके खाते में भुगतान करती हैं। इस योजना की यह बड़ी कमज़ोरी है कि 2013-14 में, 50,000 करोड़ रुपयों में से केवल 40-42 प्रतिशत धनराशि निम्नतम स्तर पर पहुँची तथा उसमें से केवल एक-तिहाई धनराशि के बराबर ग्रामीण भारत में सम्पदा निर्माण हुआ। एक रपट के अनुसार 2012-13 से 2017-18 तक जहाँ 97 प्रतिशत परिवारों ने श्रम की माँग की, वहाँ 87 प्रतिशत परिवारों को काम मिल सका। जहाँ प्रत्येक परिवार के लिए वर्ष में 50 दिन का प्रावधान था, वहाँ 2017-18 में घटते-घटते 39 दिन रह गया। यह एक चिन्तनीय विषय है। अन्य सरकारी योजनाओं की भाँति इस योजना में भी भ्रष्टाचार व्याप्त है। इसके बावजूद मनरेगा योजना के अन्तर्गत काफ़ी अच्छा काम हुआ। निम्न कार्य प्रशंसनीय हैं—

(1) सिक्किम में सोतों का उद्धार— राज्य का 80 प्रतिशत जल सिक्किम में पहाड़ों के सोतों से आता है। इनमें कई सूख गए थे। विभागों एवं स्वयंसेवी संस्थाओं के माध्यम से मनरेगा के अन्तर्गत 2009 से 2013 तक चार वर्षों में 40 सोतों तथा 4 झीलों को पुनरुज्जीवित किया गया जिससे 400 हेक्टेयर ज़मीन में सिंचाई हुई तथा 15 हेक्टेयर में बाग़वानी लगाई गई।

(2) आन्ध्र प्रदेश में निर्धन किसानों की अनुपयोगी ज़मीन का पुनरुद्धार— आन्ध्र प्रदेश के चित्तूर ज़िले के इरागट्टा खंड के अन्तर्गत कुरापर्थी वरिपाले ग्राम पंचायत ने जंगल, झाड़ियाँ साफ़ करके, पत्थरों के बाँध बनाकर तथा सिचाई की नहरें काटकर प्राय: 45 हेक्टेयर ज़मीन को सरसब्ज़ बनाया। इसमें प्रत्येक लाभार्थी को प्रत्येक वर्ष 90,000 रुपए की आय हुई। ये ज़मीनें प्राय: तपशील जाति तथा जनजाति के लोगों की थी। इससे यह भी मिथ्याभाव दूर हुआ कि बेकार पड़ी ज़मीनों को भूमिहीनों में नहीं वितरित किया जा सकता है।

(3) समुद्री किनारे चरागाह का विकास— उत्तर तथा मध्य अण्डमान में स्थानीय आदिवासियों ने मनरेगा के अन्तर्गत प्राय: 60 हेक्टेयर में बाग़वानी का विकास किया तथा 90 हेक्टेयर को चरागाह में बदल दिया। इस प्रकार बेकार पड़ी ज़मीन को उपजाऊ बनाया गया।

अत: मनरेगा के अन्तर्गत निर्धनतम परिवारों को भूख की लपेट से बचाया जा सकता है तथा बेकार पड़ी ज़मीनों को उपजाऊ बनाया जा सकता है। इसी प्रकार गाँवों में बहुत-सी समस्याएँ हैं जिनका समाधान इस योजना के अन्तर्गत किया जा सकता है। आवश्यकता है कि इस योजना के अन्तर्गत कार्यक्षेत्र का विस्तार किया जाए तथा इस योजना के अन्तर्गत सरकार प्रचुर धनराशि आवण्टित करे। एक उत्तम प्रशासनिक कार्य हुआ कि श्रम पर आनेवाले लोगों को मज़दूरी प्राप्त होने में देरी नहीं होती पर पंचायत प्रधान से लेकर स्थानीय कर्मी ग़रीब मज़दूरों का शोषण करने से नहीं चूक रहे हैं। इस कारण इन योजनाओं के अन्तर्गत ग्रामीण भारत में सम्पदा-निर्माण या अवसंरचनात्मक उन्नति के कार्य नहीं हो रहे, जिससे ग्रामीण भारत को ही नहीं बल्कि देश को क्षति पहुँच रही है। आशा है कि मनरेगा के अन्तर्गत निगरानी समितियों को सशक्त बनाकर तथा कार्यान्वयन में संलग्न पंचायत प्रतिनिधियों तथा अधिकारियों की जवाबदेही तथा दंड निर्धारित करके योजना को सफल बनाया जा सकता है।

खाद्य सुरक्षा— भारत में खाद्य सुरक्षा एक अहम मुद्दा है। भारत में धर्म सिखाता है कि व्यक्ति के जन्म लेने के पूर्व ईश्वर उसके भोजन का प्रबन्ध कर देता है, जबकि वर्तमान वैश्वीकरण के पण्डा कहते हैं कि उदारीकरण के माध्यम से इतना धन उत्पन्न होगा कि इन सभी समस्याओं का समाधान हो जाएगा, पर आजकल समस्या बढ़ती ही जा रही है। कई ज़िलों में विशेषत: ओडिशा के कोरापुत ज़िले में भूख से मरने की घटनाएँ प्रत्येक वर्ष बढ़ती रहती हैं। भारत में सबसे अधिक प्रभावित राज्य हैं—बिहार, ओडिशा, उत्तर प्रदेश, मध्य प्रदेश एवं राजस्थान।

जब तक खाद्यान्न का उत्पादन जनसंख्या की वृद्धि के दर से अधिक है तो चिन्ता का विषय नहीं है, यद्यपि असमानता के कारण भूख से मरने की घटनाएँ यहाँ-वहाँ घट सकती हैं। 1950-51 से 2006-07 तक भारत में खाद्यान्न औसतन

वार्षिक दर से 2.5 प्रतिशत **बढ़ा**, जबकि भारत की जनसंख्या में औसत वृद्धि 2.1 प्रतिशत की दर से हुई। भारत में 1999-2007 में खाद्यान्न, 1.2 प्रतिशत की दर से कम हुई। फलत: 1990-2006 में प्रति व्यक्ति प्रतिदिन खाद्यान्नों का उपयोग 468 ग्राम से 412 ग्राम हो गया तथा दालों का उपयोग 42 ग्राम से घटकर 33 ग्राम हो गया।

विश्व में 717 करोड़ जनसंख्या में प्राय: 85.2 करोड़ व्यक्ति ग़रीबी रेखा से नीचे हैं, जिसमें भारत की 126 करोड़ जनसंख्या में लगभग 40 करोड़ व्यक्ति ग़रीबी रेखा से नीचे हैं, इसलिए उनके लिए खाद्य सुरक्षा आवश्यक है। ये वे लोग हैं जिनकी 20 रुपए प्रतिदिन आमदनी भी नहीं है, अन्तरराष्ट्रीय मानक एक डॉलर प्रतिदिन से तो वे काफ़ी दूर हैं। रुपए या डॉलर तो ऊपर-नीचे बाज़ार में होता रहता है पर अर्थशास्त्रियों के अनुसार कम-से-कम भारत में एक कृषक को प्रत्येक दिन 2250 कैलोरी ऊर्जा प्राप्त होनी चाहिए, जोकि 518 ग्राम खाद्यान्न से आ सकती है। स्वास्थ्य मानकों के अनुसार उसे 2825 कैलोरी प्राप्त होनी चाहिए, जबकि भारत में औसत रूप से प्रत्येक व्यक्ति 2104 (1988) कैलोरी उपलब्ध है।

इस प्रकार भारत की 126 करोड़ की जनसंख्या के लिए भारत को 22.7 करोड़ टन खाद्यान्न की आवश्यकता है, जबकि सन् 2040 तक भारत की 200 करोड़ जनसंख्या के लिए 30 करोड़ टन खाद्यान्न की आवश्यकता होगी।

वर्तमान स्थिति— अपनी कम-से-कम उदर पूर्ति के लिए व्यक्ति को न्यूनतम रूप से दो चीज़ें उपलब्ध होनी चाहिए।

सन्तोषजनक पौष्टिक आहार, सामान्य स्तर का कपड़ा, एक उचित ढंग का मकान और अन्य कुछ सामग्रियाँ जो किसी भी परिवार के लिए आवश्यक हैं।

व्यक्ति की दूसरी आवश्यकता न्यूनतम शिक्षा प्राप्त करने की है, जिससे वह अपनी दैनिक गतिविधियाँ चला सके तथा शोषित न हो। इसके साथ-साथ उसे स्वास्थ्य सुविधाएँ मिलनी चाहिए, पीने का स्वच्छ पानी उपलब्ध हो तथा साफ-सुथरा पर्यावरण प्राप्त हो। भारत का योजना आयोग उपरोक्त दो आवश्यकताओं को मूलभूत आवश्यकताएँ मानता है। इनके अभाव में व्यक्ति का जीवित रहना कठिन है और यह सरकारों का दायित्व है कि वह इन बुनियादी आवश्यकताओं की पूर्ति करे। वे व्यक्ति जो अपनी मूलभूत आवश्यकता अर्थात् रोटी, कपड़ा और मकान की व्यवस्था नहीं कर सके, वे ग़रीबी रेखा के नीचे हैं।

ऐसा नहीं है कि सरकारों ने भुखमरी को दूर करने के लिए प्रयास नहीं किए, पर यह यथार्थ है कि सरकारी प्रयास अभी तक अपना अभीष्ट लक्ष्य प्राप्त नहीं कर सके।

विभिन्न सरकारों ने जैसे बिहार तथा उत्तर प्रदेश ने ग़रीबों को निम्न प्रकार से राशन कार्ड दिए हैं जिनके द्वारा ग़रीबों को भूख से लड़ने में बहुत सहायता मिल जाती है।

पीला राशन कार्ड (अन्त्योदय)— ग़रीबी रेखा (बी.पी.एल.) से नीचेवाले लोगों को।

लाल राशन कार्ड—ग़रीबी रेखा (बी.पी.एल.) ने नीचेवालों को।

हरा राशन कार्ड—ग़रीबी रेखा से ऊपर (ए.पी.एल.) वालों को।

उजला कार्ड (अन्नपूर्णा)—मुफ्त अनाज।

प्राय: प्रथम तीन कार्ड ही राज्यों में प्रचलित हैं।

वर्तमान में ग़रीबी रेखा के नीचे ग़जर-बसर करनेवाले लाभार्थी, 7 किलो गेहूँ 4.15 रुपए प्रति किलो की दर से या चावल 6.65 रुपए प्रति किलो की दर से ले सकेगा, जबकि ग़रीबी रेखा के ऊपर गुज़र-बसर करनेवाले लाभार्थी को अनाज के न्यूनतम समर्थन मूल्य से आधी क़ीमत पर 3 किलो अनाज प्रतिमाह दिया जाता है। अन्त्योदय अन्न योजना कार्डधारकों को महीने में 35 किलो अनाज 3 रुपए किलो चावल, 2 रुपए किलो गेहूँ और एक रुपया किलो की दर से ज्वार (मोटा अनाज) मिलेगा। राष्ट्रीय खाद्य सुरक्षा विधेयक 2013 पास होने के पश्चात् लाभार्थी को पाँच किलो चावल, गेहूँ और मोटा अनाज क्रमश: 3, 2 और 1 रुपए प्रति किलो की दर से मिलेगा।

गर्भावस्था के दौरान और शिशु-जन्म के पश्चात् छह माह तक मुफ्त भोजन दिया जाएगा। गर्भवती और धाय माँ को न्यूनतम 6,000 रुपए का मातृत्व भत्ता मिलेगा। 6 महीने से 6 वर्ष की आयु के बच्चों के लिए नि:शुल्क भोजन का प्रावधान है जो स्कूलों तथा आँगनबाड़ी केन्द्रों पर उपलब्ध है। 6 वर्ष से 14 वर्ष की आयु के बच्चों के लिए नि:शुल्क मध्याह्न भोजन तथा कुपोषण के शिकार बच्चों के लिए नि:शुल्क भोजन उपलब्ध है।

मनरेगा योजना के अन्तर्गत गाँवों में बेरोज़गारों को कम-से-कम 50 दिनों के लिए न्यूनतम मज़दूरी पर कार्य दिया जाएगा।

वर्तमान व्यवस्था में कमियाँ

(क) सार्वजनिक वितरण-प्रणाली (पी.डी.एस.) के अन्तर्गत ही सरकारों द्वारा अनाज वितरण किया जाता है, पर इस प्रणाली में भ्रष्टाचार घुन की भाँति लग गया है, फिर भी इस प्रणाली का कोई विकल्प नहीं है। एकमात्र विकल्प है, इस प्रणाली से सम्बन्धित अधिकारियों के मध्य व्याप्त भ्रष्टाचार का उन्मूलन करना, जिससे सार्वजनिक वितरण-प्रणाली स्वयमेव उन्नत हो जाएगी। यदि ग़रीबों की बैंकों में धनराशि जमा की गई, तो वे फिर गाँवों के बिचौलियों, दलालों एवं भ्रष्ट व्यक्तियों के दलदल में फँस जाएँगे, क्योंकि वे बाज़ार के हवाले हो जाएँगे अर्थात् बीमारी का ग़लत इलाज बीमारी को और गम्भीर बना देगा।

(ख) खाद्यान्न वितरण में कमी होने से अनाज का आयात होता है। इस मामले में छत्तीसगढ़ सरकार ने उत्तम कार्य किया है, जिसमें अनाज का ज़्यादा-से-ज़्यादा संग्रहण स्थानीय स्तर पर किया जाता है। इससे कई लाभ हैं। प्रथम तो खेती को

स्थानीय स्तर पर बढ़ावा मिलता है। ज़्यादा दूरी से अनाज मँगाने से उसकी बर्बादी के साथ ही उस पर ढुलाई ख़र्च भी अधिक होता है।

(ग) भूख का सम्बन्ध आजीविका के साधन न होने से है। इसलिए भूख की समस्या का निदान बेरोज़गारों को उनकी क्षमता के हिसाब से नौकरी के अवसर उपलब्ध कराने से हो सकता है।

(घ) खाद्यान्न के भण्डारण में काफ़ी ख़ामियाँ हैं जिससे देश में काफ़ी अनाज प्रतिवर्ष सड़कर नष्ट हो जाता है। ठीक से भण्डारण नहीं होने से अनाज बारिश में भीग जाता है या सम्बद्ध अधिकारियों द्वारा उचित क़दम न उठाने से कीड़े आदि लगने से संगृहीत अनाज की गुणवत्ता नष्ट हो जाती है।

खाद्य-सुरक्षा सम्बन्धी रणनीति

लोकसभा ने 26 अगस्त, 2013 को खाद्य सुरक्षा विधेयक पारित करके देश से भूख की समस्या को मिटाने की दिशा में एक ऐतिहासिक क़दम उठाया है। यह क़ानून देश की दो-तिहाई जनसंख्या को अनाज उपलब्ध कराएगा। अधिनियम के प्रावधानों के अन्तर्गत देश की 67 प्रतिशत जनता को खाद्य सुरक्षा प्रदान की जाएगी। यदि सरकार लाभार्थियों को अनाज उपलब्ध कराने में विफल रहेगी, तो उन्हें खाद्य सुरक्षा देगी।

इस अधिनियम के मुख्य प्रावधान हैं—

लक्षित 75 प्रतिशत ग्रामीण एवं 50 प्रतिशत शहरी जनसंख्या को सार्वजनिक वितरण-प्रणाली से कम क़ीमत पर अनाज लेने का वैधानिक अधिकार।

लाभार्थी को पाँच किलो चावल, गेहूँ या मोटा अनाज लेने का वैधानिक अधिकार।

लाभार्थी को यह अधिकार होगा कि वह पाँच किलो चावल, गेहूँ या मोटा अनाज क्रमश: 3, 2, और 1 रुपए की दर से प्राप्त कर सके।

अन्त्योदय योजना के प्राय: 2.42 करोड़ लाभार्थी सार्वजनिक वितरण-प्रणाली के माध्यम से 35 किलो अनाज प्रतिमाह प्रति परिवार प्राप्त करते रहेंगे।

लाभार्थियों की पहचान का काम राज्यों, केन्द्रशासित प्रदेशों द्वारा किया जाएगा जिसके मापदंड केन्द्र सरकार एक सरकारी आदेश के माध्यम से जारी करेगी। राज्य, केन्द्रशासित सरकार यदि इसके अनुदान के मद में आनेवाले अतिरिक्त ख़र्च का वहन कर सकती है तो राज्य सरकारें इसके लिए स्वतंत्र होंगी। वे यदि चाहें तो इसके दायरे को इस आधार पर बढ़ा सकती हैं।

फिलहाल अनाज का जो आवण्टन सुरक्षित किया जाएगा, उसके लिए केन्द्र सरकार राशन की दुकानों तक अनाज की ढुलाई के मद में होनेवाले ख़र्च को लाभार्थियों पर लादने की अपेक्षा साझा करेगी।

यह अधिनियम चरणों में तभी लागू किया जाएगा जब राज्य उसे लागू करने के लिए तैयार हो जाए, क्योंकि यह राज्यों तथा केन्द्रशासित प्रदेशों का संयुक्त प्रयास

है। लाभार्थियों का वर्गीकरण प्राथमिकतावाले और सामान्य के रूप में किया गया है और वे एकमात्र समावेशी वर्ग का स्थान लेंगे।

इस विधेयक के तहत देश की 67 प्रतिशत जनता को खाद्य सुरक्षा प्रदान की जाएगी जो भारत जैसे विशाल आबादीवाले देश के लिए एक अनोखा क़दम है। इस विधेयक के अमल में आ जाने से अनाज की माँग 6.12 करोड़ टन हो जाएगी, जिस पर वार्षिक ख़र्च लगभग 1,29,747 करोड़ रुपए आएगा। इससे देश के भुगतान खाते का घाटा और बढ़ जाएगा।

इस अधिनियम के लागू होने के साथ धन की व्यवस्था नहीं की गई है। अधिकांश राज्य सरकारों की आर्थिक स्थिति ख़स्ताहाल है।

सुझाव

1. सार्वजनिक वितरण-प्रणाली में व्याप्त भ्रष्टाचार को रोकने तथा शिकायत निवारण के लिए प्रत्येक ज़िले में एक तंत्र स्थापित होगा। इसमें एक कॉल-सेण्टर तथा हेल्पलाइन होगी। साथ ही में सोशल ऑडिट तथा सतर्कता समितियाँ बनाने का प्रावधान भी इसमें है। यदि कोई अधिकारी क़ानून के प्रावधानों का पालन नहीं करता तो उसे सज़ा मिले तथा वे नौकरी से तुरन्त हटाये जाएँ। राशन विक्रेताओं के विरुद्ध भी आवश्यक वस्तु अधिनियम (ई.सी.ऐक्ट) के अन्तर्गत कड़ी कार्यवाही हो। कम्प्यूटर के माध्यम से ग़लत तरीक़े से राशन कार्ड बनाने तथा अनाज को उचित मूल्य की दुकानों तक पहुँचाने तक दृष्टि रखी जाएगी जो छत्तीसगढ़ राज्य ने कर दिखाया। यह आश्चर्य है कि खाद्यान्न का इतना स्थानान्तरण क्यों होता है।

2. खाद्यान्न के भण्डारण की सुविधा को बेहतर बनाने के लिए केन्द्र तथा राज्य सरकारें वैज्ञानिक ढंग से भण्डारण की सुविधाओं के निर्माण के लिए काम करेंगी। वर्तमान प्रबन्धन पद्धति का उपयोग करके अनाज के अनावश्यक रूप से स्थानान्तरण पर व्यय को बचाया जा सकेगा। खाद्य सुरक्षा व्यवस्था से ठेकेदारी बिचौलियों तथा दलालों को दूर रखना होगा अन्यथा सामग्री को लक्षित लोगों तक पहुँचाना कठिन होगा तथा गुणवत्ता में उन्नति करना मुश्किल होगा, क्योंकि अक्षमता को जारी रखने में ही उनके निहित स्वार्थ की सिद्धि होती है।

3. सरकार में व्यय ख़र्चों को कम करना होगा जैसे मंगलसूत्रों तथा टेलीविज़न सेटों का वितरण, वरिष्ठ नागरिकों का तीर्थ-यात्रा भ्रमण, लैपटॉप वितरण इत्यादि ताकि ग़रीबी रेखा से नीचे व्यक्तियों के लिए धनराशि आसानी से उपलब्ध हो सके। जिस क्षेत्र में भ्रष्टाचार पकड़ा जाए, उस ग्राम पंचायत या क्षेत्र पंचायत को काली सूची में डालकर उनको इस योजना से कुछ समय के लिए वंचित रखना चाहिए ताकि पंचायत प्रतिनिधियों पर स्थानीय दबाव बने और उन्हें जनता पंचायत निर्वान में उचित दंड दें।

4. विश्व में 85.2 करोड़ लोग जो भुखमरी या कुपोषण से ग्रस्त हैं उनमें 50 प्रतिशत छोटे कृषक, 20 प्रतिशत भूमिहीन, 10 प्रतिशत घुमन्तू लोग तथा 10 प्रतिशत छोटे-छोटे मत्स्य जीवी लोग हैं। केवल 10 प्रतिशत ही शहरी क्षेत्र में ग़रीबी रेखा से नीचे हैं जिनमें केवल 5 प्रतिशत भुखमरी से ग्रस्त हैं। अत: भारत में भी छोटे, सीमान्त कृषकों तथा भूमिहीनों की समस्या पर नये सिरे से दृष्टिपात करना अत्यावश्यक है। यदि उनकी उपज को ठीक बाज़ार मूल्य मिले तथा भूमिहीनों को सरकार की ओर से कृषियोग्य ज़मीनें प्राप्त हों तो समस्या का स्थायी हल हो सकता है। यहाँ तक सरकार खाद्य-सुरक्षा के मद से कुछ धनरशि के आवण्टन का भूमिहीनों के लिए ज़मीनें ख़रीदने तथा वितरण करने में करें तो भूमिहीनों में भुखमरी की समस्या का हल एक सीमा तक हो सकता है। सीमान्त तथा छोटे कृषकों को भी और ज़मीनें ख़रीदकर दी जा सकती हैं। आवश्यकता है कि ग्रामीण क्षेत्रों में मेहनतकश लोगों को सरकार पर परावलम्बी न बनाकर उनको परिश्रम करने का सुनहरा अवसर प्रदान किया जाए ताकि वे शस्य श्यामला धरती से उत्पादन बढ़ाकर सम्पूर्ण समाज में समृद्धि के प्रभात का आह्वान कर सकें।

आशा है कि लोकप्रिय सरकारें खाद्य-सुरक्षा अधिनियम, 2013 का सावधानी से कार्यान्वयन करें अन्यथा मनरेगा योजना की भाँति यह भी भ्रष्टाचार के भेंट चढ़ जाएगा। यदि सरकारें अनुत्पादक ख़र्चे में कटौती कर सकें तथा धनराशि की उचित व्यवस्था कर सकें तो 67 प्रतिशत जनसंख्या को सस्ते में खाद्यान्न उपलब्ध कराना स्वागत योग्य ही है क्योंकि इससे अर्थव्यवस्था में उछाल ही आएगा पर यह कार्य विदेशों से ऋण लेकर न हो। साथ-ही-साथ इस अधिनियम के कार्यान्वयन में उचित विभागीय कार्यवाही तथा त्वरित दंड की व्यवस्था हो।

राजनीतिक पहल

श्री नरेन्द्र मोदी देश के पहले ऐसे प्रधानमंत्री हैं जिन्होंने अपनी आर्थिक नीति के केन्द्र में किसान को प्रतिष्ठित किया है। अब तक हमारी आर्थिक नीतियाँ किसान को केन्द्र में रखने के बजाय खेती और उद्योग क्षेत्र के उत्पादन को ध्यान में रखकर ही बनायी जाती रही है। प्रधानमंत्री श्री नरेन्द्र मोदी ने कृषि उत्पादन बढ़ाने की जगह किसान की आय दोगुनी करने का लक्ष्य घोषित किया है। किसान की आय बढ़ेगी तो उसका लाभ सबसे पहले आस-पास के समाज को होगा। प्रधानमंत्री की यह घोषणा मात्र एक सरकारी घोषणा नहीं मानी जानी चाहिए। उनकी घोषणा को एक राष्ट्रीय संकल्प के रूप में लिया जाना चाहिए। इस संकल्प को पूरा करने में न केवल हमारे समूचे शासकीय तंत्र को जुटना चाहिए बल्कि किसानों सहित देश के सभी नागरिकों को इस संकल्प में साझीदार बनाया जाना चाहिए। लेकिन प्रधानमंत्री की इस घोषणा को काफी समय बीत चुका है। पर ऐसा लगता नहीं कि हम किसान-केन्द्रित कृषि

के अनुरूप अपनी दशा-दिशा बदल पाए हैं। हाँ, संकल्पशील किसानों का एक ऐसा नया वर्ग अवश्य उभरा है जो कृषि की परम्परागत विधियों और विवेक को आत्मसात् करके खेती को एक नया स्वरूप देने में लगा है। खेती में किसान का अपनी मिट्टी, पानी, पशु, बीज, ऋतु चक्र और आस-पास के समाज और भूगोल से आत्मीय सम्बन्ध होता है। कृषि पंडितों ने इस सम्बन्ध को भुलाकर केवल टेक्नोलॉजी के सहारे जो नई कृषि विधियाँ विकसित की उसके परिणाम उर्वराशक्ति के क्षय से लेकर किसानों की बदहाली के रूप में हमारे सामने हैं। हमारे परम्परागत विवेक में कृषि का प्राथमिक उद्देश्य अपना और समाज के अन्य लोगों का भरण ही नहीं बल्कि पोषण भी था। हमें बाज़ार के लिए नहीं अपने समाज के लिए पैदा करना है। इसलिए हमारी खेती का लक्ष्य केवल मात्र अधिकता नहीं बल्कि पूर्णता भी होना चाहिए; पूरे समाज को पोषक और पर्याप्त भोजन उपलब्ध कराना होना चाहिए।

आज़ादी के बाद यह दूसरा अवसर है जब कृषि और किसानों को लेकर व्यवस्था में बड़ा बदलाव होने जा रहा है। साठ के दशक में खाद्यान्न की कमी से जूझ रहे देश को हरितक्रान्ति के माध्यम से आत्मनिर्भर बनाया गया और अब प्रधानमंत्री क़र्ज में डूबे किसानों की आय को दोगुना कर उनके जीवन-स्तर को ऊपर उठाने का प्रयास कर रहे हैं। इसके लिए प्रधानमंत्री श्री नरेन्द्र मोदी ने एक सात सूत्री कार्ययोजना तैयार की है। इसके तहत प्रत्येक खेत के मृदा स्वास्थ्य के आधार पर गुणवत्तावाले बीजों और पोषक तत्त्वों का प्रावधान, प्रति बूँद अधिक फ़सल पाने के लिए सिंचाई पर विशेष ध्यान, फ़सल कटाई के बाद नुकसान से बचने के लिए भण्डारण और कोल्ड स्टोरेज में निवेश, खाद्य प्रसंस्करण, मूल्यवर्द्धन, राष्ट्रीय कृषि बाज़ार का सृजन और नई फ़सल बीमा योजना की शुरुआत के साथ-साथ डेयरी-पशुपालन, मधुमक्खी पालन, बाग़वानी, मछली पालन, मुर्गी पालन और मेंड़ पर पेड़ों को बढ़ावा देना भी शामिल है।

भारत में कृषि के मौजूदा परिदृश्य पर नज़र डालें तो एक अनुमान के अनुसार 69 फ़ीसदी किसान परिवारों के पास एक हेक्टेयर से भी कम ज़मीन है। 17 फ़ीसदी परिवारों के पास एक से दो हेक्टेयर के बीच ज़मीन है। राष्ट्रीय नमूना सर्वेक्षण संगठन (एनएसएसओ) के अनुसार 36 फ़ीसदी किसान भूमिहीन हैं। वर्ष 2015-16 का आर्थिक सर्वेक्षण कहता है कि कुल कार्यबल आबादी के 48.9 फ़ीसदी लोग जीडीपी (सकल घरेलू उत्पाद) में मात्र 17 प्रतिशत का योगदान दे रहे हैं। और मौज़ूदा वित्तवर्ष में कृषि और उससे जुड़े अन्य क्षेत्रों की वृद्धि दर 2.1 फ़ीसदी रहने की उम्मीद है।

प्रधानमंत्री द्वारा किसानों की आय 2022 तक दोगुनी करने का लक्ष्य सराहनीय होने के साथ-साथ चुनौतियों-भरा है लेकिन असम्भव नहीं है। आय दोगुना करने के लक्ष्य की ओर बढ़ने से पहले 2016-17 में किसान की आमदनी क्या है, ये जानना

ज़रूरी है क्योंकि वर्तमान में उपलब्ध एनएसएसओ के आँकड़े 2012-13 के अनुसार देश के किसान की औसत मासिक आमदनी 6426 रुपए है। आमदनी दोगुनी करने के संकल्प में यह भी स्पष्ट करना होगा कि हम न्यूनतम आय अथवा वास्तविक आय में से किसे दोगुना करना चाहते हैं (वास्तविक आय का अर्थ महँगाई जैसे समुचित मुद्रास्फीति कारक डिफ़्लेटरों का इस्तेमाल करके न्यूनतम आय को कम करने के बाद लगाए गए अनुमान।) बता दें कि न्यूनतम आय सात वर्ष में स्वत: दोगुनी हो जाती है जबकि वास्तविक आय को दोगुना होने में लगभग 20 वर्षों का समय लग जाता है। ऐसे में वास्तविक आय को वर्ष 2022 तक दोगुना करने के लिए वर्तमान गति में चल रहे प्रयासों को तीन गुना बढ़ाने की ज़रूरत होगी।

क़र्ज़ में फँसा किसान

देश ने साठ के दशक में हरितक्रान्ति द्वारा किसानों और कृषि व्यवस्था में पहले बदलाव की शुरुआत की थी लेकिन हरितक्रान्ति द्वारा उत्पादन बढ़ाने के बावजूद सामाजिक-आर्थिक प्रभाव बहुत अधिक उत्साहवर्द्धक नहीं रहा जिसके चलते मिट्टी, पानी, पर्यावरण के साथ-साथ मानव स्वास्थ्य पर भी इसके दुष्प्रभाव देखने को मिल रहे हैं। उत्पादन मूल्य के बदले खेती में लगी लागत ने किसानों को क़र्ज़दार बना दिया है। वर्ष 2013 के सर्वेक्षण के अनुसार देश के क़रीब 52 से 56 प्रतिशत कृषक परिवार ऋणग्रस्त हैं तथा प्रत्येक परिवार पर ऋण लगभग 48,000 रुपए था।

न्यूनतम समर्थन मूल्य प्रणाली में सुधार की आवश्यकता

निदान की नई कार्ययोजना बनाने से पहले वर्तमान कृषि परिस्थितियों और नीतियों का विश्लेषण करना ज़रूरी है। किसी समुदाय की ख़ुशहाली इस बात पर निर्भर करती है कि उसे अपने उत्पादन के मूल्य कैसे मिलते हैं। यदि सरकारी मूल्य नीति अन्यायपूर्ण हो तो वह समुदाय कभी पनप नहीं सकता। सरकार 24 कृषि जिन्सों (उत्पादों) का न्यूनतम समर्थन मूल्य घोषित करती है लेकिन कृषि लागत एवं मूल्य आयोग (सीएसीपी) जिस पद्धति से फ़सलों का मूल्य निर्धारण करता है उसमें भारी विसंगतियाँ हैं। असल में न्यूनतम समर्थन मूल्य नाम के अनुसार फ़सलों के असली लागत मूल्य को कम करके आँकता है। और कम पर ही ख़रीदने का सुझाव देता है। सीएसीपी द्वारा जो लागत मूल्य अनुमानित किया जाता है, वह अखिल भारतीय स्तर पर सभी लागत मूल्यों का औसत होता है। अक्सर एमएसपी किसानों के लागत मूल्य से कम होता है। इसलिए सीएसीपी द्वारा मूल्य निर्धारण पद्धति को किसी भी पुराने वर्ष को आधार वर्ष मानकर अन्य वस्तुओं और सेवाओं के मूल्य में हुई वृद्धि के अनुपात से फ़सलों के मूल्य तय किए जाएँ। दूसरे, सरकार द्वारा यह भी सुनिश्चित किए जाने की आवश्यकता है कि बाज़ारों में उन सभी जिन्सों

के भाव सरकार द्वारा तय एमएसपी से नीचे न जाने पाए व ख़रीद की गारण्टी भी सुनिश्चित हो क्योंकि वर्तमान में मात्र छह प्रतिशत फ़सलों की ख़रीद ही एमएसपी पर हो पाती है। शेष कृषि जिन्सों के भाव बाज़ार में 10 से 30 प्रतिशत कम हासिल होते हैं। भारत बाग़वानी फ़सलों (फल एवं सब्ज़ी) का 28 करोड़ टन से अधिक का उत्पादन कर विश्व का दूसरा सबसे बड़ा उत्पादक देश है। लेकिन अभी तक पर्याप्त मात्रा में खाद्य प्रसंस्करण उद्योग एवं प्रौद्योगिकी की कमी के चलते, किसानों को उपभोक्ता ख़रीद मूल्य का मात्र 20 से 30 प्रतिशत मूल्य ही हासिल हो पाता है।

कृषि बाज़ार में सुधार की आवश्यकता

भारतीय किसान का जीवन अनिश्चितताओं और मुसीबतों से भरा होता है। बढ़ती लागत, मौसम की मार, कीटों के हमले से अगर उसकी फ़सल बची हो तो वही उसकी सबसे बड़ी आशा होती है। लेकिन खेतों से बाज़ारों का सफ़र भी आसान नहीं है। किसानों की उम्मीदों के विपरीत आढ़ती, साहूकार, बिचौलिये और सरकारी ख़रीद केन्द्रों का बुनियादी ढाँचा शोषण-भरा है। उससे किसानों और उपभोक्ताओं के बजाय बिचौलियों का हित ही सध रहा है। भारत सरकार ने वर्ष 2016 में नये सिरे से कृषि मार्केटिंग में आमूलचूल परिवर्तन करने के प्रयास आरम्भ किए हैं। एकीकृत राष्ट्रीय कृषि बाज़ार (ई-नाम) द्वारा देश की 585 मंडियों को जोड़े जाने का प्रावधान है। केन्द्र सरकार ई-नाम के अन्तर्गत प्रत्येक बाज़ार को 75 लाख रुपए की वित्तीय सहायता प्रदान करती है।

सारांश

आशा है कि सरकार के प्रयासों से कृषि-क्षेत्र में एक नया प्रभाव आएगा। साथ-साथ कृषकों को भी अपने अन्धविश्वासों से दूर होना पड़ेगा। उन्हें अपनी आमदनी का एक अंश भी नशाख़ोरी तथा जुए में नहीं ख़र्च करना होगा। साथ-साथ भूमि आलेखों में कृषक महिलाओं का नाम भी सम्मिलित करना होगा ताकि कृषक मेहनतकश महिलाओं की अनुमति के बिना अपनी ज़मीनों को न बेच सके। साथ-साथ बैंकों को फ़सल ऋण ही देना चाहिए न कि काग़ज़ों में फ़सल ऋण दिखाकर वे किसानों को उनकी भूमि बन्धक रखकर उन्हें उपभोक्ता ऋण दे रहे हैं तथा ग्रामीण क्षेत्र में बैंक नये ज़मींदारों के रूप में उभर रहे हैं, जबकि सरकार को ये फ़सल ऋण दिखाये जाते हैं। यही हाल कमोबेश बीमा कम्पनियों का है। वे भ्रष्ट निम्न राजस्व कर्मचारियों से साँठ-गाँठ करके कृषकों को आपात् स्थिति में समय पर सहायता राशि उपलब्ध नहीं कराते हैं। पर मनरेगा योजना के अन्तर्गत कुछ उत्तम उदाहरण सामने आए हैं जिसके अन्तर्गत कृषकों ने अपनी ज़मीनें ठीक करके उन्हें कृषि योग्य बनाया है तथा स्वयंसहायता समूहों के माध्यम से ग्रामीण भारत में एक नई क्रान्ति

उभरकर आ रही है जिसके अन्तर्गत भारत का किसान संगठित हो रहा है विशेषत: महिलाएँ। इससे ग्रामीण क्षेत्र के कुटीर उद्योगों को भी प्रोत्साहन प्राप्त हो रहा है। आशा है कि भूमि-सुधार की दिशा में समुचित कार्यवाही करने के पश्चात् भारत का कृषि-क्षेत्र स्वावलम्बी बनेगा तथा वह भारत के विकास में अपना अपेक्षित योगदान देगा।

5

स्वास्थ्य एवं चिकित्सा क्षेत्र में नौकरशाही की विफलता

वर्ष 2000 में विश्व स्वास्थ्य संगठन ने भारत को स्वास्थ्य सेवाओं के क्षेत्र में 191 देशों के आकलन में 118वाँ स्थान दिया जो भारत-जैसे सम्मानित देश के लिए शोचनीय है। भारत के सकल घरेलू उत्पाद का केवल 1.04 प्रतिशत स्वास्थ्य क्षेत्र पर ख़र्च होता है जो अन्य देशों की तुलना में काफ़ी कम है जैसे थाईलैंड—4 प्रतिशत तथा ब्राजील 9 प्रतिशत। सरकार की ओर से स्वास्थ्य सेवाएँ केवल 30 प्रतिशत हैं जबकि 70 प्रतिशत सेवाएँ निजी क्षेत्र के अन्तर्गत हैं। भारत की निजी स्वास्थ्य सेवाएँ विश्व में द्वितीय स्थान पर विदेशी निवेश आकर्षण कर रही हैं। स्वास्थ्य तथा चिकित्सा सेवाएँ निजी क्षेत्र में जनता का काफ़ी शोषण का स्रोत हैं। पर सरकारी स्वास्थ्य सेवाओं में अक्षमता के कारण निर्धन-से निर्धन व्यक्ति भी निजी क्षेत्र का शरणापन्न होता है। यह एक बहस का विषय है कि किस सीमा तक सरकार निजी चिकित्सा क्षेत्र की सेवाएँ नियंत्रित कर सकती है। पर वर्तमान परिस्थिति में यह एक ज्वलन्त समस्या है तथा सरकार को येन-केन प्रकारेण निजी क्षेत्र की सेवाओं का लोकहित में कुछ-न-कुछ नियंत्रण करना चाहिए ताकि इन सेवाओं में धोखाधड़ी, लूट-खसोट तथा अत्यधिक लाभार्जन बन्द हो। इसका दूसरा हल है कि इस क्षेत्र में सरकारी सेवाओं का विस्तार हो तथा उनकी दक्षता में वृद्धि हो। आइए हम एक अध्ययन करें कि किस प्रकार स्वास्थ्य क्षेत्र में सरकार अपने संवैधानिक तथा शासकीय दायित्व के निर्वाह करने का प्रयास कर रही है।

सरकारी प्रकल्प एवं उनका संचालन

केन्द्रीय सरकार ने स्वास्थ्य क्षेत्र में वर्ष 2002 में सबसे महत्त्वपूर्ण कार्यक्रम राष्ट्रीय स्वास्थ्य मिशन (एन.एच.एम.) प्रारम्भ किया जिससे राज्य सरकारों को वित्तीय संसाधन प्रदान कर ग्रामीण एवं शहरी स्वास्थ्य क्षेत्र में नई जान फूँकने का लक्ष्य रखा गया।

राष्ट्रीय स्वास्थ्य मिशन के 4 अंग राष्ट्रीय ग्रामीण स्वास्थ्य मिशन, राष्ट्रीय शहरी स्वास्थ्य मिशन, तृतीयक सेवा कार्यक्रम एवं स्वास्थ्य तथा चिकित्सा शिक्षा के लिए मानव संसाधन हैं। राष्ट्रीय स्वास्थ्य मिशन स्वास्थ्य सेवाओं के केन्द्र को व्यापक कर

प्रजनन एवं बाल स्वास्थ्य से परे ले जाने के भारत के प्रयास का परिचायक है ताकि संक्रामक एवं असंक्रामक रोगों के दोहरे बोझ से निपटा जा सके और ज़िला-स्तर तथा ज़िले से भी नीचे के स्तर पर बुनियादी ढाँचे की सुविधाएँ सुधारी जा सकें।

राष्ट्रीय स्वास्थ्य मिशन (एन.एच.एम.) ने स्वास्थ्य एवं परिवार-कल्याण के दो विभागों को राष्ट्रीय-स्तर पर एक साथ ला दिया। उनके साथ आने से कार्यक्रमों के क्रियान्वयन तथा भारत की ग्रामीण स्वास्थ्य व्यवस्था को पुनर्जीवित करने के लिए स्वास्थ्य क्षेत्र का आवण्टन बढ़ाने में तालमेल बहुत बढ़ गया। राज्य-स्तरों पर भी ऐसा ही तालमेल देखा गया। स्टेट हेल्थ सोसाइटी के संचालन के लिए मिशन निदेशक एन.आर.एच.एम. का नया पद सृजित किया गया, जिस पर कोई वरिष्ठ आई.ए.एस. अधिकारी बैठता था। एन.एच.एम. से भारत में स्वास्थ्य सेवा के कार्यक्रमों के क्रियान्वयन में काफ़ी नयापन आ गया। इसमें लचीले वित्तीय संसाधन, आई.पी. एच.एस. मानकों के अनुरूप संस्थाओं की निगरानी, प्रबन्धन विशेषज्ञों की भर्ती तथा सरल मानव संसाधन प्रबन्धन विधियों द्वारा क्षमता सृजन शामिल है। राष्ट्रीय स्वास्थ्य प्रणाली संसाधन केन्द्र (एन.एच.एस.आर.सी.) की स्थापना से विभिन्न कार्यक्रमों की रूपरेखा बनाने और उन्हें तैयार करने में मदद मिली। राज्य स्वास्थ्य प्रणाली संसाधन केन्द्र कुछ राज्यों में भी स्थापित किए गए हैं।

एन.एच.एम. का पहला ध्यान प्रजनन एवं बाल स्वास्थ्य सेवाओं पर था। जे.एस.वाई. और आशा कार्यक्रमों के सफल क्रियान्वयन से व्यवहार में बहुत परिवर्तन आया और बड़ी तादाद में गर्भवती स्त्रियाँ सार्वजनिक स्वास्थ्य संस्थाओं तक पहुँचीं। एन.आर.एच.एम. के लचीले संसाधनों का प्रयोग सार्वजनिक स्वास्थ्य संस्थाओं में पर्याप्त बुनियादी ढाँचा तैयार करने के लिए किया गया ताकि प्रसव के ढेर सारे मामलों को सँभाला जा सके। गर्भवती महिलाओं को प्रसव के लिए सार्वजनिक स्वास्थ्य संस्थाओं तक ले जाने और आपात्कालीन चिकित्सा के लिए एम्बुलेन्स सेवाएँ आरम्भ की गईं।

एन.एच.एम. ने स्वास्थ्य सेवा के लिए जनान्दोलन आरम्भ किया। प्रत्येक गाँव में आमूलचूल परिवर्तन लाने के लिए मान्यता प्राप्त सामाजिक स्वास्थ्य सेवा (आशा) कर्मियों को तैनात किया गया। आशाकर्मी संस्थाओं में प्रसव कराने के लिए प्रेरित करती थीं, नवजात तथा बच्चों में होनेवाली बीमारियों के एकीकृत प्रबन्धन पर ज़ोर देती थीं और घर में नवजात की देखभाल के लिए सलाह देती थीं। एन.एच.एम. ने ग्राम स्वास्थ्य एवं स्वच्छता समितियों के ज़रिये लोगों को गाँव की स्वास्थ्य योजनाएँ तैयार करने तथा आशाकर्मियों की निगरानी करने का अधिकार दिया है। प्राथमिक स्वास्थ्य केन्द्र और सामुदायिक स्वास्थ्य केन्द्र के स्तर पर रोगी कल्याण समितियाँ बनायी गई हैं ताकि रोगियों के अनुकूल संस्था के निर्माण हेतु जन-स्वास्थ्य सुविधाओं की निगरानी की व्यवस्था तैयार हो।

राष्ट्रीय शहरी स्वास्थ्य मिशन आरम्भ होने से ग्रामीण क्षेत्रों के साथ-साथ शहर की झुग्गियों पर भी ध्यान दिया जा रहा है।

सरकार की नई योजनाएँ

स्वास्थ्य एवं परिवार-कल्याण मंत्रालय ने देश में सभी के लिए स्वास्थ्य की अवधारणा अमल में लाने के उद्देश्य से 2014 से कई नई योजनाएँ आरम्भ की हैं।

मिशन इन्द्रधनुष के तहत 2020 तक 90 प्रतिशत बच्चों का सम्पूर्ण टीकाकरण करने का प्रयास हो रहा है। मिशन ने टीकाकरण का दायरा 2014 से अभी तक 6.7 प्रतिशत बढ़ाने में अच्छी प्रगति की है। सार्वभौमिक प्रतिरक्षण कार्यक्रम के अन्तर्गत नये टीके जोड़े गए हैं और उनकी संख्या 6 से बढ़कर 12 हो गई है। इनैक्टिवेटेड पोलियो वैक्सीन, रोटा वायरस वैक्सीन, एडल्ट जैपनीज एनसिफैलाइटिस वैक्सीन और मीज़ेल्स रुबेला वैक्सीन उनमें से प्रमुख हैं।

लक्ष्य हैं—जन्म के समय जीवन प्रत्याशा को 67.5 वर्ष से बढ़ाकर 2025 तक 70 वर्ष करना और नवजात मृत्यु दर को 2018 तक घटाकर 28 कर देना। वर्ष 2017-18 तक कुष्ठ रोग, कालाज़ार तथा फीलपाँव को समाप्त कर देना अन्य लक्ष्य हैं। मातृ मृत्यु दर 2011 में घटाकर 167 कर दी गई है। 1990 में पाँच वर्ष से कम उम्र के बच्चों की मृत्यु दर 126 थी, जो 2014 में केवल 39 हो गई। छह बड़े राज्यों बिहार, उत्तर प्रदेश, राजस्थान, मध्य प्रदेश, झारखंड और छत्तीसगढ़ में अभी चुनौतियाँ बची हैं, जिनकी देश की जनसंख्या में 42 प्रतिशत और हर वर्ष होनेवाली जनसंख्या वृद्धि में 56 प्रतिशत हिस्सेदारी है।

इसके अतिरिक्त टी.वी., एड्स, कैन्सर आदि भयंकर बीमारियों को रोकने तथा स्थायी इलाज के लिए केन्द्रीय सरकार की विशेष योजनाएँ हैं।

राष्ट्रीय स्वराज्य मिशन भी भारत का स्वास्थ्य विशेष ठीक न कर सका तथा देश का स्वास्थ्य क्षेत्र में स्थान ऊँचा न हो सका, जबकि भारत की अर्थव्यवस्था तेज़ी से स्वस्थ हो रही थी। अत: सन् 2017 में एक सुस्पष्ट राष्ट्रीय स्वास्थ्य नीति, 2017 की घोषणा की गई जिसकी मुख्य विशेषताएँ निम्न हैं—

- वंचित एवं सामाजिक रूप से संवेदनशील लोगों को स्वास्थ्य सेवाएँ उपलब्ध कराने पर विशेष ज़ोर।
- प्रत्येक परिवार को स्वास्थ्य कार्ड, जिससे मिलेंगी प्राथमिक स्वास्थ्य सेवाएँ और सुनिश्चित सेवाएँ।
- स्कूल पाठ्यक्रम में स्वास्थ्य एवं स्वच्छता भी शामिल होंगे, स्कूलों-दफ़्तरों में योग का व्यापक प्रसार।
- किफ़ायती चिकित्सा के लिए 'आयुष' का अधिक प्रयोग और प्रसार।
- भारत में निर्मित दवाओं और उपकरणों के प्रयोग को प्रोत्साहन।

- सभी राज्यों में जन स्वास्थ्य प्रबन्धन प्राधिकरण की स्थापना।
- सार्वजनिक स्वास्थ्य पर ख़र्च को निश्चित समय में जी. डी. पो. के 2.5 प्रतिशत तक पहुँचाया जाएगा।
- मुफ्त दवा, मुफ़्त निदान सेवा तथा मुफ़्त आपात्कालीन सुविधा देकर स्वास्थ्य सेवा सस्ती करना।
- कम-से-कम दो-तिहाई संसाधन प्राथमिक चिकित्सा को आवण्टित करना।
- चिकित्सा शिक्षा में सुधार करना।
- पहले से जाँच के द्वारा असंक्रामक रोगों के कारण मृत्यु के मामले घटाना।

इस नीति में सरकार ने कई अनूठे प्रावधान किए हैं, जैसे स्वास्थ्य कार्ड देना। जब हर सेवा में आधार या पैन को ज़रूरी क़रार दिया जा रहा है तो स्वास्थ्य में सूचना प्रौद्योगिकी (आई.टी.) से दूर क्यों रखा जाए। सरकार की बीमा योजना के अन्तर्गत पंजीकृत अस्पताल आईटी नेटवर्क से जुड़े ही हैं। ऐसे में अँगुलियों की छाप और तस्वीर के रिकॉर्डवाला स्मार्ट कार्ड देश के किसी भी कोने में इलाज की सुविधा दे सकता है। ग्रामीणों के लिए यह अधिक कारगर हो सकता है क्योंकि इससे उन्हें बहुत कम ख़र्च में नज़दीकी शहर में इलाज आसानी से मिल सकता है।

इसी तरह इलाज को किफ़ायती बनाने के लिए आयुष (आयुर्वेद, योग एवं प्राकृतिक चिकित्सा, यूनानी, सिद्ध एवं होमियोपैथी) बहुत अहम् होगा। गाँवों के लिहाज से यह और भी महत्त्वपूर्ण है क्योंकि ये पद्धतियाँ बेहद सस्ती हैं और ग्रामीण वर्ग अब भी पारम्परिक चिकित्सा पर विश्वास करता है। हालाँकि नीम-हकीम या झोलाछाप डॉक्टरों से निपटना होगा, जिसके लिए प्रमाणन पर ज़ोर देना ज़रूरी है। इसके अलावा आदिवासी इलाक़ों में मिलनेवाली जड़ी-बूटियों पर भी शोध कराया जाए और विभिन्न रोगों के उपचार में उनके प्रभाव को आँका जाए तो और भी सस्ता इलाज़ कराना सम्भव हो सकता है।

इलाज को किफ़ायती बनाने के लिए भारत में ही बनी दवाओं और उपकरणों पर सरकार का ज़ोर भी सराहनीय है। सरकार इस मामले में अभूतपूर्व काम कर रही है। राष्ट्रीय औषधि मूल्य निर्धारण प्राधिकरण (एन.पी.पी.ए.) के ज़रिये सरकार ने तमाम जीवनरक्षक दवाओं और आवश्यक दवाओं की अधिकतम क़ीमत तय कर दी है, जो बाज़ार में वसूली जा रही क़ीमतों से कम ही हैं। स्टंट की क़ीमतों में कमी लाना तो उसका 'मास्टरस्ट्रोक' साबित हुआ है। जिस स्टंट के लिए निजी अस्पताल एक लाख रुपए भी आराम से वसूल लेते थे, उसकी अधिकतम क़ीमत 30,000 रुपए से नीचे निर्धरित करने से इलाज का ख़र्च काफ़ी कम हुआ है। सरकार को इसका दायरा और भी बढ़ाने की ज़रूरत है। पर सरकार को स्टंट तथा कृत्रिम अंगों के निर्माण के लिए देश में ही अनुसन्धान तथा विकास पर ज़ोर देना चाहिए।

राष्ट्रीय स्वास्थ्य बीमा योजना

यह सरकार का सर्वोत्तम क़दम है जिसका लाभ ग़रीबों तक निकट भविष्य में पहुँचेगा। इस योजना को 'आयुष्मान्' भारत नाम दिया गया है तथा प्राय: एक वर्ष में अस्सी हज़ार करोड़ रुपए ख़र्च करके सरकार का प्राय: दस करोड़ परिवारों को लाभान्वित करने का उद्देश्य है। प्रत्येक ग़रीब परिवार को वार्षिक पाँच लाख तक के इलाज के लिए बीमा कम्पनियों से नि:शुल्क सहायता मिलेगी। ग़रीबी रेखा से नीचे रहनेवाले परिवारों की आर्थिक स्थिति सुधारने के लिए इस योजना की शुरुआत की है। इस योजना के अन्तर्गत अस्पताल में भर्ती होने की स्थिति में बीमाधारक को 30,000 रुपए तक की मदद की जाती है। बीमाधारक को मात्र 30 रुपए पंजीयन शुल्क देना होता है और उनका प्रीमियम भारत सरकार वहन करती है। इस योजना की मुख्य विशेषताएँ—

बीमाधारक का सशक्तीकरण

यह योजना बीमाधारक (हिताधिकारियों) को सार्वजनिक एवं निजी अस्पताल में अपना इलाज कराने की स्वतंत्रता देता है।

व्यावसायिक दृष्टिकोण से बेहतर

इस योजना को इस तरह से डिज़ाइन किया गया है, जिसमें सभी स्टेकहोल्डर्स को लाभ पहुँचाया जा सके। इससे इस योजना को लम्बे समय तक चलाने में सहूलियत मिलेगी। यहाँ ध्यान देना ज़रूरी है कि इस योजना का लाभ उठानेवाले ज़्यादातर लोग गाँवों में बसते हैं। उन तक पहुँच बनाना और उनको इसका लाभ दिलाना सरकार के लिए एक बड़ी चुनौती है।

इस योजना के अन्तर्गत पंजीकृत प्रत्येक बीमाधारक का प्रीमियम सरकार भरती है। ऐसे में बीमाप्रदाता यह चाहता है कि बी.पी.एल. सूची में आनेवाले सभी सम्भव लोगों को इससे जोड़ा जाए। इससे स्वास्थ्य बीमा का लाभ ज़्यादा-से-ज़्यादा बीमाधारकों तक पहुँचाने में सहूलियत होती है।

अस्पतालों को फ़ायदा

इस योजना के तहत ग़रीबों का इलाज करनेवाले अस्पतालों को इन्सेण्टिव दिया जाता है, जिससे वे ग़रीबों का इलाज करने में कोई कोताही न बरत सकें। बीमा-प्रदाता की ओर से बीमा की राशि प्रत्यक्ष रूप से अस्पताल के खाते में ट्रान्सफर कर दी जाती है ताकि आर्थिक रूप से अस्पताल पर कोई बोझ न पड़े।

सरकार ग़रीबी-रेखा से नीचे रहनेवाले बीमाधारकों के परिवार के लिए इस योजना के अन्तर्गत प्रत्येक वर्ष 750 रुपए तक ख़र्च करती है ताकि बी.पी.एल.

परिवारों को गुणवत्तायुक्त स्वास्थ्य सुविधा मिल सके। एक रिपोर्ट में बताया गया है कि देश की 3 फ़ीसदी यानी तक़रीबन 5 करोड़ आबादी केवल महँगी दवाइयों के कारण ग़रीबी-रेखा से नहीं उबर पा रही है, ऐसे में सरकार का यह क़दम बहुत ही क्रान्तिकारी है। इससे ग्रामीण भारत की ग़रीब जनता को बहुत लाभ मिलेगा। ग़रीब व्यक्ति अपनी प्रिय ज़मीनें बेचकर निजी अस्पतालों पर सब-कुछ ख़र्च करके अपने प्रियजनों का इलाज कराते हैं और फिर से वे भूमिहीनों तथा ग़रीबों की सेना में शामिल हो रहे हैं। इस कारण ग़रीबी-रेखा से नीचेवालों की संख्या बढ़ती रहती है।

सार्वभौमिक स्वास्थ्य बीमा योजना (यू.एच.आई.एस.)

भारत की चार सार्वजनिक बीमा कम्पनियाँ सार्वभौमिक स्वास्थ्य बीमा योजना को धरातल पर उतारने में जुटी हैं। इस योजना के अन्तर्गत 30,000 रुपए तक की मेडिकल बिल में अदायगी मिलती है। इस योजना के अन्तर्गत पूरे भारत में बेहतर स्वास्थ्य सुविधा मुहैया कराने की योजना सरकारें बना रही है जैसे—

- राज्य स्वास्थ्य बीमा कार्यक्रम।
- राजीव आरोग्यश्री—आन्ध्रप्रदेश।
- मुख्यमंत्री अमरुतम (एमए)—गुजरात।
- चीफ़ मिनिस्टर रिलीफ फंड—मध्यप्रदेश।
- राजस्थान चीफ़ मिनिस्टर रिलीफ़ फंड—राजस्थान।
- चीफ़ मिनिस्टर कम्प्रेहेन्सिव हेल्थ इन्श्योरेन्स स्कीम—तमिलनाडु।

कुछ सरकारी स्वास्थ्य बीमा प्रदात्त कम्पनियाँ

- द न्यू इंडिया इन्श्योरेन्स को. लिमिटेड।
- यूनाइटेड इंडिया इन्श्योरेन्स कम्पनी।
- नेशनल इन्श्योरेन्स को. लिमिटेड।
- ओरिएण्टल इन्श्योरेन्स।

अन्य राज्य सरकारें जैसे पश्चिम बंगाल सरकार भी अपने राज्य में इस प्रकार की बीमा योजनाएँ कार्यान्वयन करा रही है जिनका लाभ निम्नतम स्तर तक पहुँचने की आशा है।

स्वदेशी चिकित्सा पद्धति

भारत में आयुर्वेद को पूर्णतः स्वदेशी चिकित्सा पद्धति माना जाता है। इस पद्धति में स्थानीय जड़ी-बूटियों के द्वारा ही गम्भीर-से-गम्भीर बीमारियों का इलाज किया जा सकता है। इन जड़ी-बूटियों के विषय में स्थानीय ज्ञान का भण्डार है तथा अब स्वामी रामदेव के पतंजलि संस्थान ने इसका प्रचार-प्रसार करके इसे आधुनिक

चोंगा पहना दिया है एवं इन औषधियों को घर-घर पहुँचा दिया है जो नितान्त सहज तथा सस्ती हैं। आज आर्ट ऑफ लिविंग, स्वामी रामदेव आदि सन्त-महात्माओं के प्रयासों तथा सरकारी सहायता से बीमारियों को रोकने के लिए 'योग' घर-घर तक पहुँच रहा है तथा 21 जून को 'योग-दिवस' के रूप में अपनाकर संयुक्त राष्ट्र संघ से मान्यता प्राप्त हो चुकी है। भविष्य में यह सर्वोत्तम स्वास्थ्य पद्धति सिद्ध होगी।

स्वच्छता और स्वास्थ्य

स्वच्छ भारत मिशन के अन्तर्गत जलधौत शौचालय निर्माण कार्यक्रम एक अत्यन्त महत्त्वपूर्ण पदक्षेप है जो वर्तमान प्रधानमंत्री नरेन्द्र मोदी के नेतृत्व में सफलता की ओर अग्रसर है। स्वच्छता के अभाव में प्रति वर्ष लाखों लोग मृत्यु के ग्रास बनते हैं तथा लाखों की संख्या में विभिन्न व्याधियों के शिकार होते हैं। यद्यपि इस क्षेत्र में भारत की विश्व में बहुत खराब स्थिति है। केवल 30 प्रतिशत व्यक्ति ही शौचालयों का इस्तेमाल करते हैं। ग्रामीण भारत में खुले मैदान में शौच जाने के अभ्यस्त ग्रामीणों को इन शौचालयों के उपयोग के लिए शिक्षित करना टेढ़ी खीर है। इसके लिए सम्यक् जनजागरण कार्यक्रम अपरिहार्य है जो भारत सरकार की ओर से चल रहा है पर यह सन्देहास्पद है कि राष्ट्रपिता महात्मा गांधी की 150वीं जयन्ती 2 अक्टूबर तथा वर्तमान प्रधानमंत्री के पाँच वर्ष के कार्यकाल की समाप्ति पर 2019 को, देश खुले में शौचालय से मुक्त होगा। इस सन्दर्भ में भारत के प्रक्तिन विद्वान् अधिवक्ता वित्तमंत्री अरुण जेटली ने लिखा है जो अत्यन्त प्रासंगिक है—

"विश्व बैंक के एक अध्ययन में अनुमान लगाया गया है कि स्वच्छता नहीं होने के कारण ही भारत के लगभग 40 प्रतिशत बच्चे शारीरिक एवं मानसिक रूप से कम विकसित हैं। हमारी भावी श्रमशक्ति के इतने बड़े हिस्से का अपनी पूरी क्षमता से काम नहीं कर पाना हमारी सबसे बड़ी ताक़त हमारे जनांकिक लाभांश के लिए गम्भीर ख़तरा है। इस समस्या का समाधान ही हमारे विकास सम्बन्धी एजेण्डा के केन्द्र में है और वैश्विक आर्थिक महाशक्ति बनने की हमारी क्षमता के लिए महत्त्वपूर्ण है। विश्व बैंक का यह अनुमान भी है कि स्वच्छता की कमी के कारण भारत को सकल घरेलू उत्पाद (जी. डी. पी.) के 6 प्रतिशत से भी अधिक का नुकसान होता है।"

स्वच्छता के आर्थिक प्रभाव पर यूनिसेफ के हालिया अध्ययन में अनुमान लगाया गया है कि खुले में शौच से मुक्त गाँव में प्रत्येक परिवार चिकित्सा के ख़र्च, समय और जीवन की रक्षा के लिहाज़ से हर वर्ष 50,000 रुपए बचा लेता है। इसके अलावा अच्छे ठोस तथा तरल संसाधन प्रबन्धन के ज़रिये कचरे से सम्पत्ति तैयार करने की अकूत सम्भावना भी है। अध्ययन में निष्कर्ष दिया गया है कि 10 वर्षों में स्वच्छता से हरेक परिवार को उस पर हुए कुल निवेश (सरकारी व्यय और

घरेलू योगदान समेत ख़र्च के अन्य साधन) से 4.7 गुना आर्थिक लाभ हो जाते हैं। इससे स्वच्छता की सुविधाएँ बढ़ाने में निवेश की दलील को स्पष्ट रूप से काफ़ी बल मिलता है।

स्वच्छ भारत मिशन के पास केन्द्र तथा राज्य सरकारों से पाँच वर्ष में 20 अरब डॉलर से अधिक का बजट है। निजी क्षेत्र, विकास एजेन्सियों, धर्म या आस्था से सम्बन्धित संस्थाओं एवं नागरिकों से अतिरिक्त निवेश भी आ रहा है। स्वच्छ भारत कोष में पहले ही कुछ विशेष स्वच्छता परियोजनाओं के लिए 660 करोड़ रुपए एकत्र एवं जारी किए जा चुके हैं। यह धनराशि व्यक्तियों, कम्पनियों एवं संस्थानों के निजी योगदान के ज़रिये इकट्ठी की गई है और सबसे अधिक 100 करोड़ रुपए का योगदान धर्मगुरु माता अमृतानन्दमयी से मिला है।

ढेरों निजी कम्पनियों ने अपने सी.एस.आर. कोष से विशेष रूप से स्कूलों में स्वच्छता के लिए काम किया है। लेकिन स्वच्छ भारत मिशन के लिए निजी क्षेत्र की रचनात्मकता तथा नवाचार का फ़ायदा उठाने की अभी बहुत सम्भावना बाक़ी है। भारत सरकार के सभी मंत्रालय और विभाग अपने-अपने क्षेत्रों में स्वच्छता को मुख्यधारा में लाने का प्रयास कर रहे हैं और उन्होंने सफ़ाई तथा स्वच्छता के लिए अलग से बजट भी रखा है, जो वित्त वर्ष 2017-18 के लिए कुल मिलाकर 12,000 करोड़ रुपए से भी अधिक है।

स्वच्छ भारत मिशन तेज़ी से जनान्दोलन बनता जा रहा है। भारत में खुले में शौच करनेवाले लोगों की संख्या घटाकर 30 करोड़ के क़रीब लाने में यह पहले ही सफल हो चुका है। और अब 68 प्रतिशत से भी अधिक भारतीयों को स्वच्छता के सुरक्षित साधन उपलब्ध हैं। लेकिन अभी लम्बा रास्ता तय करना है। इसकी आशा है कि भारतीय नागरिक इसे अपना संवैधानिक कर्त्तव्य मानकर देशहित में इस कार्यक्रम को साफल्यमंडित करेंगे जो उनके व्यक्तिगत, सामाजिक तथा पर्यावरण के विकास में मील का पत्थर सिद्ध होगा।"

जनसंख्या नियंत्रण एवं विकास

सभी एकमत हैं कि जनसंख्या पर नियंत्रण के बिना विकास की समस्त परियोजनाएँ आधी-अधूरी रह जाएँगी। यह भारत में जनजागरण का उत्तम सूचक है कि बाल स्वास्थ्य की दृष्टि से एवं आर्थिक-दृष्टि से नागरिक गण परिवार नियोजन कार्यक्रम को स्वत: अपनाने लगे हैं। केवल मुसलमान भाई एवं बहनों को इस दौड़ में देश के अन्य नागरिकों के साथ समान रफ़्तार से दौड़ना बाक़ी है। वर्तमान में उच्च स्तरीय तकनीकी तथा त्रुटिरहित गर्भ निरोधक उपाय, समानता, अपूर्ण ज़रूरत, प्रजनन क्षमता में कमी जैसे कारक इस अभियान में उत्प्रेरक का काम कर रहे हैं पर अभी भी मीलों दूर जाना है। यह कोई अहम् का विषय नहीं है कि कुछ दशकों बाद भारत विश्व

में सबसे अधिक आबादीवाला देश हो जाएगा क्योंकि तब भारत में सबसे अधिक ग़रीब भी होंगे तथा विश्व के 2.4 प्रतिशत भारत के भू-भाग पर 2011 जनगणना के अनुसार ही 17.5 प्रतिशत जनसंख्या है। अतः भारत की आर्थिक तथा सामाजिक उन्नति के लिए इस दिशा में प्रभावशाली सरकारी पदक्षेप की तुरन्त आवश्यकता है जिससे प्रचार-प्रसार के साथ-साथ मातृत्व मृत्यु दर में 35 प्रतिशत कमी लाना तथा नवजात मृत्यु पर एवं गर्भपात में कमी लाना सम्मिलित हैं। साथ-साथ महिलाओं को इस महा-अभियान में सहयोग करना चाहिए जिससे वह अनचाहे गर्भ से बचें और परिवार नियोजन में सफलता प्राप्त कर जनसंख्या वृद्धि को रोकें। सरकारों को भी इस क्षेत्र में पूर्व की भाँति आन्दोलन खड़ा करना चाहिए तथा सरकारें परिवार नियोजन पर और अधिक सुविधाएँ, अनुदान, सहायता देकर उसे और सफल बनाएँ। यह स्वास्थ्य विभाग की नौकरशाही के लिए एक चुनौती है।

स्वास्थ्य तथा चिकित्सा-क्षेत्र में राज्यों की तुलनात्मक स्थिति

5 फरवरी, 2018 को नीति आयोग ने नई दिल्ली में 'स्वस्थ राज्य, प्रगतिशील भारत' शीर्षक से एक व्यापक सूचकांक रिपोर्ट जारी की। इस रिपोर्ट में स्वास्थ्य के मोर्चे पर वार्षिक प्रगति तथा एक-दूसरे की तुलना में समग्र प्रदर्शन के आधार पर राज्यों और केन्द्रशासित प्रदेशों को विभिन्न श्रेणियों में रखा गया है।

यह रिपोर्ट स्वास्थ्य क्षेत्र में देश के प्रदर्शन को विविधता तथा जटिलता के आधार पर वार्षिक स्तर पर आँकने के लिए एक व्यवस्थित पद्धति विकसित करने का प्रयास है।

नीति आयोग की ओर से यह रिपोर्ट स्वास्थ्य और परिवार कल्याण मंत्रालय के साथ परामर्श तथा विश्व बैंक के तकनीकी सहयोग से तैयार की गई है।

रिपोर्ट में राज्यों और केन्द्रशासित प्रदेशों को बड़े-छोटे तथा संघ-शासित प्रदेशों की तीन श्रेणियों में रखा गया है ताकि एक समान राज्यों और संघ राज्यों और संघ शासित प्रदेशों के बीच आसानी से तुलना की जा सके।

स्वास्थ्य सूचकांक एक भारित समग्र सूचकांक है जो बड़े राज्यों के लिए तीन विभिन्न श्रेणियों (डोमेन) के तीन संकेतकों (ए) स्वास्थ्य परिणाम (70 प्रतिशत) (बी) शासन और सूचना (12 प्रतिशत) और (सी) प्रमुख आगत और प्रक्रियाओं (18 प्रतिशत) पर आधारित है। इसमें प्रत्येक श्रेणी का निर्धारण उसके महत्त्व के आधार पर किया गया है।

रिपोर्ट में बड़े राज्यों में समग्र प्रदर्शन के मामले में केरल, पंजाब और तमिलनाडु को शीर्ष स्थान दिया गया है, जबकि वार्षिक स्तर पर प्रगति के मामले में झारखंड, जम्मू-कश्मीर तथा उत्तर प्रदेश को शीर्ष तीन राज्यों में स्थान मिला है। आधार और सन्दर्भ वर्ष के परिप्रेक्ष्य में नवजात मृत्यु दर, 5 वर्ष से कम आयु के शिशुओं की

मृत्यु दर, सम्पूर्ण टीकाकरण, संस्थागत प्रसव तथा एण्टी रेट्रोवायरल थेरेपी पर निर्भर एच.आई.वी. संक्रमित लोगों के स्वास्थ्य सुधार के मामले में झारखंड, जम्मू-कश्मीर और उत्तर प्रदेश का प्रदर्शन सबसे अच्छा रहा।

समग्र प्रदर्शन के मामले में छोटे राज्यों में मिज़ोरम को पहला स्थान मिला है, जबकि मणिपुर दूसरे स्थान पर है। वार्षिक स्तर पर प्रगति के मामले में मणिपुर को प्रथम और गोवा को दूसरा स्थान दिया गया है।

एण्टी रेट्रोवायरल थेरेपी पर निर्भर एचआईवी संक्रमित लोगों के स्वास्थ्य सुधार, गर्भावस्था में देखभाल के लिए पंजीकरण, सामुदायिक स्वास्थ्य केन्द्रों की गुणवत्ता तथा एकीकृत रोग निगरानी कार्यक्रम की बेहतर रिपोर्टिंग तथा राज्य स्तर पर स्वास्थ्य अधिकारियों की औसत संख्या के मामले में मणिपुर में सबसे ज़्यादा प्रगति देखी गई।

स्वास्थ्य क्षेत्र में समग्र प्रदर्शन के साथ ही वार्षिक स्तर पर सबसे अधिक प्रगति के मामले में केन्द्रशासित प्रदेशों में लक्षद्वीप का प्रदर्शन सबसे अच्छा रहा।

स्वास्थ्य सूचकांक रिपोर्ट में यह लिखा गया है कि जिन राज्य और केन्द्र शासित प्रदेशों में विकास की शुरुआत निचले स्तर से हुई उन्हें उच्च स्वास्थ्य सूचकांक वाले राज्यों की तुलना में ज़्यादा तेज़ी से प्रगति करने का लाभ मिला। उदाहरण के तौर पर केरल जहाँ समग्र प्रदर्शन के मामले में शीर्ष पर है वहीं दूसरी ओर इसकी प्रगति की रफ़्तार धीमी पड़ चुकी है, क्योंकि राज्य में नवजात शिशु मृत्यु दर, 5 वर्ष से कम आयु के शिशुओं की मृत्यु दर, और रिप्लेसमेण्ट आधारित फर्टिलिटी की दर पहले से ही काफ़ी घट चुकी है, जिससे इसमें और सुधार की सम्भावनाएँ सीमित हो गई हैं।

हालाँकि रिपोर्ट के प्रगतिशील मापकों से पता चलता है कि 2015 के मुकाबले 2016 में लगभग एक-तिहाई राज्यों ने अपने प्रदर्शन में गिरावट दर्ज की है। रिपोर्ट के अनुसार अधिकांश राज्यों और संघ-शासित प्रदेशों के लिए आम चुनौतियों में कर्मचारियों के पदों को भरना, ज़िलों में हृदय रोगों के उपचार के लिए अलग इकाइयों (सी.सी.यू.) की स्थापना, सार्वजनिक स्वास्थ्य सुविधाओं की गुणवत्ता मान्यता और मानव संसाधन प्रबन्धन सूचना प्रणाली (एच.आर.एम.आई.एस.) को सुनियोजित करना शामिल है। इसके अतिरिक्त लगभग सभी बड़े राज्यों को जन्म के समय लिंग अनुपात (एस.आर.बी.) में सुधार करने पर ध्यान देने की ज़रूरत भी बतायी गई है।

आशा की जाती है कि इस सूचकांक से राज्य अपनी स्वास्थ्य प्रणालियों और जनसंख्या के स्वास्थ्य सुधार लक्ष्यों को प्राप्त करने की ओर तेज़ी से बढ़ सकेंगे।

स्वास्थ्य लक्ष्यों की प्राप्ति में गति लाने के वास्ते सहकारिता और प्रतियोगी संघवाद का लाभ उठाने के लिए स्वास्थ्य सूचकांक एक उपकरण के रूप में

विकसित किया गया है। यह राज्यों और संघ शासित प्रदेशों और केन्द्रीय मंत्रालयों के लिए वार्षिक स्तर पर लक्ष्यों की प्राप्ति के आकलन के लिए एक 'उपकरण' के रूप में भी काम करेगा।

आशा है कि वैश्वीकरण के युग में यह रिपोर्ट राज्यों तथा संघ शासित प्रदेशों के बीच एक स्वस्थ प्रतियोगिता सृजित करेगी जिसका अन्तिम लाभ भारत के लाभार्थी नागरिक को होगा।

स्वास्थ्य तथा चिकित्सा क्षेत्र में बेहतर प्रबन्धन

भारत के स्वास्थ्य एवं चिकित्सा सुविधाओं से जनमानस असन्तुष्ट है। इस कारण बीच-बीच में अस्पतालों में तोड़-फोड़ तथा डॉक्टरों की मारपीट की घटनाएँ घट जाती हैं जो निन्दनीय है। पर यह स्वास्थ्य क्षेत्र की बीमारी की ओर इंगित करती है। त्रिस्तरीय सरकारी अस्पतालों में उचित इलाज की व्यवस्था नहीं है, न ही उपयुक्त अवसंरचनात्मक ढाँचा है, दवाइयों का अभाव है तथा डॉक्टर खोजे नहीं पाए जाते हैं। ऐसी स्थिति में एक सर्वेक्षण के अनुसार ग्रामीण क्षेत्रों से 58 प्रतिशत बीमारियों के लिए लोग निजी अस्पतालों या संस्थानों के शरणापन्न होते हैं, जबकि शहरी क्षेत्र से 62 प्रतिशत बीमारियों के इलाज के लिए लोग निजी अस्पतालों को जाते हैं। निजी अस्पतालों में सरकारी अस्पतालों की अपेक्षा तीन गुना ख़र्च है।

ग्रामीण क्षेत्रों में शुद्ध पर्यावरण के बावज़ूद प्रत्येक परिवार अपने बजट का 6.1 प्रतिशत तथा शहरी क्षेत्रों में 4.9 प्रतिशत इलाज पर ख़र्च करता है। स्पष्ट है कि बढ़ते हुए इलाज पर ख़र्च की चोट ग़रीबों पर अधिक गहरी पड़ रही है। यह समझ में नहीं आता कि भारत के अस्पतालों में अस्पतालों की प्रबन्धन पद्धति क्यों नहीं लागू होती जबकि यह विषय अन्तरराष्ट्रीय स्तर पर पूर्णत: विकसित एवं स्थिर हो चुका है। प्रबन्धन पद्धति के लागू होने पर ही डॉक्टरों तथा उनके सहायक कर्मचारियों की जवाबदेही निर्धारित हो सकती है। यदि अस्पताल में मरने वाले मरीजों की संख्या अधिक है, तो उस अस्पताल तथा डॉक्टरों का काम ख़राब ही माना जाएगा। ऐसे ही कई मानदंड है जिन पर प्रत्येक अस्पताल का प्रशासन तथा जनता द्वारा लेखा-जोखा होना चाहिए तथा वह प्रकाशित भी होना चाहिए। निजी क्षेत्र में अस्पताल बड़ी-बड़ी फीसें लेते हैं पर उनकी जवाबदेही नहीं है। मरीज़ के परिवार के लोगों की भावना का इस प्रकार शोषण उचित नहीं है न ही किसी राज्य की नीति यह अनुमोदित करती है। सरकारी अस्पतालों में जो शीर्ष प्रशासन पर डॉक्टर बैठे हैं, वे न तो प्रशासन में दक्ष हैं न ही डॉक्टरी में, उनके नीचे क्लर्क तथा दूसरे निम्न वर्ग के कर्मचारी अस्पताल प्रशासन चलाते रहते हैं। आवश्यकता है कि निजी अस्पतालों में डॉक्टरों के साथ-साथ एक समान्तर प्रशासनिक तंत्र हो जो प्रशासन तथा वित्तीय कार्य देखे। तभी डॉक्टरगण जनस्वास्थ्य तथा चिकित्सा

सम्बन्धी मामलों में अपना पूरा ध्यान तथा क्षमता निवेश कर सकेंगे। आजकल सरकारी अस्पतालों में उनकी तकनीकी योग्यता का क्षरण हो रहा है। इसी प्रकार निजी अस्पतालों को भी सरकारी नियमों का पालन करना चाहिए कि वे एक सीमा से अधिक दवाओं तथा इलाज के लिए पैसा न लें। वे सरकारी नियमों के अनुसार आर्थिक दृष्टि से पिछड़े लोगों का मुफ़्त इलाज करें तथा अन्य अधिनियमों का समुचित पालन करें। सरकारी डॉक्टर प्रतिबन्धों के बावजूद निजी प्रैक्टिस करते हैं तथा उन पर कार्यवाही होने पर राजनीतिक प्रभावशाली व्यक्ति उनके समर्थन में आ जाते हैं। ये डॉक्टर लापरवाही के लिये उपभोक्ता संरक्षण अधिनियम, 1986 के अन्तर्गत दंडित हो रहे हैं पर उपभोक्ता—न्यायालय भी विलम्ब के केन्द्र बनते जा रहे हैं। इसी प्रकार राजनीतिक प्रतिनिधिगणों का सरकारी अस्पतालों के प्रबन्धन में भी हस्तक्षेप है जो तुरन्त बन्द हो जाना चाहिए। नियुक्तियों तथा स्थानान्तरणों को तो जैसे भारत में राजनीतिक प्रतिनिधियों ने अपनी बपौती समझ रखा है जिससे अस्पताल तथा स्वास्थ्य सेवाओं के प्रबन्ध में ढील होती है तथा काम करने का उत्साह ठंडा पड़ता है। निजी अस्पतालों में भी यह रोग शनैः-शनैः लग रहा है।

राजस्थान सरकार द्वारा राजस्थान में बीमारियों का निजी क्षेत्र में कम क़ीमत में सेवा करने की व्यवस्था की है तथा ग़रीबी रेखा से नीचे परिवारों तथा 70 वर्ष से ऊपर वरिष्ठ नागरिकों को अस्पताल में सस्ते दामों पर औषधि-वितरण की व्यवस्था की है। केन्द्रीय सरकार ने भी सस्ती दवाओं के वितरण की व्यवस्था की है।

ऐसा नहीं है कि राजनीति के कारण देश थम गया है। छत्तीसगढ़ में कुछ डॉक्टरों ने अपने बड़ी-बड़ी नौकरियों को छोड़कर जन स्वास्थ्य सहयोग (जेएसएस) संस्था स्थापित की है जो बिलासपुर ज़िले में गत दस वर्ष से कार्यरत है। इस संस्था ने ऐसी सरल तकनीकियाँ खोजी है जिनसे एक रुपए में मधुमेह का परीक्षण, गर्भाधन का तीन रुपए में परीक्षण किया जा सकता है।

इसी प्रकार सरकार की ओर से मुफ्त एम्बुलेन्स उपलब्ध कराने में सभी राज्यों में होड़ है। महाराष्ट्र सरकार ने तो गाँवों में बाईक पर एम्बुलेन्स की व्यवस्था की है।

इसी प्रकार मध्य प्रदेश तथा राजस्थान में जनता के सहयोग से स्थानीय अस्पतालों के प्रबन्धन में दक्षता आई है। वही प्रयोग अब राष्ट्रीय स्तर पर रोगी कल्याण समिति के नाम से कारगर प्रबन्धन ढाँचा है। यह एक पंजीकृत समिति है जिसके सदस्य अस्पताल कार्यों का प्रबन्धन करने में न्यासियों के रूप में कार्य करते हैं तथा इन सुविधाओं के अनुरक्षण के लिए ज़िम्मेदार हैं और यह समिति अस्पताल में रोगियों को बेहतर सुविधाओं का प्रावधन सुनिश्चित कराती है। इन समितियों को वित्तीय सहायता प्रदान की जाती है। अभी तक ज़िला अस्पतालों (डी.एच.), उप ज़िला अस्पतालों (एसडीएच), सामुदायिक स्वास्थ्य केन्द्रों (सीएचसी) तथा प्राथमिक स्वास्थ्य केन्द्रों (पीएचसी) में सामुदायिक सदस्यों को शामिल करके 31,763 रोगी कल्याण समितियों

की स्थापना की जा चुकी है। इसी प्रकार बाहरी रोगियों को ऑनलाइन पंजीकरण करके उन्हें अस्पतालों में घण्टों प्रतीक्षा से निजात मिली है। यह कार्य किंग जार्ज लखनऊ मेडिकल कॉलेज, लखनऊ, एम्स देहली में सफलतापूर्वक हुआ है। यहाँ तक कि विशेषज्ञ डॉक्टरों की सलाह भी ऑनलाइन प्राप्त हो जाती है। राजधानी क्षेत्र देहली में मोहल्ला क्लीनिक योजना के अन्तर्गत काफ़ी प्रशंसनीय हैं क्योंकि देहली जैसे व्यस्त महानगर में नागरिक को नि:शुल्क चिकित्सा-सलाह अपने दरवाज़े पर ही प्राप्त हो जाती है। इसी प्रकार गुजरात में स्वास्थ्य सम्बन्धी जाँचें काफ़ी कम मूल्य पर ग़रीबों को उपलब्ध करने की 'चिरंजीवी योजना' सफलतापूर्वक चल रही है। इसमें गुजरात सरकार सीधा निजी सेवा प्रदाताओं को भुगतान करती है। इस प्रकार के विविध प्रयोग देशव्यापी चल रहे हैं ताकि स्वास्थ्य सेवाओं का स्वास्थ्य भी उत्तम रहे। हमारा मिशन होना चाहिए कि जो भी रोगी अस्पताल में आए, वह ठीक होकर ही वापस जाए।

सारांश

स्वास्थ्य एवं चिकित्सा क्षेत्र में विफलता भारतीय प्रशासन तथा नौकरशाही के लिए एक चुनौती है। यह आवश्यक है कि निजी अस्पतालों के संचालन की निगरानी के लिए पृथक् ओमबड्समैन (निगरानीकर्त्ता) की नियुक्ति होनी चाहिए जो निजी अस्पतालों द्वारा ऊँचे दाम वसूलने, लापरवाही तथा कुप्रबन्धन की निगरानी करेगा। खराब स्वास्थ्य एवं चिकित्सा सेवाओं के कारण देश में कर्म-शक्ति का क्षरण हो रहा है जिससे देश के खेतों तथा कारख़ानों में उत्पादन पर प्रतिकूल असर पड़ रहा है। आशा है कि डॉक्टरों, परिचारिकाओं, सहायकों, अस्पताल प्रशासन, नौकरशाही तथा राजनीतिक नेताओं के परस्पर सहयोग एवं तीव्र इच्छाशक्ति से स्वास्थ्य एवं चिकित्सा-क्षेत्र देश के लोगों की ही सेवा नहीं करेगा बल्कि अपने उत्तम कार्य एवं ख्याति से विदेशी नागरिकों का सस्ता एवं उत्तम इलाज करके अन्य क्षेत्रों की भाँति भारत के लिए प्रचुर बहुमूल्य विदेशी मुद्रा अर्जित करेगा।

'रोगों को बिल्कुल मत आने दो।'

—तमिल सन्त कवयित्री अव्वैयार

6

शिक्षा का बाजारीकरण

यह सर्वमान्य है कि देश के विकास के लिए शिक्षा का विकास अनिवार्य है। यही कारण है कि डी.एस. कोठारी आयोग की रपट के पश्चात् सन् 1976 में 42वें संविधान संशोधन के पश्चात् शिक्षा को राज्य सूची के अतिरिक्त समवर्ती सूची में सम्मिलित किया गया ताकि शिक्षा राज्य तथा केन्द्र दोनों सरकारों का विषय रहे। यह भी अनुभव से पाया गया कि प्रारंभिक शिक्षा के बिना किसी भी सरकारी योजना का कार्यान्वयन ठीक-ठीक नहीं हो सकता है क्योंकि शिक्षित तथा सचेत लाभार्थी अपने अधिकारों और कर्तव्यों के विषय में समुचित ज्ञान रखकर ही भ्रष्टाचार तथा अनियमितताओं के विरुद्ध खड़ा हो सकता है। अत: 86 वें संविधान संशोधन के माध्यम से नये अनुच्छेद 21 क को जोड़कर 6 से 14 वर्ष के बालकों के लिए अनिवार्य शिक्षा का मौलिक अधिकार दिया गया ताकि दोनों सरकारें अपना यह संवैधानिक दायित्व निर्वाह करें। ऐसे भी साक्षरता में भी अभूतपूर्व वृद्धि हुई है तथा महिलाओं में भी साक्षरता बढ़ी है। पर दूसरी ओर शिक्षा का निरंतर गिरता स्तर राष्ट्रीय स्तर पर एक चिंता का विषय है। जहाँ चीन शिक्षा के बल पर अग्रणी राष्ट्रों की श्रेणी में आ गया है, आस्ट्रेलिया की विकास योजनाएँ विदेश के विद्यार्थियों की शिक्षा के आधार पर चलती हैं, वहाँ भारत स्कूली शिक्षा से लेकर उच्च शिक्षा के स्तर में पिछड़ रहा है। इसका एक प्रमुख कारण यह भी है कि भारत में शिक्षा प्राप्त करने का प्रयोजन नौकरी में प्रवेश पाना है। राष्ट्रकवि मैथिलीशरण गुप्त ने कहा है "शिक्षा तुम्हारा नाश हो, नौकरी के लिए तुम बनी।"

यह ठीक है कि वैश्वीकरण के प्रभाव से शिक्षा क्षेत्र में निजी पूँजी का बड़े पैमाने पर प्रवेश हो गया है। यह आवश्यक भी था क्योंकि सरकार के पास इतने संसाधन नहीं थे। साथ ही सरकार संचालित स्कूलों, कॉलेजों तथा विश्विद्यालयों में पढ़ाई का स्तर निरंतर गिरता जा रहा था। वैसे सरकार ने अनेक प्रयत्न किए। वर्ष 1951-52 तक भारत अपने सकल घरेलू उत्पाद का मात्र 0.6 प्रतिशत 2000-01 में शिक्षा पर व्यय कर रहा था। जबकि 2001-01 में शिक्षा पर व्यय बढ़ कर 4.26 प्रतिशत तक पहुँच चुका था। सन् 2014 में तीन ला ा करोड़ रुपये राज्यों को प्रारम्भिक

शिक्षा के लिए मिले जो अब बढ़कर छः लाख करोड़ रुपये हो गए हैं। प्रत्येक वर्ष शिक्षा पर 10 प्रतिशत खर्च बढ़ाया जाता है। पर राज्य सरकारें इस धनराशि का सदुपयोग नहीं करतीं। प्राय: अधिकांश राज्य सरकारों में शासक राजनीतिक दलों ने अपने समर्थकों को भ्रष्ट तरीके से प्राइमरी में प्रारंम्भिक शिक्षा की पढ़ाई के लिए राज्य भर में शिक्षा मित्रों के पद पर भर्ती की जो योग्य नहीं थे। यह काम पश्चिम बंगाल से प्रारंभ हुआ जहाँ शिक्षा मित्रों की वर्तमान संख्या 85,835 है तथा अन्य कुछ राज्यों में शिक्षा-मित्रों की संख्या है—

उतर प्रदेश—1,74,000 (लगभग), पंजाब—22,340, गुजरात—24,841, मध्य प्रदेश—63,851, बिहार—2,03,650, झारखंड—73,793, छतीसगढ़—43,100, राजस्थान—37,522, असम—3,95,221। अब ये शिक्षा मित्र अपनी नौकरी जाने पर हंगामा कर रहे हैं तथा उच्च न्यायालय एवं सर्वोच्च न्यायालय की छत्रछाया में प्रारम्भिक शिक्षा को गतिहीन बना रहे हैं।

आज देश में साक्षरता दर 74 प्रतिशत है, पुरुषों में साक्षरता दर 82 प्रतिशत है जबकि महिलाओं में यह दर 65 प्रतिशत है। यह प्रशंसनीय है कि शिक्षा के मौलिक अधिकार की योजना के पश्चात 6 से 14 वर्ष की आयु के 94 प्रतिशत से अधिक बच्चे पाठशालाओं में पढ़ने जाते हैं, 15-16 वर्ष की आयु के 83 प्रतिशत किशोर विद्यालय जाते हैं और लगभग 15 प्रतिशत कॉलेज और विश्वविद्यालय पढ़ने जाते हैं। गॉवों में निरतंर भूखा रह कर भी निरक्षर किसान, अपने बच्चों को पढ़ाना चाहता है। वह उन्हें नौकरी में भेजना चाहता है क्योंकि कृषि कार्य अब लाभप्रद व्यवसाय नहीं रहा है। यह स्थिति पूर्व से बिल्कुल भिन्न है, शायद भूमंडलीकरण की चकाचौंध के कारण। उसे बच्चे की गुणवत्तापूर्ण शिक्षा से प्रयोजन नहीं है। भारत शिक्षित युवाओं के हिसाब से अमेरिका यूरोपीय संघ और चीन के बाद विश्व की चौथी महाशक्ति बन चुका है। यह उपलब्धि स्वतंत्रता के पश्चात् सात दशकों में देश में निजी और सार्वजनिक क्षेत्र में 58,16,000 प्राथमिक विद्यालयों, 21,27,000 माध्यमिक विद्यालयों, 33,000 महाविद्यालयों और 550 विश्वविद्यालयों की विशाल संरचना खड़ी करने से मिली है। सरकार ने शिक्षा के विस्तार के लिए शिक्षा उपकर लगाया हुआ है जबकि यह सरकार का अपना पवित्र दायित्व है। सन् 2014-15 में प्राथमिक विद्यालयों में 19.78 करोड़ बच्चों का नाम लिखा हुआ था, जबकि 2009-10 में 18.79 करोड़ बच्चे भर्ती थे। स्पष्ट है कि प्राथमिक स्तर पर दाखिलों की संख्या में प्रतिवर्ष वृद्धि हो रही है जो भारत के विकास के लिए रीढ़ की हड्डी का काम करेगा तथा सरकार की विकास योजनाएँ नियमानुसार कार्यान्वित होगी। शिष्य-शिक्षक अनुपात में भी सुधार हुआ है। यह 2009-10 के 32 से बढ़कर 2014-15 में 25 हो गया। इसी प्रकार स्कूल न जाने वाले बच्चों की संख्या निरंतर घट रही है तथा बीच में पढ़ाई छोड़ने वाले विद्यार्थियों का भी प्रतिशत कम हो रहा

है। इसी प्रकार महिलाओं, अनुसुचित जाति, जनजाति था मुस्लिम विद्यार्थियों की संख्या में निम्न प्रकार से वृद्धि है पर यह आशानुरूप नहीं है।

विशेष समूह	प्राथमिक		उच्च प्राथमिक	
	2009-10	2014-15	2009-10	2014-15
बालिकाएँ	48.46	48.19	48.12	48.63
अनु.जाति	20.07	19.93	19.17	19.55
अनु.जनजाति	11.54	10.83	9.4	9.76
मुस्लिम	13.18	14.37	11.89	12.60

आवश्यकता है प्राथमिक एवं उच्च प्राथमिक स्तर पर शिक्षा की गुणवत्ता में आमूलचूल सुधार। इसलिए शिक्षक को अपनी क्रांतिकारी भूमिका अदा करनी होगी जो उसने स्वतंत्रता के समय किया था ताकि भारत की नई पीढ़ी भारतीय संस्कृति से परिचित हो तथा वह ज्ञान विज्ञान तथा नैतिकता से ओतप्रोत हो, क्योंकि वही देश का आधार है।

उच्च शिक्षा का स्वरूप

भारत के कुछ संस्थानों जैसे भारतीय प्रबंध संस्थान (आई.आई.एम.), भारतीय प्रौद्योगिकी संस्थान (आई.आई.टी.) या भारतीय विज्ञान संस्थान, बैंगलूरू को छोड़कर देश में विश्वस्तरीय उच्च शिक्षा की कम संस्थाएँ हैं जबकि चीन ने तरक्की करके अपने कई विश्वविद्यालयों या शोध संस्थानों को विश्व के शीर्षतम् उच्च शिक्षा संस्थानों में शामिल करवा लिया है। तक्षशिला एवं नालंदा विश्वविद्यालय देश के लिए एक शर्मनाक स्थिति है। उसमें शिक्षक, विद्यार्थी तथा संस्था-प्रबंधन का समान दोष है। यही कारण है कि उच्च शिक्षा में निजी क्षेत्र की भूमिका को प्रोत्साहन दिया जा रहा है तथा वे वर्तमान शिक्षा क्षेत्र में सरकार के साथ समान भागीदारी कर रहे हैं।

उच्च शिक्षा क्षेत्र में निजी क्षेत्र की भूमिका

उच्च शिक्षा पर बल इस बात से स्पष्ट है कि राष्ट्रीय ज्ञान आयोग और 11वीं पंचवर्षीय योजना में तथा बाद में उच्च शिक्षा के अनेक नए संस्थान खुले। उच्च शिक्षा मूलत: सरकार का उत्तरदायित्व है और चूँकि सार्वजनिक वित्त की उपलब्धता एक बाधा है अत: निजी क्षेत्र की भूमिका को स्वीकार किया जा रहा है। इस भूमिका पर भारी मतभेद है।

दसवीं पंचवर्षीय योजना में यह कहा गया कि निजी क्षेत्र की शिक्षा के कानून नियम और प्रक्रियायें बदली जाएँगी जिससे गैर लाभ के संगठन शिक्षा में आकर उसे आधुनिक बना सकें। ये इतने सरल किए जाने चाहिए कि ईमानदार और कर्तव्यनिष्ठ समाज-सेवी स्कूल, कॉलेज और विश्वविद्यालय स्थापित कर सकें। संस्थाओं की

फीस, शिक्षकों के वेतन और स्टाफ की अधिसंरचना के कठोर नियंत्रण हटाए जा सकें। (दसवीं योजना का एप्रोच पेपर 1999) दसवीं योजना में निजी संस्थाओं की सहायता राशि जो 2001 में 42.6 प्रतिशत थी 2006 में बढ़ा कर 63.21 प्रतिशत कर दी गई। इस अवधि में जो एनरोलमेंट पहले 32.9 था वह 51.5 पर आ गया। ग्यारहवीं पंचवर्षीय योजना में यह आशा कि जा रही है कि उच्च शिक्षा का बढ़ा हुआ एनरोलमेंट निजी क्षेत्र में 50 प्रतिशत का आँकड़ा छू लेगा।

इसी प्रकार ज्ञान आयोग की अनुशंसा के अनुसार उच्च शिक्षा में निजी क्षेत्र के सहयोग से संस्थायें स्थापित की जाएँगी। इस निजी सरकारी सहभागिता नीति के अनुरूप सरकार अपने भवन और सुविधायें लीज पर दे सकती है और निजी क्षेत्र के सहभागी संचालन की कीमत स्वीकृत फीस और अन्य अनुदानों से पूरी कर सकते हैं। यह अनुदान प्रति विद्यार्थी आवर्ती राशि के रूप में दिया जा सकता है। विकल्प के रूप में सरकार आकर्षक और लचीले कर्जे दे सकती है जिससे अधिसंरचना का विकास किया जा सके और उच्च शिक्षा में और गुणवता लाई जा सके। इससे लाभार्थी शिक्षण कार्यक्रमों की बढ़ती कीमतों का भार वहन कर सकेंगे। इस पी.पी.पी. (निजी सरकारी पार्टनरशिप) दृष्टि के अन्य बहुत से तरीके भी हो सकते हैं। बिड़ला-अम्बानी प्रतिवेदन 2000 में पहले ही यह सुझाव दे चुका है कि निजी विश्वविद्यालय विधेयक पारित कर उपभोक्ता पैसे दे (user pay principle) सिद्धान्त को उच्च शिक्षा में लागू किया जाना चाहिए। इस विषय पर सघन बहस हो चुकी है और आम राय यह बनी है कि निजी क्षेत्र की उच्च शिक्षा में भूमिका बढ़नी चाहिए और निजीकरण वांछनीय न्यूनतम स्तर तक सीमित किया जाना चाहिए।

केन्द्रीय शिक्षा परामर्श बोर्ड ने उच्च शिक्षा के लिए धन जुटाने के विषय में 2000 की अपनी रिपोर्ट में कहा है—

'व्यवसायीकरण की निन्दनीय प्रवृत्ति को रोकने के लिए उच्च शैक्षणिक संस्थाओं और निजी उच्च शिक्षा संस्थानों को स्ववित्त पोषित कार्यक्रमों को बढ़ावा देना चाहिए। साथ ही समुचित वित्तीय प्रोत्साहनों के माध्यम से शिक्षा में दानशीलता को भी बढ़ावा दिया जा सकता है। समिति ने माना है कि शिक्षा में निजी क्षेत्र की भूमिका कुल मिलाकर सीमित नहीं रखी जा सकती'।

राष्ट्रीय ज्ञान आयोग के अध्यक्ष ने नवम्बर 29, 2006 को प्रधानमंत्री को एक पत्र लिखकर यह सुझाव दिया था कि 'शिक्षा प्रसार के अवसर बढ़ाने के लिए शिक्षा में निजी निवेश प्रोत्साहन चाहता है।'

योजना आयोग के सर्विस सेक्टर के उच्च स्तरीय समूह ने भी यह माना है कि उच्च शिक्षा के क्षेत्र के सुविधाओं को बढ़ाने के लिए निजी कार्पोरेट क्षेत्र को शिक्षा से जोड़ा जाए। उन्हें फीस निर्धारण की स्वायतत्ता दी जाए और कुछ सीमा

तक लाभ कमाने की स्वतंत्रता भी दी जा सकती है। किन्तु इन निजी संस्थाओं को पाठ्यक्रम, शिक्षक भर्ती तथा भौतिक अधिसंरचना के विषय में सरकारी नियमन को स्वीकार करना होगा।

उच्च शिक्षा में निजी क्षेत्र गत् वर्षों में काफी बढ़ा है और तरह-तरह से योगदान भी दे रहा है। ये कुछ तरीके हैं—निजी विश्वविद्यालय, चेरीटेबिल सोसायटिज द्वारा चलाये जा रहे व्यापारी घरानों के विद्यालय, निजी प्रशिक्षण संस्थान तथा निजी क्षेत्र में लाभ कमाने वाली नियमित संस्थायें। इस प्रकार अनेक प्रकार की निजी संस्थायें अलग अलग उद्देश्यों से उच्च शिक्षा के क्षेत्र में कार्यरत हैं। इनमें से कुछ को 'फर्स्ट रेटिंग प्राप्त हुई है जैसे एमिटी इन्टरनेशनल। उन्होंने विदेशों में भी अपने परिसर खोल रखे हैं। पर अधिकांश संस्थाएँ भ्रष्टाचार के कुचक्र में फँसती जा रही हैं।

रणनीति

प्राथमिक स्तर से उच्च अध्ययन तक के त्वरित विस्तार की सामग्री और विषयवस्तु में गुणकारी क्रांति के दोहरे लक्ष्य को हासिल करने के लिए इन सभी घटकों में एक साथ सुधार लाना होगा। अन्यथा हम सामाजिक, आर्थिक और राजनीतिक तिहरे न्याय के माध्यम से राष्ट्र निर्माण की आंतरिक आवश्यकता और आधुनिक विश्व प्रणाली में अन्य प्रतियोगियों से प्राप्त होने वाली बाहरी चुनौतियों का सामना नहीं कर सकेंगे।

इस चुनौती का सामना करने के लिए हमें पाँच निम्नलिखित कदम उठाने होंगे :

- प्राथमिक स्तर से आगे की जन शिक्षा की संस्थाओं के नेटवर्क के विस्तार के लिए सकल घरेलू उत्पाद के 6 प्रतिशत के बराबर आर्थिक संसाधनों का प्रावधान बढ़ाने के लिए राष्ट्रीय आम सहमति की आवश्यकता है। इसमें कार्पोरेट (उद्योग) जगत को भी उसके सामाजिक दायित्व के एक अंग के रूप में शामिल किया जाना चाहिए। राष्ट्र यह अपेक्षा करता है कि शिक्षा को व्यवसायीकरण से बचाने के लिए निजी संस्थाएँ लाभ कमाने के लोभ का संवरण करेंगी।
- देश में प्रतिभावान और कुशल लोगों की संख्या में वृद्धि हेतु हमें जनसंख्या में युवाओं के बढ़ते प्रतिशत का लाभ उठाने के लिए 6 से 30 वर्ष तक के बच्चों/युवाओं को शिक्षा के अवसर सुलभ कराने के लिए राष्ट्रव्यापी समयबद्ध अभियान को बढ़ावा देने की आवश्यकता है। अन्यथा हमें शिक्षा से वंचित होने के कारण युवाओं में पृथकतावाद और गलत दिशा में भटकने के गंभीर खतरों का सामना करना पड़ सकता है। हमारे विद्यालयों और महाविद्यालयों की स्वायत्तता के स्तर में सुधार हेतु राजनीतिक हस्तक्षेप,

संविदाकरण और नौकरशाही की बढ़ती प्रवृत्ति पर लगाम लगाने के केंद्रीय और राज्य सरकारों के संयुक्त अभियान में अब और विलंब नहीं करना चाहिए। इससे शैक्षणिक भ्रष्टाचार के साथ-साथ स्वायत्तता एवं सम्मान की तलाश में स्वाभिमानी शिक्षकों के पलायन को प्रोत्साहन मिलता है। अदालतों ने भी कहा है कि वर्तमान स्थिति इतनी गंभीर है कि शिक्षकों, प्राचार्यों और कुलपतियों की नियुक्ति पर प्रतिकूल प्रभाव पड़ रहा है। विशेषज्ञों ने गुणवत्ता में सुधार लाने हेतु बेहतर पुस्तकालयों, प्रयोगशालाओं और शिक्षक स्तर सुधार की बेहतर व्यवस्था के साथ-साथ समय-समय पर पाठ्यक्रम समीक्षा को संस्था का रूप देने और उच्चतर स्तर पर अध्ययन प्रक्रिया में अंतर्विधायी सुविधा को प्रोत्साहन देने के लिए बार-बार माँग उठाई है। अन्यथा समुचित शिक्षा के लिए बच्चों के कुछ चुनिंदा शहरों और विदेशों में भेजने का दबाव लगातार बढ़ता जाएगा। देश, प्रांत और परिवारों के स्तर पर इससे भारी आर्थिक हानि उठानी पड़ रही है। बहुप्रतीक्षित गुणवत्ता क्रांति के लिए प्रतिबद्धता दिखा कर शिक्षा के क्षेत्र में वैश्वीकरण की चुनौती का सकारात्मक उपयोग किया जा सकता है।

हमारी शैक्षिक संरचना (पिरामिड) के सभी तीन स्तरों प्राथमिक, उच्चतर माध्यमिक और उच्च शिक्षा के छात्रों और शिक्षकों में सृजनात्मक और अभिरुचि के संवर्द्धन के लिए सूचना और संचार प्रौद्योगिकियों (आईसीटी) के बेहतर प्रयोग से अध्ययन के नए तरीकों के गहन उपयोग की तत्काल आवश्यकता है। इससे बढ़ती लागत और पढ़ाई बीच में छोड़ने की बढ़ती दर में कमी लाने के अलावा धन की बरबादी रोकने में भी मदद मिलेगी। शिक्षा क्षेत्र में इसी प्रकार प्राथमिक शिक्षा तथा उच्च प्राथमिक शिक्षा के सुधारों के लिए हमें निम्न व्यवस्था करनी होगी—

प्राथमिक शिक्षा के कार्यक्रम की क्रियान्विति

यह कार्य एक अकादमिक ऑथरिटी द्वारा संपन्न किया जाएगा। यह प्राधिकरण जो सरकारी नोटिफिकेशन से बनेगी। निम्न कार्यों को संपादित करेगी—

1. संविधान के मूल्यों की संरक्षा
2. बच्चों का सर्वांगीय विकास
3. बच्चों की प्रतिभा का संवर्द्धन
4. शारीरिक और मानसिक क्षमता निर्माण के प्रयास
5. बच्चों को केंद्र में रखकर सीखने की कला का विकास
6. मातृभाषा के माध्यम से शिक्षा
7. चिंता, तनाव और भय से मुक्त वातावरण का निर्माण
8. बच्चे की समझ का सतत आकलन।

स्कूली शिक्षा में सुधार

1. स्कूल कार्य की मॉनिटरिंग या देखरेख
2. स्कूल विकास की योजनाओं का निर्माण
3. स्कूल को मिले अनुदानों के उपयोग का निरीक्षण
4. अन्य कोई भी कार्य।

स्कूल विकास की योजनाएँ स्थानीय संस्थाओं के साथ मिलकर तैयार की जाएगी। स्कूलों के शिक्षकों की योग्यता एक एकेडमिक ऑथोरिटी तय करेगी जो केन्द्रीय सरकार द्वारा मॉनीटर की जाएगी। एक अध्यापक के कार्य प्राय: निम्न होंगे—

1. स्कूल की नियमित उपस्थिति बनाए रखना।
2. पाठ्यक्रम को धारा 2 के अनुसार पूरा करना।
3. समय के अनुसार प्रगति को नापना।
4. बच्चों की ज्ञानार्जन क्षमता को नापना।
5. माँ बाप और अभिभावकों से संपर्क रखते हुए बच्चों की प्रगति अभिसूचित करना।
6. अन्य कोई भी आवश्यक कर्त्तव्य।

अध्यापकों की और उनके विरुद्ध शिकायतों के निराकरण का एक यंत्र स्थापित किया जाएगा। स्कूल में शिष्य-शिक्षक अनुपात का ध्यान रखा जाएगा। अध्यापकों की अन्य कार्यों में नियुक्ति नहीं की जाएगी। खाली स्थान दस प्रतिशत से अधिक नहीं होंगे। अनुशासन की व्यवस्था विद्यार्थियों और शिक्षकों दोनों के लिए नियमानुसार होगी।

शिक्षा के निजीकरण का दुष्प्रभाव

आजकल शिक्षा ज्ञान एवं मुक्ति का साधन न होकर साध्य हो गई है क्योंकि शिक्षा के प्रमाण-पत्रों तथा डिग्रियों के आधार पर बड़ी-बड़ी सरकारी एवं निजी संस्थानों में नौकरियाँ प्राप्त होती है जो जीवन का राजपथ है। एक बार नौकरी मिल गई, फिर वह व्यक्ति की चाकरी हो जाती है। व्यक्ति नौकरी का खूब शोषण करता है, काम कम करता है तथा नौकरी से बाहर भ्रष्ट तरीकों से ऊपरी आमदनी का प्रयत्न करता है। यही कारण है कि शिक्षा क्षेत्र में निजीकरण हो गया है। पर निजीकरण के साथ-साथ नौकरियाँ देने के पहले विद्यार्थियों के ज्ञान की पूरी परीक्षा होती है, उसमें कच्चे ज्ञान वाले या भ्रष्ट तरीकों से डिग्रियाँ या योग्यता प्राप्त करने वाले छात्र दूध में मक्खी की भाँति निकाल बाहर किए जाते हैं। निजीकरण का आधार आधुनिक युग की प्रतियोगिता हैं अत: प्रतियोगिता ही पर लक्ष्य होना चाहिए। यद्यपि आजकल के अभिभावक तथा उनके लड़के-लड़कियों में यह एक भ्रांत धारणा घर कर गई है कि वे भ्रष्ट साधनों से नौकरी भी प्राप्त कर लेंगे। इसी कारण वे

राजनीतिक नेताओं अथवा जालसाजों के चक्कर लगाते हैं तथा अन्ततोगत्वा उनके जाल में फँस जाते हैं। राजनीतिक प्रतिनिधियों तथा समर्थकों ने भी यह नया क्षेत्र अपने निहित स्वार्थों की पूर्ति के लिए अपना लिया है, राजनीतिक नेताओं की छत्रछाया में परीक्षाओं में नकल कराई जाती है तथा नौकरियों में भी धाँधलियाँ होती हैं। यहाँ तक की स्थानीय पंचायतों, ग्राम पंचायतों को स्कूलों तथा प्रारम्भिक विद्यालयों के संचालन के निरीक्षण का भार दिया गया है, पर वे भी अपने काम में कुताही करते हैं तथा अपने कुछ स्वार्थों के लिए गाँव की प्राइमरी पाठशालाओं में शिक्षकों की अनुपस्थिति, लापरवाही तथा कामचोरी की अनदेखी करते हैं।

जिन निजी स्कूलों में प्रबंध समितियाँ हैं, उन पर विशिष्ट परिवारों का ही आधिपत्य रहता है। प्रबंधन समितियों के सदस्य उनके ही भोंपू होते हैं तथा उनकी अनियमितताओं को प्रकाश में लाना कठिन काम है। वे शिक्षकों को कम वेतन देकर उनसे अधिक पर हस्ताक्षर करवाते हैं। उच्च शिक्षा स्तर पर सरकार ने तकनीकी महाविद्यालयों, विश्वविद्यालयों की देखरेख तथा उन्नति के लिए शिक्षा विशेषज्ञ नियुक्त किए हैं पर वे भी पैसे का लेन-देन करके अपनी रपट लगा देते हैं। तथा-कथित विशेषज्ञों पर कठोर कार्यवाही होना अत्यावश्यक है अन्यथा भारत में उच्च शिक्षा, वैज्ञानिक शिक्षा या व्यावसायिक शिक्षा के ये केन्द्र भ्रष्टाचार के चारागाह हो जाएँगे। स्कूल एवं विद्यालयों में आर्थिक रूप से पिछड़े लोगों को भी सरकार के नियमानुसार सीटें नहीं दी जाती हैं तथा स्कूल, कॉलेज एवं निजी विश्वविद्यालय वैश्वीकरण के नाम पर भ्रष्टाचार के प्रांगण बन गए हैं। एक आकलन के अनुसार निजी क्षेत्र में शिक्षण संस्थानों को 20 से 30 प्रतिशत का वार्षिक लाभ मिलता है जो सभी क्षेत्रों से अधिक है। ऐसे शिक्षण के परिवेश से निकलने वाले छात्र घमंडी तथा स्वकेन्द्रित हो रहे हैं। ऊँची-ऊँची फीस देकर उनकी जीवन की महत्वाकांक्षाएँ आसमान छू रही हैं। इन्टरनेट, ईमेल के माध्यम से वे ऐसे स्वप्निल संसार में विहार करते हैं जहाँ भौतिक उपलब्धि तथा धन प्राप्ति ही सब कुछ है। यही कारण है कि वे सोशल मीडिया जैसे फेसबुक, वॉटसएप, ट्विटर आदि से चिपके रहते हैं तथा अपनी मानसिकता दूषित करने के साथ शारीरिक रूप से भी दुर्बल होते जा रहे हैं। इन असन्तुष्ट विद्यार्थियों द्वारा कभी-कभी हिंसा तथा आतंकवाद का सहारा ले लिया जाता है। यह हमारी वर्तमान शिक्षा पद्धति की विडम्बना है। शिक्षा से राजनीति को दूर रखना अति अवाश्यक है पर शिक्षकगण बड़े पैमाने पर पंचायतों में चुने गए हैं तथा उन्हें पढ़ाने के लिए समय नहीं मिलता। अत: शिक्षा में राजनीति के प्रवेश को बंद करना अति आवश्यक है, कम से कम बाहरी व्यक्तियों का विद्यार्थी संगठनों में प्रवेश निषिद्ध होना चाहिए। फिर अध्यापकों तथा प्राध्यापाकों के भी संगठन हैं जो शिक्षा संगठनों की अपेक्षा अपने राजनीतिक संगठनों के अधिक पास हैं तथा अपनी विशिष्ट विचारधाराओं से बँधे रहते हैं। निर्वाचन में अठारह वर्ष की उम्र कर देने

के पश्चात् उच्च शिक्षा राजनीति का अखाड़ा बनती जा रही है क्योंकि वहाँ हजारों मतदाता एक ही परिसर में उपलब्ध हैं। वैसे प्रजातंत्र में जहाँ मतदान का अधिकार है वहाँ राजनीति अस्पृश्य नहीं हो सकती तथा संगठित होना या संघ बनाना स्वयं में एक अधिकार है, तथा वह खराब नहीं है पर भारत में इन संगठनों का जो स्वरूप है तथा उनकी जो राजनीतिक अपरिपक्वता है, उसे दृष्टिगोचर करते हुए शिक्षा क्षेत्र में संगठन बनाने के लिए कड़े नियम तथा दंड होना चाहिए तथा उनका ठीक-ठीक अनुपालन होना चाहिए।

शिक्षा क्षेत्र का सुधार

जब-जब शिक्षा क्षेत्र में राजनीति का हस्तक्षेप हुआ, शिक्षा क्षेत्र में गिरावट हुई। यही कारण है कि पूर्व के ऑक्सफोर्ड कहे जाने वाले इलाहाबाद विश्वविद्यालय, कोलकाता विश्विद्यालय तथा दिल्ली स्थित जवाहरलाल नेहरू विश्वविद्यालय में शिक्षा के स्तर में गिरावट हुई है। भारत के केवल एक दो शिक्षा संस्थाएँ विश्व के श्रेष्ठतम शिक्षण संस्थाओं या विश्वविद्यालयों में है तथा चीन के कई विश्वविद्यालयों ने इस सूची में जगह बना ली है। भारत के राष्ट्रीय स्तर के कुछ तकनीकी संस्थान जैसे भारतीय प्रावैधिक संस्थान, भारतीय प्रबंध संस्थान, भारतीय विज्ञान संस्थान तथा राष्ट्रीय विधि विद्यालय या विश्वविद्यालय अन्तरराष्ट्रीय मानकों पर हैं, क्योंकि उनसे राजनीति दूर है तथा विद्यार्थी तथा प्राध्यापक पठन-पाठन तथा शोध में संलग्न हैं। भारत में तो कई विद्यार्थी संगठनों के नेतागण बाहर के होते हैं। इन विद्यार्थी संगठनों का संचालन राजनीतिक दल अपने निहित स्वार्थों के हित में करते हैं। चीन के विश्वविद्यालयों में अन्वेषण ही चीन के विकास का प्रकाश स्तम्भ है। जापान में तकनीकी विकास की जो आवश्यकताएँ होती है, उन पर शिक्षण संस्थाओं तथा विश्वविद्यालयों में शोध होता है तथा उनके साथ-साथ कार्यान्वयन के कारण जापान तथा जर्मनी आज विश्व में अग्रणी राष्ट्र हैं। हमारे यहाँ शिक्षा के बाजारीकरण के कारण संस्थाओं में उपजी लापरवाही तथा भ्रष्टाचार हमारे युवाओं का सशक्तीकरण करने में असमर्थ है। यही कारण है कि शिक्षा क्षेत्र से बाहर आने पर विद्यार्थी व्यावसायिक क्षेत्र या औद्योगिक क्षेत्र में अपना योगदान देने में स्वयं को असमर्थ पाता है। आजकल तकनीकी ज्ञान किसी भी कठिन से कठिन समस्या का समाधान कर सकता है। इसी प्रकार कृषि अनुसंधान के द्वारा भारतीय कृषि के क्षेत्र में गुणात्मक परिवर्तन किया जा सकता है तथा उसे भारत की आवश्यकताओं के अनुरूप सक्षम बनाया जा सकता है। पर हमारे देश में खेत एवं प्रयोगशाला में तालमेल का अभाव है। यही कारण है कि भारत में अनुसंधान देश की आवश्यकताएँ पूरी करने में असफल है। आज शिक्षा संस्थाओं से निकले युवाओं को हमें शिक्षा का वह संबल उपलब्ध कराना होगा जो भारत में ही नहीं अन्तर्राष्ट्रीय प्रतियोगिता में भी एक सम्मान अर्जित कर सकें तथा

वे अपने स्वयं के कारोबार, कृषि अथवा नौकरियों में सम्यक् योगदान दे सकें। यही कारण है भारत का युवा विदेशों में शिक्षा के लिये जाकर देश की बहुमूल्य विदेशी मुद्रा खर्च कर रहा है। आजकल शिक्षा समाप्त करके युवा नौकरियों या अपने कारोबार के लिए दर-दर भटकते हैं। यह एक चिंताजनक स्थिति है। आज शिक्षा नौकरी के लिये न बनकर शोषण के लिये बन गई है। वह भ्रष्टाचार का केन्द्र बन गई है। जिन्हें नौकरियों में नहीं जाना है जैसे कृषि क्षेत्र से आए युवाओं को, उन्हें कृषि क्षेत्र में ही उच्च व्यावहारिक तथा व्यावसायिक शिक्षा प्राप्त हो ताकि वे सक्षम एवं सफल कृषक बन सकें। महात्मा गांधी ने कहा है—'जब तक राष्ट्रीय पद्धति के अनुरूप शिक्षा नहीं दी जाएगी तब तक देश का बहुत ज्यादा नुकसान होता रहेगा। इसलिए प्रयोग के तौर पर राष्ट्रीय पाठशाला आरंभ की गई है। इसमें उद्देश्य यह है कि मातृभाषा के माध्यम से और आसान तरीके से ऊँची शिक्षा दी जाए—इस प्रयोग में मानसिक और शारीरिक शिक्षण देने की व्यवस्था है।' हम अपने राष्ट्रपिता के वचनों का पालन करें पर उन्हें वर्तमान संदर्भों के अनुसार परिवर्तित करें। आधुनिकता की कच्ची दौड़ में विभिन्न स्तरों पर परीक्षाएँ समाप्त कर दी गई हैं। उससे हमारे विद्यार्थी वर्तमान प्रतियोगिता के मैदान में पिछड़ रहे हैं। दुर्भाग्य है कि भारत की राष्ट्रीय शिक्षा नीति अभी तक स्थिर नहीं हो पाई है। हम महान् नेल्सन मंडेला के इस संदेश को हृदयंगम करें कि शिक्षा इस विश्व को बदलने का सर्वोत्तम हथियार है और भारत के विकास में शिक्षा का महती योगदान है।

7

विकासोन्मुख सामाजिक सुरक्षा क्षेत्र

जैसे-जैसे कोई देश विकास के पथ पर आगे बढ़ता है, सामाजिक सुरक्षा-क्षेत्रों तथा सुरक्षा का दायरा बढ़ता जाता है। वर्तमान काल में विकसित राष्ट्रों में सभी निवासियों को सामाजिक सुरक्षा प्राप्त है। संयुक्त राष्ट्र विकास कार्यक्रम संगठन के अनुसार मानव विकास मानदंड (एच.डी.आई.) में जो देश जैसे आस्ट्रेलिया, नीदरलैंड, जर्मनी, यू.एस.ए. आगे है, वे विश्व में सर्वाधिक विकसित राष्ट्र हैं। वहाँ पर नागरिकों को सरकार की ओर से जीवनयापन में पूर्ण सहायता प्राप्त होती है, ताकि सभी नागरिक एक समान जीवनयापन कर सकें। आस्ट्रेलिया में पति के स्वर्गवास होने पर महिला को घर चलाने के लिए काफ़ी पेन्शन प्राप्त होती है। अस्पतालों में मुफ़्त इलाज तथा नि:शुल्क शिक्षा तो प्राप्त है ही। कोई भी बेरोज़गार नहीं है। किसी भी श्रमिक को कम पारिश्रमिक प्राप्त नहीं होता अर्थात् राज्य द्वारा सामाजिक सुरक्षा के माध्यम से समाज में समानता का परिवेश सुनिश्चित किया जाता है।

सामाजिक सुरक्षा वैश्विक परिदृश्य

सामाजिक सुरक्षा की अवधारणा का उल्लेख सार्वभौमिक मानव अधिकार घोषणा के अनुच्छेद 22 में किया गया है; जिसमें यह सुस्पष्ट रूप से बताया गया है कि, "समाज के सदस्य के रूप में, प्रत्येक व्यक्ति को सुरक्षा का अधिकार है और वह राष्ट्रीय प्रयासों, अन्तरराष्ट्रीय सहयोग, प्रत्येक राज्य की संस्था तथा संसाधन, अर्थव्यवस्था, व्यक्ति की प्रतिष्ठा के लिए अनिवार्य सामाजिक एवं सांस्कृतिक अधिकारों के माध्यम से और अपने व्यक्तित्व के मुक्त विकास के अनुसार सामाजिक सुरक्षा पाने का अधिकारी है।" इस घोषणा के अनुच्छेद 23 में कहा गया है कि, "काम करनेवाले प्रत्येक व्यक्ति को सामाजिक सुरक्षा प्रदान की जाए, यदि सम्भव हो तो सामाजिक सुरक्षा के किसी अन्य माध्यम द्वारा।" अन्तरराष्ट्रीय स्तर पर सार्वभौमिक मानवाधिकार घोषणा के अनुच्छेद 22 को सामाजिक सुरक्षा का मूलभूत अधिकार माना जा सकता है। अन्तरराष्ट्रीय श्रम संगठन की वर्ष 2014 की एक रपट के अनुसार विश्व की केवल 27 प्रतिशत लोगों की पहुँच विस्तृत सामाजिक सुरक्षा तक है।

अन्तरराष्ट्रीय श्रम संगठन अभिसमय, 1952 के अनुसार निम्न आकस्मिक सामाजिक सुरक्षा सम्बन्धी योजनाएँ हैं—

वृद्धावस्था पेन्शन	निर्धारित आयु से अधिक उत्तरजीविता को कवर किया जाएगा।
उत्तरजीवी का लाभ	परिवार के कमानेवाले व्यक्ति की मृत्यु के परिणामस्वरूप किसी विधवा या बच्चे द्वारा सहायता की हानि के पश्चात्।
बीमारी छुट्टी लाभ	अवस्था के परिणामस्वरूप काम करने की अक्षमता के कारण अर्जन का स्थगन।
रोज़गार के दौरान दुर्घटनाएँ	रोज़गार सम्बन्धी दुर्घटना या रोग के कारण परिवार के अर्जक व्यक्ति की चिकित्सा, देखभाल, बीमारी की छुट्टी, नि:शक्तता और मृत्यु में शामिल लागत और हानियाँ।
नि:शक्तता लाभ	किसी लाभपूर्ण कार्य में संलग्न होने की स्थायी या चिरस्थायी अशक्तता।
बेरोज़गारी लाभ	काम करने योग्य एवं उपलब्ध संरक्षित व्यक्तियों के लिए उपयुक्त रोज़गार प्राप्त करने में अक्षमता के कारण अर्जन का स्थगन।
पारिवारिक लाभ	बच्चों की देखभाल के लिए ज़िम्मेदारी।
स्वास्थ्य देखभाल	किसी भी अस्वस्थता की स्थिति (गर्भावस्था सहित) का उपचार, चाहे इसका कारण कुछ भी हो।
मातृत्व लाभ	गर्भावस्था और प्रसव एवं उसके परिणामों के कारण अर्जन का स्थगन।

अन्य कारणों से गारण्टी प्राप्त सामाजिक न्यूनतम मानक तक पहुँच न रखनेवाले लोगों के लिए सामाजिक सहायता

विभिन्न देशों की सामाजिक सुरक्षा-प्रणालियों में कुछ समान विशेषताएँ हैं। इन विशेषताओं का सार निम्नानुसार है—

- अधिकतर सभी देशों ने संगठित क्षेत्र के कर्मचारियों के लिए वृद्धावस्था पेन्शन और सेवानिवृत्ति लाभ और न्यूनतम मज़दूरी आदि के प्रावधानों को शामिल किया है।
- अतिरिक्त लक्षित जनसमूह को कवर करने के प्रयास उप-इष्टतम हैं और वर्तमान अधिकतर लाभों के साथ कवरेज विस्तृत तथा सार्वभौमिक से कम रहा है।

- सामाजिक सुरक्षा पहलों के भाग के रूप में स्वास्थ्य सेवाओं को शामिल करने की सामान्य सहमति है। यद्यपि, केवल कुछ ही देशों ने सार्वभौमिक स्वास्थ्य कवरेज की दिशा में प्रगति करने के लिए तंत्रों की स्थापना की है।
- अधिकांश अच्छी प्रगति करनेवाले देशों में योजनाओं को अभिमुख करने और कार्यान्वयन को एकीकृत करने का प्रयास किया है। इन समस्याओं में प्रदाताओं को इन सेवाओं के ख़रीदारों से अलग किया गया है और सरकार की तरफ़ से इन प्रावधानों को एक या एक से अधिक स्वतंत्र और स्वायत्त एजेन्सी द्वारा प्रशासित किया जाता है।
- संघीय संरचना में, प्रान्त और राज्य इन योजनाओं को बनाते एवं लागू करते हैं और राष्ट्रीय स्तर पर सौहार्दता लाने के लिए नीतिगत दिशा-निर्देश और नियम एवं विनियम प्रदान करते हैं।
- इन सेवाओं के इष्टतम प्रवर्द्धन के लिए संशोधन और लर्निंग, सूचना एवं संचार प्रौद्योगिकी के उपकरणों का प्रयोग जैसी नवोन्मेषी दृष्टिकोण को अपनाया गया है। इसके साथ-साथ, ज़रूरत पड़ने पर देशों ने उचित विधायी और क़ानूनी प्रावधानों द्वारा इन प्रणालियों का समर्थन किया है।

वैश्विक स्तर पर विकसित हुई सामाजिक सुरक्षा प्रणालियों के कई उदाहरण उपलब्ध हैं। फिनलैंड को विश्व में सर्वाधिक उन्नत एवं विस्तृत सुरक्षा प्रणाली वाला देश माना जाता हैं। फिनलैंड में, देश के सभी नागरिकों को सामाजिक सुरक्षा योजनाओं में कवर किया जाता है और इस देश में विशेष जनसमूहों के लिए अलग-अलग प्रणालियाँ हैं। नागरिकता आधारित सामाजिक सुरक्षा का वित्तपोषण निजी बीमा कम्पनियों और पेन्शन फंड को अंशदान करके किया जाता है, जबकि इसका प्रशासन फिनलैंड पेंशन फंड द्वारा किया जाता है। इसमें सामाजिक बीमा के साथ-साथ कल्याणकारी प्रावधान भी शामिल होते हैं। फिनलैंड में सामाजिक सुरक्षा तंत्र के रूप में विस्तृत स्वास्थ्य प्रणाली है। फिनलैंड में भ्रष्टाचार का अस्तित्व ही नहीं है तथा फिनलैंड एक छोटा-सा देश है अतः चीन का उदाहरण भारत से अधिक नज़दीक है।

चीने में योजनाएँ एवं प्रावधान हैं। इनमें से अधिकांशतः नियोक्ता-कर्मचारी अंशदान द्वारा वित्त पोषित किया जाता है और कुछ को नियोजक या नियोक्ता के अंशदानों के माध्यम से पूर्ण रूप से वित्त पोषित किया जाता है एवं सभी बीमा योजना विभिन्न सीमाओं के अधीन हैं, जैसे व्यक्तियों के लिए मज़दूरी सीमा उनके सामाजिक सुरक्षा अंशदान पर सीमा रहित उनकी गत वर्ष की आय पर आधारित है।

जापान में एक उत्तम सामाजिक सुरक्षा प्रणाली है जो प्रायः सार्वभौमिक हो गई है। जापान में कम-से-कम सैद्धान्तिक रूप से इस प्रणाली में सभी नागरिकों को

भागीदारी करना अनिवार्य है। जापान में आधारभूत रहन-सहन के ख़र्चे, आवासीय लागत, अनिवार्य शिक्षा और कौशल प्रशिक्षण लागत, स्वास्थ्य बीमा और अन्त्येष्टि को कवर करनेवाले सार्वजनिक सहायता कार्यक्रम भी विद्यमान हैं। यह अन्य देशों के लिए भी एक उदाहरण बन सकता है जहाँ वृद्ध लोगों की जनसंख्या बढ़ रही है।

भारत में सामाजिक सुरक्षा योजनाओं का स्वरूप

भारत के संविधान के भाग चार में अनुच्छेद 41 और 42 में निदेशक तत्त्वों के माध्यम से निर्देश दिया गया है कि राज्य केन्द्र एवं राज्य सरकारें अपने आर्थिक सामर्थ्य और विकास की सीमाओं के भीतर, काम पाने के, शिक्षा पाने के और बेकारी, वृद्धावस्था, बीमारी और निःशक्तता तथा अन्य कई अभाव की दशाओं में या उनके नियंत्रण में प्राधिकारी एवं संस्थाएँ सरकारें उनकी सहायता करें। अनुच्छेद 42 के अन्तर्गत यह निर्दिष्ट है कि राज्य काम एवं प्रसूति सहायता के लिए न्यायोचित एवं मानवीय दशाओं को सुनिश्चित करने का प्रयत्न करेगा। किसी भी व्यक्ति को उसकी क्षमता से अधिक काम न करना पड़े। राज्य नागरिकों के स्वास्थ्य एवं मनोरंजन की भी उचित व्यवस्था करे। प्रसूति की अवस्था में महिलाओं को उचित सहायता देना भी राज्य का कर्त्तव्य है।

अनुच्छेद 46 के अनुसार राज्य को अनुसूचित जातियों और अनुसूचित जनजातियों के शिक्षा और आर्थिक हितों की विशेष सावधानी से अभिवृद्धि करेगा। अनुच्छेद 47 के अनुसार राज्य लोगों के पोषाहार-स्तर, जीवन-स्तर को ऊँचा करने और लोक स्वास्थ्य के सुधार को अपना प्राथमिक कर्त्तव्य मानेगा।

भारत में वर्ष 1923 में 'कामगार क्षतिपूर्ति अधिनियम' लागू कर दिया गया पर धनाभाव एवं राजनीतिक इच्छाशक्ति के अभाव में ये योजनाएँ कारगर साबित नहीं हुईं। अब भारत विश्व के विकसित राज्यों की श्रेणी में शामिल होने के लिए दस्तक दे रहा है। भारत के इस ओर प्रभावी पदक्षेप निम्नलिखित दिशाओं में तीव्रगति से आगे बढ़ रहे हैं।

सामाजिक सुरक्षा के उपायों में अंश के रूप में सार्वभौमिक स्वास्थ्य कवरेज पर विचार

भारत में लगभग 6 करोड़ 30 लाख लोग वार्षिक रूप से स्वास्थ्य सम्बन्धी महँगे व्ययों (ओओपीई) के कारण ग़रीबी में आ जाते हैं। ग़रीबी रेखा से नीचे जीवन व्यतीत करनेवाले लोग, इस समस्या के कारण और गहन ग़रीबी में चले जाते हैं। अन्य शब्दों में, स्वास्थ्य कवरेज के अभाव में देश में ग़रीबी उन्मूलन के लिए लक्षित प्रयासों सहित सामाजिक सुरक्षा के सभी प्रयास निष्फल हो रहे हैं। मूल तथ्य यह है कि स्वास्थ्य व्यय का 30 प्रतिशत ओओपीई विश्व में सर्वाधिक उच्च है।

यह स्पष्ट रूप से तब सिद्ध होता है जब स्वास्थ्य पर सरकार अधिक निवेश करती है तो लोगों को स्वास्थ्य पर कम ख़र्च करना पड़ता है और यह ग़रीबी के विरुद्ध सामाजिक सुरक्षा का उपाय बन जाता है।

इसके अलावा, स्वास्थ्य में निवेश जी. डी. पी. की उच्चतर दर और आर्थिक विकास में योगदान होता है। कई देशों में स्वाभाविक रूप से, अपनी सामाजिक सुरक्षा प्रणाली के अंश के रूप में सामाजिक स्वास्थ्य बीमा प्रणालियों के माध्यम से सार्वभौमिक स्वास्थ्य कवरेज का मार्ग चुना है। भारत और भारत की राज्य सरकारों को इस दिशा में गम्भीरता से प्रयास करना चाहिए। सरकार को स्वास्थ्य पर अधिक निवेश और सामाजिक स्वास्थ्य बीमा प्रणाली के लिए प्रणालियों का विकास करने की ज़रूरत है। राष्ट्रीय स्वास्थ्य बीमा योजना (आर.एस.बी.आई.) जैसी योजनाएँ बेहतर इच्छा से शुरू की गई हैं, यद्यपि भारत में स्वास्थ्य देखभाल पर इस योजना में व्यय सरकार के कुल व्यय के एक प्रतिशत से भी कम है। स्वाभाविक रूप से, इस योजना का प्रभाव सीमित रहा है। यह उपयुक्त समय है जब इस योजना और प्रस्तावित राष्ट्रीय स्वास्थ्य सुरक्षा स्कीम (एन.एच.पी.एस.) को लॉन्च किया जाए और सार्वभौमिक स्वास्थ्य कवरेज की दिशा में प्रगति करने के लिए स्वास्थ्य पर सरकार के बढ़ते हुए निवेश की दृष्टि से पर्याप्त रूप से वित्तपोषित किया जाए। हाल ही में जारी की गई भारत की राष्ट्रीय स्वास्थ्य नीति (2017) को लागू करके भारत में यू.एच.सी. की दिशा में प्रगति करने में योगदान मिलेगा।

राष्ट्रीय स्वास्थ्य नीति

इस दिशा में सरकार द्वारा उठाया गया एक महत्त्वपूर्ण क़दम हो सकता है। उल्लेखनीय है कि प्रधानमंत्री की अध्यक्षता में केन्द्रीय कैबिनेट ने 15 मार्च, 2017 को नई राष्ट्रीय स्वास्थ्य नीति को अनुमोदित किया। इस नीति का उद्देश्य सभी लोगों विशेषकर अल्पसेवित और उपेक्षित लोगों को सुनिश्चित स्वास्थ्य देखभाल उपलब्ध कराना है। उल्लेखनीय है कि यह नीति बदलते सामाजिक, आर्थिक, प्रौद्योगिकीय और महामारी-विज्ञान परिदृश्य में मौजूदा और उभरती चुनौतियों से निपटने के लिए 15 वर्षों के अन्तराल के बाद अस्तित्व में आई है। नीति में जन स्वास्थ्य व्यय को समयबद्ध ढंग से जी. डी. पी. के 2.5 प्रतिशत तक बढ़ाने का प्रस्ताव किया गया है जो कि वर्तमान में जी. डी. पी. का 1.04 प्रतिशत है। इसके अलावा नीति में जीवन प्रत्याशा, राष्ट्रीय और उप-राष्ट्रीय स्तर पर कुल प्रजनन दर को 2015 तक 2.1 पर लाना, शिशु मृत्यु दर, मातृत्व मृत्यु दर आदि में व्यापक कमी लाना, वर्ष 2020 के वैश्विक लक्ष्य को प्राप्त करना जिसे एचआईवी/एड्स के लिए 90:90:90 के लक्ष्य के रूप में परिभाषित किया गया है, वर्ष 2018 तक कुष्ठ रोग, वर्ष 2017 तक कालाजार तथा वर्ष 2017 तक लिम्फेटिक फाइलेरियासिस का उन्मूलन करना

और वर्ष 2025 तक क्षयरोग का उन्मूलन तथा हृदयवाहिका रोग, कैन्सर, मधुमेह या साँस के पुराने रोगों से होनेवाली अकाल मृत्यु को वर्ष 2025 तक घटाकर 25 प्रतिशत करने, जैसे लक्ष्य शामिल हैं। विशेष बात यह है कि इस नीति में ग़ैर-संचारी रोगों की उभरती चुनौतियों से निपटने पर ध्यान केन्द्रित किया गया है। नीति में आयुष् प्रणाली के त्रि-आयामी एकीकरण की परिकल्पना की गई है जिसमें क्रास रेफरल, सह-स्थल और औषधियों की एकीकृत पद्धतियाँ शामिल हैं।

वृद्धजनों को सहारा

2011 की जनगणना के अनुसार, भारत में 60 वर्ष से अधिक आयु के 10.4 करोड़ बुज़ुर्ग थे, और 2026 तक इनकी संख्या 17.3 करोड़ से ज़्यादा होने की सम्भावना है। वर्ष 2000 से 2050 के बीच भारत की बुज़ुर्ग आबादी में 360 प्रतिशत की वृद्धि होने की सम्भावना है। इसके ठीक विपरीत इसमें सहयोग करनेवालों का, जो अनुपात वर्ष 2001 में 8.4 था, वह 2011 में सिर्फ 7 रह गया था और इसके 2026 तक 5.2 रह जाने की आशंका है।

2050 तक 60 वर्ष और इससे अधिक आयु की बुज़ुर्ग महिलाओं की संख्या पुरुषों के मुकाबले 18.4 मिलियन तक बढ़ जाएगी। 60-64 वर्ष आयु की विधवा भारतीय महिलाओं का, जो प्रतिशत 44.5 है, वह 80 वर्ष की महिलाओं में 86.8 है। इसके विपरीत 60-64 के आयु वर्ग में दस में से एक पुरुष और 80 वर्ष से ज़्यादा आयु के बुज़ुर्गों में एक तिहाई पुरुष विधुर हैं।

लगभग 45 प्रतिशत वृद्ध या तो बी.पी.एल. परिवारों से हैं या वह हैं जो अन्त्योदय कार्ड धारकों में आते हैं। एक-तिहाई बुज़ुर्ग ऐसे परिवारों से हैं, जिनका मासिक प्रति व्यक्ति व्यय 1000 रुपए से कम है। कुल बुज़ुर्ग आबादी का दो-पाँचवाँ हिस्सा है जिसका निजी आय का कोई स्रोत नहीं है। आधे से ज़्यादा बुज़ुर्ग ऐसे हैं, जो आर्थिक रूप से पूरी तरह दूसरों पर निर्भर हैं। अन्त में, एक-चौथाई बुज़ुर्गों को आर्थिक सहायता की सख़्त दरकार है, क्योंकि उनके पास सुरक्षा का कोई अन्य स्रोत नहीं है।

कोई भी सटीकता के साथ कह सकता है कि लगभग 40 से 50 प्रतिशत बुज़ुर्ग आर्थिक रूप से क़मज़ोर होते हैं (यह अनुमान बी.पी.एल. या पूरी तरह से आर्थिक रूप से निर्भर मानदंडों के प्रतिशत को लागू करने पर है) और लगभग 25 प्रतिशत के लिए, समस्या अधिक गम्भीर है (क्योंकि इनके पास सबसे कम पैसा है और कोई सम्पत्ति नहीं है या किसी भी तरह का आर्थिक समर्थन नहीं है)।

बुज़ुर्ग महिलाएँ पुरुषों की तुलना में ख़ासकर विधवा बुज़ुर्ग महिलाएँ आर्थिक दृष्टि से और भी बुरी स्थिति में हैं। इसके लिए निम्नलिखित कारक ज़िम्मेदार हैं—

1. कोई आय का स्रोत न होना (पुरुष 26 प्रतिशत, महिलाएँ 59 प्रतिशत)
2. कोई सम्पत्ति नहीं (पुरुष 11 प्रतिशत, महिलाएँ 34 प्रतिशत, विधवा 28 प्रतिशत, विधुर 14 प्रतिशत)
3. आर्थिक रूप से पूरी तरह निर्भर (पुरुष 33 प्रतिशत, महिलाएँ 66 प्रतिशत)।

सौभाग्य से 70 प्रतिशत बुज़ुर्ग आबादी अपने वयस्क बच्चों के साथ रहती है और सिर्फ 6 प्रतिशत ऐसे हैं, जो अकेले रहते हैं, लेकिन ग़रीब बुज़ुर्ग आबादी का एक तिहाई या तो अकेले रहता है या फिर अपने जीवनसाथी के साथ, लेकिन उन्हें सामाजिक सुरक्षा की अत्यधिक आवश्यकता है। प्रत्येक पाँच बुज़ुर्ग पुरुष और महिलाओं में से एक का मानना है कि राज्य को बुज़ुर्ग आयु वर्ग के लोगों के लिए सुरक्षा और सहयोग का प्रावधान करना चाहिए।

सरकारी पहल

केन्द्र और राज्य सरकारें बुज़ुर्गों को नकद सुरक्षा प्रदान कर रही हैं जैसे, इन्दिरा गांधी राष्ट्रीय विधवा पेन्शन योजना और खाद्य-सुरक्षा के तौर पर वस्तु और सेवाएँ, स्वास्थ्य सुरक्षा जैसे बुज़ुर्गों के लिए राष्ट्रीय कार्यक्रम (एन.पी.एच.सी.ई.) और विभिन्न मंत्रालयों द्वारा छूट, सुविधाएँ और सेवाएँ। इनके अतिरिक्त राज्य सरकारें भी विभिन्न योजनाओं को लागू कर रही हैं। केरल में मज़दूर कल्याण बोर्ड के लिए पेन्शन योजना, तमिलनाडु पेन्शन योजना, पश्चिम बंगाल में वृद्धश्री और साँझबाती योजना, ओडिशा में मधुबाबु पेन्शन योजना, महाराष्ट्र में श्रावणबल और संजय गांधी महिला पेन्शन योजना, पंजाब में अट्टा दाल योजना इत्यादि। कई पेन्शन योजनाओं को अब एक साथ मिला दिया गया है।

आई.जी.एन.ओ.ए.पी.एस.

आई.जी.एन.ओ.ए.पी.एस. को जी.एन.ओ.पी.ए.एस. के तौर पर 1995 में केन्द्र सरकार द्वारा शुरू किया गया था। जिसके केन्द्र में थे निराश्रित बुज़ुर्ग लोग। 2007 में इसका नाम बदलकर आई.जी.एन.ओ.ए.पी.एस. कर दिया गया। अप्रैल 2011 में, 60-79 आयु वर्ग के बुज़ुर्गों के लिए पेन्शन राशि को बढ़ाकर 200 रुपए प्रति महीना और 80 वर्ष से ऊपर के लोगों के लिए 500 रुपए प्रति महीना कर दिया गया।

इसके लिए पूरा वित्तपोषण केन्द्र सरकार द्वारा राज्यों को वितरित किया जाता है और इसमें 65 वर्ष की आयु (अब 60) से अधिक की बी.पी.एल. आबादी के 50 प्रतिशत बुज़ुर्ग शामिल हैं। लाभार्थियों का चयन राज्य सरकारों द्वारा बताए गए बिन्दुओं के आधार पर ग्राम पंचायत द्वारा किया जाता है।

राज्यों के लिए संख्या की अन्तिम सीमा और वित्तीय पात्रता अर्हता प्राप्त करने के लिए निम्नलिखित सूत्र तैयार किए गए हैं—

संख्यात्मक अन्तिम सीमा 65 वर्ष और इससे अधिक उम्र की जनसंख्या का आधा राज्य का ग़रीबी अनुपात।

2008 में लगभग 6.5 मिलियन बुज़ुर्ग इस योजना से लाभ ले चुके हैं। वरिष्ठ नागरिकों के लिए 2011 की नई राष्ट्रीय नीति के अन्तर्गत आई.जी.एन.ओ.ए.पी.एस. पेन्शन राशि को प्रति महीना 1000 रुपए से बढ़ाने का प्रस्ताव किया गया है।

2009 में शुरू की गई इन्दिरा गांधी राष्ट्रीय विधवा पेन्शन योजना आई.जी.एन.डब्ल्यू.पी.एस. 40-64 आयु वर्ग की बी.पी.एल. परिवार की विधवाओं को 200 रुपए प्रति माह की पेन्शन देती है। 60 की उम्र के बाद वह आई.जी.एन.ओ.ए.पी.एस. के अन्तर्गत पेन्शन पाने की हकदार हो जाती हैं।

आई.जी.एन.ओ.ए.पी.एस. और आई.जी.एन.डब्ल्यू.पी.एस. के बारे में जागरूकता और इनकी उपयोगिता

हालाँकि, महत्त्वपूर्ण सवाल यह है कि क्या ये योजना लक्षित ज़रूरतमंद बुजुर्गों तक पहुँचती हैं। बीकेपीएआई के मुताबिक आई.जी.एन.ओ.ए.पी.एस. और आई.जी.एन.डब्ल्यू.पी.एस. के बारे में सर्वे में शामिल बुज़ुर्गों में जागरूकता क्रमशः 79 प्रतिशत और 72 प्रतिशत है, लेकिन इनमें से मुश्किल से 13 प्रतिशत ही ऐसे हैं जिन्होंने आई.जी.एन.ओ.ए.पी.एस. के जरिये पेन्शन लाभ लिया है और सिर्फ 20 प्रतिशत विधवा महिलाओं ने आई.जी.एन.डब्ल्यू.पी.एस. की पेन्शन सुविधा का लाभ लिया है। ग़रीबी रेखा से नीचे रहनेवाले बुज़ुर्गों में जागरूकता पुरुषों में 81 प्रतिशत है, जबकि महिलाओं में यह 71 प्रतिशत है, लेकिन मुश्किल से 22 प्रतिशत बुज़ुर्ग पुरुष ही ऐसे हैं, जिन्होंने इसका लाभ लिया है। यह प्रतिशत महिलाओं में मुश्किल से 15 प्रतिशत ही है। आई.जी.एन.डब्ल्यू.पी.एस. के बारे में 70 प्रतिशत बी.पी.एल. बुज़ुर्ग विधवा महिलाएँ जानती हैं, लेकिन 20 प्रतिशत ने ही इसका लाभ लिया है। सात राज्यों में यह स्थिति अलग-अलग है, लेकिन आई.जी.एन.ओ.ए.पी.एस. की उपयोगिता पंजाब, ओडिशा और हिमाचल प्रदेश में ज़्यादा है, जबकि आई.जी.एन.डब्ल्यू.पी.एस. की स्थिति ओडिशा, केरल, पश्चिम बंगाल और हिमाचल प्रदेश में अच्छी है।

कारण और उपयोगिता

विभिन्न राज्यों में क्रियान्वयन के सन्दर्भ में बीकेपीएआई सर्वे में एकत्र किए गए गुणात्मक आँकड़े और इसके अतिरिक्त किए गए कुछ अन्य छोटे सर्वे निम्नलिखित कारण सामने लाते हैं—

- अशिक्षित ग़रीब बुज़ुर्गों द्वारा अपनी पात्रता स्थिति को साबित करने के लिए पहचान पत्र, आयु प्रमाण पत्र, बी.पी.एल. प्रमाण पत्र, पंचायत सदस्यों

द्वारा लिखित सिफारिश पत्र इत्यादि उपलब्ध कराने में मुश्किल सामने आना। इसकी वजह से रिश्वत, बिचौलिये, भ्रष्टाचार और जाति आधारित पक्षपात की स्थिति पैदा होती है।

- बी.पी.एल. सूची की सटीकता, धोखाधड़ी और नक़ली मामलों के सम्बन्ध में समस्याएँ पेन्शन मिलने के इन्तज़ार में लगनेवाला लम्बा समय
- अपर्याप्त पेन्शन राशि
- योग्य लाभार्थियों की पहचान करने में असफल होने के कारण राज्यों को आवण्टित धनराशि का उपयोग न हो पाना।
- इन सीमाओं के बावजूद कुछ शोधकर्त्ताओं ने पेन्शन योजनाओं के काम और प्रभाव के बारे में आशा व्यक्त की है। ओडिशा और तमिलनाडु जैसे कुछ राज्यों ने योग्य लाभार्थियों तक पहुँच बनाने के लिए बेहतर जाँच तंत्र विकसित किया है।

एक अनुमान के अनुसार भारत में 6 मिलियन से ज़्यादा बुज़ुर्ग वृद्धावस्था पेन्शन पा रहे हैं और लगभग तीन मिलियन विधवा पेन्शन का लाभ उठा रही हैं। एनसीएईआर दिल्ली और अमेरिका की *यूनिवर्सिटी ऑफ मैरीलैंड* के एक सर्वे के अनुसार वृद्धावस्था पेन्शन के दायरे में सात प्रतिशत से ज़्यादा लोग हैं, यानी 5 मिलियन लोग इसका लाभ ले रहे हैं।

यूनिवर्सल पेन्शन योजना की माँग

इन समस्याओं से निपटने के लिए पेन्शन परिषद् ने 55 वर्ष से अधिक आयु के सभी पुरुषों और 50 वर्ष से अधिक आयु की सभी महिलाओं के लिए 2000 रुपए प्रति माह की पेन्शन या फिर न्यूनतम मज़दूरी का 50 प्रतिशत, जो भी ज़्यादा हो, की माँग रखी है।

कृषक कल्याण के नए तरीक़े

कई वर्षों तक भारत के कृषि विकास के प्रमुख साधनों, जैसे कि अच्छे बीज, उर्वरक सब्सिडी, सिंचाई कार्यों के लिए सस्ती बिजली और रियायती ऋण एवं एम.एस.पी. पर अनाज की सार्वजनिक ख़रीद का ज़ोर उत्पादन पर था ताकि खेती को फ़ायदेमन्द बनाकर उपभोक्ताओं की खाद्य सुरक्षा सुनिश्चित की जा सके। जब इस बात का अहसास हुआ कि अतिरिक्त उत्पादक क्षेत्रों को अधिक सहयोग दिया जा रहा है, तो अन्य फ़सलों की पैदावार, भण्डारण सुविधाओं, बी.जी.आर.ई.आई., आई.एस.ओ.पी.ओ.एम., एन.एफ.एस.एम., आर.के.वी.वाई., डब्ल्यू.यू.आर.ए. जैसे कार्यक्रमों के ज़रिये बारिशवाले क्षेत्रों और विशेष रूप से पूर्वी क्षेत्र पर ध्यान केन्द्रित किया गया। सतत पद्धतियों को प्राथमिकता दी गई। पेरिस समझौते पर

हस्ताक्षर करने के बाद भारत ने अन्तरराष्ट्रीय स्तर पर जलवायु परिवर्तन की दिशा में कार्य किया और सतत एवं उच्च विकास के लिए विस्तृत दिशानिर्देश (एन.ए.पी.सी.सी.) तैयार किया। जलवायु परिवर्तन के बारे में जागरूकता बढ़ाना, जिससे किसान विशेष रूप से प्रभावित होते हैं, प्राकृतिक आपदाओं की ओर नीतिनिर्देश का कार्य करता है।

जोखिम प्रबन्धन का सामान्य समाधान बीमा है इसीलिए अत्यधिक सोच-विचार के बाद सी.आई. (फ़सल बीमा) स्कीम को शुरू किया गया (मिश्रा, 1996, हैज़ल एवं अन्य, 1986)। एन.ए.आई.एस. की शुरुआत 1999-2000 में हुई, फिर बीमा के लिए 'क्षेत्र' सम्बन्धी दृष्टिकोण अपनाया गया जिसमें आँकड़ों की ज़रूरत कम-से-कम होती है क्योंकि किसी भी 'क्षेत्र' में किसानों को जोखिम का सामना करना पड़ सकता है। इसके तहत संस्थागत उधारकर्त्ताओं का कवरेज अनिवार्य किया गया। हालाँकि आँकड़ों की कमी के कारण एनएआईएस जोखिम से प्रभावित छोटी इकाइयों को लाभ पहुँचाने में विफल रहा और उसे वाणिज्यिक हानि उठानी पड़ी। प्रतिक्रियास्वरूप सी.आई. में कई संशोधन किए गए। जनवरी, 2016 में सरकार ने पी.एम.एफ.बी.वाई. की शुरुआत की जिसमें मौसम, कीट, बीमारियों के जोखिम, रोपायी न कर पाने की स्थिति को कवर किया जाता है। इसके अतिरिक्त अगर खड़ी या कटाई की गई फ़सल को नुकसान होता है तो भी किसानों को मुआवजा दिया जाता है। हालाँकि सरकार किसानों द्वारा चुकाये जानेवाले प्रीमियमों पर सब्सिडी देती है लेकिन फिर भी प्रतियोगी बीमांकिक दरों के कारण निजी बीमा कम्पनियों को भी इस क्षेत्र में आमंत्रित किया गया है। आधुनिक तकनीक की वजह से उपज के आँकड़े जमा किए जा रहे हैं ताकि अधिसूचित 'क्षेत्र' भविष्य में वाक़ई एकरूप हो सकें।

फ़सल बीमा जलवायु परिवर्तन से सुरक्षा प्रदान करता है लेकिन मौसम की मार एक विशाल क्षेत्र को बड़ी संख्या में प्रभावित कर सकती है। पर हमारे देश की उपग्रह क्षमता ऐसी है कि इससे हमें शुरुआती और भरोसेमन्द चेतावनी मिल जाती है। वर्ष 2005 में आपदा प्रबन्धन अधिनियम के पारित होने के बाद एक आपदा प्रतिक्रिया बल का गठन किया गया जिसके तहत ज़रूरत पड़ने पर राज्यों को सहयोग के लिए केन्द्रीय बल तैनात किया जाता है। अगर राज्य सूखे को अधिसूचित करते हैं तो उसे प्राकृतिक आपदा घोषित किया जाता है और सिंचाई पर विशेष सब्सिडी दी जाती है।

जब पारम्परिक नियम पराजित होते हैं तो विपणन सम्बन्धी सुधारों की आवश्यकता होती है। बाज़ारों को प्रतिस्पर्द्धी और कुशल बनाने के लिए ए.पी.एम.सी. क़ानून में संशोधन किया गया ताकि किसानों को और विकल्प चुनने का मौक़ा मिले। भण्डारण और वितरण प्रणाली जो अब निरीक्षण और बजटीय चुनौतियों का सामना कर रहे हैं, मूल्य नियंत्रण के लिए सरकारी हस्तक्षेप के प्रभाव का निर्धारण

करना है। इनपुट और खाद्य सब्सिडी और 2013 की नई अवधारणा पर एक पूरा खाका समर्पित किया गया है जिसमें सभी प्रकार की सब्सिडी को समाहित किया जाएगा। जिन लोगों की आय बहुत कम है, यह विचार उन्हें अधिकार प्रदान करने के सिद्धान्त पर आधारित है।

कई ग्रामीण विकास योजनाएँ किसानों के जीवन-स्तर को सुधारने की दिशा में काम कर रही हैं। इनमें आजीविका (एनआरएलएम), उचित मूल्य निर्धारण (ई-नाम), सामाजिक सहायता (एनएएसएपी), आवास (आईएवाई), सड़क विकास (पीएमजीएसवाई) और स्वास्थ्य (एन.आर.एच.एम.) को लक्षित करते हुए सब्सिडी या निवेश के अवसर प्रदान किए जा रहे हैं। सिंचाई पर भी विशेष ध्यान दिया गया है क्योंकि सिंचाई सस्ती होने से सूखे के असर को कम किया जा सकता है। वर्ष 2005 से लोक निर्माण कार्यक्रम (पी.डब्ल्यू.पी.) मनरेगा ने ग्रामीण आबादी के लिए न्यूनतम आय को आश्वस्त करने में एक महत्त्वपूर्ण भूमिका निभायी। यह रोज़गार को क़ानूनी अधिकार प्रदान करने का प्रतीक है। हालाँकि इसके बजटीय अनुमान विवादास्पद रहे और अच्छे परिणाम प्राप्त नहीं हुए, इसे सोद्‌देश्य लागू किया गया, फिर भी यह ग्रामीण परिसम्पत्ति सृजन का साधन हो सकता है। रोज़गारपरकता को आगे बढ़ाने के लिए 2015 में एनपीएसईडी के ज़रिये उत्पादकता और उपक्रम मानकीकरण कौशल को प्रोत्साहित किया गया।

राष्ट्रीय खाद्य-सुरक्षा

राष्ट्रीय खाद्य-सुरक्षा अधिनियम 2013 में देश के ग़रीब नागरिकों को राजकीय सहायता पर अनाज प्राप्त करने का क़ानूनी अधिकार है। इसके अन्तर्गत सम्पूर्ण जनसंख्या के 79.56 प्रतिशत हिस्से को कवर किया गया है जिसमें ग्रामीण क्षेत्र की 75 प्रतिशत तथा शहरी क्षेत्र की 50 प्रतिशत आबादी को कवर किया गया है। योजना आयोग (वर्तमान में नीति आयोग) के वर्ष 2011-12 में एनएसएस पारिवारिक उपभोग सर्वेक्षण आँकड़ों का प्रयोग कर राज्यवार कवरेज का निर्धारण केन्द्र सरकार द्वारा किया गया और राज्यवार 'इनक्लूजन अनुपात' भी उपलब्ध कराया गया है। अन्त्योदय अन्न योजना (ए.ए.वाई.) में निर्धनतम परिवार को प्रति माह 35 किलोग्राम खाद्यान्न तथा ग़रीबी रेखा से नीचे जीवनयापन करनेवाले प्राथमिकता परिवार के प्रत्येक व्यक्ति को प्रति माह 5 किलोग्राम खाद्यान्न अर्थात् चावल, गेहूँ और मोटा अनाज क्रमश: रुपए 3/2/1 प्रति किलोग्राम के राजसहायता प्राप्त मूल्य पर उपलब्ध कराए जाने का प्रावधान किया गया है।

भारत में कुपोषण व ग़रीबी की चुनौती से निपटने तथा आम जनमानस को खाद्य-सुरक्षा प्रदान करने के लिए केन्द्र सरकार द्वारा पारित राष्ट्रीय खाद्य सुरक्षा अधिनियम, 2013 देश के सभी 36 राज्यों व केन्द्रशासित प्रदेशों ने अपने-अपने

राज्यों की पूर्ववर्ती खाद्यान्न वितरण योजना के स्थान पर लागू कर दिया है जिसके अन्तर्गत राजसहायता पर प्रतिमाह 3/2/1 रुपए प्रति किलोग्राम चावल, गेहूँ और मोटा अनाज उपलब्ध होगा।

बिहार

राष्ट्रीय खाद्य सुरक्षा अधिनियम के अन्तर्गत बिहार के समस्त 38 जनपद की लगभग 8.57 करोड़ जनता को राज सहायता पर खाद्यान्न वितरित किया जा रहा है। बिहार राज्य में अन्त्योदय कार्डधारकों को 2 रुपए प्रति किलोग्राम की दर से प्रतिमाह 14 किलोग्राम गेहूँ तथा 3 रुपए प्रति किलोग्राम की दर से प्रतिमाह 21 किलोग्राम चावल प्रदान किया जाता है। इसी प्रकार पात्र गृहस्थी (पी.एच.एच.) श्रेणी के कार्डधारकों को प्रति यूनिट (व्यक्ति) 2 किलोग्राम गेहूँ तथा 3 किलोग्राम चावल प्रदान किया जाता है। जनवरी माह में अन्त्योदय योजना के अन्तर्गत पूरे राज्य में कुल 3,06,024 किलोग्राम गेहूँ और 4,59,033 किलोग्राम चावल जबकि पात्र गृहस्थी (पी.एच.एच.) कार्डधारकों को 13,01,766 किलोग्राम गेहूँ और 19,52,610 किलोग्राम चावल वितरित किया गया।

राष्ट्रीय खाद्य सुरक्षा अधिनियम के अन्तर्गत बिहार राज्य के ग्रामीण क्षेत्र की 85 प्रतिशत तथा शहरी क्षेत्र की लगभग 75 प्रतिशत जनसंख्या को कवर किया गया है। जन-वितरण-प्रणाली लागू करने के लिए बिहार राज्य में खाद्य एवं असैनिक आपूर्ति निगम को नोडल इकाई बनाया गया है। इसके द्वारा पारदर्शिता और जवाबदेही तथा गड़बड़ी रोकने हेतु ईपीडीएस प्रणाली लागू की जा रही है। जन-वितरण-प्रणाली के दुकानदारों को खाद्यान्न की मात्रा का सही तौल दिए जाने हेतु इलेक्ट्रॉनिक तौल मशीन की स्थापना की गई है। राष्ट्रीय खाद्य सुरक्षा अधिनियम 12 (2)(इ) के अन्तर्गत परिवहन में उपयुक्त वाहन में जी.पी.एस. तथा लौड सेल का उपयोग किया जा रहा है। लाभार्थियों को खाद्यान्न वितरण से सम्बन्धित स्वचालित एस.एम.एस. द्वारा जागरूक किया जाता है। राष्ट्रीय खाद्य सुरक्षा अधिनियम 12(2)(क) के अन्तर्गत पारदर्शिता और जवाबदेही का निर्धारण एम.आई.एस. द्वारा किया जा रहा है। इसके अतिरिक्त धारा 14 के अन्तर्गत कॉल सेण्टर और हेल्पलाइन द्वारा आम आदमी की शिकायतों एवं समस्याओं का त्वरित निस्तारण किया जा रहा है।

मध्य प्रदेश

1 मार्च, 2014 से मध्य प्रदेश के सभी 51 ज़िलों में राष्ट्रीय खाद्य सुरक्षा अधिनियम के प्रावधान के अनुसार लक्षित सार्वजनिक वितरण-प्रणाली को लागू कर दिया गया। मध्य प्रदेश के खाद्य नागरिक आपूर्ति एवं उपभोक्ता संरक्षण विभाग का मुख्य उद्देश्य लक्षित सार्वजनिक वितरण-प्रणाली के अन्तर्गत चिह्नांकित परिवारों को पात्रतानुसार

रियायती दर पर खाद्य-सामग्री का वितरण कराना और किसानों को उनकी उपज का सही मूल्य दिलाना है। राष्ट्रीय खाद्य सुरक्षा अधिनियम के अन्तर्गत पात्र परिवारों में अन्त्योदय अन्न योजना के परिवारों के साथ-साथ 'प्राथमिकता परिवार (पीएचएच) के रूप में 24 श्रेणियों को शहरी एवं ग्रामीण क्षेत्र में सम्मिलित किया गया है। प्राथमिकता परिवार की श्रेणियों में बी.पी.एल. श्रेणी के अतिरिक्त 23 अन्य श्रेणियों के ग़ैर-बी.पी.एल. परिवारों को भी सम्मिलित किया गया है। अन्त्योदय कार्डधारक परिवार को प्रतिमाह 26 किलोग्राम गेहूँ और 9 किलोग्राम चावल एक रुपए प्रति किलोग्राम की दर से दिया जाता है। प्राथमिकता परिवार श्रेणी के प्रति व्यक्ति (यूनिट) 4 किलोग्राम गेहूँ और 1 किलोग्राम चावल, एक रुपए प्रति किलोग्राम की दर से प्रदान किया जाता है। मध्य प्रदेश में अन्त्योदय योजना के अन्तर्गत 14,31,652 परिवार कार्डधारक हैं जबकि प्राथमिकता परिवार के पात्र गृहस्थी कार्डधारकों की सं. 10,42,5395 है। मध्य प्रदेश की 80 प्रतिशत ग्रामीण तथा 62 प्रतिशत शहरी आबादी को राष्ट्रीय खाद्य सुरक्षा क़ानून के अन्तर्गत कवर किया गया है।

हरियाणा

राष्ट्रीय खाद्य सुरक्षा अधिनियम हरियाणा के सभी 22 ज़िलों में लागू हो गया है। हरियाणा की 55 प्रतिशत ग्रामीण तथा 41 प्रतिशत शहरी आबादी को लक्षित सार्वजनिक वितरण-प्रणाली के अन्तर्गत कवर किया गया है। हरियाणा में अन्त्योदय राशनकार्ड धारकों की संख्या 2.56 लाख है जिसमें कुल 11.03 लाख लोग लाभान्वित हो रहे हैं, और प्राथमिकता परिवार (पात्र गृहस्थी) के अन्तर्गत 26.8 लाख लोग कार्डधारक हैं जिसमें कुल लाभान्वित की संख्या 121.33 लाख है। हरियाणा में राष्ट्रीय खाद्य सुरक्षा अधिनियम के अन्तर्गत अन्त्योदय कार्डधारकों को प्रतिमाह 35 किलोग्राम गेहूँ 2 रुपए प्रति किलोग्राम की दर से प्रदान किया जा रहा है तथा प्राथमिकता परिवार (पात्र गृहस्थी) कार्डधारकों को प्रति यूनिट (व्यक्ति) प्रतिमाह 2 रुपए प्रति किलोग्राम की दर से 5 किलोग्राम गेहूँ प्रदान किया जा रहा है।

पंजाब

राष्ट्रीय खाद्य सुरक्षा अधिनियम पंजाब में भी सभी ज़िलों में लागू हो गया है। पंजाब की 55 प्रतिशत ग्रामीण तथा 45 प्रतिशत शहरी आबादी को लक्षित सार्वजनिक वितरण-प्रणाली के अन्तर्गत कवर किया गया है। पंजाब में अन्त्योदय योजना के अन्तर्गत 1,21,517 परिवार कार्डधारक हैं जिसमें कुल 4,38,444 लाभार्थी शामिल हैं। प्राथमिकता परिवार (पात्र गृहस्थी) योजना के अन्तर्गत 35,13,910 परिवार कार्डधारक हैं जिसमें कुल 1,35,55,303 लाभार्थी शामिल हैं। अन्त्योदय कार्डधारकों को प्रतिमाह 35 किलोग्राम गेहूँ 2 रुपए प्रति किलोग्राम की दर से प्रदान किया जा रहा है।

असम

राष्ट्रीय खाद्य सुरक्षा अधिनियम असम के सभी 27 ज़िलों में दिसम्बर 2015 से लागू हुआ जिससे लगभग 2.52 करोड़ लोग लाभान्वित हो रहे हैं। असम में अन्त्योदय राशन कार्डधारकों की संख्या 6,91,521 है जिससे 28,85,570 लोग लाभान्वित हो रहे हैं तथा प्राथमिकता परिवार (पात्र गृहस्थी) वाले कार्डधारकों की संख्या 50,65,669 है जिससे 2,16,64,878 लोग लाभान्वित हो रहे हैं। असम में अन्त्योदय कार्डधारकों को प्रतिमाह 3 रुपए प्रति किलोग्राम की दर से 35 किलोग्राम चावल मिलता है तथा प्राथमिकता परिवार (पात्र गृहस्थी) को प्रति यूनिट (व्यक्ति) प्रतिमाह 3 रुपए प्रति किलोग्राम की दर से 5 किलोग्राम चावल प्रदान किया जा रहा है।

कुछ सुझाव

राष्ट्रीय खाद्य सुरक्षा क़ानून सफलतापूर्वक क्रियान्वयन के लिए केन्द्र सरकार के साथ-ही-साथ राज्य सरकार सतत प्रयासरत हैं। परन्तु कुछ अपात्र लोगों के भी पात्र गृहस्थी अथवा अन्त्योदय के राशनकार्ड बन गए हैं। पात्र गृहस्थी श्रेणीवाले अन्त्योदय श्रेणी में राशनकार्ड बनवाकर अनुचित लाभ ले रहे हैं। चूँकि कार्ड बनवाने के लिए ऑनलाइन फॉर्म भरना था और वास्तविक आय के स्रोत की जाँच के समुचित सरकारी तंत्र की उपलब्धता का अभाव होने के कारण लोगों ने अपनी आय कम बतायी तथा बाद में समुचित निरीक्षण नहीं हो पाने के कारण ऐसी अनियमितता है। इसी तरह गोदामों में खाद्यान्न के संरक्षण हेतु पर्याप्त प्रबन्धन के अभाव के कारण बड़े पैमाने पर खाद्यान्न नष्ट हो जाते हैं तथा परिवहन एवं खाद्यान्न वितरण में होनेवाली अनियमितता के कारण भी कुछ खाद्यान्न बिचौलियों द्वारा अवैध रूप से संग्रहित कर लिया जाता है। राशन विक्रेताओं को भी इन सरकारी केन्द्रों से पूरा खाद्यान्न उपलब्ध नहीं होता। इसके लिए राज्य सरकार द्वारा विशेष प्रबन्ध किए जाने चाहिए। राष्ट्रीय खाद्य सुरक्षा योजना से देश के प्रत्येक हिस्से में ग़रीब से ग़रीब व्यक्ति को राज सहायता पर केन्द्र और राज्य सरकार के सहयोग से खाद्यान्न उपलब्ध कराया जा रहा है यद्यपि खाद्यान्न वितरण में कुछ सुधार अभी अपेक्षित हैं।

राज्य सरकारों द्वारा अतिसक्रिय नेतृत्व

भारत जैसी संघीय व्यवस्थावाले देश में, सामाजिक सुरक्षा उपायों में राज्यों को महत्त्वपूर्ण भूमिका अदा करनी है। यह सामाजिक सुरक्षा के प्रयासों को सफल बनाने के लिए पर्याप्त लचीलापन और विण्डो प्रदान करता है। जबकि केन्द्र सरकार के वित्तीय एवं राजकोषीय संसाधन सदैव सीमित रहे। यद्यपि कार्यान्वयन का अन्तर तब होता है जब राज्य का उच्च राजनीतिक नेतृत्व दूरदृष्टि और प्रतिबद्धता दर्शाता है। कई भारतीय राज्य इस चरण में हैं जहाँ ये सार्वभौमिक स्वास्थ्य कवरेज सहित

सामाजिक सुरक्षा स्कीमों के सार्वभौमिक के लिए देश के अन्य राज्यों का पथ-प्रदर्शन कर सकते हैं।

सारांश

सामाजिक सुरक्षा क्षेत्र का विकास आजकल राष्ट्र के विकास का सूचक बन गया है। विद्वानों का मत है कि पेन्शन और बेरोज़गारी भत्तों की उपलब्धता के कारण पिछले दो दशकों में श्रमिकों का नौकरियों से निकाला जाना कम हो गया है। असंगठित कामगार सामाजिक सुरक्षा अधिनियम, 2008 को अब घरेलू श्रमिक, खोमचेवालों, बीड़ी श्रमिक, मैला ढोनेवाले, सफ़ाई कर्मियों तथा इमारत एवं निर्माण कार्य में लगे श्रमिकों तक सामाजिक सुरक्षा का जनाधिकार बढ़ा दिया है। विकास तथा समृद्ध देशों के पास तो इतना राजकोष है कि वे नई-नई सुविधाएँ अपने मज़दूरों, श्रमिकों तथा कार्यालयों में काम करनेवाले कर्मचारियों को प्रदान कर रही हैं। फलत: अर्थतंत्र में क्रय शक्ति में वृद्धि होने से उनका आर्थिक तंत्र सदैव गतिमान् रहता है तथा उन्हें अन्य अविकसित देशों में निवेश पर निर्भर नहीं होना पड़ता है।

भारत प्राय: 130 करोड़ जनसंख्या का एक विशाल देश है तथा यहाँ सामाजिक सुरक्षा का दायरा इतना अधिक नहीं किया जा सकता है कि आम आदमी अकर्मण्य हो जाए क्योंकि कोई भी शासन इतनी अधिक आबादी को बैठे-बैठे नहीं खिला सकता है। दूसरे छोटे-छोटे देशों में देखा गया है कि सामाजिक सुरक्षा का दायित्व राज्य से अधिक उद्योग-क्षेत्र तथा स्वयंसेवी संस्थाएँ निभाती हैं। भारत में यह सम्भव नहीं है। फिर भारत की संस्कृति भी कर्मप्रधान है तथा भारत में संयुक्त परिवार प्रणाली है। अत: भारत में प्रत्येक घर ही वरिष्ठ नागरिक पुनर्वास केन्द्र है, असहाय व्यक्तियों, बच्चों तथा महिलाओं के पुनर्वास केन्द्र हैं। वास्तव में भारत में संयुक्त परिवार में जो देखभाल तथा सेवा-शुश्रूषा नि:शक्त तथा असहाय लोगों की होती है, वह सरकार या निजी संस्थाओं द्वारा संचालित पुनर्वास केन्द्रों, प्रवास घरों में नहीं हो सकती। पर दु:ख है कि भारत की संयुक्त परिवार संस्था शनै:-शनै: टूट रही है। समाज में देखभाल करनेवालों की आनुपातिक संख्या दिन-प्रति-दिन घट रही है। सभी नियमित काम पर जाना चाहते हैं अन्यथा परिवार का नियमित ख़र्च वहन करना कठिन हो रहा है। घरेलू महिलाएँ भी काम पर बाहर निकल रही हैं। फलत: बुज़ुर्गों, बच्चों तथा निराश्रित महिलाओं के लिए घरों में कोई देखभाल करनेवाला नहीं बचता। फिर पाश्चात्य सभ्यता के प्रभाव के कारण समाज में सहनशीलता तथा करुणा का क्रमश: लोप हो रहा है। अत: सरकारों द्वारा बड़े पैमाने पर घर बैठे लोगों के लिए विभिन्न सामाजिक सुरक्षा योजनाएँ बनायी जा रही हैं तथा असहाय, विकलांग तथा निराश्रित लोगों के लिए सरकार द्वारा बड़े पैमाने पर पुनर्वास केन्द्रों की स्थापना के लिए आर्थिक सहायता या अनुदान दिया जा रहा है। भारत में सबसे

बड़ी समस्या ग़रीबी रेखा से नीचे निवास कर रही प्रायः बीस प्रतिशत से अधिक जनसंख्या का है जो प्रायः 26 करोड़ आज के हिसाब से है। ये अपने कल्याण के लिए विभिन्न सरकारी योजनाओं से भी परिचित नहीं हैं। फलतः नौकरशाही एवं बिचौलिये इनका शोषण करके इनके लाभकारी योजनाओं को स्वयं डकार लेते हैं, उदाहरणार्थ केन्द्रीय सरकार ने इनके खातों में सीधे रासायनिक उर्वरकों का अनुदान (सब्सिडी) डिजिटल स्थानान्तरण के द्वारा जमा कराने की योजना हाथ में ली है, पर इससे भी उनकी दशा में आशानुकूल सुधार नहीं आया है। यदि कोई इनके परिवार में सड़क दुर्घटना में मारा जाता है, तो भी इन्हें बीमा-कम्पनियों से सरकार द्वारा प्रदत्त बीमा राशि के लिए दर-दर भटकना पड़ता है। इसी प्रकार अपने प्रियजनों के इलाज के लिए इन्हें निजी अस्पतालों के चक्कर लगाने पड़ते हैं तथा अपनी प्रिय ज़मीनें या तो बन्धक रखनी पड़ती हैं, या बेच देना पड़ती हैं। निजी अस्पताल आज भी इन्हें घोषित सरकारी सुविधा का लाभ नहीं देते। यही हाल कमोबेश निजी शिक्षण संस्थाओं का है। निर्धनों के लिए आरक्षित निःशुल्क सीटें नहीं भरी जाती हैं तथा निर्धनता का पूरा-पूरा लाभ नहीं पहुँच पाता है। कहा जाता है कि सभी कुछ इन्टरनेट द्वारा लॉटरी से होगा पर इण्टरनेट से अनभिज्ञ लोगों का बुरा हश्र है। भारत में बहुसंख्यक खाद्य-सुरक्षा के माध्यम से तथा मनरेगा के माध्यम से ग्रामीण ग़रीबों को भूख के कारण मौत के मुँह से उबार लिया गया है पर भारत को अभी भी मीलों दूर जाना है। आशा है कि भारत में सकल घरेलू उत्पाद में आशानुकूल वृद्धि, प्रशासन में पारदर्शिता तथा राजनीतिक संवेदनशीलता में वृद्धि के बाद भारत में सामाजिक सुरक्षा भी विकसित राष्ट्रों की श्रेणी का होगा। राजनीतिक हस्तक्षेप, पृष्ठपोषण तथा सकारात्मक कार्यवाही के बिना लोकतंत्र में किसी योजना या मुहिम को स्थायी रूप देना दुःसाध्य है। आशा है कि प्रत्येक स्तर पर राजनैतिक प्रतिनिधिगण सामाजिक सुरक्षा योजनाओं के अनुमोदन तथा उनके सुचारु कार्यान्वयन में अपना महती योगदान देंगे तथा भारत को विकसित राष्ट्र की श्रेणी में गण्य करेंगे।

8

ग़रीबी उन्मूलन : समस्या और समाधान

भारत जब स्वतंत्र हुआ, तब सन् 1952 में देश में ग़रीबी रेखा से नीचे प्राय: 56.44 प्रतिशत लोग थे तथा उनकी कुल संख्या 32.12 करोड़ थी। वर्ष 1973-74 में ग़रीबी का प्रतिशत घटकर 54.88 प्रतिशत हो गया तथा कुल ग़रीबों की संख्या 26.12 करोड़ हो गई। सरकारों के प्रयासों से 2011-12 में शहरी एवं ग्रामीण ग़रीबी का कुल प्रतिशत घटकर 21.92 प्रतिशत हो गया पर जनसंख्या वृद्धि के कारण कुल ग़रीबों की संख्या में कमी न होकर 26.92 करोड़ पहुँच गई। उसमें ग्रामीण क्षेत्रों में ग़रीबी का प्रतिशत 25.7 रहा तथा कुल ग़रीबों की संख्या 21.66 करोड़ थी। वर्तमान में ग़रीबी का प्रतिशत प्राय: इसी स्थिति में है तथा कुल ग़रीबों की संख्या 25 करोड़ के इर्द-गिर्द मंडरा रही है। ग़रीबी रेखा को 816 रुपए वार्षिक के मानक पर रखा गया है जो विशेषज्ञ के अनुसार तथा मूल्य सूचकांक के अनुसार परिवर्तित होती रहती है।

भारत के कुछ राज्यों की तेन्दुलकर विधि से ग़रीबी रेखा से नीचे के तुलनात्मक प्रतिशत निम्न प्रकार हैं—

	वर्ष 2011-12	
	ग्रामीण	**शहरी**
आन्ध्र प्रदेश	10.96	5.81
गुजरात	21.54	10.14
हरियाणा	11.64	10.28
पंजाब	7.66	9.24
केरल	9.14	4.97
तमिलनाडु	15.83	6.54
राजस्थान	16.05	10.69
महाराष्ट्र	24.22	9.12
ओडिशा	35.69	17.29
मध्य प्रदेश	35.74	21.4
बिहार	34.06	31.23

उत्तर प्रदेश	30.4	26.06
पश्चिम बंगाल	22.52	14.66
जम्मू-कश्मीर	11.54	7.2
असम	33.89	20.49

ग़रीबी और विकास का सम्बन्ध

ग़रीबी और विकास एक-दूसरे पर अन्योन्याश्रित हैं। पर अर्थव्यवस्था में वृद्धि से सब समय ग़रीबी में कमी नहीं आती है। इसके लिए अर्थव्यवस्था में कुछ सुधार करने पड़ते हैं जैसे अर्थव्यवस्था में उन्नति या उछाल के साथ-साथ रोज़गार सृजन हो अर्थात् रोज़गार तथा उत्पादन हाथ मिलाकर चलें। यह राज्यों में ग़रीबी की स्थिति से स्पष्ट है। तथाकथित विकसित राज्यों जैसे गुजरात, महाराष्ट्र में ग़रीबी स्थिति भी खराब है तथा ग़रीबी कम होने पर जैसे राजस्थान में विकास नहीं है। ऐसा न हो कि उत्पादन वृद्धि स्वचालित मशीनों या रोबोटिक तकनीकी के माध्यम से हो जाए तथा आम जनता रोज़गार की ओर ताकती ही रहे जैसे चातक पक्षी वर्षा के बादलों की ओर ताकता रहता है। उच्च विकास दर या सकल घरेलू उत्पाद ही ग़रीबी में कमी के लिए अकेले पर्याप्त नहीं। उसके लिए आवश्यक है कि उच्च विकास दर के लाभ ग़रीबों में वितरित हो अर्थात् रोज़गार, उत्पादकता, समान वितरण तथा संरचनात्मक परिवर्तन विकास द्वारा ग़रीबी कम करने के प्रभावों में निर्णायक भूमिका अदा करते हैं।

ग़रीबी में कमी से सम्बन्धित आर्थिक विकास का रचनात्मक चक्र बढ़ती उत्पादकता के साथ रोज़गार में वृद्धि के ज़रिये क़ायम किया जा सकता है। ग़रीबी में कमी से उत्पादकता में और बढ़ोतरी की सम्भावना पैदा होती है क्योंकि अधिक वेतन पानेवाले कार्मिक अधिक उत्पादकता के कारण कौशल उन्नयन में अधिक निवेश कर सकते हैं। इसकी परिणति उच्चतर आर्थिक विकास दर में होती है। बढ़ती उत्पादकता के साथ रोज़गार में बढ़ोतरी से वर्तमान क्षेत्रों और व्यवसायों के भीतर रोज़गार की स्थिति में बदलाव भी आता है क्योंकि कार्मिक उच्चतर उत्पादकता और परिष्कृत उत्पादकतावाले व्यवसायों और क्षेत्रों की ओर आकर्षित होते हैं।

विंकास ग़रीबी गठजोड़ में एक अन्य महत्त्वपूर्ण घटक असमानता का है। असमानता बढ़ानेवाली विकास प्रक्रिया की तुलना में ऐसी विकास-प्रक्रिया जिसमें आबादी के उच्च वर्ग की तुलना में निम्नतम वर्ग को लाभ पहुँचते हों, ग़रीबी में कमी लाने पर अधिक असर डालती है।

ग़रीबी उन्मूलन में उपर्युक्त घटकों के महत्त्व को देखते हुए विकास और ग़रीबी में कमी के अलग-अलग अनुभव सामने आना स्वाभाविक है। उच्च विकास दर के साथ ग़रीबी में कमी की दर सामान्य या धीमी हो सकती है, यह भी सम्भव है कि

सामान्य विकास दर के साथ ग़रीबी में तेज़ी से कमी आए—बशर्ते विकास का पैटर्न पर्याप्त रूप में रोज़गार-सघन हो, जैसा कि एशिया और दक्षिण एशिया में रहा है।

अत: ग़रीबी उन्मूलन ही सभी सरकारों का मुख्य लक्ष्य है। विश्व बैंक द्वार भी अब यह स्वीकार किया गया है कि अर्थव्यवस्था की उन्नति के साथ-साथ ग़रीबी नहीं हटती है। अत: विश्व बैंक अब भूमि सुधारों के माध्यम से ग़रीबी उन्मूलन पर ज़ोर दे रहा है ताकि ग़रीबों की समस्या से ग़रीबों के घर-आँगन में निबटा जाए न कि इस प्रत्याशा में ग़रीबी हटेगी कि अर्थव्यवस्था की ऊँचाई से राजस्व में वृद्धि होगी जोकि शासन-तंत्र के माध्यम से अन्ततोगत्वा ग़रीबों में बँट जाएगी पर होता यह है कि काफ़ी राजकोषीय सुविधाएँ या धन ग़रीबों तक पहुँचने के पूर्व ही शासन तंत्र में काम करनेवाले हस्तगत कर लेते हैं।

प्रो. अमर्त्य सेन की विचारधारा के अर्थशास्त्रियों के अनुसार आर्थिक-संवृद्धि जन-सामान्य के अभावों का अन्त करने तथा योग्यता संवर्द्धन कर उनके जीवनयापन के स्तर को सुधारने में सहायक रहती है पर यह तभी प्रभावशाली होती है जब यह शिक्षा तथा स्वास्थ्य आदि बुनियादी सुविधाओं को ग़रीबों तक पहुँचाती है। कुछ भी हो—सारे संसार में ग़रीबी निवारण ही सभी शासन-तंत्रों का अन्तिम लक्ष्य है चाहे वे रूस, क्यूबा तथा चीन जैसी साम्यवादी सरकारें हों या अमेरिका तथा पश्चिम देशों की पूँजीवादी राजतंत्र हो या उत्तर कोरिया, ब्रूने, लीबिया या अन्य अफ्रीका तथा दक्षिण अमेरिका के देशों में तानाशाही सरकारें हों।

ग़रीबी हटाओ नारा

यद्यपि स्वतंत्रता-प्राप्ति की पूर्व सन्ध्या पर 15 अगस्त, 1947 को भारत के प्रथम प्रधानमंत्री ने लाल क़िले से यह देश की जनता को स्मरण कराया था कि उसे ग़रीबी एवं अज्ञान तथा रोग व्याधियों और अवसर की विषमताएँ दूर करने का काम करना है। उस दिशा में निश्चित रूप से कुछ काम हुआ है। सभी अंधकारमय नहीं है। रोशनी टिमटिमा रही है। कुछ सफलता भी मिली है। व्यापक अकालों की विभीषिका से देश प्राय: मुक्त हो रहा है। देश में बहुदलीय लोकतंत्र भी काफ़ी सफलतापूर्वक चल रहा है और देश में एक विशाल एवं सफल वैज्ञानिक समुदाय का विकास भी हो सका है जिसने भारत को अग्र राष्ट्रों की पंक्ति में ला खड़ा किया है। पर 'ग़रीबी हटाओ' का लोकलुभावन-नारा भारत की लोकप्रिय शक्तिशाली प्रधानमंत्री स्वर्गीय इन्दिरा गांधी ने 1969 में दिया। इस नारे ने उन्हें 1971 के आम चुनावों में जबरदस्त सफलता भी दिलाई। पर जैसा देश में होता है कि चुनाव जीतने के पश्चात् राजनीतिक नेता एवं राजनीतिक दल अपने वायदे भूल जाते हैं तथा उन निहित स्वार्थों के लिए प्रथम काम करते हैं जिन्होंने उन्हें निर्वाचन में धन उपलब्ध कराया तथा जो उनकी विजय श्री में समर्थ सहायक बने। फिर निर्वाचन आता है तथा इसी

प्रकार का नारा दुबारा गढ़े जाते हैं जैसे 'घरीबी हटाओ' अर्थात् देश में धनी एवं पूँजीपतियों को हटाने पर ग़रीबी स्वयमेव हट जाएगी। दूसरा पदक्षेप आसान भी है। बड़े-बड़े औद्योगिक तथा व्यापारिक घरानों पर कर अधिकारियों द्वारा छापे तथा उनकी सम्पत्तियों को जब्त करना जैसे पदक्षेप प्रचार-प्रसार माध्यमों द्वारा जनता में क्षणिक ख़ुशी का संचार करते हैं जो चुनाव के समय अल्प स्मृति वाली जनता के मनों को जब्त करने का काम करते हैं। 'ग़रीबी हटाना' एक लम्बी अवधि की समग्र विकासीय योजना के माध्यम से सतत उत्तम कार्यान्वयन के द्वारा ही सम्भव है जिसके लिए न तो राजनीतिक आकाओं में धैर्य है और न ही उनके समर्थक या सहायक इतनी लगन एवं त्याग से ग़रीबी हटाने की दिशा में समर्पित रहते हैं। उनकी भी व्यक्तिगत महत्त्वाकांक्षाएँ तथा पारिवारिक मजबूरियाँ हैं जो राजनीतिक दलों के द्वारा पूर्ण नहीं की जा सकती है। इसका एकमात्र हल सत्ता प्राप्ति है जो सब समय सम्भव नहीं है। यह एक उत्तम पहल है कि वर्तमान राजनीतिक परिदृश्य में केवल राज्य के विधान सभा सदस्यों, मंत्रियों तथा केन्द्र में सांसदों तथा मंत्रियों तक सत्ता केन्द्रित नहीं है। आजकल ग्रामस्तर तक सत्ता का हस्तान्तरण हो चुका है। अतः यह एक उपयुक्त राजनीतिक ढाँचा है जिसमें राजनीतिक दल अपने सभी स्तरों के कार्यकर्त्ताओं को सत्ता का सुख दे सकते हैं तथा उनको सन्तुष्ट कर सकते हैं। अब उन्हें देश में बड़े-बड़े पूँजीपतियों या विदेशी बहुद्देशीय कम्पनियों या अन्य देशों को भारत की अस्मिता गिरवी रखने की आवश्यकता है। आवश्यकता है कि वे देश के ग़रीबों को अपने साथ लें, उनकी स्वामिभक्ति स्थायी होती है। ग़रीबों की क्रयशक्ति बढ़ाने से वह पैसा फिर से अर्थतंत्र में वापस आ जाता है और देश की अर्थव्यवस्था चमककर स्वस्थ हो जाती है। दूसरी ओर देश के पूँजीपति अपनी देश में अर्जित पूँजी विदेशों में निवेश भी कर देते हैं ताकि वे विदेशों में जाकर अपना जीवनयापन सुखपूर्वक तथा निष्कण्टक व्यतीत कर सकें। अतः 'ग़रीबी हटाओ' एक उत्तम नारा है जो भारत की जनता को सभी समय सार्वभौमिक रूप से अपील करता है। यह सिद्ध करता है कि ग़रीब ही भारत की बहुसंख्यक जनता है तथा काफ़ी सीमा तक देश के समृद्ध या उत्तम वेतन पानेवाले व्यक्ति भी चाहते हैं कि देश के ग़रीबों के हित में सरकारें काम करें तथा कम-से-कम देश में कोई भी ग़रीब या जनसाधारण भूख से न मरे।

स्व. इन्दिरा गांधी ने अपने 'ग़रीबी हटाओ' नारे को वास्तविक बनाने के लिये बैंकों तथा कोयले की ख़ानों का राष्ट्रीयकरण किया पर वे अपनी लोकप्रियता के घोड़े पर चढ़कर आपातकाल लगाकर भारत जैसे विशाल देश में तानाशाह बनने का स्वप्न देखने लगीं। फलतः उनका सम्पूर्ण क़िला ढह गया। इन्दिरा गांधी के पश्चात् जनता दल की सरकार बनी। इसी प्रकार राज्यों में अन्य सरकारें बनीं पर वे अपने अन्तर्कलहों या व्यक्तिगत महत्त्वाकांक्षाओं के कारण सफल न हो सकीं। जनता भी

इन्दिरा गांधी जैसी व्यक्तिकेन्द्रित सत्ता दुबारा नहीं देना चाहती थी। दूसरी ओर इसका कुफल यह हुआ कि स्थानीय नेतृवर्ग यहाँ-वहाँ पैदा हो गया जो भ्रष्टाचार के माध्यम से पैसा बनाकर शीघ्र लुप्त हो गया। इस कारण देश में ग़रीबी पर पूर्ण राजनीतिक इच्छाशक्ति से हमला न हो सका पर प्रत्येक राजनीतिक दल के चुनाव घोषणा पत्रों में तो यह था ही। देश का स्थायी प्रशासन इसके लिए सतत प्रयास करता रहा क्योंकि वह भी देश के लोगों के लिए समान रूप से जवाबदेह एवं ज़िम्मेदार था। भाजपा के अटल जी देश के प्रधानमंत्री बने। उन्होंने निहित स्वार्थों के सामने झुकना बन्द कर दिया। कांग्रेस के नरसिम्हा राव ने अपने प्रधानमंत्रित्व काल में देश की अर्थव्यवस्था को स्वस्थ कर दिया। उनके ही अर्थमंत्री मनमोहन सिंह ने अपने प्रधानमंत्रित्व काल में 2004-2014 तक प्रशासन को पारदर्शितापूर्ण ढंग से चलाया पर अपनी दूसरी अवधि में उनके कुछ घटक दलों ने उनका भयादोहन कर खूब रिश्वत की फ़सल काटी जिसका दुष्परिणाम उनकी तथा कांग्रेस की 2014 में पराजय। वर्तमान प्रधानमंत्री नरेन्द्र मोदी विकास पुरुष हैं तथा 'सबका साथ-सबका विकास' उनका नारा है। वे भारत के प्रथम प्रधानमंत्री हैं जो विकास का नारा देते हैं। यह अन्य बात है कि उनका दल खेत मज़दूरों तथा उनकी समस्याओं से पूर्णत: परिचित नहीं है।

सरकारी क़दम एवं सफलता

प्रो. गिरीश मिश्र के अनुसार स्थिति से निबटने के लिए सरकार ने दो महत्त्वपूर्ण क़दम उठाये हैं। पहला क़दम है मनरेगा के तहत निश्चित मज़दूरी दर पर इच्छुक श्रमजीवियों को निर्धारित कार्य-दिवसों के लिए रोज़गार के अवसर उपलब्ध कराना। कतिपय ख़ामियों के बावज़ूद गाँवों से मज़दूरों का पलायन कम हुआ है और श्रमजीवियों की आय बढ़ी है। साथ ही कतिपय प्रकार की परिसम्पत्तियों का सृजन सम्भव हो सका है। शहरों तथा अन्यत्र कार्यरत मज़दूरों की मोल-भाव करने की शक्ति बढ़ी है।

सरकार का दूसरा महत्त्वपूर्ण क़दम है: भोजन की गारंटी का अधिकार। यह क़ानून अभी-अभी पारित हुआ है। इसके तहत देश के अधिकतर ज़रूरतमन्द लोगों को सस्ती दरों पर चावल, गेहूँ तथा कतिपय अन्य मोटे अनाज मिल सकेंगे। भरपूर भोजन प्राप्त होने से उनके स्वास्थ्य पर अनुकूल प्रभाव पड़ेगा तथा ख़र्च करने योग्य उपज में इज़ाफ़ा होने से वे दूसरी आवश्यक वस्तुओं को ख़रीद सकेंगे।

पिछले कुछ दशकों के दौरान आर्थिक संवृद्धि दर में वृद्धि, उसका समावेशी होना, रोज़गार की संरचना में अनुकूल बदलाव और मज़दूरी की दर में बढ़ोतरी से ग़रीबी का असर पहले से कम हुआ है। यह कमी सबसे अधिक ओडिशा, बिहार और राजस्थान में देखने में आई है। इधर सरकार का ज़ोर संवृद्धि की दर को ऊँचा उठाने पर रहा है जिससे श्रम शक्ति में शामिल होने वाले लाखों लोगों को सम्मान-जनक रोज़गार के अवसर मिल सकें। खेती से जुड़े कार्यों पर दबाव कम हो और

मज़दूरी की दरें बढ़ें। सरकार का ज़ोर उपभोग के साथ-साथ बचत की दर को बढ़ाने पर भी रहा है जिससे पूँजी निर्माण की गति त्वरित हो।

हम यदि सर्वेक्षण करें कि मनरेगा जैसी योजनाएँ भी क्यों अपेक्षित उपलब्धि प्राप्त नहीं कर सकीं तो हम पाएँगे कि इसका श्रेय भी उन पंचायत प्रतिनिधियों को है जो देश के प्रत्येक कोने में फैले हुए हैं। आज ग्राम पंचायत स्तर पर प्रधान को तथा उसके साथ के ग्राम पंचायत सदस्यों को सभी महत्त्वपूर्ण योजनाओं के कार्यान्वयन तथा देख-रेख की महती ज़िम्मेदारी है पर राजनीतिक दल अपने इन पंचायत प्रतिनिधियों का ठीक-ठीक मार्गदर्शन तथा नियंत्रण करने में असमर्थ हैं। पंचायत प्रतिनिधियों तथा शहरी विकास में संलग्न नगरपालिका के प्रमुखों एवं सदस्यों का यह दायित्व है कि वे ग़रीबी निवारण के महायज्ञ में अपना ईमानदारी पूर्वक सहर्ष योगदान करें पर ये राजनीतिक प्रतिनिधिगण या निर्दल सदस्य अपने सुचारु योगदान को देने में निम्न कारणों से असफल हैं—

1. प्रशिक्षण का अभाव

संवैधानिक प्रावधान के अन्तर्गत तपशील जाति, जनजाति तथा पिछड़ी जातियों के लिए भी पंचायतों में सीटें तथा अध्यक्ष पद आरक्षित है। महिलाओं के लिए कम-से-कम एक तिहाई सीटें तथा अध्यक्ष पद आरक्षित हैं। फलस्वरूप पंचायतों तथा नगर पालिकाओं के अध्यक्षगण प्रशासन का कार्य दक्षतापूर्ण करने में अक्षम हैं। महिलाओं के साथ उनके पति या परिवार के अन्य सदस्य परोक्ष रूप से शासन का कार्य करते हैं, जैसे बिहार में राबड़ी देवी मुख्यमंत्री का वास्तविक कार्य उनके पति लालू प्रसाद के इशारों पर ही सम्पादित होता था। इस कारण निर्णय लेने में अनावश्यक विलम्ब होता है तथा आरक्षित अध्यक्षगण अपने सदस्यों का न तो ठीक तरह से सामना कर पाते हैं और न ही उनके सुझावों पर युक्ति-युक्त ढंग से विचार कर पाते हैं। जो सरकारी सचिव या मुख्य कार्यकारी अधिकारी हैं, उनकी सीमाएँ हैं। इन्हें राज्य पंचायत प्रशासन तथा राज्य के स्थानीय शहरी विकास प्रशासन द्वारा प्रशिक्षण की विशेष व्यवस्था है, जिसका उत्तम प्रभाव दृष्टिगोचर हो रहा है, देश में दुर्बल वर्गों से भी सक्षम राजनैतिक नेतृत्व आगे आ रहा है। वह दिन दूर नहीं जब प्रशिक्षित पंचायतों एवं नगरपालिकाओं के प्रतिनिधिगण देश के विकास में अपना सक्षम योगदान देंगे तथा अपने क्षेत्र में निर्धनतम व्यक्तियों के लिए कल्याणकारी योजनाओं का उचित कार्यान्वयन करेंगे जो देश की सभी योजनाओं का लक्ष्य है अर्थात् अन्त्योदय।

2. राजनैतिक विद्वेष

राजनीति का यह सर्वमान्य सिद्धान्त है कि राजनैतिक प्रतिनिधि किसी भी दल से निर्वाचित हुआ हो पर वह निर्वाचन के पश्चात् अपने सम्पूर्ण निर्वाचक मंडल का

प्रतिनिधित्व करता है तथा उसे बिना किसी विभेद के सभी लोगों के लिए समान दृष्टि से योजनाओं का लाभ पहुँचाना चाहिए। तभी उसका राजनैतिक भविष्य भी सुनिश्चित होगा क्योंकि तब उसका समर्थन आधार बढ़ेगा अन्यथा वह क्रमशः संकुचित होता जाएगा। उसे निर्वाचित होने के पश्चात् अपने दल का लाल, हरा, सफेद या भगवा रंग भूल जाना चाहिए तथा लाभार्थियों को चुनते समय उनके चेहरे को इस विभेद दृष्टि से नहीं देखना चाहिए। यही भारत की संस्कृति है। राम राज्य का आदर्श है, प्रेमचन्द की पंच परमेश्वर कहानी का सार है तथा विक्रमादित्य के न्याय का आदर्श है। पर देखा जाता है कि स्थानीय स्तर पर पंचायत सदस्य या अध्यक्ष तथा नगरपालिका सदस्य या अध्यक्ष स्थानीय दलबन्दी से उबर नहीं पाते तथा अपने दल को ही नहीं, अपने समर्थकों तथा जाति-बन्धुओं का पक्षपात करते हैं। यह ग़लत है। यही कारण है कि सरकारी एवं स्थानीय सरकारों द्वारा अनेक योजनाएँ कार्यान्वित करने के पश्चात् भी ग़रीबी रेखा से नीचे व्यक्तियों को गति से ऊपर नहीं ला पा रही है। यह राजनीति की ग़लत परिभाषा है जो भारत के राजतंत्र में ज़हर घोल रही है। आशा है कि लाभार्थियों या हिताधिकारियों की सूचियों में पक्षपात के लिये सरकार द्वारा आपराधिक कार्यवाही की आवश्यकता नहीं पड़ेगी तथा पूर्णतः पारदर्शी विधि से कार्य होगा। यदि पंचायतें तथा नगरपालिकाएँ अपने क्षेत्र में स्थित स्वयंसहायता समूहों की सहायता करें, सहकारी समितियों की सहायता करें, तो भारत के ग्रामीण एवं शहरी ग़रीबों की स्थिति में आमूल-चूल परिवर्तन हो सकता है।

3. भ्रष्टाचार

राजनैतिक सत्ता में भ्रष्टाचार जोंक की भाँति लग गया है। जिसको भी थोड़ी सी शक्ति या अधिकार प्राप्त है, वह या तो अपने लोगों के लिए काम करता है या वह घूस लेकर लाभार्थियों को सुविधा देता है, मनरेगा में नियुक्त करता है, खाद्य-सुरक्षा के अन्तर्गत उसे ग़रीबी रेखा के नीचे (बी.पी.एल.) श्रेणी में सम्मिलित करता है अथवा अन्य योजनाओं जैसे शौचालय या आवास निर्माण में सूचीबद्ध करता है। वैसे देश में ग़रीबी निवारण के लिये इतनी योजनाएँ हैं कि यदि उनका कार्यान्वयन सुचारु रूप से हो तो ग़रीबी रेखा से नीचे व्यक्तियों की पाँच वर्ष में ही आधी संख्या 10 प्रतिशत तक हो जाएगी। ये कुछ योजनाएँ हैं—प्रधानमंत्री ग्राम सड़क योजना, राष्ट्रीय ग्राम स्वास्थ्य मिशन, महात्मा गांधी राष्ट्रीय ग्रामीण रोज़गार गारण्टी योजना, सर्वशिक्षा अभियान, मध्याह्न भोजन, आँगनबाड़ी, जल संरक्षण, पेयजल, इन्दिरा आवास योजना, सम्पूर्ण स्वच्छता अभियान, राष्ट्रीय ग्राम विद्युतीकरण, निवृत्तिका पेन्शन, अटल पेंशन, स्वयंसहायता समूह, अल्पसंख्यकों के लिए विशेष सुविधापरक योजनाएँ, स्वर्णजयन्ती ग्राम स्वरोज़गार योजनाएँ, अन्य विवेकाधीन योजनाएँ। यह सूची अन्तहीन है।

4. सरकारी प्रतिष्ठान द्वारा उदासीनता

पंचायतों तथा नगरपालिकाओं के कार्य में खंड-स्तर तथा ज़िला-स्तर के तकनीकी तथा अन्य अधिकारी आवश्यक सहयोग नहीं करते। ग्राम पंचायतों तथा नगरपालिकाओं को प्रकल्पों के बनाने के लिए इंजीनियरों की आवश्यकता पड़ती है पर कनिष्ठ (जूनियर) इंजीनियर समय पर नहीं आते तथा पंचायतों तथा नगर पालिकाओं की योजनाएँ नहीं बनाते। फलतः पंचायतों तथा नगरपालिकाओं की कार्यविधि उनके अनुभव पर ही आधारित रहती है जबकि उसे वर्तमान वैज्ञानिक तथा प्राविधिकी प्रगति के साथ आगे बढ़ना चाहिए। इसी प्रकार ज़िला स्तर पर भी विभिन्न सरकारी कार्यालय अपनी नई-नई आदर्श योजनाएँ पंचायतों तथा नगरपालिकाओं को नहीं भेजते, इससे इन संस्थाओं का कार्य पुराने रंग-ढंग पर परम्परागत रूप से चलता रहता है जो कि युगबोध के विपरीत है। यहाँ तक कि राज्य-स्तर पर धनराशि लेने के लिए इन्हें सचिवालयों के चक्कर लगाने पड़ते हैं। सचिवालय प्रशासन तथा ज़िला स्तर के कार्यालयों पर विधानसभा सदस्यों तथा मंत्रियों का नियंत्रण रहता है जो पंचायतों तथा नगरपालिकाओं को आवश्यक शक्ति तथा धनराशि आवण्टित नहीं होने देना चाहते हैं, न ही वित्तीय आयोग द्वारा अनुमोदित धनराशि इन संस्थाओं तक पहुँचने देते हैं। इस कारण ग़रीबी निवारण में बाधा होती है। आवश्यकता है मज़बूत राजनैतिक इच्छा शक्ति की जो विकेन्द्रीकृत शासन-प्रणाली को प्रभावी रूप में रूपायन करे।

सारांश

उपर्युक्त विश्लेषण से स्पष्ट है कि ग़रीबी निवारण में राजनीतिक इच्छाशक्ति की महती भूमिका है। राजनीतिक इच्छाशक्ति से ही प्रशासनिक इच्छाशक्ति का निर्माण होता है। जिन राज्यों में पंचायती राज संस्थाएँ सक्षम हैं जैसे-गुजरात, महाराष्ट्र, केरल, प. बंगाल, आन्ध्र प्रदेश, वहाँ ग़रीबी उन्मूलन के प्रयासों को आशानुकूल सफलता प्राप्त हुई है। इन राज्यों में विधानसभा सदस्य तथा सांसद इतने प्रभावशाली नहीं हैं। उन्हें अपनी इस स्थिति से समझौता करना पड़ेगा। महात्मा गांधी के अनुसार "सच्चा लोकतंत्र केन्द्र में बैठकर राज्य चलानेवाले बीस इन्सान नहीं चला सकते, वह तो गाँव के हर इन्सान को चलाना पड़ेगा।" गांधी जी के अनुसार "इस देश की और सारे विश्व की आर्थिक रचना ऐसी होनी चाहिए कि जिससे एक भी प्राणी अन्न-वस्त्र के अभाव से दुःखी न हो—जैसे कि हवा और पानी पर सबका समान हक है या होना चाहिए—उन पर किसी व्यक्ति, देश या समूह का एकाधिकार होना अन्याय है।"

अतः यदि हमें अपने राष्ट्र पिता महात्मा गांधी का स्वप्न साकार करना है तो देश के दरिद्रनारायणों की वास्तव में हृदय से सेवा करनी चाहिए। इसमें जो भी बाधा हो, चाहे वह भ्रष्टाचार, पक्षपात, राजनीतिक विभेद या जातिवाद हो, उसे हमें समूल

नष्ट कर देना चाहिए। आशा है कि देश के ग़रीब भी इस महायज्ञ में सहर्ष सहायता करेंगे, वे सभी योजनाओं में अपना पूर्ण श्रम देंगे, तथा किसी भी पंचायत प्रतिनिधि या सरकारी कर्मचारी के साथ भ्रष्टाचार में लिप्त नहीं होंगे। वे सरकारी योजनाओं को समझेंगे तथा उन्हीं के अनुरूप अपना आचरण करेंगे। तब ग़रीबी उन्मूलन का आन्दोलन वांछित सफलता अर्जित करेगा।

9

पंचायतों की स्वशासन-पद्धति और भ्रष्टाचार

फ्रांसीसी लेखक दि टॉकबिल का कहना है कि स्थानीय समितियाँ स्वतंत्र राष्ट्र की शक्ति हैं। नगर समितियों का प्रजातंत्र से वही सम्बन्ध है, जो प्राथमिक विद्यालयों का विज्ञान से है। कोई राष्ट्र स्वतंत्र शासन की स्थापना कर सकता है, किन्तु स्थानीय संस्थाओं के उत्साह के बिना उसमें स्वतंत्रता की भावना उत्पन्न नहीं हो सकती। एक अतिवादी लेखक साइमन ने इन संस्थाओं को बर्बरता और सभ्यता के बीच अन्तर बतलाया है। वस्तुतः स्वायत्त संस्थाएँ सभ्य देशों में निर्वाचित सदस्यों की समितियाँ होती हैं। यदि ये केन्द्र या प्रान्त द्वारा नियुक्त हों तो स्वायत्त रहना उनके लिए कठिन है। केन्द्रीयकरण प्रजातंत्रात्मक प्रगति के विरुद्ध है और शासन के प्रति नागरिकों में व्याप्त उदासीनता का कारण हैं यदि गाँव में स्थानीय स्वशासन संस्थाएँ स्थित हों तो वहाँ के लोगों को प्रजातंत्र का प्रथम पाठ वहाँ की लोक-संस्थाओं द्वारा ही पढ़ाये जाते हैं। स्थानीय स्वशासन से शासन-कार्य में कुशलता की वृद्धि होती है। स्थानीय स्वशासन का एक कार्य स्थानीय नागरिकों के मध्य समन्वय स्थापित करना है। यदि स्थानीय नागरिक स्वयं शासन में अवस्थित हों तो वे स्वयं आत्मविश्लेषण करके यह तय कर सकते हैं कि वे स्वयं किस सीमा तक गलत पथ पर हैं तथा उन्हें स्वयं आत्मसुधार की आवश्यकता है। यह आत्मविश्लेषण स्वशासन इकाई का आधा काम पूरा कर देगा। भारत में सन् 1993 में पंचायती राज संस्थाओं को संवैधानिक दर्जा मिलने के पश्चात् पंचायतें स्थापित हुईं। गाँवों में शिक्षित तथा जागरूक लोगों ने इन पंचायतों में भागीदारी करना आरम्भ की। सरकारों की ओर से करोड़ों-अरबों रुपए आवण्टित किए गए। इसके पूर्व घिसे-पिटे नेताओं के हाथों में शासन चला आ रहा था, जो केवल कुछ सस्ते तथा स्थानीय भावनाओं को सन्तुष्ट करनेवाले नारों को देकर जीतते आ रहे थे तथा जिन्होंने अपनी अज्ञानतावश या निहित स्वार्थों के कारण गाँव या क़स्बे में कोई विशेष विकास कार्य नहीं किया था।

संवैधानिक प्रावधान

हमारे संविधान के भाग 9 में पंचायतों से सम्बद्ध मुख्य प्रावधान निम्नलिखित हैं—

1. 'ग्राम-सभा' ग्राम स्तर पर पंचायत के क्षेत्र के भीतर किसी ग्राम में निर्वाचक नामावली में पंजीकृत व्यक्तियों से मिलकर बना निकाय है।
2. ग्राम-सभा ग्राम-स्तर पर ऐसी शक्तियों का प्रयोग और ऐसे कृत्यों का पालन कर सकेगी, जो किसी विधि द्वारा निर्धारित किए जाएँ।
3. 'पंचायत' ग्रामीण क्षेत्र के लिए गठित स्वायत्त शासन की संस्था है।

इसका अर्थ यह है कि पंचायत-प्रतिनिधियों पर भी सम्पूर्ण ग्रामवासियों के नियंत्रण का प्रावधान संविधान में है।

(क) हर राज्य में ग्राम, प्रखंड और ज़िला स्तर पर पंचायतों का गठन किया जाएगा।

(ख) पंचायतों के प्रत्येक स्तर पर प्रतिनिधि सीधे निर्वाचन द्वारा चुने जाएँगे, परन्तु राज्य विधानमंडल ग्राम-पंचायतों के अध्यक्षों का मध्यवर्ती स्तर पर मध्यवर्ती स्तर के अध्यक्षों का ज़िला-स्तर की पंचायतों में प्रतिनिधित्व का प्रावधान कर सकेंगे। निर्वाचित विधायकों तथा सांसदों के प्रतिनिधित्व करने का उपबन्ध भी बनाया जा सकेगा। कम-से-कम एक-तिहाई सीटों का आरक्षण महिलाओं के लिए रहेगा।

(ग) प्रत्येक पंचायत में अनुसूचित जातियों और अनुसूचित जनजातियों के लिए उस अनुपात में स्थान आरक्षित रहेंगे जिस अनुपात में उनकी जनसंख्या उस क्षेत्र की जनसंख्या से है। इन आरक्षित स्थानों की कुल संख्या के कम-से-कम एक-तिहाई स्थान अनुसूचित जातियों या अनुसूचित जनजातियों की महिलाओं के लिए आरक्षित रहेंगे। पंचायत में अध्यक्षों के अनुसूचित जाति, अनुसूचित जनजाति या महिलाओं के लिए आरक्षित पद चक्रानुक्रम से आवण्टित किए जा सकेंगे, पर कुल प्रतिशत वही रहेगा।

(घ) पंचायतें पाँच वर्ष तक ही बनी रहेंगी, इससे अधिक नहीं। किसी पंचायत को उसके विघटन की तारीख से छह मास की अवधि की समाप्ति के पूर्व निर्वाचन द्वारा गठित किया जाएगा।

(ड़) सदस्यों के निर्वाचन के लिए अर्हताओं को राज्य विधानमंडल विधि द्वारा निर्वाचित करेगा।

(च) राज्य की विधि के अनुसार पंचायतें शुल्क और पथ-कर लगाकर उन्हें एकत्रित और विनियोजित कर सकेंगी।

(छ) पंचायतों को राज्य विधानमंडल ऐसी शक्तियाँ और प्राधिकार प्रदान करेगा जो उन्हें स्वायत्त शासन की संस्थाओं के रूप में कार्य करने में समर्थ बनाने हेतु आवश्यक हो। वह उन्हें निम्नलिखित शक्तियाँ और उत्तरदायित्व देगा—

(i) आर्थिक विकास और सामाजिक न्याय के लिए योजनाएँ तैयार करना।

(ii) आर्थिक विकास और सामाजिक न्याय की ऐसी योजनाओं—जो उन्हें सौंपी जाएँ, जिनके अन्तर्गत वे योजनाएँ भी हैं, जो ग्यारहवीं अनुसूची में सूचीबद्ध विषयों के सम्बन्ध में हैं—को कार्यान्वित करना।

संविधान की ग्यारहवीं अनुसूची में निम्नलिखित विषय सूचीबद्ध हैं—

1. कृषि तथा कृषि-विस्तार।
2. भूमि-विकास, भूमि-सुधार का कार्यान्वयन, चकबन्दी और भूमि-संरक्षण।
3. लघु सिंचाई, जल-प्रबन्ध और जल-विभाजक क्षेत्र का विकास।
4. पशुपालन, डेयरी उद्योग और कुक्कुट-पालन।
5. मत्स्य उद्योग।
6. सामाजिक वानिकी और कार्य वानिकी।
7. लघु वन-उपज।
8. लघु उद्योग, जिसके अन्तर्गत खाद्य प्रसंस्करण उद्योग भी हैं।
9. खादी, ग्रामोद्योग और कुटीर उद्योग।
10. ग्रामीण आवास।
11. पेयजल।
12. ईंधन और चारा।
13. सड़कें, पुलिया, पुल, फेरी, जल-मार्ग और अन्य संचार साधन।
14. ग्रामीण विद्युतीकरण, जिसके अन्तर्गत विद्युत् का वितरण भी है।
15. अपारम्परिक ऊर्जा-स्रोत।
16. ग़रीबी-उन्मूलन कार्यक्रम।
17. शिक्षा, जिसके अन्तर्गत प्राथमिक और माध्यमिक विद्यालय भी हैं।
18. तकनीकी प्रशिक्षण और व्यावसायिक शिक्षा।
19. प्रौढ़ और अनौपचारिक शिक्षा।
20. पुस्तकालय।
21. सांस्कृतिक क्रियाकलाप।
22. बाज़ार और मेले।
23. स्वास्थ्य और स्वच्छता, जिसके अन्तर्गत अस्पताल, प्राथमिक स्वास्थ्य केन्द्र और औषधालय भी हैं।
24. परिवार-कल्याण।
25. महिला-विकास और बाल विकास।
26. समाज-कल्याण, जिसके अन्तर्गत विकलांगों और मानसिक रूप से कमज़ोर, मंद बुद्धि व्यक्तियों का कल्याण भी है।
27. दुर्बल वर्गों, विशेष तौर पर अनुसूचित जातियों और अनुसूचित जनजातियों का कल्याण।
28. सार्वजनिक वितरण-प्रणाली।
29. सामुदायिक सम्पत्ति की देखभाल।

ठोस वित्त के बिना उपर्युक्त शक्तियाँ या उत्तरदायित्व अर्थहीन हैं। इसीलिए

संविधान के अनुच्छेद 243(झ) में प्रत्येक पाँचवें वर्ष की समाप्ति पर राज्यपाल वित्त आयोग का गठन करेगा और पंचायतों को विभिन्न स्तर पर करों, शुल्कों, पथ-करों और फ़ीसों को विभाजित करेगा। कुछ करों आदि को पंचायतों को आरक्षित करेगा तथा राज्य की संचित निधि में से पंचायतों के लिए सहायता या अनुदान से सम्बन्धित सिद्धान्तों के विषय में सिफ़ारिशें करेगा, ताकि पंचायतों की वित्तीय स्थिति सुदृढ़ हो।

इसी प्रकार अनुच्छेद 243(ट) के अनुसार, राज्य निर्वाचन आयुक्त की सेवा-शर्तों में उसकी नियुक्ति के पश्चात् उनके लिए अलाभकारी परिवर्तन नहीं किया जाएगा। यहाँ तक कि संविधान के अनुच्छेद 243(ण) के द्वारा सामान्य न्यायालयों के पंचायत-सम्बन्धी मामलों में हस्तक्षेप का वर्जन किया गया है, क्योंकि पूर्व में अदालतों के माध्यम से ही ग्रामों के निहित स्वार्थ वर्षों तक पंचायतों को काम करने से रोकते रहे, क्योंकि एक बार अदालत में मुक़दमा चला गया तो उसकी निष्पत्ति में साधरणतया वर्षों लग जाते हैं।

सर्वोच्च न्यायालय का निर्णय

सन् 1996 में पटना उच्च न्यायालय के इस निर्णय के विरुद्ध कि बिहार में राज्य सरकार तुरन्त पंचायत चुनाव कराए, उच्चतम न्यायालय ने डब्ल्यू.जी.सी. नं. 719/95 मामले में 12 अगस्त, 1997 को पंचायत चुनावों की परम पावनता के सम्बन्ध में यह निर्णय दिया, "ऐसे चुनाव करवाने के रास्ते में आनेवाली वास्तविक कठिनाइयों, जैसे-राज्य में बाढ़, भूकम्प आदि प्राकृतिक आपदाएँ या राज्य में विद्यमान अति आवश्यक स्थिति, जिसके कारण पंचायत चुनाव समय पर नहीं कराए जा सकते हों, जैसे मामलों को छोड़कर सम्बन्धित राज्यों को पंचायतों के चुनाव स्थगित करने की अनुमति नहीं दी जा सकती है।"

पंचायत संस्थाओं की आय के प्रमुख साधन

1. स्वायत्त सम्पत्ति से आय
2. केन्द्रीय अथवा प्रान्तीय सरकारों से प्राप्त सहायता
3. केन्द्रीय अथवा प्रान्तीय करों से निश्चित अनुपात में प्राप्त भाग
4. स्वायत्त या स्वयंसेवी संस्थाओं द्वारा की गई सेवाओं से लाभ
5. व्यापारिक लाभ (फीस)
6. अन्य आमदनी।

पर देखा जा रहा है कि पंचायतें क्रमशः सरकारी सहायता तथा अनुदान पर दिन-प्रतिदिन आश्रित होती जा रही हैं। केवल अपने बजट का प्रायः पाँच प्रतिशत ही वे आय कर रही हैं। ऐसा न हो कि उनका भी हश्र नगर संस्थाओं, नगरपालिकाओं अथवा महानगरपालिकाओं जैसा हो जाए कि ख़र्च आमदनी से अधिक हो जाए तथा

एक समय सरकार से प्राप्त सभी सहायता या अनुदान पंचायत सदस्यों के वेतन, भत्ते, सुख-सुविधाओं अथवा कर्मचारियों के वेतन पर ही ख़र्च हो जाएँ।

संविधान के अनुसार, तीन स्तरीय पंचायतों के मध्य इन प्रशासनिक तथा वित्तीय कार्यों या शक्तियों का विभाजन होगा। इस विभाजन का मूल आधार है कि प्रत्येक स्तर के पास वही काम रहेगा, जो उसका स्वाभाविक कार्य है।

(1) ग्राम पंचायत

1. कर तथा फीस लगाना।
2. केन्द्रीय या राज्य सरकारों द्वारा निर्दिष्ट योजनाओं का कार्यान्वयन करना।
3. वर्ष में कम-से-कम दो बार ग्राम-सभा के सामने पूरा लेखा-जोखा प्रस्तुत करना।
4. सरकार या उच्च स्तरीय पंचायतों को आवश्यक सूचना देना और वित्तीय ख़र्च के आवश्यक प्रमाण-पत्र प्रेषित करना।

(2) पंचायत समिति या मध्यवर्ती पंचायत

1. आवश्यक कर, फीस या आय के स्रोतों से आय में वृद्धि करना।
2. चल रही योजनाओं में उचित वित्तीय उपयोगिता का निरीक्षण करना तथा योजना को समय के अनुसार कार्यान्वित करने के लिए चेष्टा करना। ग्राम पंचायतों को आवश्यक तकनीकी सहायता उपलब्ध कराना।
3. पंचायत समिति के कार्यों को ज़िला परिषद् के निर्देशों तथा राज्य या केन्द्रीय सरकार के निर्देशों एवं विधि के अनुसार संचालन करना।
4. समय-समय पर ज़िला परिषद तथा राज्य सरकार को पंचायत समिति के कार्यों का विवरण तथा उपयोगिता प्रमाण-पत्र (यू.सीज.) प्रेषित करना।
5. दो या अधिक ग्राम-पंचायतों के क्षेत्र में पड़नेवाली योजनाओं का कार्यान्वयन करना।

(3) ज़िला परिषद्

1. कर, फीस एवं आय के स्रोतों में वृद्धि करना तथा यह देखना कि तीन स्तरों की पंचायतें एक ही मद पर पृथक्-पृथक् कर, फीस या टोल न लगाएँ।
2. तीन स्तरीय पंचायतों के कार्यों में उचित समन्वय स्थापित करना।
3. ज़िला परिषद् का वार्षिक बजट तथा विवरण तैयार करना।
4. ज़िले के लिए वार्षिक योजना तैयार करना तथा तैयारी में ज़िला योजना समिति को पूर्ण सहयोग देना।

5. अपने क्षेत्राधिकार में चल रही योजनाओं की निगरानी करना तथा पंचायत समिति को आवश्यक तकनीकी सहायता का मार्गदर्शन करना।
6. राज्य तथा केन्द्रीय सरकार की योजनाओं और अन्य सरकारी व ग़ैर-सरकारी संगठनों से संपर्क करके उनकी योजनाओं को सुचारु रूप से ज़िले में कार्यान्वित कराना।
7. पंचायत-प्रतिनिधियों के उचित प्रशिक्षण की व्यवस्था करना।
8. पंचायतों के नियमित हिसाब-किताब को तैयार करने में उचित मार्गदर्शन तथा सहयोग करना।
9. ज़िला स्तर पर सभी विभागों से आवश्यक समन्वय करके जन-कल्याण सम्बन्धी योजनाओं का सम्यक् कार्यान्वयन सुनिश्चित करना।
10. दो या अधिक पंचायत समितियों के क्षेत्राधिकार में पड़नेवाली योजनाओं का कार्यान्वयन सीधे ज़िला परिषद द्वारा करना।

स्थानीय प्रशासन की विशेषताएँ

1. यह स्वाभाविक है कि गाँव की सफ़ाई, अस्पताल का संचालन, विद्यालयों की देख-रेख, जल-प्रबन्धन, सड़कें, स्वास्थ्यप्रद स्थलों का रख-रखाव इत्यादि कार्य स्थानीय प्रशासन ही दक्षतापूर्वक कर सकता है। इन कार्यों का सीधा सम्बन्ध गाँव के निवासियों के जीवन से है। उनकी व्यवस्था ठीक न होने से वे सीधे प्रभावित होते हैं। ज़िला स्तर पर स्थित यदि किसी कार्यकारी से गाँव की स्वच्छता या अस्पताल के संचालन के विषय में शिकायत दर्ज कराई जाए तो शिकायत पर कार्रवाई होते-होते शिकायत का उद्देश्य ही नष्ट हो जाएगा। दूसरे, ज़िला-स्तर पर रहनेवाला सरकारी अधिकारी उस शिकायत को इतना महत्त्व नहीं देगा, क्योंकि वह उससे सीधे प्रभावित नहीं होता। यदि उसके उपेक्षापूर्ण कार्य-संचालन की शिकायत भी की जाए जैसे अस्पताल का लापरवाह अधिकारी या डॉक्टर तो ज़िला स्तर के किसी नेता या वरिष्ठ अधिकारी की मदद से उस शिकायत को निरस्त करवा लेता है। इस प्रकार बेवेल तथा पार्किन्सन की नौकरशाही अपने लिये ही कार्य करती रहती है। उसे इससे मतलब नहीं है कि उसके द्वारा निर्देशित उद्देश्यों की पूर्ति हो रही है या नहीं अथवा वह सामाजिक कल्याण में अपना उचित योगदान दे रही है अथवा नहीं। अत: जो विषय स्थानीय स्तर के हैं और जिन पर स्थानीय स्तर से ही त्वरित तथा प्रभावशाली कार्रवाई हो सकती है, उन्हें मंडल, परगना, महकमा या ज़िला-स्तर पर रखना अनुपयोगी एवं व्यर्थ है; उदाहरणार्थ—स्थानीय प्राथमिक विद्यालयों की देख-रेख। विद्यालय निरीक्षक कितनी बार निरीक्षण करके प्राथमिक शिक्षक को उसकी अनुपस्थिति या विलम्ब से आने के लिए पकड़ेगा? उसी प्रकार स्थानीय सार्वजनिक स्थलों की मरम्मत या रख-रखाव पर सरकार द्वारा कितना ही

ख़र्च किया जाए, पर जब तक स्थानीय समुदाय अपनी आदतों को नहीं सुधारेगा, ये सार्वजनिक स्थल चिरन्तन रूप से गन्दे होते रहेंगे। प्रयोग से यह देखा गया कि यदि किसी मुहल्ले या वार्ड में हैंडपम्प या जल-आपूर्ति योजना के रख-रखाव के लिए स्थानीय समिति नियुक्त हो जाए तथा उसकी मरम्मत का ख़र्च स्थानीय हितग्राहियों या उपभोक्ताओं से वसूल किया जाए तो उस हैंडपम्प तथा जल-आपूर्ति योजना की मरम्मत तथा रख-रखाव की आवश्यकता कम होती है। तीसरा बिन्दु यह भी है कि सरकार से इन योजनाओं के रख-रखाव पर जो व्यय किया जाता है, उससे कहीं कम ख़र्चे पर स्थानीय सम्पत्ति का उत्तम रख-रखाव हो सकता है, और वह भी अधिक कुशलता के साथ। वर्तमान प्रणाली में रख-रखाव का एक अंश तो उस सरकारी कर्मचारी के तहसील या ज़िला मुख्यालय से गाँव तक आने के यात्रा-भत्ते पर ख़र्च हो जाता है, जबकि गाँव में स्थित बेकारों या बेरोजगारों का समूह थोड़े प्रशिक्षण तथा पथ-प्रदर्शन द्वारा कम सरकारी ख़र्च में इस काम को सफलतापूर्वक सम्पन्न कर सकता है।

2. केन्द्रीय सरकार पर भार कम— पंचायतों जैसी स्वशासन संस्थाओं की स्थापना के फलस्वरूप केन्द्रीय सरकार तथा प्रान्तीय सरकारें अधिक महत्त्वपूर्ण मदों पर ध्यान केन्द्रित कर सकती हैं। भारत में केरल तथा गोआ की राज्य सरकारों ने अपने प्रान्तों में पर्यटन को प्रोत्साहन देकर वहाँ की आर्थिक स्थिति को स्वस्थ कर दिया है तथा स्थानीय लोगों के लिए रोज़गार के हज़ारों अवसर सृजित कर दिए हैं। इसी प्रकार कई राज्य सरकारों ने स्थानीय कुटीर तथा हस्तशिल्प उत्पादकों की निर्यात व्यवस्था कर दी है, जिस कारण उन प्रदेशों के शिल्पियों के जीवन में नई मुस्कान आई है।

3. स्थानीय विशेषताओं तथा विशिष्ट समस्याओं पर उचित ध्यान— भारत विविधताओं का देश है। भारत में प्रत्येक गाँव एक गणतंत्र है, जिसकी अपनी एक विशेषता है। अत: सभी ग्रामों की विशेषताओं का अध्ययन करके उसके अनुसार योजनाओं का निर्माण करना ज़िला-स्तर पर भी असम्भव है—प्रान्त या केन्द्र स्तर की कौन सोचे! अधिक-से-अधिक प्रखंड स्तर तक ग्राम वैशिष्ट्य का ठीक-ठीक आकलन हो सकता है तथा उसके अनुसार वहाँ आवश्यक तकनीकों का उपयोग हो सकता है। यह सही है कि गाँवों में नई तकनीकों का प्रयोग भी आवश्यक है, पर पिछले सत्तर वर्षों की विकास-यात्रा में देखा गया है कि उपयुक्त तकनीक के नाम पर भारत के ग्रामों तथा सीधे-सीधे ग्रामवासियों का शोषण अधिक हुआ है। उन पर नई-नई तकनीकें थोपी गई हैं। उन्हें नूतन तकनीक ग्रहण करने के नाम पर प्रशिक्षण द्वारा आवश्यक योग्यता प्रदान करने के पूर्व विदेशी तकनीक लादना अन्याय था। फलस्वरूप उत्तम-से-उत्तम तकनीकें ग्रामीण विकास में विफल हो गई हैं। आजकल यह पूर्व सिद्ध सर्वमान्य सिद्धान्त है कि स्थानीय विशेषताओं को

ध्यान में न रखकर तथा स्थानीय लोगों के सक्रिय परामर्श के बिना कोई योजना शुरू करना योजना प्रारम्भ करने के पूर्व ही उसका भ्रूण-वध करना है। पंचायतों के माध्यम से ऐसी भूलें कभी नहीं हो सकती हैं।

4. मितव्ययिता— पूर्व प्रधानमंत्री राजीव गांधी ने कहा था कि हमारी योजनाओं का केवल पंद्रह प्रतिशत धन ही आम आदमी तक पहुँच पाता है। बाकी धनराशि या तो भ्रष्टाचार में चली जाती है अथवा उस तंत्र या मशीनरी पर व्यय हो जाता है, जिसके माध्यम से ये योजनाएँ कार्यान्वित की जाती हैं। भ्रष्टाचार पर नियंत्रण तो मुश्किल है, पर कम-से-कम योजनाओं को कार्यान्वित करनेवाली मशीनरी का आकार छोटा किया जा सकता है। इसको 'ग़ैर-योजना ख़र्च' कहते हैं। पंचायतों के अस्तित्व में आ जाने के बाद सरकार के पास ऐसी बड़ी मशीनरी खड़ी हो जाती है, जो बिना ख़र्च के कार्य करने के लिए तत्पर रहती है तथा जिसमें जनता का विश्वास सन्निहित है। पंचायत के प्रतिनिधिगण अपने कार्यों या व्यवसायों से समय बचाकर पंचायतों की योजनाओं की देख-रेख करते हैं। दूसरे, गाँव के बेरोज़गार युवक भी इन योजनाओं में कार्यरत हो जाते हैं। फलतः योजनाओं की देख-रेख के लिए अधिकारियों की लम्बी पंक्ति की आवश्यकता नहीं होती है और न ही हिसाब-किताब रखने के लिए लम्बे-चौड़े तंत्र की, जो अन्ततः स्वयंजीवी या स्वयंभक्षी हैं। पंचायतों के माध्यम से योजनाओं के कार्यान्वयन में ऐसी चीज़ें अर्थात् गिट्टी, बालू, ईंट इत्यादि उपयोग में लाई जाती हैं, जो स्थानीय रूप से उत्पादित होती हैं तथा सस्ते दर पर उपलब्ध होती हैं। अतः पंचायतों के माध्यम से कार्यान्वित योजनाएँ काफ़ी सस्ती और उत्तम गुणवत्ता के साथ पूर्ण हो जाती हैं। वस्तुस्थिति यह है कि बड़ी-बड़ी सड़कों, यहाँ तक कि इमारतों, के निर्माण के समय कई अभियन्ता कार्यस्थल पर उपस्थित नहीं रहते हैं। आजकल तो ठेकेदारों ने भी कार्यस्थलों पर जाना बन्द कर दिया है। कभी-कभी कनिष्ठ अभियन्ता (सब असिस्टेण्ट इंजीनियर या जूनियर इंजीनियर) सरकार की ओर से तथा निरीक्षक (सुपरवाइजर) ठेकेदार की ओर से निर्माण-स्थल पर उपस्थित रहते हैं। अतः आजकल के इस परिवेश में पंचायतों के माध्यम से निर्माण-कार्य कराना सस्ता, उत्तम तथा श्रेयस्कर है। भारत में ग़ैर-सरकारी संगठनों के माध्यम से योजनाओं का कार्यान्वयन भी विफल रहा, क्योंकि शनैः-शनैः उनके द्वारा प्रशासनिक ख़र्च बढ़ता जा रहा है।

5. कार्यों में पारदर्शिता— पंचायतों के कार्यों में पारदर्शिता तथा जवाबदेही सन्निहित है। जिस दिन कोई योजना पंचायत की उप-समिति के सामने पेश की जाती है उस दिन ही योजना के विषय में जानकारी उस गाँव, पाड़ा अथवा मुहल्ले तक पहुँचा दी जाती है। बजट तथा विकास-योजनाओं की सूचना पंचायत के नोटिस बोर्ड द्वारा निर्णायक मंडली तथा लाभकारियों तक सहज ही पहुँच जाती है। माँग पर नाममात्र की फ़ीस लेकर मस्टर-रोलों, वाउचरों, आकलनों इत्यादि दस्तावेज़ों

की फोटो प्रतियाँ प्राप्त की जा सकती हैं। लाभार्थियों के चयन के लिए भी प्रक्रिया निर्धारित है। किस मुहल्ले या हलक़े में हैंडपम्प नहीं लगा है, सभी को विदित है। ग़लत जगह हैंडपम्प लगाने या योजना ले जाने पर ग्राम-पंचायत में मार-पीट भी हो जाती है। यदि ग्राम-पंचायत या पंचायत समिति केवल अपने सदस्यों या अपने दल के समर्थकों को लाभ पहुँचाती रही तो आगमी चुनाव में उनकी पराजय सुनिश्चित है तथा उनकी शिकायत ज़िलाधिकारी से लेकर राज्य सरकार तक की जा सकती है। अब तो उनके इस आचरण के विरुद्ध अदालतों में भी जनहितकारी मुक़दमा दर्ज किया जा सकता है। ग्राम-पंचायतों या पंचायत-समितियों को सरकारी आदेशों के अनुरूप ग़रीबी रेखा (बी.पी.एल.) के नीचे रहनेवाले लोगों, विशेषत: अनुसूचित जाति, जनजाति, पिछड़े वर्ग तथा बहुसंख्यक लोगों को प्राथमिकता देना अनिवार्य है। केरल के एक ग़ैर-सरकारी संगठन ने लाभार्थियों के चयन की एक बहुत ही उत्तम प्रक्रिया विकसित की है, जो निर्धारित मानदंड के अनुसार अवार्ड ऑफ प्वॉइण्ट्स (बिन्दुओं के विभाजन) पर आधारित है। केरल में नेबरहुड समितियों द्वारा चयन तथा बाद में ग्राम-सभा द्वारा चयन ऐसे ही मानदंड पर आधारित होगा तथा सूचियों को अन्तिम रूप देने से पूर्व आपत्तियाँ आमंत्रित की जाएँगी। इस तरह से पारदर्शिता तथा जवाबदेही ही व्यापक आवश्यकता है, जिसे पर्याप्य क़ानूनी समर्थन द्वारा पंचायत संस्थाओं के माध्यम से सुचारु रूप से कार्यान्वित किया जा सकता है। बड़ी-बड़ी योजनाओं पर हुए ख़र्च तथा उसका विवरण राष्ट्रीय तथा प्रान्तीय स्तर पर समाचार-पत्रों में प्रकाशित तो किया जाता है, पर उन्हें कोई नहीं पढ़ता-देखता है। यदि उसे वह देखता भी है तो सरकार की ओर से उदासीन भाव को दृष्टिगत रखते हुए वह आपत्ति या सुझाव-पत्र नहीं लिखता। अन्ततोगत्वा इस प्रक्रिया में समाचार-पत्रों के कुछ बड़े पूँजीवादी समूह लाभान्वित होते हैं, क्योंकि सरकार में उच्चपदस्थ अधिकारी तथा मंत्रिगण केवल कभी समाचार-पत्रों की सुर्खियाँ देखते हैं।

6. श्रमदान आदि सामुदायिक कार्यों को प्रोत्साहन— पंचायतों के माध्यम से कार्यान्वित योजनाओं में जन-सहयोग स्वत: निहित है। लाभार्थियों की आसपास के कार्यों में रुचि बढ़ती है। उन्हें परस्पर सहयोगपूर्वक काम करने से नागरिक जीवन में उचित शिक्षा एवं अनुभव प्राप्त होता है तथा नागरिकता की कला के लिए उन्हें अन्य प्रशिक्षण की आवश्यकता नहीं होती। यदि किसी योजना में श्रमदान अनिवार्य हुआ तो यह सोने में सुहागा सिद्ध होगा। एक साथ मिलकर गाँव या आस-पास के क्षेत्र के लिए अवैतनिक श्रम देने के कारण यह कार्य-प्रणाली परिश्रम, सहयोग एवं सहानुभूति सहित सार्वजनिक हित के लिए कार्य करना सिखाती है। यह देखा गया है कि जिस योजना में स्थानीय लोगों ने श्रम किया उन योजनाओं को उन्होंने बाढ़ या भूचाल के समय अपनी जान पर खेलकर बचाया; जबकि प्रान्तीय या सरकारी योजनाओं को स्थानीय लोग सार्वजनिक स्थलों की मान्यता प्राप्त होने के बावज़ूद

उनको गन्दा या नष्ट होने से नहीं बचाते हैं। यदि योजना ग्रामवासियों के श्रमदान द्वारा ही पूर्ण की गई है तो उसका कहना ही क्या है! उसकी मरम्मत या देख-रेख तो स्वत: हो जाती है। जो उस योजना को नष्ट करनेवाले हैं वे ही उसके रक्षक बन जाते हैं, क्योंकि उनके ख़ून-पसीने से वह योजना तैयार हुई है। उसकी पूर्णता में उन्हें वही गर्व, लगाव एवं स्नेह होता है, जो किसी माता-पिता को अपनी सन्तान से अथवा किसी लेखक को अपनी कृति से होता है। यदि वृक्षारोपण या जल-ग्रहण क्षेत्र जैसी योजनाओं में स्थानीय लोगों को सतत लाभ का उचित अंश मिलता रहे तो वे उस योजना की अवैतनिक देख-रेख तो करेंगे ही, साथ में उसकी सतत वृद्धि तथा उन्नति के लिए भी प्रयत्नशील रहेंगे। सरकारी योजनाओं की भाँति उनकी देख-रेख के लिए सुरक्षा सेना की आवश्यकता नहीं होती, क्योंकि ग्रामवासियों को योजना से जोड़ने के कारण चोर-उचक्के रफूचक्कर हो जाते हैं। इसी प्रकार लाखों स्वयंसहायता समूहों की संरचना निम्नतम स्तर पर सामुदायिक तथा सहकारी कार्यविधि का उदाहरण है जो पंचायतों के सहयोग से सफल होंगी।

पंचायतों के स्वशासन की सफलता में कठिनाइयाँ

1. निर्णय लेने में विलम्ब

पंचायतों की बैठकों में सदस्यगण नियमित रूप से नहीं उपस्थित होते। प्रथम तो उन्हें पंचायत की समितियों या मुख्य बैठकों में सम्मिलित होने के लिए आवश्यक यात्रा-भत्ता नहीं मिलता और दूसरे, पंचायतों की बैठकों में सम्मिलित होने के लिए उन्हें अपने विभाग या संस्थान से अनुमति नहीं मिलती। यदि अनुमति मिल भी जाती है तो उन्हें उसके लिए आवश्यक समय उपलब्ध नहीं होता (उस विभाग या संस्थान की क्षति तो छोड़ ही दें)। अत: सदस्यगण पूरे मन-मस्तिष्क से पंचायतों के काम में भाग नहीं ले पाते। फिर पंचायतों की बैठकें वयस्क साक्षरता कक्षा की भाँति रात्रि में तो आयोजित होती नहीं हैं, क्योंकि पंचायतों की नौकरशाही या कर्मचारी भी सरकारी कर्मचारियों की भाँति केवल कार्यालय के समय, अर्थात् दस से पाँच, तक काम करना चाहते हैं। यदि सभी सदस्य तथा अध्यक्ष उपस्थित हो जाएँ तो वे निर्णय लेने में विलंब करते हैं, क्योंकि उनके दिमाग़ में अपने निर्वाचन मंडल तथा दल के स्वार्थ सर्वोपरि होते हैं। अत: निर्णय होने के पूर्व वे अपने दल के नेतृत्व से सलाह करना चाहते हैं। निर्णय लेते समय तकनीकी तथा नियोजन-सम्बन्धी आँकड़े भी ठीक से उपलब्ध नहीं होते हैं। निर्णय लेने के पश्चात् उन निर्णयों की पुष्टि सम्बन्धित पंचायत के अध्यक्ष या वित्त अथवा समन्वय समिति द्वारा की जाती है। किसी भी समिति की बैठक बुलाने के लिए कम-से-कम सात दिनों का समय अनिवार्य रूप से देना पड़ता है। अत: निर्णय लेने, निर्णय का विवरण लिखने तथा

उसे निर्गत करने में समय लगता है। कभी-कभी पंचायत समिति या ज़िला परिषद् की मुख्य बैठक, जो वर्ष में एक या दो बार ही होती है, के बिना महत्त्वपूर्ण निर्णय नहीं लिये जा सकते हैं। अत: पंचायत के निर्णय लेने में लगा समय इस प्रकार दर्शाया जा सकता है—

1.	केन्द्रीय या राज्य सरकार से योजना-सम्बन्धी प्राप्त सरकारी आदेश	अप्रैल मास
2.	सरकार से योजना के लिए आवण्टित धनराशि की प्राप्ति सूचना	मई मास
3.	पंचायत समिति या ज़िला परिषद की उप-समिति की बैठक तथा निर्णय	जून मास
4.	वित्त समिति या अध्यक्ष द्वारा उप-समिति के निर्णय का अनुमोदन	जुलाई मास
5.	निर्माण-कार्य के लिए निविदाओं का आमंत्रण	अगस्त मास
6.	निविदाओं पर निर्णय	सितम्बर मास
7.	कार्य या योजना के कार्यान्वयन के लिए आवश्यक कार्यादेश (वर्क-ऑर्डर) निर्गत करना	अक्टूबर मास

इस प्रकार यदि पंचायत द्वारा किसी कार्य के लिए अक्टूबर तक आदेश निर्गत हो जाए तो उसे आदर्श स्थिति मानना चाहिए। वस्तुत: पंचायतों के कार्यों या योजनाओं के कार्यान्वयन में पाँच मास अर्थात् नवम्बर से मार्च मास तक का समय ही मिलता है। अत: योजना के कार्यान्वयन में उचित गुणवत्ता की आशा करना एक दिवास्वप्न ही कहा जा सकता है। इस विलम्ब को कम करने के लिए पंचायतों को सरकार की ओर से आदेश है कि वे पहले से कुछ स्वीकृत योजनाओं का डाटा बैक बनाकर रखें, जिन्हें 'शेल्फ ऑफ स्कीम्स' भी कहते हैं, ताकि आश्वासन अथवा धनराशि के आवण्टन मिलने पर कार्य तेज़ी से प्रारम्भ किया जा सके; पर अनुभव द्वारा यह प्रमाणित हो चुका है कि जब कोई आपातकालीन परिस्थिति (जैसे—बाढ़, सूखा या भूस्खलन) आती है तो पंचायतें ही स्थानीय लोगों की सहायता के लिए सर्वप्रथम प्रभावी रूप से पहुँच पाती हैं; क्योंकि आपात्काल के लिए पंचायत के अध्यक्ष को निश्चित कार्यविधि का पालन करना अनिवार्य नहीं होता है और अधिकांशतया ये कार्य स्थानीय पंचायत के द्वारा अपने कोष (फंड) से किए जाते हैं, जिनमें पंचायतों को तुलनात्मक रूप से निर्णय लेने की स्वायत्तता प्राप्त है। काश, पंचायतों के लिए आपात्कालीन व्यवस्था को सामान्य व्यवस्था का रूप दिया जा सकता तथा अनिवार्य या दोषपूर्ण निर्णय के लिए पंचायत के पदाधिकारियों को भी सरकारी कर्मचारियों या अधिकारियों की भाँति दंड देने की सुचारु व्यवस्था होती।

2. जातिवाद, गुटबन्दी, दलबाजी एवं यौन-वैषम्य

प्राय: पंचायतों के निर्णयों में गुटबन्दी, दलबन्दी या जातिवाद की भनक मिलती है। उदाहरणार्थ—कांग्रेस दल का पंचायत अध्यक्ष सफ़ेद रंगवालों को प्राथमिकत देगा, जबकि भारतीय जनता पार्टी का अध्यक्ष भगवा, समाजवादी दल का अध्यक्ष हरा तथा सी.पी.एम. दल का नेता लाल रंगवाले लाभार्थी को ही वरीयता देगा; जबकि निर्वाचन के पश्चात् यह भेदभाव या पक्षपात दरकिनार कर देना चाहिए।

कई राज्यों में इसीलिए दलरहित पंचायतों के चुनाव कराए गए हैं, पर उस स्थिति में पंचायत पदाधिकारियों पर उनके दल का नियंत्रण कम हो जाता है। वह उससे भी बड़ी बुराई है। यह देखा गया है कि पंचायतों को उनके दल का नेता-वर्ग ही नैतिक तथा सामाजिक ज़िम्मेदारी में बाँधकर रख सकता है, क्योंकि निर्वाचित प्रतिनिधियों पर राजनीतिक दल का (अपवादों को छोड़कर) अधिक प्रभाव होता है। आजकल जातिवाद भी घुन की भाँति हमारे राजनीतिक तंत्र को खोखला कर रहा है। पंचायत-स्तर पर ये बुराइयाँ और भी मुखर हो उठती हैं, क्योंकि सभी उन निर्णयों के उपभोक्ताओं पर सीधे प्रभाव के विषय में सुपरिचित होते हैं। आजकल भी उत्तरी भारत (जैसे-राजस्थान, हरियाणा आदि राज्यों) में पंचायतों में निम्न वर्गों या उपेक्षित वर्गों को आवश्यक प्रतिनिधित्व प्राप्त नहीं हो पा रहा है। यदि उन्हें पद दिया भी जाता है तो वे गाँव में परम्परागत सामन्तों तथा ज़मींदारों के इशारों पर ही चलते हैं। यह उदाहरण महिला पदाधिकारियों पर और भी लागू होता है। वास्तव में परदे के पीछे उनके पति ही पंचायतों के काम का संचालन करते हैं। कहीं-कहीं पंचायत की महिला पदाधिकारियों को प्रताड़ित भी किया गया, जैसे-मध्य प्रदेश के सीहोर ज़िला की एक ग्राम-पंचायत प्रधान मध्य प्रदेश के मुख्यमंत्री के रुचि लेने पर ही सन् 2001 के स्वतंत्रता-दिवस के अवसर पर ग्राम-पंचायत में राष्ट्रीय ध्वज फहरा सकी। साम्प्रदायिकता, गुटबन्दी और दलबाजी जैसे शत्रुओं के विरुद्ध राजनीतिक दलों को एकमत तथा एकजुट होना पड़ेगा। प्रशासनिक हस्तक्षेप से इस समस्या के समाधान में वर्षों का समय लगेगा। जाति वैषम्य एवं यौन-त्रैषम्य को कम करने के लिए प्रशासन की अहम भूमिका है, क्योंकि यौन-वैषम्य कई क़ानूनों के अन्तर्गत दंडनीय है। आवश्यकता है पुलिस प्रशासन द्वारा इन प्रावधानों के सुचारु कार्यान्वयन की।

3. शिक्षा की न्यूनता

पंचायत के लाखों प्रतिनिधियों के निर्वाचन के लिए कोई शैक्षिक योग्यता आवश्यक नहीं है। इस कारण पंचायत के प्रतिनिधियों द्वारा योजना-सम्बन्धी सरकारी निर्देशों की बारीक़ियों को समझना मुश्किल है। पंचायत की सभाओं में लिए गए प्रस्तावों को भी वे सूक्ष्मता से नहीं समझ सकते। इस का फल यह होता है कि पंचायत

संस्थाओं के अधिकारी गाँव के कुछ शिक्षित तथा प्रभावशाली व्यक्तियों के साथ मिलकर पंचायतों पर अपनी पकड़ बनाए रखते हैं। इसका एक हल यह है कि पंचायत-प्रतिनिधियों को आवश्यक प्रशिक्षण दिया जाए। संविधान के अनुसार एक तिहाई पंचायतों में महिला ही प्रधान या अध्यक्ष हैं, उनके पति ही नेतृत्व से कार्य करते हैं। आवश्यकता है महिलाएँ अधिक शिक्षित हों, उन्हें प्रशिक्षित किया जाए तथा उन्हें काम करने का अवसर दिया जाए। पंचायत के कार्यों में नौकरशाही की भाँति औपचारिकता को भी कम होना चाहिए। यदि ऐसा नहीं हुआ तो पंचायतों की स्थापना का उद्देश्य ही पूरा नहीं होगा। पश्चिम बंगाल में कई प्रधान ऐसे हैं, जो दिन में मज़दूर हैं अथवा बस कंडक्टरी जैसी छोटी-मोटी नौकरियाँ करते हैं। देश में सभी पंचायतों में भूमिहीन, खेत मज़दूर चुनकर आए हैं। अतः यह आवश्यक है कि उन्हें सशक्त किया जाए। पंचायत के कुछ प्रतिनिधि शिक्षा में कमज़ोर हो सकते हैं, पर स्थानीय अनुभव तथा सामाजिक योग्यता में वे किसी से कम नहीं हैं। पंचायतों के प्रस्तावों को लिखने के लिए तो पंचायत के शिक्षित कर्मचारी और अधिकारी नियुक्त हैं। फिर भी हरियाणा राज्य की भाँति प्रत्येक स्तर पर पंचायत अध्यक्षों के लिए न्यूनतम शैक्षिक योग्यता निर्धारित की जा सकती है।

4. सरकार की उदासीनता

यह समझ में नहीं आता कि क्यों राज्य सरकारें पंचायतों को प्रथम दिन से ही अपना प्रतिद्वन्द्वी मान लेती हैं। वस्तुतः वे उनकी छोटी बहनें हैं। वे तो राज्य सरकारों की योजनाओं का सुचारु रूप से रूपायन करने हेतु सस्ता तथा ईमानदार माध्यम हैं। आजकल नौकरशाही की जवाबदेही सुनिश्चित करना लगभग असम्भव है, क्योंकि उन्हें अदालतों से अत्यधिक संरक्षण प्राप्त है। इस समस्या का समाधान पंचायतों को विकास कार्यों से सम्बद्ध करना है। सभी सरकारों के ग़ैर-योजना ख़र्च इतने बढ़ गए हैं कि उनकी और वृद्धि करना निषिद्ध है। जब कोई नई योजना आरम्भ होती है तो उसके लिए आवश्यक कर्मचारियों तथा अधिकारियों की आवश्यक नियुक्ति की सूची पहले तैयार हो जाती है। ऐसी अवस्था में राज्य सरकारों के सामने पंचायतों के माध्यम से प्रशासन संचालन करने के अतिरिक्त कोई उपाय नहीं है। सरकारी कर्मचारी तो अपनी सेवा शर्तों, वेतनमानों, अवकाश, अर्जित अवकाश, स्वास्थ्य-सम्बन्धी सुविधाओं तथा एक-दूसरे के नियंत्रण में ही व्यस्त रहते हैं। उन्हें सामाजिक कल्याण जैसे कार्यों की ओर गिद्ध दृष्टि रखने की फुरसत कहाँ है? वास्तव में सरकारी कर्मचारी आजकल इतनी समस्याओं से घिरे हैं कि वे अपना एवं अपने परिवार का ही ध्यान ठीक तरह से नहीं रख पाते। कई बार राज्य सरकारें पंचायतों के कार्य में अनधिकार हस्तक्षेप करती हैं। वे प्रशासन के माध्यम से पंचायतों के पदाधिकारियों के नाम से पुलिस में रपटें लिखवा देती हैं। इस प्रकार की अनधिकृत

चेष्टाओं को रोकने के लिए सरकार की ओर से प्रशासन के लिए भी आचार-संहिता निर्धारित होनी चाहिए, ताकि पंचायतों का अन्यायपूर्वक या बलपूर्वक गला घोंटनेवाले परम्परावादी अधिकारियों का दायित्व स्थिर हो सके।

5. अधिकारों की कमी

पंचायत पदाधिकारियों को सरकारी निर्देशों से इतना बाँध दिया जाता है कि वे उस वातावरण में स्वयं को स्वच्छन्द महसूस कर नहीं पाते। दूसरे, उनके सामने सरकारी निर्देशों की व्याख्या वे सरकारी अधिकारी ही करते हैं, जो सदैव ऋणात्मक तरीके से उनकी व्याख्या करते आए हैं तथा जिन्होंने नौकरशाही को निष्क्रिय और अनुपयोगी बना दिया है। इस समस्या से निबटने के लिए स्थानीय आवश्यकताओं के अनुसार पंचायतों को सरकारी निर्देशों की व्याख्या लचीले ढंग से करने का अधिकार होना चाहिए, जैसे-सरकारी अधिकारी 'जनहित' की आड़ में कोई भी कार्य करके बच निकलते हैं; पर अधिकारों में वृद्धि तथा विवेकीय शक्ति देने के पूर्व पंचायतों के हिसाब-किताब के लेखा-परीक्षण की पक्की तथा अचूक (लीकप्रूफ) व्यवस्था होनी चाहिए। जनता के धन का अपव्यय करने का अधिकार किसी को भी नहीं दिया जा सकता है, चाहे वह जनता स्वयं ही क्यों न हो। मुख्य उद्देश्य है 'जन-कल्याण'। अतः पंचायतों को यह सुनिश्चित करना होगा कि योजनाओं का लाभ उपभोक्ताओं तथा लाभार्थियों तक पहुँचे। उस अवस्था में उनके अधिकारों की व्याख्या और बढ़ा-चढ़ाकर की जा सकती है।

यह भी देखा जाता है कि कुछ पंचायत पदाधिकारियों या प्रतिनिधियों में राष्ट्रीय भावना का अभाव होता है। वे अपने निर्वाचन-क्षेत्र या गाँव के बाहर नहीं सोच सकते। प्रत्येक नागरिक का कर्त्तव्य है कि वह 'देशहित' को सामने रखकर कार्य करे। शनैः-शनैः तथा आँकड़ों द्वारा पंचायत-प्रतिनिधियों को शिक्षित एवं सचेत करने के पश्चात् वे निश्चय ही पक्षपातरहित एवं बहुजन-हिताय, बहुजन-सुखाय की दृष्टि से पंचायतों में बैठकर निर्णय लेंगे।

6. आमदनी का अभाव

पंचायतों के सामने मुख्य समस्या आर्थिक संसाधनों का अभाव है। राज्य सरकारों के पास धन का अभाव है। वे 'अनटाइड' योजना मद से पंचायतों को अधिक धन नहीं देना चाहती हैं। एक सुझाव के अनुसार, 'अनटाइड' अनुदानों में सत्तर प्रतिशत ग्राम-पंचायतों को आवण्टित होना चाहिए, जबकि तीस प्रतिशत पंचायत समितियों तथा ज़िला परिषदों को। पंचायत-समितियों एवं ज़िला-परिषदों को करों, फीस तथा उनकी सम्पत्ति से काफ़ी आमदनी होती है; जबकि ग्राम-पंचायतों की आमदनी नगण्य होती है। अतः ग्राम-पंचायतों की ओर विशेष ध्यान देने की आवश्यकता है।

केन्द्रीय सरकार ने आजकल ग्राम पचायतें, पंचायत-समितियों तथा ज़िला परिषदों को इतनी योजनाओं के कार्यान्वयन का भार सौंप दिया है कि उनका बजट पुराने विकास खंडों तथा ज़िलाधीश कार्यालयों से कई गुना हो गया है। फिर, पंचायत-समितियाँ एवं ज़िला परिषद कर, टोल तथा फ़ीस लगाने की शक्ति स्वयं रखती हैं। अत: राज्य सरकारों को राज्य वित्तीय आयोग की सिफ़ारिशों पर त्रिस्तरीय पंचायतों को धनराशि उपलब्ध कराना चाहिए।

7. पंचायत-प्रतिनिधियों द्वारा त्याग की आवश्यकता

पंचायती राज संस्थाओं की सफलता इस बात पर भी निर्भर करती है कि पंचायत-प्रतिनिधि स्वयं अपना व्यवहार या चाल-चलन नौकरशाहों की भाँति न रखें। वे बड़े-बड़े आरामदायक वातानुकूलित कार्यालयों में बैठे न रहकर स्वयं को क्षेत्र की मिट्टी से जोड़े रखें; पर वास्तविकता यह है कि पंचायतों के पद पाने के बाद ही निर्वाचित प्रतिनिधिगण पृथक् कार्यालय तथा चपरासी की आशा करने लगते हैं। बटन दबाते ही चपरासी हुकुम की तामील करने के लिए तुरन्त उपस्थित हो, इस मोह का त्याग करना ही होगा। संसद सदस्यों की भाँति पंचायतों के पदाधिकारीगण भी अपने यात्रा-भत्ते तथा महँगाई भत्ते निरन्तर बढ़ाते रहते हैं। इसके फलस्वरूप विकास कार्यों के लिए उपलब्ध धन प्राय: और कम होता चला जाता है।

वस्तुत: 100% योजना खर्चे का 50% धन वेतन-यात्रा तथा महँगाई-भत्ते पर ख़र्च हो जाता है। 35% राशि भ्रष्टाचार को चढ़ जाती है। प्राय: देखा जाता है कि पश्चिमी देशों में स्वयंसेवी संस्थाएँ तथा ग़ैर-सरकारी संस्थाएँ अपने कार्मिकों पर 10% से अधिक नहीं ख़र्च करती हैं। इस तुलनात्मक दृष्टि से पंचायतों को ग़ैर-सरकारी संस्थाओं से बहुत-कुछ सीखना चाहिए। आनेवाला समय उदारीकरण के पक्ष में जाएगा। अत: ग़ैर-योजना मद में ख़र्च कम-से-कम हो, तो उत्तम रहेगा। यदि पंचायतों के पदाधिकारी भी सरकारी कर्मचारियों तथा अधिकारियों की भाँति बन गए तो वे पंचायत को भी ले डूबेंगे।

8. प्रशासनिक इच्छाशक्ति की आवश्यकता

'प्रशासन' या 'प्रबन्धन' शब्द सरकारी तथा ग़ैर-सरकारी क्षेत्रों का द्योतक है। प्रशासन का अर्थ है—किसी संगठन या संस्था की उद्देश्य-प्राप्ति के लिए उसकी नीतियों को कार्यान्वित करना एवं इनके कार्यकलापों में समन्वय स्थापित करना, ताकि वह एक सम्मिलित प्रयास प्रतीत हो। यह सर्वमान्य तथ्य है कि समुचित प्रशासनिक या प्रबन्धन-तंत्र के बिना कोई संस्था काम ही नहीं कर सकती। संस्था की सफलता इसी में है कि इस आवश्यक घोड़े की लगाम ठीक तरह से पकड़े। यदि इस घोड़े की सवारी करने में अनुशासन अथवा एकाग्रता की कमी हुई तो वह

घुड़सवार को ही नीचे गिरा देगा। प्रशासनिक तंत्र का अपना दर्शन होता है, जिसे उसने सदियों से स्थापित किया है। वह उन सिद्धान्तों का परिपालन करता है, जो वर्षों से स्थापित हैं। यदि कोई इनमें परिवर्तन करना चाहता है तो उसे आवश्यक राजनीतिक इच्छाशक्ति तथा राजनीतिक क्षमता का परिचय देना होगा। हमारे देश में संहिता के अनुसार किसी भी कर्मचारी को अवैध कार्य करना निषिद्ध है। यदि पंचायत का अध्यक्ष विधि या नियम के विरुद्ध काम करने के लिए कहता है तो उसके लिए लिखित आदेश देना अनिवार्य है। ये आदेश ग्राम, प्रखंड, पंचायत या ज़िला पंचायत का मुख्य कार्यकारी अधिकारी अपने ऊपरवाले की अनुमति के लिए भेज सकता है। आपातकाल के बाद शाह कमीशन ने यह परम्परा स्थापित कर दी कि ऊँचे अधिकारी का आदेश ही विधि-विरुद्ध कार्य करने का अधिकार नहीं देता है। उसका विवेकपूर्ण सत्यापन करना आवश्यक है तथा यह बताना आवश्यक है कि उपर्युक्त कार्रवाई विधि अथवा नियम के विरुद्ध है। इसके बाद भी पंचायत का अध्यक्ष आदेश देता है तो उसके आदेश का पालन होना चाहिए तथा वह ही उसके लिए ज़िम्मेदार होगा।

यह ठीक है कि पंचायत के पदाधिकारियों की पदवी या सम्मान उसके समकक्ष प्रशासन अथवा नौकरशाही के सर्वोच्च अधिकारी से ऊपर होना चाहिए, पर अपने कर्मचारियों तथा अधिकारियों पर पूरा नियंत्रण एवं देख-रेख का भार मुख्य कार्यकारी अधिकारी पर छोड़ देना चाहिए। वह ही उनकी समस्याओं को समझकर उनका समुचित हल कर सकता है। उदाहरणार्थ—यदि ग्राम-पंचायत-स्तर पर पंचायत सचिवों का एक कैडर (संवर्ग) तैयार हो जाए तो सचिवों के कार्य में आवश्यक उत्साह, निपुणता और स्थायित्व आ जाएगा तथा ग्राम-पंचायतों का प्रशासन प्रधानों के आने-जाने से भी खराब नहीं होगा। पश्चिम बंगाल में पंचायत के प्रतिनिधियों ने विभिन्न स्तरों पर पंचायत में कार्यरत अधिकारियों तथा कर्मचारियों का घेराव करके तथा उन्हें व्यक्तिगत रूप से अपमानित करके या भय दिखाकर अपने अनुसार चलने के लिए विवश किया; पर उसका भी वांछित प्रभाव नहीं पड़ा, बल्कि ज़िलाधिकारी या परगनाधिकारी ने पुलिस की सहायता से उन अधिकारियों को घेरावमुक्त करवा दिया। कालान्तर में दोनों पक्ष परस्पर झुके और एक मध्यम मार्ग स्थापित हुआ, जो सभी को मान्य हो गया। यही कारण है कि पश्चिम बंगाल में पंचायतों के माध्यम से ग्रामीण विकास की योजनाओं का कार्यान्वयन सुचारु रूप से कई वर्षों से हो रहा है।

समय के साथ-साथ प्रत्येक व्यवस्था में भी कुछ दोष प्रवेश कर जाते हैं, क्योंकि दोनों पक्ष निहित स्वार्थों के लिए समझौतावादी नीतियाँ अपनाने लगते हैं। उस दिशा में राज्य सरकार को जनता के प्रति अपना उत्तरदायित्व निभाते हुए भ्रष्ट पंचायत तथा सरकारी कर्मचारियों एवं अधिकारियों के विरुद्ध समुचित कार्रवाई और दंड की व्यवस्था करनी चाहिए, क्योंकि पंचायत-व्यवस्था का साधन रूप साध्य रूप

से अधिक महत्त्वपूर्ण है। जो व्यवस्थाएँ जन-कल्याण नहीं कर सकतीं, वे देर-सबेर इतिहास की गुफा में समा जाती हैं। पंचायतों के जो कर्मचारी या अधिकारी पंचायत के पदाधिकारियों के साथ मिलकर भ्रष्ट तथा अवैध कार्यों में लिप्त होते हैं, उनके विरुद्ध भी ठोस प्रशासनिक कार्रवाई होना अनिवार्य है, ताकि पंचायत प्रशासन में गलत धारणा उत्पन्न न हो। पंचायतों को अनुशासनहीन कर्मचारियों तथा अधिकारियों को शरण देने का अधिकार नहीं होना चाहिए।

यदि आवश्यक हो तो विकास कार्यों के लिए पृथक् रूप से भारतीय विकास प्रशासनिक सेवा का गठन किया जाए, जो भारतीय प्रशासनिक सेवा का ही अंग हो; पर नौकरी में आने पर अथवा प्रारम्भ के पाँच वर्षों में ही भारतीय प्रशासनिक सेवा का अधिकारी यह निश्चय कर ले कि वह या तो नियामक शासन-प्रणाली, जैसे—क़ानून-व्यवस्था, कारागार, कर राजस्व, खाद्य-आपूर्ति, परिवहन, श्रम, रोज़गार, कोषागार इत्यादि विभागों में रहना चाहता है अथवा वह कृषि, उद्योग, जन-स्वास्थ्य, शिक्षा, सार्वजनिक निर्माण, ग्रामीण तथा नगर विकास विभागों में अपनी शेष सरकारी नौकरी की अवधि व्यतीत करना चाहता है। उससे दोनों क्षेत्रों में विशेषज्ञता बढ़ेगी। आजकल के प्रतियोगी परिवेश में यह दिन-प्रतिदिन आवश्यक होता जा रहा है, क्योंकि नौकरशाही का क्षेत्र भी आजकल तकनीकी बारीकियों से युक्त हो गया है। आजकल प्रत्येक ज़िला योजना ज़िला परिषद् के अध्यक्ष की अध्यक्षता में ज़िला योजना समिति द्वारा बनायी जा रही है जिसमें नगर पालिकाएँ भी सम्मिलित हैं। फिर ज़िला योजनाएँ मिलकर राज्य की योजना बनेगी। यह एक विशेषज्ञता का महती कार्य है। इस कार्य के लिए ज़िला-स्तर के प्रशासनिक अधिकारी की आवश्यकता है।

9. पंचायतों में भ्रष्टाचार एवं जवाबदेही

कोई भी व्यवस्था या तंत्र अपने-आप में तब तक उत्तम नहीं होता जब तक वह जनता के कल्याण में ठोस योगदान न दे। पंचायतें यद्यपि जनता की, जनता द्वारा तथा जनता के लिए हैं, फिर भी उनके योगदान का निरन्तर विश्लेषण करते रहना आवश्यक है। नौकरशाही के पक्ष में जो मुखर वर्ग है, वह पंचायतों के विरुद्ध अक्षमता, अदूरदर्शिता तथा भ्रष्टाचार के गम्भीर आरोप लगाता है। कहीं ऐसा न हो कि नौकरशाही के जाल से बचकर जनता तथाकथित प्रजातांत्रिक पंचायतों के भुलावे में फँस जाए। भारत की जनता अभी भी इतनी सक्रिय एवं सचेतन नहीं है कि वह पंचायतों पर अपना नियंत्रण सुनिश्चित कर सके। संविधान के भाग 9 में भी ऐसी व्यवस्था नहीं है कि पंचायतों की जवाबदेही के विषय में निर्वाचन-मंडली आश्वस्त हो सके।

अनुच्छेद 243-J में यह व्यवस्था है कि किसी राज्य का विधानमंडल विधि द्वारा, पंचायतों द्वारा लेखा रखे जाने और ऐसे लेखाओं (ऑडिट) की संपरीक्षा करने

के बारे में उपबन्ध कर सकेगा, पर जनता नौकरशाही के अनिवार्य लेखा-परीक्षण का तमाशा देख चुकी है। भ्रष्ट व्यक्ति या भ्रष्ट संगठन लेखा-परीक्षकों को भी अपनी ओर मिला लेते हैं। शायद लेखा-परीक्षक पंचायतों के विरुद्ध कार्य करें, क्योंकि पंचायतें उनके वर्ग की नहीं हैं। पर पंचायतें भी आर्थिक रूप से शक्ति-संपन्न हो गई हैं। भारत सरकार ने पंचायतों की लेखा-परीक्षा के लिए एक स्वतंत्र महालेखाकार नियुक्त करने का प्रस्ताव किया है। उसी प्रकार पंचायतों के लिए पृथक् रूप से मुख्य लेखा नियंत्रण (सी.ए.जी.) होना आवश्यक है। भारत सरकार ने सामाजिक लेखा-परीक्षा को अनिवार्य बनाया है। कुछ राज्य विधानमंडलों ने ग्राम-सभा का सामाजिक लेखा-परीक्षा करने के वैधिक अधिकार दिए हैं। मध्य प्रदेश सरकार ने इस सम्वन्ध में कुछ अनुदेश जारी किए हैं कि यदि जाँच के बाद ग्राम-सभा इस परिणाम पर पहुँचती है कि किसी कार्य के कार्यान्वयन में अनियमितताएँ अथवा भ्रष्टाचार हुआ है, इस आशय के पूर्ण विवरण के साथ एक रपट एस.डी.ओ. (परगना अधिकारी) के पास भेजेगी, जो एक जाँच समिति गठित करेगा, जिसमें पंचायत के निर्वाचित प्रतिनिधि (जो उस कार्य से जुड़े हुए नहीं हैं), एक तकनीकी अधिकारी तथा एक अन्य व्यक्ति सम्मिलित होंगे। समिति एस.डी.ओ. द्वारा निर्धारित समय-सीमा के अन्दर जाँच करेगी और उस रिपोर्ट को ग्राम-सभा के समक्ष प्रस्तुत किया जाएगा। यदि ग्राम-सभा इस निष्कर्ष पर पहुँचती है कि भ्रष्टाचार हुआ है तो एस.डी.ओ. को क़ानूनी कार्रवाई करनी होगी। राजस्थान में व्यावहारिक रूप में ग्राम-समुदायों द्वारा सामाजिक लेखा-परीक्षा का स्वरूप 'जन-सुनवाई' अथवा 'आम लोगों की सुनवाई' के रूप में स्थापित हो गया है तथा जयप्रकाश नारायण के स्वप्न 'वापस बुलाने का अधिकार' (Right of Recall) को साकार करते हुए राजस्थान में एक प्रधान को उसके पद से हटा दिया गया और उसके स्थान पर दूसरे को पदभार दिया गया—बिना किसी लम्बी काग़ज़ी प्रक्रिया के। राजस्थान सरकार ने वार्ड-सभाओं को क़ानूनी अधिकार दिए हैं। वस्तुस्थिति यह है कि पूर्ण हो चुके कार्यों से सम्बन्धित प्रमाण-पत्र वार्ड-सभा द्वारा ही जारी किए जाते हैं।

सामाजिक लेखा-परीक्षा प्रक्रिया में भी समय लगेगा, पर पंचायत के प्रतिनिधिगण देश के क़ानून से ऊपर नहीं हैं। वे प्रतिनिधिगण भी भारतीय दंड संहिता की धारा 21 के अनुसार 'लोक सेवक' (Public Servant) की परिभाषा के अन्तर्गत आते हैं। नगरपालिका सदस्य भी लोक सेवक की परिभाषा में आते हैं तथा पाँचवीं परिभाषा में पंचायत सदस्य का स्पष्ट उल्लेख है। क्योंकि पंचायत सदस्य साधरणतया लोक सेवकों के काम में सहायता करते हैं तथा सरकारी सम्पत्ति उनके जिम्मे रहती है। मध्य प्रदेश राज्य बनाम नरसिम्हा मामले में उच्चतम न्यायालय के निर्णय (1975, 2 SCC 377) के अनुसार पंचायत-प्रतिनिधि तथा पंचायतों के पदाधिकारीगण निश्चय ही भ्रष्टाचार निरोधक क़ानून के अन्तर्गत आते हैं। अत: भारतीय दंड संहिता की

धारा 21 तथा धारा 161 को एक साथ पढ़ने पर पंचायत के पदाधिकारी अवश्य ही लोक सेवक की परिभाषा में आ जाते हैं, क्योंकि स्थानीय स्वशासन संस्था भी इसकी धारा 161 के अन्तर्गत पड़ती है। पंचायत के प्राय: सभी पदाधिकारी अनिवार्य रूप से अवैतनिक भत्ता के नाम से पंचायत के कोष से वेतन लेते हैं। अत: वे अवश्य ही लोक सेवक की परिभाषा में आ जाते हैं। उनके भ्रष्टाचार में लिप्त सिद्ध होने की स्थिति में उन्हें आर्थिक दंड के अतिरिक्त तीन वर्ष तक की कै़द की सजा हो सकती है। उत्तर प्रदेश के पंचायत अधिनियम, 1947 में तो उसकी व्यवस्था भी है। सन् 1997 में उच्चतम न्यायालय ने नारायण दत्तात्रेय राम तीर्थंकर बनाम महाराष्ट्र राज्य (ए.आई.आर. 1997 सु.को. 2148) में यह निर्देश दिया कि यदि कोई कुछ समय तक सरकारी पैसा अपने पास रखे रहता है तो भी यह आपराधिक दुर्विनियोग होगा तथा वह 'लोक सेवक' दंड का भागी होगा। इसी प्रकार विजय कुमार बनाम मध्य प्रदेश राज्य (ए.आई.आर. 1977 सु.को. 1358) में उच्चतम न्यायालय ने कहा कि भ्रष्टाचार के मामले में नैसर्गिक नियमों के अनुसार दूसरे पक्ष को सुनवाई का अवसर प्रदान किया जाना चाहिए। इसके अतिरिक्त पंचायत के पदाधिकारियों के लिए इस प्रकार से एक आचार-संहिता तैयार की जा सकती है—

1. पंचायत के पदाधिकारियों को सम्बन्धित पंचायत के अनुशासन को मानना पड़ेगा।
2. वे पंचायत के हित के विरुद्ध काम न करें।
3. अपने कार्य की उपेक्षा न करें या पंचायत की सम्पत्ति को हानि न पहुँचायें।
4. गलत सूचना देकर पंचायत में निर्वाचित नहीं होने देना।
5. पंचायत के लेखा को ठीक समय पर प्रस्तुत करना तथा उसके परीक्षण एवं प्रमाण-पत्र की व्यवस्था करना।
6. यदि निर्वाचित पंचायत पदाधिकारी किसी आदेश को लिखित देता है तो वह पूर्ण रूप से उस कार्य का ज़िम्मेदार है।
7. पंचायत की बैठकों या क्षेत्र में जातिवाद, सम्प्रदायवाद या क्षेत्रीय भावनाओं को न भड़काना। पंचायत प्रशासन के लिए सभी मतदाता एक समान हैं। उनके राजनीतिक, धार्मिक या जातीय रंग से पंचायत को कोई प्रयोजन नहीं।
8. रिश्वत देने या लेने से दूर रहना, अर्थात् किसी अनैतिक मामले में न पड़ना।
9. कोई अवचार न करना तथा ऐसा कोई कार्य न करना, जिससे उसकी पंचायत या राज्य शासन को लोकनिन्दा का पात्र बनना पड़े।
10. किसी आपराधिक मामले में न शामिल होना। 'चेक और बैलेंस' हमारे देश के लिए स्वर्णिम सिद्धान्त है। संविधान में राज्य के एक अंग का

दूसरे अंग के साथ अन्योन्याश्रय सम्बन्ध है। यही व्यवस्था पंचायतों तथा नौकरशाही के सम्बन्धों में होनी चाहिए। पंचायतों को जनता में अपनी साख स्थापित करने के लिए अत्यन्त परिश्रम तथा त्याग करना, ताकि जनता उन्हें अपने प्रतिनिधि के रूप में भेजकर गौरव अनुभव करे।

10. पंचायतें एवं राजनीतिक दल

आजकल सभी राजनीतिक दलों के समक्ष यह विराट् समस्या है कि उनके पास ऐसे कार्यकर्त्ताओं का अभाव है जो जनता के बीच रहकर निम्नतम स्तर पर काम करें। उनके पास नेताओं की अधिकता है, क्योंकि दल की सदस्यता प्राप्त करने के बाद सभी विधायक तथा मंत्री होना चाहते हैं। अब तो उन्हें नौकरशाहों की भाँति यह रोग भी लग गया है कि वे विधायक से अधिक राज्य के किसी निगम या सहकारी संस्था अथवा संगठन में पदाधिकारी होना चाहते हैं, ताकि उन्हें एक वातानुकूलित कमरा मिल जाए, उनके पास लगातार घण्टी सुनने तथा चाय लाने के लिए चपरासी हो और उनके आदेशों को दूसरों तक पहुँचाने के लिए निजी सचिव, असीमित टेलीफ़ोन सुविधा तथा मोटर-कार का उपयोग करने की छूट हो।

इस समस्या का एक हल है। राजनीतिक नेतृत्व की शुरुआत पंचायत स्तर से हो तथा राजनीतिक दल के प्रत्येक सदस्य की प्रोन्नति विभिन्न पंचायतों के स्तर पर उसके कार्य के अनुसार हो, जैसे सरकारी अधिकारियों की प्रोन्नति उनके वार्षिक चरित्र आकलन के आधार पर होती है। यह सच है कि पंचायत संस्थाओं के अतिरिक्त राजनीतिक कार्यकर्त्ता के बहुत-से अन्य कर्म होंगे, जो उसकी चरित्र-पंजिका में होंगे, जैसे-राजनीतिक कार्यक्रमों के समय भीड़ जुटाना, चन्दा या राजनीतिक विरोधियों को निष्क्रिय करना अथवा उनका सफ़ाया करना। ऐसा करने से राजनीतिक दल अपने सभी कार्यकर्त्ताओं को दल के एकसूत्र में बाँधकर रख सकेगा तथा कार्यकर्त्ता एक-दूसरे की कमीज़ पकड़नेवाले नेता नहीं बनेंगे।

यह समझ में नहीं आता कि क्यों राज्य सरकार के मंत्रिगण पंचायतों को आवश्यक क्षमता तथा अधिकार नहीं देना चाहते हैं? यदि पंचायतों के प्रतिनिधि सशक्त होंगे तो उन्हें चुनाव के लिए न तो धन इकट्ठा करना पड़ेगा और न ही अपने चुनाव-क्षेत्र की प्रत्येक सड़क की धूल खानी पड़ेगी, क्योंकि तब उसके दल के उस क्षेत्र के पंचायत-प्रतिनिधि या भावी पंचायत-प्रतिनिधि अपने संसाधनों द्वारा प्रचार करेंगे, क्योंकि विधानसभा में उनके निर्वाचित होने पर पंचायत-प्रतिनिधियों को राज्य सरकार में पंचायतों के सम्यक् हितैषी तथा हिमायती मिल जाएँगे। व्यावहारिक रूप से पश्चिम बंगाल में यह देखा गया है कि लोकसभा या विधानसभा की सदस्यता के लिए खड़े उम्मीदवार को घर-घर जाकर प्रचार नहीं करना पड़ता है। यह काम पंचायत-स्तर का नेतृत्व वर्ग करता है, जो वहाँ के लोगों के दु:ख-सुख से निरन्तर जुड़ा हुआ

है तथा वह उनकी जीत-हार में सीधा भाग लेता है। कभी-कभी तो पश्चिम बंगाल में चुनाव इतना निर्जीव हो जाता है कि पता ही नहीं चलता कि चुनाव हो रहे हैं।

आजकल जनता तथा नेता के बीच अविश्वास की जो खाईं बढ़ती जा रही है, उसे पाटने का एकमात्र उपाय यह है कि राजनीतिक दल जनता से केवल अपनी पंचायत या नगरपालिका प्रतिनिधियों के माध्यम से मिलें, जो सदैव जनता के साथ हैं तथा उसके दु:ख-सुख के भागीदार हैं। दूसरी बात, जनता वायदा ख़िलाफ़ी करने पर उन्हें कभी भी पकड़ सकती है; जबकि विधानसभा या संसद के सदस्य को पकड़ना तो क्या, चुनाव के पश्चात् साधारण जनता को उनसे मिलना ही दुष्कर हो जाता है।

न्यायमूर्ति (अवकाश-प्राप्त) श्री वी.आर. कृष्ण अय्यर ने अपने लेख 'पंचायती राज: वास्तविकता या मृगमरीचिका' में लिखा है— 'राजधानी से नियंत्रण तथा आदेश देने की प्रणाली समाप्त होनी चाहिए। स्थानीय स्वशासी इकाइयों के प्रति संस्थागत न्याय हमारे विकेन्द्रीकृत लोकतंत्र तथा हमारी आर्थिक धरोहर का आधारभूत तत्व है। तब इस विचार को क्यों ठुकराया जाता है और गांधीवादी सिद्धान्त की बलि क्यों दी जाती है? उसका उत्तर है—सत्ता हथियाने की भ्रष्ट भूख और यह दु:खद आशंका कि पंचायत राजनीति के कारण कुछ क्षेत्रों में सत्ता कहीं शासक दल के हाथ से निकलकर विपक्ष के हाथ न चली जाए। गणराज्य तब कैसे क़ायम रहेगा, जब सत्ता के लिए झगड़ों में उलझी पार्टियों की नींव रेत पर टिकी हो! लोगों के लिए दल होना चाहिए, किन्तु यदि 'दल के लिए लोग' सिद्धान्त हावी हो जाए तो इससे विकास को एक झटका लगता है।'

यदि पंचायतों के चुनाव न कराने का कारण सत्ताधारी दल का यह शक है कि कहीं विपक्ष के लोग पंचायतों पर हावी न हो जाएँ तो पंचायतों के चुनाव चार वर्ष के लिए कराए जा सकते हैं। कोई भी दल राज्य में सत्ता में आने पर तुरन्त पंचायत चुनाव कराए तथा अपना कार्यकाल पूरा होने के पूर्व पंचायतों को भी निलम्बित कर दे, ताकि निर्वाचनमंडल द्वारा राज्य की सत्ता पर क़ाबिज़ राजनीतिक दल की पंचायतों के कार्य के प्रति पूर्ण जवाबदेही स्थिर की जा सके। पंचायत का उद्देश्य प्रशासन को चुस्त-दुरुस्त करना है, न कि स्वयं सत्ता पर क़ाबिज़ हो जाना। इस प्रकार पंचायतों को लोक-कल्याण का साधन मानना चाहिए, न कि साध्य। यद्यपि पंचायतों की स्थापना से ही लोगों को सन्तोष मिलता है, क्योंकि वे सत्ता तथा शासन में स्वयं को भागीदार मानने लगते हैं। इस प्रकार सरकारी कार्यों या योजनाओं में स्वत: जन सहयोग उपलब्ध हो जाता है। श्री एस. के. डे लिखते हैं—'भारत में सरकारी व्यवस्था चलाने की अन्तिम कड़ी पंचायत है। अगर प्रजातंत्र को फूलना-फलना और मज़बूत होना है तो पंचायत के कार्यों को भी विकेन्द्रीकृत करना होगा।'

यदि सफल नेताओं की पृष्ठभूमि का सर्वेक्षण किया जाए तो ज्ञात होगा कि भारत में ही नहीं, विश्व में भी सफलतम नेतागण निचले स्तर से आते हैं। अमेरिका

का प्रत्येक राष्ट्रपति किसी राज्य का राज्यपाल अवश्यंभावी रूप से रह सकता है। सरदार पटेल, पं. जवाहरलाल नेहरू, नेता जी सुभाष चन्द्र बोस तथा गोविन्द वल्लभ पन्त केन्द्रीय सरकार में आने के पूर्व नगरपालिकाओं के मेयर या अध्यक्ष रह चुके थे। पश्चिम बंगाल सरकार में कई मंत्री ज़िला परिषदों के सभापति या अध्यक्ष के रूप में काम कर चुके हैं। स्पष्ट है कि पंचायत घर राजनीतिक नेतृत्व की पौधशाला है।

11. पंचायतों की अवधि

भारत के संविधान के अनुच्छेद 243-ङ के अनुसार, प्रत्येक पंचायत यदि तत्समय प्रवृत्त किसी विधि के अधीन पहले ही विघटित नहीं कर दी जाती है तो अपने प्रथम अधिवेशन के लिए नियत तारीख़ से पाँच वर्ष तक बनी रहेगी, इससे अधिक नहीं।

इस प्रावधान के कारण जब कई राज्य सरकारें नई बनती हैं तो वे कई पंचायतों को अपने राजनीतिक उद्‌देश्यों के प्रतिकूल पाती हैं, अर्थात् दूसरे दलों से सम्बन्धित होने के कारण उनकी विचारधारा तथा कार्य-प्रणाली पृथक् हो सकती है। इस कारण वे पंचायतों को आवश्यक वित्तीय साधन उपलब्ध नहीं कराती हैं। विभिन्न आदेश निकालकर वे सरकार कर्मचारियों द्वारा पंचायत-प्रणाली को प्रभावहीन बनाने का प्रयत्न करती हैं।

प्रत्येक राजनीतिक दल का प्रथम तथा अन्तिम उद्‌देश्य निर्वाचन में सफलता प्राप्त करना होता है। यदि इन पंचायतों को उन्होंने प्रश्रय दिया तो इस प्रक्रिया में उनके चुनावी वायदे अधूरे रह सकते हैं। वैसी स्थिति में उनके चुनावी वायदों के विपरीत राज्य प्रशासन उनकी नाक के नीचे ही संचालित होता रहेगा। इसकी प्रतिक्रिया निर्वाचक मंडल में उनके विरुद्ध भयानक रूप से घटित हो सकती है। इन सभी आशंकाओं का निराकरण करने के लिए यह सुझाव है कि पंचायतों का कार्यकाल चार वर्ष का कर दिया जाए, ताकि राज्य सरकारें भी इसी अवधि के पश्चात् अपनी विफलता के लिए यह तर्क न दे सकें कि उनके विरोधी दल की पंचायतों ने उन्हें काम करने नहीं दिया, जैसा स्वतंत्रता-प्राप्ति से अब तक राजनीतिक दल नौकरशाही पर अपनी विफलताओं के लिए दोषारोपण करते आ रहे हैं।

आधुनिक संसार वैश्वीकरण के माध्यम से तीव्र गति से प्रगति के पथ पर बढ़ रहा है, जहाँ निर्णय लेने में विलम्ब करना घातक सिद्ध हो सकता है। यहाँ दोषारोपण करने का अवसर किसी को नहीं दिया जा सकता है। हमारा देश प्रगति की दौड़ में आगे की पंक्ति में नहीं है अतः हमें सम्पूर्ण प्रशासन-तंत्र को पूर्ण रूप से स्वस्थ तथा तीव्रगामी रखना ज़रूरी है। इसी उद्‌देश्य की पूर्ति के लिए यह अनिवार्य है कि अनुच्छेद 368 के अन्तर्गत संविधान संशोधन प्रस्ताव लाकर अनुच्छेद 243-ङ में पंचायतों की अवधि पाँच वर्ष से घटाकर चार वर्ष कर दी

जाए तथा पंचायतों के निर्वाचन विधानमंडलों के निर्वाचनों के साथ-साथ हों, ताकि सरकारी कोष पर भी अतिरिक्त बोझ न पड़े और राज्य सरकार पूर्ण राजनीतिक इच्छाशक्ति तथा उत्साह से पाँच वर्ष की अपनी अवधि पूरी करे। इस स्थिति में पंचायतों की अवधि पाँच वर्ष भी रखी जा सकती थी, पर पंचायतों के विभिन्न स्तरों पर निर्वाचन के साथ-साथ सम्भव न हो। इस प्रक्रिया में यदि पंचायतों की अवधि में कुछ अन्तराल हो जाए तो विराट् जनहित में उसकी अनदेखी की जा सकती है। दूसरे, पंचायतों के सब समय चुनाव होने पर चुनाव के दौरान विकास कार्य बन्द हो जाते हैं। यह एक क्षेत्र एवं देश के लिये अपूर्णनीय क्षति है। उत्तम यह हो कि पंचायत-प्रतिनिधियों का स्थान खाली होने पर दोबारा निर्वाचन न हो तथा प्रत्येक स्तर की पंचायत का अध्यक्ष अर्थात् ग्राम पंचायत प्रधान, पंचायत-समिति अध्यक्ष तथा ज़िला परिषद अध्यक्ष सीधे जनता से निर्वाचित हों ताकि उसकी जनता के प्रति सीधी जवाबदेही हो तथा वह अमेरिका के राष्ट्रपति की भाँति प्रभावशाली ढंग से बिना बाधा के काम कर सके। साथ-साथ यह भी सुनिश्चित हो कि अध्यक्ष विभिन्न समितियाँ बनाकर अपनी पंचायत में कार्य सम्पादित करे ताकि वह स्वेच्छाचारी तथा तानाशाह न हो।

सुझाव

निम्नलिखित पदक्षेप लेकर राज्य सरकारें पंचायतों के माध्यम से पंचायत स्वशासन पद्धति को प्रभावी, शक्तिशाली तथा साफल्य मंडित कर सकती हैं—

(क) पंचायतों के संगठन में सुधार और प्रत्येक स्तर की पंचायत के कार्यों का उचित तथा तर्कसंगत विभाजन।

(ख) सरकार द्वारा पंचायतों की योजनाओं के कार्यान्वयन को प्रोत्साहन।

(ग) पंचायतों को ग़ैर-पंचायती काम भी सौंपना जैसे बाढ़, सूखा या भूमि कम्पन से सुरक्षा ताकि पंचायतों का विरोधी खेमा चुप होकर आत्मविश्लेषण करे और अपने अस्तित्व को बचाने की लड़ाई में व्यस्त रहे।

(घ) सरकार का पंचायतों पर अनावश्यक नियंत्रण कम करना तथा उसे नियमित करना, ताकि पंचायत से सम्बन्धित स्तर द्वारा उसे समझकर आवश्यक सुधार किया जा सके और उनके द्वारा सरकारी आदेशों का अनुपालन ठीक-ठीक किया जा सके। ऐसा न हो कि ईमानदारी तथा लगन से काम करनेवाला पंचायत पदाधिकारी जेल की सलाखों के पीछे चला जाए। यदि ऐसा नहीं हुआ तो अवैतनिक पंचायत प्रतिनिधिगण विकास कार्यों का सिरदर्द मोल नहीं लेंगे।

(ङ.) पंचायत-प्रणाली की सफलता के लिए चैतन्य जनमत का निर्माण करना अति आवश्यक है। हो सके तो सामाजिक तथा धार्मिक सुधारों के लिए किसी सरकारी तंत्र की स्थापना की जाए। चैतन्य तथा स्वस्थ जनमत ही भ्रष्ट, अकर्मण्य

तथा दोषी पंचायत पदाधिकारियों को उनके पदों से वापस बुलाने का महत्त्वपूर्ण काम करने का साहस कर सकता है।

(च) पंचायतों या कार्यसमितियों के अध्यक्ष या सभापति ऐसे व्यक्ति निर्वाचित हों, जो आवश्यक रूप से शिक्षित, योग्य तथा ईमानदार हों। इसमें दलबाजी या गुटबाज़ी नहीं होनी चाहिए।

(छ) सभी राजनीतिक दलों, सामाजिक कार्यकर्त्ताओं तथा स्वयंसेवी संगठनों को एकजुट होकर पंचायतों के कार्यों में यौन-वैषम्य, जातिवाद, गुटबन्दी तथा साम्प्रदायिकता का उन्मूलन करना चाहिए। लेशमात्र पक्षपात पंचायत-प्रणाली को विफलता के पथ पर आरूढ़ कर देगा। निर्धन निर्धन है; उसकी न कोई जाति है, न धर्म। ग़रीबी उसकी जाति है और अभाव उसका धर्म। पंचायत प्रतिनिधियों को ग़रीबी का उन्मूलन करने के पूर्व परस्पर वैषम्य, ईर्ष्या, प्रतियोगिता, गुटबन्दी इत्यादि का बहिष्कार करना होगा। यही पंचायतों की सफलता की कुंजी है।

(ज) "जहाँ धन एवं शक्ति है, वहाँ भ्रष्टाचार है", यह उक्ति पंचायतों के लिये चरितार्थ हो रही है। पंचायतों को भ्रष्टाचार से दूर रहना चाहिए क्योंकि गाँव में प्रत्येक व्यक्ति जानता है कि दूसरे की रसोई में क्या पकवान बन रहा है। यदि न हो, तो भ्रष्ट पंचायत पदाधिकारियों के विरुद्ध कड़ी कार्यवाही होनी चाहिए जो आजकल दृष्टिगोचर नहीं हो रही है। नौकरशाही पंचायतों के विरुद्ध अपने अधिकारों का उपयोग करने से कतराने लगी। ऐसे बहुत कम उदाहरण हैं, जब गत पच्चीस वर्षों में पंचायत-प्रतिनिधि के विरुद्ध भ्रष्टाचार का आरोप सिद्ध हुआ हो या किसी पंचायत को भंग किया गया हो। अधिकतर तकनीकी अधिकारियों को उसी स्तर की पंचायतों के साथ सम्बद्ध किया गया तथा उन्हें उनके प्रति उत्तरदायी बनाया गया। केवल ज़िलाधीश को मुख्य कार्यकारी अधिकारी बनाकर उसकी स्वतंत्रता को अक्षुण्ण रखा गया। यहाँ तक कि ज़िला आरक्षी अधीक्षक भी ज़िला परिषद् के सभापति के इशारों पर काम करने लगा। इस प्रकार नौकरशाही पंचायत-तंत्र के नियंत्रण में आ गई; पर इस निरंकुश शक्ति का फल यह हो रहा है कि नौकरशाही तथा पंचायतें—दोनों शान्तिपूर्ण सह-अस्तित्व द्वारा भ्रष्टाचार में संलिप्त होती जा रही हैं तथा नियमों और पद्धति में फँसकर विकास कार्यों के परिणामों पर कम ध्यान दे रहे हैं। देश सर्वोपरि है। यदि देश बचेगा तो पंचायतें बचेंगी। यदि पंचायतें भ्रष्टाचार में संलिप्त हो जाएँ, तो उनका स्थान दुबारा नौकरशाही तंत्र ले लेगा। देश एवं देशवासी अपने विकास से समझौता नहीं कर सकते। सतत विकास ही गन्तव्य है।

10

राजनीति द्वारा भ्रष्टाचार का पृष्ठपोषण

राजनीति को भ्रष्टाचार की गंगोत्री कहा जाता है। भ्रष्टाचार राजनीति से पनपता है तथा भ्रष्टाचार की राजनीति में ख़तम हो जाता है—छोड़ जाता है इसके पीछे एक लकीर जिसको मिटाने में तंत्र, समाज तथा देश का समय, श्रम तथा धन का अपव्यय होता है। पूर्व में नौकरशाही ही भ्रष्टाचार की गंगोत्री थी पर शनैः-शनैः राजनीतिक प्रतिनिधिगण या नेतृवर्ग नौकरशाही पर क्रमशः हावी होती गई और उन्होंने नौकरशाही से मालदार विषयों में निर्णय-प्रक्रिया पर अपना नियंत्रण कर लिया। पूर्व में वे केवल नीतिगत मामलों तक सीमित रहते थे तथा देश में विकास की असफलता के लिए नौकरशाही को दोष देते थे। यह क्रम पं. जवाहरलाल नेहरू के शासनकाल तक भारत में चला पर इसके पश्चात् उनकी शक्तिशाली पुत्री प्राक्तन प्रधानमंत्री इन्दिरा गांधी ने राजनीतिक नेतृत्व से प्रतिबद्ध नौकरशाही की अवधारणा दी जो शाह कमीशन की नकारात्मक रपट के बाद भी चल रही है, क्योंकि सभी राजनीतिक दलों के लिये यह ही सुविधाजनक है चाहे वे साम्यवादी हो, जनता दल हो, दक्षिण भारत के राजनीतिक दल हो या भाजपा हो। सभी राजनीतिक प्रतिनिधियों का एक ही तर्क होता है कि उन्हें ही शासन तंत्र की असफलता के लिए जनता या निर्वाचक मंडल को जवाब देना पड़ता है। जिसकी जवाबदेही हो, उसी के पास क्षमता होनी चाहिए। अमेरिका में वोल्फेंसन ने 'विकास और विकास के लिए अनिवार्य चीजें' विषय पर अपने विचार रखते हुए कहा था—"एक के बाद एक देश में जनता की तरह से इस मुद्दे पर कार्रवाई की माँग हो रही है। लोग जानते हैं कि भ्रष्टाचार संसाधनों को ग़रीबों से अमीरों की तरफ मोड़ देता है। व्यवसाय चलाने की लागत बढ़ा देता है। सरकारी ख़र्च बेक़ाबू कर देता है और विदेशी निवेशकों को आने से रोकता है।"

हाल ही में ऐसे अनेक उदाहरण सामने आए हैं जब राजनीति के माध्यम से सर्वोच्च पदों पर विराजमान सम्माननीय व्यक्तियों को या तो त्यागपत्र देना पड़ा अथवा वे तख़्त-ताऊस छोड़कर जेल की सलाख़ों के पीछे निन्दनीय जीवन काट रहे हैं। यह दूसरी बात है कि कैन्सर जैसी बीमारियों के आधार पर उन्हें जेल से छुटकारा मिल रहा है ताकि वे आराम से मर सकें। पाकिस्तान के प्रधानमंत्री नवाज़ शरीफ़ इसीलिए आजकल सत्ता से बाहर है तथा चीन में तो उच्च पदस्थ दल के नेताओं

को रिश्वतखोरी के आरोपों में आरोप सिद्ध हुए बिना ही सीधी गोली मार दी जाती है। इसी कारण चीन में जी एकमात्र शासक हैं क्योंकि वह भ्रष्टाचार का भी प्रथम दुश्मन है। आज भी कितने राष्ट्राध्यक्ष तथा मंत्री जेलों में हैं। लैटिन अमेरिका के विभिन्न देशों के हटाये गए कुछ राष्ट्राध्यक्षों ने सन् 1952-61 के बीच अकूत सम्पत्ति अर्जित की एवं अपने देश को विदेशी ऋणों के बोझ में डुबो दिया जैसे अलेमान मैक्सिको में, पेरोन अर्जेण्टाइना, पेरेज जिमनेज वेनेज्यूला, वतीस्य क्यूबा में तथा चुज़िलो डोमिनियन रिपब्लिक में। इसी प्रकार 1972 में छह राष्ट्राध्यक्ष पकड़े गए। अफ्रीका में जाम्बिया, लीबिया, पश्चिम अफ्रीका सहित अनेक देश तो भ्रष्टाचार के अभेद्य गढ़ माने जाते हैं जहाँ भ्रष्टाचार की नदियाँ बहती रहती हैं। वहाँ भ्रष्ट व्यक्ति को केवल बहती भ्रष्टाचार की मैली गंगा में हाथ देने की आवश्यकता है कि अपार धन उसके हाथों में एकत्रित हो जाता है। भारत में पूर्व प्रधानमंत्री स्व. राजीव गांधी, तमिलनाडु की पूर्व मुख्यमंत्री स्व. जयललिता, कर्नाटक के एक समय मुख्य मंत्री बी.एस. यदुरप्पा, बिहार के मुख्यमंत्री लालू प्रसाद यादव, जगन्नाथ मिश्र, उ.प्र. के प्राक्तन मुख्यमंत्री मुलायम सिंह यादव तथा मायावती, हिमाचल प्रदेश के मुख्य मंत्री वीरभद्र सिंह आदि केन्द्र एवं राज्य के मंत्रियों, नगरपालिकाओं तथा पंचायतों के अध्यक्षों तथा केन्द्र एवं राज्यों के राजनीतिक पदाधिकारियों की तो गिनती ही नहीं है। ज्ञात होता है कि भारत में भ्रष्ट नेताओं तथा नौकरशाहों से जेलें भर्ती हो जाएगी कि अन्य अपराधियों को तो जगह ही नहीं मिलेगी अथवा भ्रष्टाचारियों के लिए पृथक जेलें तथा पृथक विशेष न्यायालय की स्थापना करनी होगी।

भ्रष्टाचार एक अन्तरराष्ट्रीय समस्या है। छोटे-मोटे देशों को तो इसने अपने खूनी पंजे में जकड़ रखा है। समृद्ध एवं विकसित देश इसके चंगुल में फँसते ज़रूर हैं पर निकल भी जाते हैं। हाल ही में संसार के अनेक राष्ट्रों में साम्यवाद का सूर्यास्त हुआ। इस अप्रत्याशित घटना का एक प्रधान कारण यह भी था कि उन देशों के शासक वर्ग एवं नौकरशाही भ्रष्टाचार की गिरफ़्त में फँस चुके थे। रोमानिया के तानाशाह एवं इण्डोनेशिया के राष्ट्रपति की पत्नी के वैभव के क़िस्से एवं कहानियाँ तो सर्वविदित हैं। उनकी प्राचीन शासकों, बादशाहों, राजा-महाराजाओं से भी उत्तम जीवन-शैली थी। इटली में व्याप्त भ्रष्टाचार की चर्चा सारे संसार में होती है। इंग्लैंड की स्थानीय स्वायत्त सरकारें भी भ्रष्टाचार के प्रभाव से दूर नहीं हैं। अमेरिका के राष्ट्रपति के चुनाव में तो करोड़ों डालरों का लेन-देन होता ही है। उसे अमेरिका जैसे खुले देश में 'भ्रष्ट तंत्र' (स्पोइलसिस्टम) की संज्ञा दी गई है अर्थात् राष्ट्रपति के निर्वाचन के पश्चात् वे व्यक्ति ही उच्च नौकरशाही एवं राजनीति के उच्च पदों पर विराजमान होंगे जिन्होंने अमेरिका के राष्ट्रपति के चुनाव में सहायता की थी। अमेरिका के राष्ट्रपति को विजयी होने पर उन व्यापारियों एवं कम्पनियों को भी लाभ पहुँचाना पड़ता है जिन्होंने उनके चुनाव के दौरान आर्थिक रूप से मदद की

थी। 'वाटरगेट कांड' के प्रकाश में आने पर तो निक्सन जैसे शक्तिशाली राष्ट्रपति भी राष्ट्रपति की कुर्सी से लुढ़क पड़े। जापान के प्रसिद्ध लोकहीड कांड में वहाँ के प्राक्तन प्रधानमंत्री को चार वर्ष की सज़ा हुई एवं घूस की राशि के बराबर दंड दिया गया क्योंकि अपने मंत्रित्व काल में (1973-74) में उन्होंने परिवहन मंत्री को प्रभावित करके हवाई जहाजों की ख़रीद में प्राय: 2.2 करोड़ रुपए की रिश्वत ली थी। इसी प्रकार के आरोपों में कोरिया के निवर्तमान राष्ट्रपति को फाँसी की सजा सुना दी गई पर शायद वह सज़ा अब 'जीवन क़ैद' में बदल गई है।

इंग्लैंड एवं फ्रान्स में प्राय: यौन कांडों की लपेट में आकर बीच-बीच में लोकप्रिय सरकारों के तख्ते ही पलट जाते हैं। पाकिस्तान के तानाशाह अयूब ख़ाँ के समय ब्रिटेन का कीलर कांड काफ़ी प्रसिद्ध रहा कि किस प्रकार 'यौन सुन्दरियाँ' राजनीतिज्ञों को फँसाती थीं। खाड़ी देशों में तो वंशानुक्रम से शासक चले आते हैं, उनका ही देश की पूरी धन-सम्पत्ति पर अधिकार रहता है। यदि वे भ्रष्टाचार में लिप्त हों भी तो उसकी जाँच एवं दंड देनेवाले वे ही हैं। ब्रूनो के शासक के विषय में तो भाँति-भाँति की यौनाचार एवं धन सम्बन्धी भ्रष्टाचारण की किंवदन्तियाँ विश्व प्रसिद्ध हैं। यदि विश्व का सबसे धनी व्यक्ति भ्रष्टाचार में सबसे अधिक आगे न हो, तो यह भी एक आश्चर्य होगा? धन अर्थहीन हो जाएगा यदि उसका उपयोग न किया जा सके। इस दर्शन के समर्थकों द्वारा ही भ्रष्टाचार का पौधा फलता-फूलता है एवं वह इतना बड़ा हो जाता है कि उसके नीचे भाँति-भाँति के माफ़िया गिरोह पलते हैं जो बाद में अपने आश्रयदाताओं के ही खून के प्यासे बन जाते हैं। वे अपने अपराधों से समाज के सामान्य व्यक्ति पर भी कहर ढाते हैं।

राजनीति में भ्रष्टाचार, ऐतिहासिक परिप्रेक्ष्य में

भारतीय संस्कृति व्यक्तिगत शुचिता, नैतिकता तथा कर्त्तव्यपरायणता की संवाहक रही है। वेदों, पुराणों तथा अन्य सांस्कृतिक ग्रंथों में भ्रष्टाचार का उल्लेख ही नहीं है। अत: भारत भ्रष्टाचार से अनभिज्ञ था। राम जैसा शासक तथा उनका शासन सन्देह से परे था। राम ने अपनी पत्नी को एक धोबी और उसकी पत्नी के बीच वार्त्तालाप के आधार पर निष्कासित कर दिया। भ्रष्टाचार का प्रथम उल्लेख चाणक्य के अर्थशास्त्र में आता है जहाँ उन्होंने भ्रष्टों के लिए कड़े आपराधिक दंड के प्रावधानों का सुझाव दिया। बड़े लोगों को दंड भी अधिक। उन्होंने भ्रष्टाचार द्वारा अर्जित सम्पत्तियों को शासन द्वारा जब्त करने की सलाह दी जो आजकल मनी लान्ड्रिंग अधिनियम के माध्यम से होना आरम्भ हुआ है। अंग्रेजों की ईस्ट इंडिया कम्पनी के समय उपहार संस्कृति द्वारा भ्रष्टाचार ख़ूब फला-फूला। यहाँ तक कि कम्पनी के निदेशकों ने धन लेकर मीर कासिम को मीर जाफर के स्थान पर बंगाल का नवाब बना दिया। स्वतंत्रता के पश्चात् भारत के प्रथम प्रधानमंत्री पं. जवाहरलाल नेहरू ने न चाहते

हुए भी मुद्रा सौदा प्रकरण के कारण अपने प्रिय वित्त मंत्री टी.टी. कृष्णमचारी को हटा दिया। पं. नेहरू के पश्चात् लालबहादुर शास्त्री त्याग एवं ईमानदारी की प्रतिमूर्ति थे। पश्चिम बंगाल के विगत मुख्य मंत्री ज्योति बसु की अधिकृत जीवनी के आधार पर राजनीति में नैतिकता का ह्रास की शुरुआत इन्दिरा गांधी के शासनकाल से हुई थी। उनके पुत्र राजीव गांधी भी भ्रष्टाचार की लपेट में आ गए। चन्द्रशेखर भ्रष्टाचार के मामलों को एक पुलिस इन्स्पेक्टर का काम कहकर किनारा कर गए जबकि पी.वी. नरसिम्हा राव की सरकार चन्द्रास्वामी सहित एक चौकड़ी के इशारों पर भ्रष्टाचार को पालती-पोसती रही। मोरारजी देसाई 1977 से 1979 के बीच दो वर्ष कुछ स्वच्छ सरकार दे पाए पर उनके सहयोगी दल भ्रष्टाचार न करने के कारण उठक-पटक में शामिल हो गए। यही हाल वी.पी. सिंह सरकार तथा इन्द्र कुमार गुजराल सरकार का हुआ तथा अटल बिहारी वाजपेयी सरकारों का भी। पर भाजपा का केन्द्रीय नेतृत्व अपनी राज्य सरकारों पर अंकुश न लगा सका। सन् 2004 से 2014 तक डॉ. मनमोहन सिंह सरकार अपने सहयोगी दलों के समर्थन पर ही जीवित रही तथा उनके प्रधानमंत्रित्व काल में डी.एम.के., राष्ट्रीय जनता दल तथा अन्य क्षेत्रीय दलों ने भ्रष्टाचार की अच्छी फ़सल काटी। स्वयं मनमोहन सिंह सरकार के कांग्रेस के मंत्री भी इस दौड़ में पीछे नहीं रहे। अब भाजपा की मोदी सरकार सभी की समीक्षा में है।

आजकल राजनीति में सत्ता बदलने के लिये राजनीतिक नेताओं द्वारा भ्रष्टाचार ही काफ़ी है। दूसरी सरकार आने पर वह सर्वप्रथम अपने पूर्ववर्ती राजनीतिक विरोधी शासकों के भ्रष्टाचार को उजागर करती हैं तथा उन्हें जेल की हवा खिलाती हैं। उनके इस खेल में पुलिस तथा जाँच संस्थाएँ उनके सस्ते तथा सहज औज़ार बन जाते हैं। भोली-भाली जनता भी उनके द्वारा विकास कार्यों का मूल्यांकन करने की अपेक्षा भ्रष्टाचार के कुकर्मों की कहानियों में अधिक मजा लेती है तथा मीडिया द्वारा इनके ऊपर बनायी हुई कहानियों, घटनाओं तथा कुचक्रों में ही अपना मन गड़ाये रहती है। 'अपने अभावों' और समस्याओं को भूलकर जैसे उसके भारत में प्रचुर धन है जो कि नहीं है। शीर्ष स्तर पर राजनीति और भ्रष्टाचार के परस्पर सम्बन्ध परीक्षण करने के पूर्व हम यह विश्लेषण करें कि क्यों और किस प्रकार निम्नतम स्तर से एक राजनीतिक व्यक्ति भ्रष्टाचार के भँवर में फँसता जाता है।

निम्नतम राजनीतिक स्तर पर भ्रष्टाचार

सबसे नीचा राजनीतिक प्रशासन का स्तर है ग्रामीण भारत में ग्राम-पंचायत या ग्राम-सभा तथा नगरीय क्षेत्र में टाउन एरिया या नगरपालिका परिषद्। इसके सदस्यों का चुनाव एक वार्ड या एक मुहल्ले से होता है। ग्राम-सभा में कई सदस्यों का चुनाव होता है पर सामान्यतया इन स्थानीय स्वशासन इकाइयों के अध्यक्षों का चुनाव सीधे

जनता द्वारा होता है। इस कारण इन सदस्यों का चुनाव इतना महत्त्वपूर्ण नहीं होता है। पर गाँव में या नगर में अपनी शान या रुतबा दिखाने के लिये सदस्यता के चुनाव में भी उम्मीदवार जमकर पैसा ख़र्च करते हैं एवं मतों की ख़रीद-फ़रोख़्त भी चलती है क्योंकि कुछ मतों के यहाँ-वहाँ झुकने से ही पासा पलट जाता है। इन चुनावों में गाँव या नगरों के बेकार ठलुआ युवा भाग लेते हैं तथा राजनीति के विषय में यह कहावत सत्य चरितार्थ होती है कि राजनीति बदमाशों को आख़िरी शरण-स्थली है। सन् 1993 के बाद ग्रामीण भारत में पंचायतों की स्थिति में आमूलचूल परिवर्तन आया है क्योंकि केन्द्रीय सरकार इन्हें करोड़ों में सीधी धनराशि आवण्टन करती है तथा इन्हें धनराशि उपलब्ध कराती है। अत: ये प्रशासन की प्रभावशाली इकाइयाँ हैं। इस कारण अब शिक्षित एवं ईमानदार व्यक्ति भी इन राजनीतिक संस्थाओं की ओर आकर्षित हो रहे हैं। प्रधान, ग्राम पंचायत तो वस्तुत: ग्राम का प्रधानमंत्री होता है। उसके पास ही ग्राम पंचायत की पास बुक होती है तथा वह अपने हस्ताक्षर से कितना ही पैसा निकाल सकता है। अत: प्रधान ग्राम-पंचायत स्तर पर झूठी तालिकाएँ बनायी जाती हैं तथा इस पैसे में प्रधान तथा ग्राम-पंचायत के सचिव में भाग-बँटवारा हो जाता है। कुछ पैसा उच्च अधिकारियों या प्रभावशाली राजनीतिक प्रतिनिधियों की आलोचना पर विराम लगाने के लिए चला जाता है। स्थानीय विधान सभा सदस्य तथा ग्राम पंचायत या नगर पालिका सदस्य चुप रहने के लिये अवश्य ही कुछ लेते हैं। सरकार की ओर से सरकारी सस्ते गल्ले की दूकानों, नलकूप लगाने तथा ठेकेदारों द्वारा अन्यान्य योजनाओं के कार्यान्वयन के लिए पंचायत या नगरपालिका परिषद् के स्तर पर निगरानी समितियाँ बना दी जाती हैं पर इन निगरानी समितियों के सदस्य भी कुछ पैसा लेकर चुप हो जाते हैं। यह साधारण आदमी की जानकारी में होता है तथा गाँव या नगर में निरन्तर असन्तोष बढ़ता रहता है तथा जनता की यह धारणा दृढ़ होती जाती है—"कोई नृप होइ, हमें क्या हानी।" वास्तव में भ्रष्टाचार की जड़ें इतने नीचे तक फैल गई हैं कि इनको काटने पर पूरा प्रशासन-तंत्र ही ध्वस्त हो सकता है। पर निम्नतम स्तर सत्ता हस्तान्तरण का यह एक सुयोग है कि विधान मंडलों या लोकसभा/संसद के चुनावों में उम्मीदवारों को जनता से सम्पर्क स्थापित करने की आवश्यकता नहीं होती। पंचायतों तथा नगरपालिकाओं के प्रतिनिधि या पदाधिकारी अपने दल के या अपने समर्थकों को जिताने के लिए पुरज़ोर कोशिश करते हैं ताकि उन्हें अपना प्रशासन चलाने में असुविधा न हो। अत: विधानमंडलों तथा संसद के चुनावों में अरबों रुपए ख़र्च होने से बच जाता है।

मध्य स्तर पर राजनीतिक भ्रष्टाचार

मध्य स्तर पर राजनीतिक भ्रष्टाचार में विधानसभा या सांसद संलिप्त होते हैं। विधान-सभा तथा संसद सदस्यों के अपने वेतनमान तथा सुविधाएँ भी काफ़ी हैं जो वे सरकारी कर्मचारियों की भाँति मिथ्या बिल बनाकर राजकोष से निकालते रहते

हैं। वे ज़मीनी स्तर की नौकरशाही पर नियंत्रण रखते हैं क्योंकि उनकी शिकायतों पर मंत्रियों, मुख्यमंत्रियों तथा प्रधानमंत्री द्वारा गुरुत्व दिया जाता है। अत: खंड-स्तर से ज़िला-स्तर तक की नौकरशाही या सरकारी-तंत्र पर उनका अलिखित नियंत्रण रहता है तथा वे इसका उपयोग अपने राजनीतिक दल अथवा व्यक्तिगत हितों की पूर्ति करने में करते हैं। कुछ राजनीतिक दल तो ज़िला-स्तर पर अपनी ओर से ज़िलाधिकारी तथा पुलिस अधीक्षक से बात करने के लिए अपना प्रतिनिधि नियुक्त कर देते हैं। वह ही ज़िला का मुख्यमंत्री होता है तथा वह अपने दल के लिये रिश्वत के माध्यम से धन एकत्रित करता है।

उत्तर प्रदेश सहित कई राज्यों में ये ज़िला-स्तर पर नियुक्तियों तथा स्थानान्तरणों पर विशेषत: दख़ल देते हैं। अब तो इनके विवेकाधीन क्रमश: विधायक निधि या सांसद निधि है जिसका उपयोग ये अपने क्षेत्र में अपनी सीधी देख-रेख में योजनाएँ कार्यान्वित कराते हैं। सांसद निधि निरन्तर बढ़ती जा रही है। फ़िलहाल इन्हें प्रतिवर्ष इस निधि से आवण्टन करने के लिए प्राय: दो करोड़ रुपए प्राप्त होते हैं, अनेक आलोचनाओं के पश्चात् भी विधायक निधि तथा सांसद निधि को बन्द करना आसान नहीं है क्योंकि यह निधि उन उपेक्षित स्थानों या वर्ग के विकास के लिए है जो सामान्य ज़िला योजना या राज्य-सरकार अथवा केन्द्रीय सरकार की योजनाओं में उपेक्षित रह जाते हैं। राज्य एवं केन्द्र सरकार के सरकारी उपक्रमों या उद्योगों पर भी इनका अप्रत्यक्ष रूप से कुछ अधिकार होता है। प्रत्येक विधानसभा का सदस्य या संसद सदस्य किसी-न-किसी विधान सभा या संसद की उप-समितियों का सदस्य होता है जिनमें इन्हें उन विभागों के कामकाज पर सीधी देख-रेख करने का अधिकार प्राप्त होता है तथा ये इन उपसमितियों के माध्यम से देश-विदेश की यात्राएँ करते हैं जिन पर करोड़ों रुपए का ख़र्च आता है। यही कारण है कि विधान सभा या लोकसभा की सदस्यता के निर्वाचन के लिए इतनी मारामारी होती है। कुछ राजनीतिक दल तो अपने उम्मीदवारों से मनोनीत होने के लिये पैसे लेते हैं क्योंकि वे भलीभाँति जानते हैं कि बाद में ये पैसा बनाएँगे ही। पर कुछ लोकप्रिय तथा ईमानदार सांसद तथा विधायक ऐसे हैं जो दोबारा निर्वाचन में दल की ओर से निर्वाचन में मिलने वाले पैसों में बचत कर लेते हैं। राजनीतिक दलों द्वारा चुनाव में बाहुबलियों तथा धनी व्यक्तियों को टिकट देने से राजनीतिक दल शनै:-शनै: माफ़िया एवं पूँजीपतियों के कब्जे में चले जा रहे हैं। यद्यपि कुछ विधायक या सांसद अपने लिये काम करनेवाले समाजविरोधियों तथा चन्दा देनेवालों के सम्पर्क में नहीं आते, पर उन्हें उनको कुछ-न-कुछ लाभ तो पहुँचाना पड़ता ही है।

उच्चस्तरीय राजनैतिक भ्रष्टाचार

सत्ता के उच्चतम स्तर पर भ्रष्टाचार अति खतरनाक है जो नीचे तक आने पर सभी को कलंकित एवं अनैतिक बनाता है। मीडिया इसके सामाजिक दुष्प्रभाव को अनदेखा

करके खूब उभारता है क्योंकि टी.वी. चैनलों तथा समाचार-पत्रों की व्यावसायिक प्रतिद्वंद्विता में वे एक दूसरे से अधिक अपनी लोकप्रियता (टी.आर.पी.) में आगे बढ़ना चाहते हैं। जनता भी इन समाचारों को खोज-खोजकर पढ़ती एवं देखती है एवं आश्वस्त होती है कि उसके देश में बहुत पैसा है तथा वह उच्चतम राजनीतिक सत्ताधारियों से कम भ्रष्ट है। इस स्तर पर यह भ्रष्टाचार प्राय: राज्य एवं केन्द्रीय मंत्रियों के स्तर पर होता है। राज्य में मुख्य क्षमता केन्द्र मुख्यमंत्री है। इसीलिए कभी-कभी कुछ निर्भीक साहित्यकारों एवं लेखकों ने उसे अप्रत्यक्ष रूप से राज्य का मुख्य माफ़िया क़रार दिया है। इसी प्रकार केन्द्र में सत्ता प्रधानमंत्री में केन्द्रित है पर केन्द्रीय स्तर पर इतना विशाल एवं विविध कार्य है कि प्रधानमंत्री अपने मंत्रियों पर निगरानी ही नहीं रख पाते हैं तथा विषयों सम्बन्धी नियमों के अन्तर्गत प्रत्येक मंत्रालय तथा विभाग का मुख्य कार्यकारी मंत्री ही होता है यद्यपि प्रत्येक मंत्रालय या विभाग के आदेश सम्बन्धित सचिव के हस्ताक्षरों से निर्गत होते हैं। प्राय: मंत्री एवं सचिव में मंत्रालय तथा विभाग के संचालन के हित में परस्पर एक सुर में काम चलता है। यदि मंत्री चाहे तो प्रधानमंत्री को विभागीय फाइल भेजे या नहीं। पर नरेन्द्र मोदी ने अपने प्रधानमंत्रीत्व की अवधि (2014-19) में एक नई अच्छी परम्परा विकसित की कि कोई भी सचिव उनसे सीधे सम्पर्क स्थापित कर सकता था तथा वह अपने विधि-विरुद्ध कार्यों के लिए स्वयं ज़िम्मेदार है। यह नरेन्द्र मोदी कर सके क्योंकि उन्हें लोकसभा में पूर्ण बहुमत प्राप्त था पर वही काम उनके प्राक्तन प्रधानमंत्री डॉ. मनमोहन सिंह तथा अटल बिहारी वाजपेयी न कर सके क्योंकि मंत्री की न चलने पर वे तथा उनके राजनीतिक आका उनकी गठबन्धन सरकारों को गिराने की धमकियाँ देते रहते थे। अब तो भ्रष्टाचार इतना फैल गया है कि सरकारी नीतियाँ किसी एक विशेष औद्योगिक समूह या उद्योग घराने के इशारे पर बनती है क्योंकि एक ही विशाल औद्योगिक समूह उस विशेष राजनीतिक दल के संचालन तथा चुनाव में ख़र्च को वहन कर सकता है। इस ओर कई जानकार रिलायन्स तथा अदनी औद्योगिक समूह की ओर इंगित करते हैं जबकि टाटा, बिड़ला जैसे देश के सदाबहार अग्रणी औद्योगिक समूह सभी राजनीतिक दलों को चंदा देते हैं ताकि वे यदि उनका पक्षपात न करें तो कम-से-कम उनके दैनन्दिन संचालन में बाधा सृष्टि न करें तथा अपने कर अधिकारियों तथा अन्वेषण विभागों को उन पर गिद्ध दृष्टि रखने के लिए दबाव न डालें। यद्यपि दिन-प्रति-दिन सरकारों के पास अपने तंत्र का संचालन करने की अक्षमता के कारण निजी क्षेत्र पर नियंत्रण कम होता जा रहा है, फिर भी वे राजनीतिक दल या सत्ता में मुख्यमंत्री या मंत्रियों को रिश्वत देकर अपने पक्ष में नई नीतियाँ घोषित करवा लेते हैं तथा उन नीतियों या सरकारी तंत्र को अपने पक्ष में करके उससे अधिक लाभ उठा लेते हैं। ये औद्योगिक समूह या व्यापारिक समूह केन्द्र एवं सरकारी राज्य दोनों के स्तर पर हैं। चूँकि भूमि राज्य का विषय

है, अत: भूमि सम्बन्धी घोटाले या रियल क्षेत्र को लाभ पहुँचाने का प्राथमिक काम राज्य सरकारें करती हैं। राजनीतिक दलों का तर्क है कि उन्हें उनके विशाल तंत्र के संचालन करने के लिए आर्थिक संसाधनों की आवश्यकता होती है। वह कहाँ से आए? यदि राजनैतिक दल ठान लें कि उनके कार्यकर्त्ताओं के चन्दे से ही उनका दल चले, तो सम्भव है जैसा कि त्रिपुरा तथा पश्चिम बंगाल में साम्यवादी सरकारों ने उदाहरण प्रस्तुत किया, पर उस स्थिति में कोई एक नेता हावी नहीं हो सकता। जनता के लोकप्रिय नेता आजकल यही चाहते हैं कि वे दल से ऊपर रहें। उस हालत में उन्हें अपने चारों ओर भ्रष्टाचार का चक्रव्यूह बनाना ही पड़ेगा ताकि अन्य कोई उनके आस-पास न ठहर सके। बस, उच्चतम स्तर से भ्रष्टाचार की गंगा बहने लगती है एवं चुनाव के वायदे, समाज सुधार, शासन-प्रणाली सुधार तथा ग़रीबी-निवारण वाष्पित हो जाते हैं। प्रसिद्ध अर्थशास्त्री गुन्नार मिर्डल ने अपनी पुस्तक 'एशियन ड्रामा' में लिखा—'भ्रष्टाचार की मौजूदगी से विकास के लिए बड़ी बाधाएँ और दिक़्क़तें खड़ी हो जाती हैं। वफादारियों के टुकड़ों में बँटने से भ्रष्टाचार तेज़ होता है, यह देश को विकसित करने तथा आधुनिकीकरण की कोशिशों के ख़िलाफ़ काम करता है।' प्रोफेसर मिर्डल के अनुसार भ्रष्टाचार ही ग़रीबी की जड़ है। आइए, हम कुछ प्रसिद्ध भ्रष्टाचार-कांडों का परीक्षण करें तथा बाद में कुछ कार्यकारी परिणामों पर पहुँचें।

चारा घोटाला और दवा घोटाला

बिहार के चारा घोटाले ने देश के मानस को झकझोर दिया। लालू प्रसाद बिहार के मुख्यमंत्री थे। उनके समय वर्ष 1996 में एक चौंकानेवाला मामला आया कि उनके ही शासनकाल में प्राय: 950 करोड़ रुपए का पशुपालन विभाग में चारा घोटाला हुआ जिसमें चाईबासा ज़िले के ज़िला पशुपालन अधिकारी से लेकर जिलाधिकारी, मंत्री तथा मुख्यमंत्री संलिप्त थे। जिन गायों को दिखाकर लालू प्रसाद मुख्यमंत्री बने, उन्हीं के लिए चारे की चोर-बाज़ारी में संलिप्त पाए गए। आरोपियों ने चुना भी अच्छा क्षेत्र क्योंकि पशु तो मानव-भाषा में बोलकर शिकायत भी नहीं कर सकते और न ही गवाही दे सकते हैं। दूसरे, प्रथम बार भारत के इतिहास में एक ऐसी घटना घटी जिसने सभी को चौंका दिया। अभी तक लोग सरकारी ठेकों, दलाली के तौर पर कुछ प्रतिशत कटौती ही करते थे, इस घोटाले में तो बिना कुछ काम किए हुए बिल बनाकर कोषागार से रक़म निकाल ली गई जबकि उस बाबत धनराशि का आवण्टन भी नहीं था। यह कार्य चाईबासा ज़िले के ज़िला पशुपालन अधिकारी बी.एम. शर्मा ने कुछ नागरिकों से मिलकर शुरू किया। प्रथम उन्होंने सूखा के समय तथा बाढ़ के समय पशुओं के लिए चारा की आपूर्ति के बिल बनाए तथा आपूर्ति से कई गुना अधिक रकम का विभाग से भुगतान ले लिया। बाद में पशुओं के लिए

दवाईयाँ तथा उपकरणों की ख़रीद तक यह गोरखधन्धा चलाया जिसमें ज़िला स्तर पर पशुपालन कार्यालय में चपरासी से लेकर ज़िला अधिकारी भी सम्मिलित थे। जब ये बिल कोषागार में पास होने गए तो वहाँ पर बिल पास करनेवाले लिपिक से लेकर कोषागार अधिकारी तक ने रिश्वत खायी। जैसे-जैसे अधिकारियों तथा आपूर्तिकर्त्ताओं का लालच एवं साहस बढ़ने लगा, तब ज़िलाधिकारी को भी इसमें शामिल करना अपरिहार्य हो गया क्योंकि वह ही कोषागार से बिना राज्य-सरकार के सचिवालय से आवण्टन के धनराशि अवमुक्त करने की अनुमति दे सकता था। सजल चक्रवर्ती आई.ए.एस. अधिकारी जो ख़ूब लम्बे तड़ंगे थे तथा जिनका भोजन एवं आदतें उनकी वेतन से पूरी नहीं होती थीं, इस कुचक्र में तुरन्त सम्मिलित हो गए। उनकी अनुमति से चाईबासा कोषागार से प्राय: 38 करोड़ रुपए निकाला गया। इतनी बड़ी रकम एक ज़िले में अपवाद थी। फिर विभागीय लेखा परीक्षा भी होती रहती है। कोषागार की जाँच होती रहती है। जैसे ही इस प्रक्रिया की भनक राज्य-सरकार तक पटना पहुँची, तो लोगों के कान खड़े हो गए। लोगों ने जानवरों के लिए कई दवाईयाँ ख़रीदी जो बाज़ार में नहीं थीं। लालू प्रसाद बिहार के अत्यन्त लोकप्रिय मुख्यमंत्री थे। वे अपने चुटीले बयानों तथा ख़ुशमिजाजी के लिए बिहार में ही नहीं भारत में लोकप्रिय थे। उनका राष्ट्रीय जनता दल उनके निजी व्यक्तित्व पर ही खड़ा था। विधानसभा सदस्य एवं मंत्री तो उनकी कृपा पर ही जीवित थे। उनकी लोकप्रियता से पुलिस एवं प्रशासनिक अधिकारी काँपते थे। उनकी मर्जी के बिना बिहार में पत्ता भी नहीं हिलता था। कांग्रेस के लम्बे सामन्तवादी शासन के बाद बिहार का मुख्यमंत्री पिछड़ी जाति से बना जो स्वयं ग़रीबी में पला था। वे ग़रीबी के साथ-साथ मुसलमानों के भी मसीहा थे। अब चाईबासा से यह चक्र अन्य ज़िलों तक फैल गया तथा राज्य स्तरीय निदेशक भी इसमें शामिल हो गए। बहती गंगा में कौन नहीं हाथ धोना चाहेगा। इस दुश्चक्र में लालू प्रसाद को सम्मिलित करना आवश्यक हो गया। लालू नहीं समझते थे कि ज़मीन पर इस प्रकार की धाँधली हो रही थी। न समझे-बूझे उन्होंने अपना वरदहस्त रख दिया। फिर क्या था। यह धाँधली खूब पल्लवित पुष्पित हुई, उच्च अधिकारियों के लोगों की हवाई यात्राएँ इत्यादि इसमें शामिल हो गईं। रिश्वत देनेवालों को सौदा महँगा लगने लगा। बिहार का नाम भ्रष्टाचार में देश में नम्बर एक पर था। इस घोटाले ने बिहार को भ्रष्टाचार में प्रथम स्थान पर पूर्ण रूप से स्थापित कर दिया। भारत में जब तक रामायण एवं महाभारत जीवित है, वेदों की ऋचाएँ गूँज रही हैं तथा गंगा बह रही है, कोई-न-कोई सत्य को उद्घाटित कर ही देगा। यही हुआ। कुछ लोगों ने राजनीतिक लाभ के लिए अथवा प्रशासन में सत्य एवं शुचिता को सुनिश्चित करने के लिए इस घोटाले का भण्डाफोड़ कर दिया। मामला उच्च न्यायालय से उच्चतम न्यायालय तक गया। लालू प्रसाद सभी प्रयत्न करके इसे न दबा सके।

तत्कालीन प्रधानमंत्री देवगौड़ा तथा गुजराल की गद्दी लालू के समर्थन पर टिकी थी। वे भी सत्य के सैलाब को न रोक सके। मामला केन्द्रीय अन्वेषण ब्यूरो (सी.बी.आई.) को सौंप दिया गया। उस समय सी.बी.आई. के निदेशक जोगेन्द्र सिंह थे पर पुलिस अधीक्षक आर.पी. चौधरी तथा संयुक्त निदेशक, यू.एन. विश्वास, कोलकाता के थे। उन्हें कोई भी दबाव एवं धमकी अपने कर्त्तव्य पथ से च्युत न कर सकी। फलतः प्रायः पाँच सौ आरोपियों के विरुद्ध प्राथमिकी दर्ज हुई। प्रायः 63 मुक़दमें चले। लालू को मुख्यमंत्री पद से त्यागपत्र देना पड़ा। उनकी पत्नी राबड़ी देवी, बिहार की मुख्यमंत्री बनी। 13 मुख्य मुक़दमें नये बने राज्य झारखंड में स्थानान्तरित हो गए ताकि लालू एवं अन्य आरोपी पुलिस तथा न्यायालय को प्रभावित न कर पाएँ। 17 वर्ष के बाद सन् 2009 के मुक़दमे में निर्णय आया। नौ लोगों को सज़ा सुनायी गई जिसमें लालू प्रसाद को पाँच वर्ष की सजा तथा लाखों रुपए का जुर्माना दिया गया। लालू प्रसाद अपने कॉलेज में कनिष्ठ रहे न्यायाधीश के सामने बहुत गिड़गिड़ाये पर उन्होंने एक न सुनी। अब यह मुक़दमा जनता की अदालत तक पहुँच चुका था। लालू की संसद सदस्यता खतरे में पड़ गई। पर उन्हें उच्चतम न्यायालय ने जमानत दे दी। इसमें 350 आरोपियों को सजा हुई। मुख्य आरोपी मुक़दमे के दौरान ही चल बसे या मार दिए गए। अब यह घोटाला ऊपर से नीचे होने लगा। ज़िला स्तर पर बिल बनाने वाले व्यापारियों तथा आपूर्तिकर्त्ताओं को कुछ धन-राशि का 20 प्रतिशत ही हाथ लगता था। 80 प्रतिशत धनराशि भाग बँटवारा होकर मुख्यमंत्री तक पहुँचती थी। मुख्यमंत्री लालू प्रसाद की आपूर्तिकर्त्ता डाक्टर डी.एन. कश्यप से साँठगाँठ थी। उन्होंने उन्हें कैबिनेट मंत्री का दर्जा दिया था। इसी प्रकार डॉ. एस.बी. सिन्हा रांची में पढ़ रहे लालू प्रसाद के बच्चों की देखभाल करते थे, उन्हें हवाई जहाज़ के टिकट दिए। इसमें सभी जाति एवं वर्ग के लोग शामिल थे। भ्रष्टाचार में भारत की विभिन्नता में एकता दृष्टिगोचर होती है। भारतीय दंड संहिता की धारा 420 (धोखाधड़ी) 120ख आपराधिक षड्यंत्र तथा भ्रष्टाचार निरोधक अधिनियम की धारा 13(ख) के अन्तर्गत अभियुक्तों को दंड देया गया। अनेक अपराधी अभी रॉची स्थित केंन्द्रीय बिरसा मुण्डा जेल में कारावास काट रहे हैं, कुछ संसाधनों वाले जमानत पर हैं। वकीलों ने अच्छी फ़सल काटी। देश की जनता की निगाहें उच्चतम न्यायालय पर हैं। सर्वोच्च न्यायालय इस मुक़दमे में कोई नई लीक स्थापित करेगा जो भारतीय शासन-व्यवस्था में मील का पत्थर सिद्ध होगी। जनता को भी सीखना होगा कि वह अन्धा होकर राम या कृष्ण की भाँति व्यक्ति की पूजा न करे। वह अपने प्रतिनिधियों के चाल-चलन की निरन्तर निगरानी रखे तथा जाति तथा धर्म के आधार पर मतदान न करके विकास के आधार पर मत करे। जब तक भारतीय जनता व्यक्ति पूजा के भुलावे में आती रहेगी, इस प्रकार की धाँधलियाँ एवं घोटाले घटते ही रहेंगे।

बोफोर्स हथियार कांड

16 अप्रैल, 1987 में स्वीडिश रेडियो के प्रसारण में यह प्रसारित किया कि भारत को हावित्जर तोपों की आपूर्ति के लिए बोफोर्स कम्पनी ने भारत में दलालों तथा बिचौलियों को कमीशन दिया। प्रधानमंत्री राजीव के नकारने पर भी भारत का प्रेस शान्त न रहा तथा उसने यह उद्घाटित किया कि फ्रान्स कम्पनी की बेहतर तोपों के सौदों के स्थान पर अचानक बोफोर्स को 155 मिमी. 415 हावित्जर तोपों के ऑर्डर के विनिमय में, ए.ई. सर्विसेज के विन चड्डा को उस समय 43.1 करोड़ रुपए दिए गए तथा कुल मिलाकर नौकरशाहों तथा राजनेताओं को 65 करोड़ रिश्वत में दिए गए। इसमें सरकार की तरफ से ख़रीद मूल्य 200 करोड़ रुपए दिए गए। राजीव गांधी के नज़दीकी उनके इतालवी मित्र क्वात्रोची ने एई सर्विसेज के लिये 3 प्रतिशत कमीशन का अनुबंध किया। सी.ए.जी. ने भी सोफमा (फ्रान्सीसी) तोपों के स्थान पर बोफोर्स तोपों को श्रेष्ठ बताए जाने पर प्रश्नचिन्ह खड़ा किया। फलतः इस मामले में सी.बी.आई. की ओर से प्राथमिकी दर्ज हुई पर अदालत के फैसले के पूर्व ही 1989 में जनता ने राजीव गांधी को इस मुख्य मुद्दे पर चुनाव में हरा दिया। 26 मई, 1991 में राजीव गांधी की हत्या के बाद राजीव गांधी को निर्दोष करार दिया गया। सी.बी.आई. वास्तविक तथ्य पता लगाने के लिये स्वीडिश सरकार द्वारा भेजे जाने वाले दस्तावेज़ों का इन्तज़ार करती रही जो अभी तक नहीं पहुँचे। इसी बीच 64 करोड़ की दलाली की जाँच पर सी.बी.आई. ने 250 करोड़ से अधिक रुपए ख़र्च कर दिए। उनके जाँच अधिकारी सहित उच्चाधिकारी विदेश यात्राएँ करते रहे, पर ठोस सबूत उनके हाथ न लगे। रक्षा सचिव एस.के. भटनागर को तोप की मूल्यांकन समिति में निहित स्वार्थ हेतु फेरबदल करने का दोषी पाया गया पर उन पर भी कोई रिश्वत का आरोप न लग सका। विन चड्ढा की भी मौत हो गई। इतालवी व्यापारी ओट्टाविये क्वात्रोची को भी भारत न लाया जा सका। इसके बाद दिल्ली उच्च न्यायालय ने इस जाँच को बन्द करने का निर्णय दिया। जनता इन तोपों से ख़ुश है क्योंकि इन्होंने ही पाकिस्तान के साथ कारगिल युद्ध में भारत की साख बचायी और इन्हें भारतीय सेना तथा भारत की जनता अपना चुकी है। यदि तोपों की आपूर्ति में देरी होती, तो भारत के सम्मान को बड़ी ठेस पहुँचती। फिर भी भ्रष्टाचार को कभी भी न्यायसंगत नहीं ठहराया जा सकता। वर्तमान भाजपा सरकार फिर से राजनीतिक लाभ के लिए उच्चतम न्यायालय में जाकर गड़े मुर्दे उखाड़ना चाहती है। यह तो भविष्य ही तय करेगा क्या भारत की न्यायपालिका जाँच संस्थाओं की अक्षमता के रहते हुए भी किसी को अपराधी ठहरा सकती है? पर निश्चय ही इस प्रकार का सर्वोच्च राजनीतिक स्तर पर कांड भारत की रक्षा के लिए कलंक है जिसकी पुनरावृत्ति नहीं होनी चाहिए।

हवाला कांड

30 मई, 1991 को सी.बी.आई. ने जे.के. जैन के साकेत, नई दिल्ली स्थित मकान एवं अन्य कई ठिकानों पर छापा मारा। इसमें कई डायरियाँ, नोट बुक तथा फाइलें बरामद हुईं जिनमें उच्च पदस्थ सभी दलों के प्राय: 115 राजनीतिक नेताओं को रुपए 65.47 करोड़ धन देने की बात दर्ज थी। इससे खलबली मच गई। जिन्हें भारत की जनता पाक साफ समझती थी, उनके नाम भी इन डायरियों में दर्ज थे। सबसे चिन्ताजनक बात यह थी कि हवाला के ज़रिये कश्मीर के आतंकवादियों को धन मुहैया कराया जाता था जो सन् 2017 में विमुद्रीकरण के समय बहुत स्पष्ट हो गया। विनीत नारायण और पत्रकार राजिन्दर पुरी ने उच्चतम न्यायालय में एक जनहित याचिका दायर की और यह न्यायालय से अनुरोध किया कि जनतंत्र की एवं देश की सुरक्षा के लिये आवश्यक है कि राजनेताओं के विरुद्ध निष्पक्ष जाँच तथा कार्यवाही हो जो सी.बी.आई. अभी करने में असमर्थ है क्योंकि उस पर राजनीतिक नेताओं का निरन्तर दबाव रहता है। न्यायालय ने सी.बी.आई. द्वारा दर्ज 34 चार्जशीटों में से 29 को साक्ष्य के अभाव में खारिज कर दिया था और आरोपियों को बरी कर दिया। एल. के. आडवानी के विरुद्ध चार्ज शीट को सर्वोच्च न्यायालय ने राजनीतिक उद्देश्य से दर्ज माना तथा ख़ारिज कर दिया पर इस मामले में सबसे महत्त्वपूर्ण यह सिद्धान्त स्थापित हुआ—प्रथम सर्वोच्च न्यायालय के देख-रेख में देश की सर्वोच्च जाँच संस्था कार्य करेगी पर सर्वोच्च न्यायालय उसके वित्तीय निर्णय के विषय में कुछ नहीं कहेगी तथा अपराध या भ्रष्टाचार के लिए ठोस क़ानूनी सबूत दिखाना चाहिए। इस मामले में केवल पूर्व मंत्री आरिफ मोहम्मद खान के विरुद्ध सर्वाधिक 6.5 करोड़ रुपए लेने के कारण आय के ज्ञात स्रोत से अधिक सम्पत्ति रखने के मामले में सी.बी.आई. ने चार्जशीट दायर की। इस प्रकार हवाला के माध्यम से आतंकवादियों तक धन पहुँचने के प्रकरण को जनता ने अत्यधिक गम्भीर होकर ध्यान दिया कि यह देश की क़ानून व्यवस्था एवं सुरक्षा से सम्बन्धित प्रकरण है।

झारखंड मुक्ति मोर्चा द्वारा घूसखोरी

संसदीय प्रजातंत्र के इतिहास में प्रथम बार ऐसा हुआ कि सी.बी.आई. ने अन्य लोगों के साथ देश के एक पूर्व प्रधानमंत्री के विरुद्ध, अपनी अल्पमत सरकार को बचाने के लिए समर्थन जुटाने के लिए संसद सदस्यों को रिश्वत देने के आपराधिक षड्यंत्र के आरोप में मुक़दमा चलाया। इसमें नरसिम्हा राव के अतिरिक्त वी.सी. शुक्ल, अजित सिंह, भजनलाल, आर.के. धवन, कैप्टन सतीश शर्मा, ललित सूरी, सूरज मंडल व झारखंड मुक्ति मोर्चा के अन्य तीन सांसद थे। झारखंड मुक्ति मोर्चा सांसदों द्वारा राव सरकार के समर्थन में मत दिए जाने के दो-तीन दिनों के अन्दर बड़ी धनराशियाँ उनके खातों में जमा करवायी गई। झारखंड मुक्ति मोर्चा के सांसद

शैलेन्द्र महतो ने अपना इकबालिया बयान दिया और उन्हें सरकारी गवाह बना लिया गया।

सतीश शर्मा ने अप्रैल, 1993 से 1994 के बीच औद्योगिक घरानों से निम्नलिखित राशि प्राप्त की—

1. जिंदल सो पाइप्स	50 लाख रुपए
2. वीडियोकॉन इंटरनेशनल	2 करोड़ रुपए
3. एस्सार समूह	4 करोड़ रुपए
4. रिलायन्स इंडस्ट्रीज	4 करोड़ रुपए
5. विन्दल एग्रो इण्डस्ट्रीज	1.5 करोड़ रुपए

इस धनराशि को उपर्युक्त सांसदों में बाँटा गया। इसी प्रकार कई अन्य सांसदों को भी पैसा दिया गया। दिल्ली उच्च न्यायालय ने आदेश दिया कि भारत के संविधान के अनुच्छेद 105(2) के अन्तर्गत संसद सदस्यों को दिए गए विशेषाधिकार उन मामलों में लागू नहीं होते जहाँ वे संसद के बाहर कोई अपराध करें या संसद में कुछ करने के लिए आपराधिक षड्यंत्र करें। अपील में सर्वोच्च न्यायालय ने यह अजीब सा निर्णय दिया कि जिन सांसदों ने रिश्वत ली थी, उन्हें माफ़ कर दिया जाए जबकि सांसदों को रिश्वत देनेवालों पर मुक़दमा यथावत चलता रहे। इस प्रकार नरसिम्हा राव, बूटा सिंह, सतीश शर्मा, वी. राजेश्वर राव, राम लिंगा रेड्डी, वीरप्पा मोइली, भजनलाल व अन्य लोगों पर मुक़दमा चलता रहा। न्यायाधीशों ने अजित सिंह का संविधान के अनुच्छेद 105 के अन्तर्गत बचाव नहीं किया क्योंकि उन्होंने 'अविश्वास' प्रस्ताव के विरोध में मत दिया था। पीठ ने बहुमत से यह माना कि संसद में मतदान करनेवाले सभी सदस्यों को यह सुरक्षा मिलेगी। मगर उन्हें नहीं, जिनके मत का उनके मतदान तरीक़े से सीधा सम्बन्ध न हो।

इस कांड से जुड़े व्यक्तियों एवं विवादों ने भारत की राजनीतिक छवि को काफ़ी क्षति पहुँचायी। भारतीय राजनीति और भ्रष्टाचार का जैसे चोली-दामन का साथ हो।

राजनीतिक भ्रष्टाचार रोकने के उपाय

राजनीतिक प्रतिनिधिगण विशेषतः राज्यों के विधानमंडलों के सदस्य एवं संसद के सदस्य 'लोकसेवक' श्रेणी में आते हैं। अतः सभी भ्रष्टाचार विरोधी क़ानून और कार्यवाही उन पर लागू होती है। भ्रष्टाचार रोकथाम अधिनियम, 1988 की धारा 8 तथा 9 में यह प्रावधान है जिसके अन्तर्गत राजनीतिकगण भी पकड़े जा सकते हैं। अब तो उच्चतम न्यायालय के निर्णय के अनुसार यह आवश्यक नहीं कि विभागीय अनुमति प्राप्त हो। लोकपाल और लोकायुक्त विधेयक, 2014 राजनीतिक भ्रष्टाचार रोकने का एक सशक्त हथियार है जिसके अन्तर्गत अवकाश ग्रहण करने के पश्चात् प्रधानमंत्री भी आते हैं। इस विधेयक में प्रावधान है जो राजनीतिक भ्रष्टाचार रोकने में

अति सहायक है जैसे निर्वाचन के समय प्रत्येक उम्मीदवार द्वारा सम्पत्ति के विवरण सम्बन्धी शपथ-पत्र। लोकपाल जहाँ केन्द्रीय राजनीति में भ्रष्टाचार निरोधक शीर्ष संस्था है वहाँ राज्यों में लोकायुक्त। कई राज्यों जैसे उत्तर प्रदेश, कर्नाटक, म.प्र. में लोकायुक्तों ने यह प्रमाणित कर दिया है कि वे राजनीतिक भ्रष्टाचार के शेर को उसकी गुफा में कैद ही नहीं कर सकते अपितु समाज में विचरने पर उसे पिंजड़े में भी बन्द कर सकते हैं। बड़े-बड़े प्रभावशाली मंत्रियों एवं संस्थाओं के अध्यक्षों की अर्जित सम्पत्ति जब्त कर ली गई और कई जेलों में सड़ रहे हैं। लोकपाल तथा लोकायुक्त अधिनियम में मुख्य निम्न प्रावधान हैं—

1. ये जाँचें 60 दिन के अन्दर पूरी की जाएँगी।
2. लोकपाल से आए हुए मुक़दमों की सुनवाई के लिए केन्द्रीय सरकार, लोकपाल की आवश्यकतानुसार आवश्यक संख्या में विशेष-न्यायालय गठित करेगी।
3. प्रत्येक सरकारी नौकर या लोकसेवक 31 मार्च को प्रत्येक वर्ष अपनी एवं अपने परिवार की सम्पत्तियों का विवरण विभाग की वेबसाइट पर देगा।
4. जो व्यक्ति लोकपाल के सामने झूठी शिकायत करता है उसे एक वर्ष का कारावास तथा एक लाख रुपए तक का दंड हो सकता है। यह प्रावधान एन.जी.ओ. तथा ट्रस्ट के लिए भी समान रूप से प्रयोज्य है।
5. एक वर्ष के भीतर सभी राज्य अपने राज्य में लोकायुक्त की नियुक्तियाँ करेंगे। रिश्वत लेने, अनुप्रेरित करने या देने के लिए किसी भी व्यक्ति को भ्रष्टाचार अवरोधक अधिनियम के अन्तर्गत कम-से-कम 6 महीने तथा अधिक-से-अधिक पाँच वर्ष तक की सज़ा तथा जुर्माना हो सकता है।
6. यदि किसी लोकसेवक के पास उसकी आमदनी के स्रोतों से अधिक सम्पत्तियाँ पाई जाती हैं या वह एक आदतन रिश्वत लेता है तो उसे सात वर्ष की कैद एवं जुर्माना हो सकता है।
7. लोकपाल यदि आरम्भिक जाँच में किसी लोकसेवक को दोषी पाता है तो उसे स्थानान्तरित या निलम्बित करने के लिए सिफ़ारिश कर सकता है।
8. यदि विशेष न्यायालय प्रथम दृष्टया किसी लोकसेवक को दोषी पाता है तो उसकी सम्पत्तियाँ या रिश्वत से प्राप्त धन को ज़ब्त करवा सकता है। जबकि लोकपाल भी यदि सन्तुष्ट हो, तो वह भी स्वयमेव इन सम्पत्तियों को अपने कब्जे में ले सकता है।

अधिनियम का कार्यान्वयन

भारतीय जनता के स्वप्नों की लोकपाल संस्था को निहित स्वार्थों ने जन्म हीं नहीं लेने दिया। लोकपाल एवं सदस्यों की नियुक्ति के लिए धारा 4 में एक सात सदस्यीय

खोजबीन समिति बनायी गई जो लोकपाल एवं सदस्यों की सिफारिश करेगी। इसमें सतर्कता सम्बन्धी मामलों के विशेषज्ञों का प्रावधान था। उस समिति में एक न्यायविद् तथा उच्चतम न्यायालय के सेवानिवृत्त न्यायाधीश थे जिन्होंने खोजबीन समिति की सदस्यता से त्यागपत्र दे दिया। भारत में राष्ट्रहित से ऊपर अहम् है। उस खोजबीन एवं नियुक्ति समिति में यह प्रावधान नहीं था कि कोई पद खाली होने पर क्या होगा। फलतः खोजबीन समिति ही अप्रभावी हो गई तथा लोकपाल एवं सदस्यों की नियुक्ति अधर में लटक गई। एक वर्ष में फिर लोकपाल और लोकायुक्त तथा अन्य सम्बन्धित विधि (संशोधन) विधेयक, 2014 लाया गया। अब यह संसद से पास होकर राष्ट्रपति द्वारा अनुमोदन के पश्चात् संशोधन सम्बन्धी अधिसूचना जारी होगी तत्पश्चात् ही वह संशोधन प्रभावशाली हो। पर दुःख है कि कुछ तकनीकी तथा प्रक्रिया सम्बन्धी कृत्रिम विवादों को सामने रखकर इस विधेयक को मोदी सरकार ने ठण्डे बस्ते में डाल दिया है। सन् 2019 में लोकसभा के आम निर्वाचन के पूर्व लोकपाल और लोकायुक्त विधेयक प्रभावी हो गया पर लोकपालों के लिए न तो कोई स्वतंत्र भवन है न ही अन्य सुविधाएँ। आशा है कि इस शेर को गुफा से बाहर आने से कोई नहीं रोक पाएगा।

कोई भी अधिनियम पूर्ण नहीं होता। उसके कार्यान्वयन के बाद ही इसमें कमियाँ पता चलती हैं तथा उनको क्रमशः दूर किया जा सकता है। इसका अर्थ यह नहीं कि उस अधिनियम का कार्यान्वयन ही रोक दिया जाए। इस अधिनियम के कार्यान्वयन में काफ़ी काम बाक़ी है। अब तो लोकपाल के कार्यालय को स्थापित करने के लिए खोज शुरू होगी। फिर कार्यालय को सजाने-सँवारने तथा कर्मचारियों के आने में अपना समय लगेगा। इसी बीच इसकी स्थापना को लेकर कुछ भ्रष्टाचार समर्थक शक्तियाँ उच्चतम न्यायालय या उच्च-न्यायालय में इसकी संवैधानिक वैधानिकता को लेकर लोकहित वाद दायर करेंगी। आशा है कि उन्हें स्थगन आदेश नहीं मिलेगा अन्यथा यह संस्था स्थापित न होकर न्यायालय की फ़ाइलों में ही दब जाएगी।

सारांश

अब भारत की जनता जाग चुकी है। वह भ्रष्टाचार को बिल्कुल सहन नहीं करती है। अतः राजनीति अब भ्रष्टाचार का पृष्ठपोषण नहीं कर पाएगी। जनता के प्रतिष्ठित व्यक्ति जैसे अन्ना हज़ारे भ्रष्टाचार के विरुद्ध आन्दोलन तथा सत्याग्रह कर देते हैं। राजधानी क्षेत्र दिल्ली में आप दल की सरकार का सत्ता में आना एक ज्वलन्त उदाहरण है। उसी प्रकार सुश्री ममता बनर्जी का पश्चिम बंगाल में सत्तासीन होना तथा त्रिपुरा के मुख्यमंत्री मणिक सरकार की लगातार निर्वाचनों में विजयी होना तथा सन् 2018 में हारना इस तथ्य के प्रमाण हैं। केन्द्र में सन् 2014 में नरेन्द्र मोदी सरकार के गठन का मुख्य कारण कांग्रेस सरकार के कई वित्तीय घोटाले एवं भ्रष्टाचार के

मामले थे। मोदी की केन्द्रीय सरकार ने राजनीतिक स्तर पर भ्रष्टाचार को नियंत्रित करके यह सिद्ध कर दिया है कि राजनीतिक भ्रष्टाचार की रोकथाम की जा सकती है बशर्ते कि शीर्षतम राजनेता स्वयं ईमानदार हो तथा उसमें भ्रष्टाचार को रोकने के लिये दृढ़ राजनीतिक इच्छाशक्ति हो, यहाँ तक कि वह अपने पद को भी दाँव पर लगा सके। आशा है कि भ्रष्टाचार को पंचायतों एवं नगरपालिकाओं के स्तर पर सख़्त पैरों से कुचला जाएगा तभी आम आदमी को भ्रष्टाचार से वास्तविक राहत मिलेगी। वर्तमान समय में खोजपूर्ण पत्रकारिता, दृश्य श्रव्य संचार माध्यम तथा इन्टरनेट आधारित सोशल मीडिया कई भ्रष्ट कांडों का भण्डाफोड़ करके भ्रष्टाचार के विरुद्ध जनमानस तैयार कर रहे हैं एवं पुलिस, प्रशासन तथा राजनीतिक आकाओं को भ्रष्टाचार के विरुद्ध सकारात्मक कार्यवाही करने के लिये विवश कर रहे हैं। दूसरी ओर उच्च न्यायपालिका भी उन्हें पकड़ने पर पूर्णतः दंडित कर रही है। माण्टीरे के अनुसार "लोक सतर्कता ही भ्रष्टाचार निवारण की मोर्चाबंदी का आधार है।" राजनीतिक व्यक्ति अन्ततः निर्वाचन के द्वारा सत्ता में आना चाहते हैं। यदि जनता भ्रष्ट प्रत्याशियों को मत ही न दे, तो भ्रष्टाचार का किला प्रारम्भ होने से पूर्व ही ध्वस्त हो जाएगा। हमारे राष्ट्रपिता महात्मा गांधी ने 24 सितम्बर, 1934 के हरिजन में लिखा था—"भ्रष्टाचार तब ख़त्म होगा जब बड़ी संख्या में लोग यह महसूस करने लगेंगे कि राष्ट्र का उनके लिये कोई अस्तित्व नहीं रह गया है, लेकिन वे राष्ट्र के लिए हैं। इसके लिए उच्च आदर्शों वाले उन लोगों की ओर से कड़ी निगरानी रखने की ज़रूरत है, जो भ्रष्टाचार से एक़दम मुक्त हों और भ्रष्ट लोगों पर अपना प्रभाव डाल सकें। ऐसे मामलों में उदासीनता अपराध होती है।"

महात्मा गांधी के सुझाव के आधार पर जनता की सतत निगरानी ही राजनीतिक भ्रष्टाचार से लड़ने का एक प्रभावशाली साधन हो सकती है।

11

भारत के विकास में निजी क्षेत्र की भूमिका

भारत का सकल घरेलू उत्पाद प्राय: 160 लाख करोड़ वार्षिक है जिसमें राज्य सरकारों का बजट सम्मिलित करके केन्द्रीय सरकार का कुल बजट प्राय: 20 प्रतिशत अर्थात् 30 लाख करोड़ होता है। वर्ष 2018-19 में भारत का सकल घरेलू उत्पाद 160 लाख करोड़ था जबकि केन्द्रीय बजट 24,42,213 करोड़। स्पष्ट है कि सरकारें केवल बीस प्रतिशत अर्थतंत्र पर प्रभावी हैं। अत: भारत को विश्व में अग्रणी राष्ट्रों की पंक्ति में गण्य होने के लिए उसके निजी क्षेत्र की भूमिका अहम है। एक मज़बूत, स्वायत्त, ईमानदार तथा भविष्य दर्शक निजी क्षेत्र ही देशहित में अपनी भूमिका का समुचित ढंग से निर्वाह कर सकता है। पर सरकार के नियंत्रणवाले शासन के सहयोग के बिना निजी क्षेत्र को अपनी उपयुक्त भूमिका के निर्वाह में कठिनाई होगी। वर्तमान परिदृश्य में सरकार को निजी क्षेत्र को नियंत्रण करने की अपेक्षा एक उत्प्रेरक की भूमिका अदा करनी चाहिए। आज देश की बहुसंख्यक जनसंख्या तक सरकारी योजनाओं का लाभ नहीं पहुँच रहा है और न ही बहुसंख्यक किसान, व्यापारी या निजी क्षेत्र में नियोजित कर्मचारी सरकार से कोई आशा करते हैं। पर वे इतना अवश्य चाहते हैं कि सरकार की पुलिस, प्रशासन, कर अधिकारी एवं अन्य विभागीय कर्मचारी उनके व्यक्तिगत जीवन में अनावश्यक अड़चनें न उत्पन्न करें। जो कर्मचारी एवं अधिकारी उन्हें डराते, धमकाते हैं या न्यायसंगत कार्य के लिये परेशान करते हैं, उनके विरुद्ध शीघ्र कार्यवाही हो तथा भ्रष्ट कर्मचारियों तथा अधिकारियों को उचित दंड मिले। भारत के आम आदमी को निराशा होती है जब वह पाता है कि पक्षपात के कारण उसे उसका न्यायसंगत अधिकार नहीं प्राप्त हुआ। यदि ऐसा होने लगे तो भारत का निजी क्षेत्र अपनी पूरी शक्ति, उत्साह तथा उत्प्रेरणा से भारत को चीन ही क्या अमेरिका तथा जर्मनी के उद्योगों से भी आगे बढ़कर दिखा देगा।

सन् 1991 के उदारीकरण के पश्चात् इन्फोसिस के मुख्य संस्थापक नारायण मूर्ति के अनुसार, उन्होंने पीछे मुड़कर नहीं देखा। उन्हें सरकार से और कुछ नहीं चाहिए। वे प्रतिदिन सरकार के सामने अपने पक्ष में नीतियाँ तैयार करने के लिए भीख का कटोरा लेकर नहीं खड़े हुए। यही कारण है कि भारत का सूचना प्रौद्योगिकी उद्योग आज विश्व में सर्वश्रेष्ठ है तथा भारत के सकल घरेलू उत्पाद में विश्व भर

से वित्तीय वर्ष 2016-17 में 116 अरब डालर अर्थात् 7 लाख करोड़ रुपए लाकर उसने देश की रोजकोषीय स्थिति को सुदृढ़ किया। यही टेक्सटाइल क्षेत्र की सफलता की कहानी है पर टेक्सटाइल क्षेत्र में सरकार का काफ़ी प्रोत्साहन है। अब समय आ गया है जब निजी क्षेत्र को स्वावलम्बी होकर विश्व की कम्पनियों से तालमेल बैठाकर आगे बढ़ना होगा ताकि वे उनसे उत्तम प्रबन्धन तथा वित्तीय व्यवस्था करके अपने उत्पादों की गुणवत्ता तथा सस्ते उत्पाद का डंका विश्व में बजा सकें।

आजकल के वैश्वीकरण के युग में ऑनलाइन ख़रीद हो रही है जिससे उपभोक्ता को सस्ते दामों पर उत्तम गुणवत्ता की वस्तुएँ घर बैठे उपलब्ध हो रही हैं। युगबोध के अनुसार भारतीय कम्पनियों को भी बहुद्देशीय कम्पनियों के साथ प्रतियोगिता में खड़ा होना पड़ रहा है। आज उपभोक्ता राजा है। उसके अधिकारों की सभी देशों में मान्यता है। वह जहाँ से चाहे, वहाँ से अपनी आवश्यकतानुसार वस्तुएँ या सेवाएँ ख़रीद सकता है। सरकारें अधिनियम बनाकर उसके इस अधिकार को सीमित नहीं कर सकतीं। अत: भारतीय कम्पनियों को खुली प्रतियोगिता के अतिरिक्त कोई उपाय नहीं है। यद्यपि संघीय सरकारें सीमा शुल्क लगाकर या डम्पिंग ड्यूटी बढ़ाकर बाहर से आयात सीमित करने का प्रयास करती हैं पर विश्व व्यापार संगठन के नियमानुसार यह उचित नहीं है। फिर अमेरिका के शक्तिशाली राष्ट्रपति ट्रम्प भी 2017 में यह नहीं कर सके। उनके अपने देश में ही न्यायपालिका ने उसे अवैध क़रार दिया। फिर अमेरिका की कम्पनियों ने भी भारतीयों के बिना अमेरिका में आवश्यक वृद्धि से मना कर दिया। कम्प्यूटर, लैपटॉप, सूचना प्रौद्योगिकी, इण्टरनेट, मोबाइल आदि अत्याधुनिक इलेक्ट्रानिक उपकरणों या साधनों से पूरा विश्व जैसे एक व्यापार-क्षेत्र हो गया है। वैश्विक ग्राम की अवधारणा आज वास्तविकता का आकार ले चुकी है। अत: भारतीय व्यापार भी स्वयं को उसी प्रकार ढाल रहा है। कई भारतीय कम्पनियाँ आज विश्व की अग्रगण्य कम्पनियों में सम्मिलित हैं जबकि पूर्व में भारत की दो-तीन कम्पनियाँ ही अपवादस्वरूप विश्व की सर्वश्रेष्ठ कम्पनियों में गण्य थीं। आज भारत में करोड़पतियों की संख्या लाखों में है जबकि पूर्व में यह कुछ हज़ारों में थी। यद्यपि यह आशा की जाती है कि कम्पनी जगत से प्राप्त राजस्व भारत के ग़रीबों तक पहुँचेगा तथा भारत में विषमता मिटाने का वह सबसे बड़ा एवं शक्तिशाली साधन होगा पर ऐसा नहीं हो रहा है तथा देश में निर्धन तथा धनी व्यन्तियों या समृद्ध कम्पनियों के बीच खाई बढ़ती जा रही है। यह देश को कमज़ोर बनाता है। कम्पनी अधिनियम, 2013 में कम्पनियों के सामाजिक दायित्व सम्बन्धी प्रावधानों को सम्मिलित करके देश में निर्धनों तथा धनियों के बीच विषमता तथा विद्वेष को कम करने का प्रयास किया गया है जो एक स्वस्थ समाज तथा शक्तिशाली राष्ट्र का एक स्तम्भ है। इस क्षेत्र में कम्पनियाँ स्वायत्त हैं तथा वे शिक्षा, स्वास्थ्य, स्वच्छता, रोज़गार, कौशल विकास, पर्यावरण आदि विषय ले सकती हैं। कम्पनियों के लिए

सामाजिक दायित्व निभाना कम्पनी अधिनियम, 2013 की धारा 135 के अन्तर्गत बड़ी कम्पनियों को जिनका कम-से-कम शुद्ध मूल्य पाँच सौ करोड़ या एक वर्ष में कुल 1,000 करोड़ रुपए या अधिक का व्यापार या बिक्री या जिनका एक वर्ष में शुद्ध लाभ पाँच करोड़ या उससे अधिक है। ये कम्पनियाँ अपने गत तीन वर्ष के औसत लाभ का कम-से-कम दो प्रतिशत अपने सामाजिक दायित्व हेतु ख़र्च करेंगी। यह कम्पनियों के सी.एस.आर. बोर्ड को क्षमता दी गई कि वे कैसे ख़र्च करें या नहीं तथा वे VII अनुसूची में दिए गए विषयों पर प्राथमिकता के आधार पर कम्पनियों के (सी.एस.आर.) नियम 2014 के अनुसार ख़र्च करेंगी। केन्द्रीय सरकार ने समय-समय पर सी.एस.आर. नीति नियम 2014 में संशोधन किए हैं। वित्त वर्ष 2014-15 में 4,257 कम्पनियों में से 1,790 निजी क्षेत्र की कम्पनियों ने कुल 5,665 करोड़ रुपए व्यय किए जबकि सार्वजनिक क्षेत्र की 169 कम्पनियों ने 23.64 करोड़ रुपए व्यय किए।

यद्यपि सरकारी क्षेत्र में व्यय की तुलना में निजी क्षेत्र की कम्पनियों द्वारा सामाजिक क्षेत्र में व्यय नगण्य है पर निजी क्षेत्र की कम्पनियाँ नौकरी देकर एवं उद्योग, वाणिज्य तथा व्यवसाय को गति देकर समाज के अर्थतंत्र में सरकार से अधिक योगदान दे रही है। फिर भी उनके द्वारा छोटी-छोटी योजनाएँ उनके आस-पास या अन्य क्षेत्रों की उन आवश्यकताओं की पूर्ति करती हैं जो सरकारी तंत्र के द्वारा महत्त्वपूर्ण होने पर भी लालफीताशाही या नियम-क़ानूनी बाध्यता के कारण सम्भव नहीं है। इन योजनाओं में अत्यधिक जन-सहयोग तथा जन-भागीदारी होती है क्योंकि ये योजनाएँ आम आदमी की आवश्यकता तथा उसके चिन्तन तथा भावनात्मक शून्य की पूर्ति करती हैं। नये क़ानूनी प्रावधान के पूर्व भी बड़ी-बड़ी कम्पनियों के समूह कम्पनियाँ तथा औद्योगिक घराने जन-कल्याण के कार्य करते थे पर बहुधा वे धर्मशालाएँ, मन्दिर तथा अन्य धार्मिक कार्यों, भवनों तथा आयोजनों तक सीमित थे। पर आज जहाँ स्वतंत्रता के पश्चात् औद्योगिक नियोजन का ताना-बाना सरकार ने खड़ा किया, वहाँ जनता के लिए कई अस्पताल, शिक्षण संस्थाएँ, धर्मशालाएँ तथा मन्दिर उद्योगपतियों ने खड़े किए।

कम्पनियों द्वारा सी.एस.आर. सम्बन्धी प्रकल्प

1. सर दोराब जी टाटा ट्रस्ट एवं रतन टाटा ट्रस्ट

टाटा समूह अपने परोपकार कार्यों को करने के लिए प्रारम्भ से ही प्रसिद्ध है। उनकी औद्योगिक इकाईयाँ जहाँ भी हैं, वहाँ पर वे स्थानीय जनता के कल्याण के लिए आवश्यक कार्यक्रम करते हैं। यही कारण है कि टाटा औद्योगिक समूह के कारख़ानों में हड़ताल या श्रमिक हिंसा नहीं होती। टाटा समूह का अग्रणी जमशेदपुर स्थित

टाटा स्टील इसके लिए प्रसिद्ध है। टाटा ने जमशेदपुर को एक आदर्श शहर ही नहीं विकसित किया अपितु आसपास के गाँवों में इतने विकास कार्य किए कि पड़ोस की जनता कारख़ाने को अपनी माँ मानते हैं और हड़ताल होने पर या कारख़ाना बन्द होने की प्रत्याशा में श्रमिक संगठनों के विरुद्ध खड़े हो जाते हैं। उन्होंने पास के गाँवों में सम्पूर्ण चिकित्सा सुविधा, जल तथा सामुदायिक केन्द्र उपलब्ध कराए। सी.एस.आर. कार्यक्रम कम्पनी अधिनियम, 2013 के अन्तर्गत प्रारम्भ होने के पूर्व रतन टाटा ट्रस्ट ने वर्ष 2011 में 168.7 करोड़ रुपए ख़र्च किए जबकि दोराब जी टाटा ट्रस्ट ने सन् 2013-14 में 371.7 करोड़ रुपए व्यय किए। सन् 2016 में सी.एस.आर. कार्यक्रम में भारत की सर्वश्रेष्ठ दस कम्पनियों में टाटा समूह की चार कम्पनियाँ टाटा स्टील लि. प्रथम, टाटा पॉवर कम्पनी लि. द्वितीय, टाटा मोटर्स लि. पाँचवें तथा टाटा केमिकल्स लि. छठवें स्थान पर हैं। टाटा पॉवर ने मत्स्य जीवियों के लिए गुजरात, कच्छ में 1640 किलोमीटर लम्बे समुद्र तट पर मुद्रा से प्रारम्भ करके स्वयं सेवी समूहों के माध्यम से मत्स्य उत्पादन वृद्धि के लिए पथ-प्रदर्शन तथा प्रोत्साहन कार्यक्रम किए।

2. आई.टी.सी. का चौपाल कार्यक्रम

सिगरेट की बहुद्देशीय कम्पनी आई.टी.सी. गाँवों में चौपाल कार्यक्रम के माध्यम से कृषक उनके कृषि केन्द्रों पर सप्ताह में एक बार आकर थोक विक्रेता को अपने कृषि उत्पाद ठीक दामों पर बिक्री कर सकते हैं। इस प्रकार मध्यस्थों तथा दलालों को कृषि विपणन से दूर करने की एक सकारात्मक पहल है। इन केन्द्रों पर कृषकों को वैज्ञानिक ज्ञान भी दिया जाता है कि किस प्रकार वे अपने कृषि उत्पादों की उपज बढ़ा सकते हैं। यहाँ बैंक तथा पेट्रोल पम्प भी होते हैं ताकि कृषकों को कोई असुविधा न हो। ये केन्द्र कृषि मंडियों के लिए सबक हैं कि उन्हें किस प्रकार कृषि उत्पादों का विपणन करना चाहिए। इन केन्द्रों के माध्यम से जहाँ आई.टी.सी. को कम दामों पर कृषि उत्पाद मिल गए, वहाँ दूसरी ओर किसानों को उनके उत्पादों पर अधिक मूल्य। इसके साथ-साथ उनको उत्पादन बढ़ाने के मित्रवत् सूत्र प्राप्त हो जाते हैं। संयुक्त राष्ट्र औद्योगिक विकास संगठन (UNIDO) ने इस कृषि व्यापार पहल के लिए आई.टी.सी. औद्योगिक समूह को पुरस्कृत किया।

3. एक्सिस बैंक फाउण्डेशन का जीवनयापन कार्यक्रम

एक्सिस बैंक को वर्ष 2014 का फोर्बज इंडिया परोपकार पुरस्कार प्राप्त हुआ। एक्सिस बैंक ने प्राय: 75 करोड़ रुपए ख़र्च करके तेइस स्वयं सेवी संस्थाओं के माध्यम से 26 राज्यों के 239 ज़िलों में दुर्बल वर्ग के पृष्ठभूमि के बालकों को उत्तम शिक्षा तथा विकलांग और शहर तथा गाँवों में बेकार युवाओं को रोज़गार के

प्रशिक्षण उपलब्ध किए। साथ-साथ निर्धन कृषकों विशेषत: आदिवासियों को कुटीर एवं हस्त शिल्प में प्रशिक्षण देकर उन्हें अपनी जीविका चलाने हेतु सशक्त किया। अपने प्रशिक्षण कार्यक्रम के माध्यम से इसने 43,078 युवाओं को प्रशिक्षण दिया तथा 29245 को नौकरियाँ मिलीं। यह फाउण्डेशन भारत में सबसे पिछड़े ज़िलों में कार्यरत है तथा सन् 2017 तक प्राय: एक करोड़ लोगों को उनकी जीविकोपार्जन में सहायता करने का लक्ष्य रखा है। देखना है कि भविष्य में यह कितनी सफलता अर्जित करता है।

4. ईटन (Eaten) का जन कल्याण कार्यक्रम

पुणे महाराष्ट्र में वर्ष 1999 में ज़मीन अधिग्रहण के पश्चात् ईटन के भारत स्थित संस्थापक ने विस्थापित ज़मीन स्वामियों के प्रति अपने दायित्वों की पूर्ति में मोहर, गुरुकुल, एन.एम.पी. दीपगृह स्वयंसेवी संस्थाओं के माध्यम से दान, प्राकृतिक विपदा जैसे बाढ़, सूखा या भूमि कम्पन के समय राहत सामग्री का वितरण, शिक्षा, स्वास्थ्य तथा स्थानीय समुदायों की संस्कृति की संरक्षा के साथ-साथ उनका सशक्तीकरण कार्यक्रम सम्पादित किए। सन् 2013 के पश्चात् यह समूह और भी सक्रियता से काम कर रहा है। यह विभिन्न खेल कूदों में भी स्थानीय छिपी प्रतिभाओं को आगे आने के लिए उन्हें प्रायोजित कर रहा है तथा उनको आगे बढ़ने के लिए आर्थिक सहायता करता है।

5. जिन्दल स्टेनलेस स्टील फाउन्डेशन द्वारा सामाजिक विकास कार्यक्रम

यह समूह स्टेनलैस स्टील के क्षेत्र में भारत में अग्रणी है। जिन्दल स्टेनलेस जिसे वे स्टेन-लेस अर्थात् कलंक रहित संगठन कहते हैं, अपने हिसार, हरियाणा तथा जाजपुर ओडिशा स्थित कारख़ानों के आस-पास के गाँवों एवं समुदायों के बीच जन कल्याणमूलक कार्यक्रमों का क्रियान्वयन कर रहा है। इसके साथ-साथ यह अपने कर्मचारियों तथा श्रमिकों की पड़ोस के समाज के साथ एकरसता स्थापित करना चाहता है ताकि कारख़ानों के संचालन में सब समय स्थानीय समर्थन एवं सहयोग प्राप्त हो सके। कोई भी उद्योग तभी स्थायी रूप से प्रगति कर सकता है जब उसे स्थानीय लोगों का समर्थन प्राप्त हो। हरियाणा जैसे महिलाओं के लिये पिछड़े राज्य में यह महिलाओं को नौकरियाँ देकर उन्हें उच्च पदों पर ला रहा है। अपने रोहंद के कारख़ाने के इर्द-गिर्द यह कुछ स्वयं सेवी संस्थाओं के माध्यम से महिलाओं के लिये कौशल विकास तथा प्रशिक्षण की व्यवस्था कर रहा है। यह महिलाओं को कटिंग, वेल्डिंग, पोलिशिंग, पैकिंग तथा गुणवत्ता नियंत्रण कार्यों में प्रशिक्षण देकर अपने कारख़ानों में ही नियुक्त कर रहा है। समूह ने अपनी औद्योगिक इकाईयों के

पास कम्प्यूटर प्रशिक्षण स्टेशन स्थापित किए हैं ताकि स्थानीय बेकार युवा कम्प्यूटर सीखकर नौकरी पा सकें। प्रायः ऐसे छह सौ विद्यार्थियों को प्रशिक्षण दिया जा चुका है। महिलाओं के लिए उषा इण्टरनेशनल लि. के सहयोग से कढ़ाई, सिलाई आदि शिल्पों के प्रशिक्षण की व्यवस्था की है। फाउण्डेशन का अपने मोबाइल हेल्थ वेन अस्पताल हैं जो प्रत्येक चुने हुए गाँव का दस दिन में भ्रमण करते हैं तथा स्वास्थ्य परीक्षण तथा दवायें बाँटते हैं। सन् 2016-17 में इस कार्यक्रम से प्रायः 8,190 रोगियों को लाभ पहुँचा। समूह ने मोदी केयर फाउण्डेशन के सहयोग से एच.आई. वी./एड्स के प्रति जागरूकता अभियान चला रखा है। चार गाँवों में जैविक खेती, मुर्गी पालन तथा सौर ऊर्जा कार्यक्रम भी संचालित कर रहा है। इस प्रकार समूह ने विभिन्न कार्यक्रम चलाकर एक आदर्श प्रस्तुत किया है।

अन्य

इसी क्रम में इफ्को ने कई ग्रामों को अपनाकर कृषकों को खेतों में उपयुक्त मात्रा में रासायनिक उर्वरकों तथा कीटनाशकों के प्रयोग का प्रशिक्षण दिया तथा उनकी आर्थिक सहायता की। आई.सी.आई.सी.आई. बैंक फाउण्डेशन ने पूरे भारत में प्रायः इक्कीस प्रशिक्षण केन्द्र स्थापित करके युवाओं को उनके कौशल विकास में प्रशिक्षण दिया तथा उनकी नौकरियों की व्यवस्था की। इसी प्रकार आदित्य बिड़ला समूह ने पल्स पोलियो कार्यक्रम अपनाकर राष्ट्रीय पोलियो निवारण कार्यक्रम में अपना महत्त्वपूर्ण योगदान दिया। सिटी इंडिया ने अपने कर्मचारियों एवं श्रमिकों को पास के समाजों से जोड़ा तथा आर्थिक सहायता देकर कई प्रतिभाओं एवं संस्थाओं को आगे बढ़ाया। विशाखा उद्योग ने अपने विशाखा चैरिटेबिल ट्रस्ट के माध्यम से ग्रामीण निर्धनों को उनकी मूलभूत आवश्यकताओं की पूर्ति में सहायता की। केन्द्रीय सरकार के उपक्रम गाँवों-गाँवों में स्वच्छ शौचालयों का निर्माण कर रहे हैं तथा उनकी देख-रेख तथा उनके उचित उपयोग की व्यवस्था कर रहे हैं ताकि प्रधानमंत्री का 'स्वच्छ भारत कार्यक्रम' सफल हो सके। इसी प्रकार कई औद्योगिक समूहों ने बाघ के संरक्षण तथा काले सींग वाले हिरन इत्यादि के संरक्षण सम्बन्धी कार्यक्रम अपनाये हैं। इसी प्रकार पर्यावरण के संरक्षण एवं सम्वर्द्धन हेतु फिनोवेशन संगठन ने अपनी साझीदार यूफलेक्स से मिलकर जि. गौतम बुद्ध नगर (नोएडा) में दो ग्रामों में बरसात के जल को बचाने एवं एकत्रित करने तथा पौध-रोपण के कार्यक्रम संपदित किए हैं। इसी प्रकार जन-सहयोग तथा जन-जागरण का कार्यक्रम फोर्बस मार्शल कई वर्षों से पुणे में कर रहे हैं। यह सूची बड़ी लम्बी है क्योंकि उद्योगों को या कम्पनियों को किसी भी जनकल्याण मूलक कार्यक्रम के क्रियान्वयन की स्वायत्तता है। कई कम्पनियाँ अपने समाज मूलक कार्यों की अनावश्यक प्रचार-प्रसार नहीं करना चाहती हैं तथा वे योगी की भाँति अपने आस-पास या वृहद क्षेत्र में समाज के उन्नयन में

स्वयं का सीमित योगदान कर रही हैं। उदयपुर के भारतीय प्रबंध संस्थान के द्वारा प्रकाशित सन् 2016 में सी.एस.आर. कार्यों के लिए प्रथम एक सौ कम्पनियों की क्रमवार सूची निम्न प्रकार हैं। इसमें 30 प्रतिशत कम्पनी के सी.एस.आर. प्रबन्धन को, 15 प्रतिशत डाटा सही प्रकाशित करने के लिए, 35 प्रतिशत उनके कार्यक्रमों का स्थायी रूप से समाज पर प्रभाव तथा 30 प्रतिशत लाभार्थियों के चुनाव को भार (महत्त्व) दिया गया है।

टाटा स्टील, टाटा पॉवर कम्पनी, अल्ट्रा टेक सीमेण्ट, महिन्द्रा एण्ड महिन्द्रा, टाटा मोटर्स, टाटा केमिकल्स, आई.टी.सी., श्री सीमेण्ट, भारत पेट्रोलियम कारपोरेशन, लॉर्सन एण्ड ट्यूबों, इन्फोसिस, इण्डियन आयल, अम्बुजा सीमेण्ट, स्टील अथोरिटी ऑफ इंडिया, जुबिलैण्ट लाइफ साइन्सेस, कोका कोला इंडिया, गेल इंडिया, टाटा कन्सल्टेन्सी सर्विसेज, हिन्दुस्तान यूनिलीवर, सिस्को सिस्टम्स इंडिया, जे.एस.डब्लू. स्टील, हिन्दुस्तान पेट्रोलियम कारपोरेशन, मारूति सुजुकी इंडिया, यश बैंक, क्यूमिन्स इंडिया, एस.सी.एल. टेक्नोलॉजीज, रिलायन्स इण्डस्ट्रीज, इस्सार आयल इत्यादि।

निजी क्षेत्र द्वारा रोज़गार सृजन

निजी क्षेत्र का परोपकार के कार्यों के अतिरिक्त सबसे अधिक महत्त्वपूर्ण योगदान है—नौकरियों का सृजन। आजकल सरकारी नौकरियाँ या तो कम हो रही हैं अथवा उसी स्तर पर हैं जिस पर पिछले दशक में थीं क्योंकि सरकारी सेवाओं में कम्प्यूटरीकरण तथा इण्टरनेट के प्रचलन के कारण इतने लोगों की आवश्यकता नहीं रह गई है। सरकार की सभी सूचनाएँ, प्रपत्र इत्यादि इंटरनेट पर उपलब्ध हैं। उदारीकरण के कारण सरकार का निजी क्षेत्र में योगदान कम हो गया है और सबसे ऊपर जो नये सरकारी सेवक भर्ती हो रहे हैं, वे सरकारी नौकरियों में प्रवेश पाकर काम कम करते हैं। इसलिए सरकारी काम काज भी क्रमशः बाहर ठेके पर सौंपा जा रहा है। एक आकलन के अनुसार 18-29 वर्ष की आयु वर्ग के श्रमिक निम्न क्षेत्रों में संलग्न हैं—

कृषि और सम्बद्ध गतिविधियाँ—	38.1 प्रतिशत,
व्यापार, होटल और रेस्तरां—	19.4 प्रतिशत
निर्माण—	15.1 प्रतिशत
उत्पादन (मैन्यूफैक्चरिंग)—	13.1 प्रतिशत
वित्त, वीजा, रियल एस्टेट और व्यापार सेवाएँ—	8.3 प्रतिशत

अतः सरकारी सेवाओं में सकल घरेलू उत्पाद के अनुरूप ही प्रायः 15 से 20 प्रतिशत व्यक्ति ही कार्यरत हैं। यदि 18-29 वर्ष के 27.5 प्रतिशत युवा रोज़गार की तलाश में रहते हैं अर्थात् 35.75 करोड़ व्यक्ति। इसमें से प्रायः 2 करोड़ व्यक्ति ही सरकारी सेवाओं में भागीदारी कर रहे हैं। यही कारण है कि बेरोज़गारी दूर करने

के लिए राज्य सरकारें एवं केन्द्र सरकार निजी क्षेत्र को अपने राज्य या देश में निवेश करने के लिए आमंत्रित कर रही हैं तथा उन्हें भाँति-भाँति की सुविधायें एवं प्रलोभन देकर अपनी ओर आकर्षित कर रही हैं। अत: वर्तमान युग में निजी क्षेत्र सम्पूर्ण विश्व में बेरोज़गारी मिटाने और अर्थतंत्र को सुदृढ़ करने में मुख्य भूमिका निर्वाह कर रहा है। पर इसके एवज में निजी क्षेत्र आशा करता है कि उन्हें कारख़ाने स्थापित करने के लिए सस्ते दामों पर सहजता से भूमि उपलब्ध हो, उन्हें शीघ्रता से तथा ईमानदारी से उद्योग या व्यापार चलाने के लिए आज्ञापत्र या लाइसेन्स प्राप्त हो तथा सहजता से कच्चा माल उपलब्ध हो। यहाँ तक कि निजी क्षेत्र सरकारी क्षेत्र से प्रशिक्षित एवं योग्य मानव-संसाधन की अपेक्षा करता है। निजी क्षेत्र की विशेषता भी यह है कि उनका प्रशासनिक ख़र्च काफ़ी कम है। अत: वे सरकार की अपेक्षा अधिक लाभ उत्पन्न कर सकते हैं जिसका वे स्वयं तथा सरकारें कर के माध्यम से सार्वजनिक हित में उपयोग कर सकती हैं। आज भारत में लाखों युवा सूचना प्रौद्योगिकी क्षेत्र में कार्यरत हैं तथा वे संसार के प्राय: सभी देशों में काम कर रहे हैं। इसी प्रकार वस्त्र-उद्योग में भी करोड़ों श्रमिक लगे हुए हैं तथा निर्यात के माध्यम से वे भारत के लिए बहुमूल्य विदेशी मुद्रा का अर्जन कर रहे हैं।

निजी क्षेत्र तथा राजनीति

स्वतंत्रता के पश्चात् निजी क्षेत्र ने सरकारों से कई लाभ अर्जित किए क्योंकि वे भी भारत के स्वतंत्रता-आन्दोलन में समान रूप से भागीदार थे। फलत: उन्हें सरकारी सहायता पर निर्भर रहने की आदत-सी हो गई। उन्होंने राजनीति तथा राजनीतिक व्यक्तियों से साँठ-गाँठ करके लाइसेन्स तथा परमिट राज में ख़ूब लूट-खसोट की, यहाँ तक कि अपने व्यापार प्रतिद्वन्द्वियों को भी आगे नहीं बढ़ने दिया। पर जैसे-जैसे विश्व बाज़ार खुलने लगा, भारतीय उद्योग अन्तरराष्ट्रीय बाज़ार में पिछड़ गया। साथ-साथ भारत विदेश से पेट्रोल, डीज़ल, रक्षा उपकरण जैसे उत्पादों का आयात कम न कर सका। इस प्रकार दोनों की मानसिकता खुली। अत: निजी क्षेत्र को राजनीतिक दलों पर निर्भरता के साथ-साथ स्वयं को विश्वव्यापी प्रतिस्पर्द्धा के योग्य तैयार करना पड़ा। सरकारें उन्हें कितनी सहयोग राशि या सहायता उपलब्ध करातीं? सरकारें स्वयं अपने नौकरशाही तंत्र संचालन में हाँफ रही थीं। फिर भी निजी क्षेत्रों ने अपनी पुरानी आदतें नहीं छोड़ीं। आज भी बड़े-बड़े औद्योगिक घराने किसी-न-किसी राजनैतिक दल से सम्बद्ध हैं या जनता की दृष्टि में सम्बद्ध हैं जैसे अदानी समूह भाजपा तथा जिन्दल समूह कांग्रेस दल के साथ हैं। भारत के सदाबहार एवं अग्रणी औद्योगिक समूह रिलायन्स, टाटा तथा बिड़ला सभी राजनैतिक दलों को चन्दा देते हैं जो आयकर अधिनियम में भी वैध है। कभी-कभी रिलायन्स जैसे भारी-भरकम समूह तो विशेष राजनैतिक दल के चुनाव का पूरा ख़र्च उठा लेते हैं। स्वभावत:

सत्ता में आने पर उस राजनैतिक दल को उस विशेष औद्योगिक समूह को अपनी नीतियों द्वारा लाभ पहुँचाना होगा। गत वर्षों में कुछ उद्योग पुरुषों ने सीधे राजनीति में प्रवेश किया। वे भारी चन्दा देकर राज्यसभा या विधान परिषद् में राजनैतिक दलों द्वारा नामित भी हुए। कुछ व्यक्तियों ने अपने समर्थित व्यक्तियों या प्रबन्धकों को लोकसभा के चुनाव मैदान में भी उतारा पर वे सफल नहीं हुए। जनता ने यह स्पष्ट कर दिया कि निजी क्षेत्र को अपना स्वधर्म पालन करते हुए उत्पादन, रोज़गार सृजन तथा निर्यात पर बल देना चाहिए। उन्हें राजनीति के दलदल में नहीं फँसना चाहिए। वास्तव में राज्यसभा या राज्यों की विधान परिषदों में जाने पर उन्हें वह काम उत्तम नहीं लगा क्योंकि वह उनका काम नहीं है जैसे राज्यसभा या लोकसभा में बैठी फ़िल्मी हस्तियाँ अधिकांश मूक-दर्शक ही रहती हैं। एक व्यक्ति प्रत्येक क्षेत्र में महारथ हासिल नहीं कर सकता। जब तक राजनीतिक दलों को उद्योगों या व्यापारिक संगठनों द्वारा चन्दा देना वैध है, निजी क्षेत्र तथा राजनीति का अपवित्र गठबन्धन चलता रहेगा। दूसरे, भारत जैसा देश हज़ारों करोड़ रुपए राजकोष से निर्वाचन पर ख़र्च नहीं कर सकता। फिर इसके पश्चात भी यह गारण्टी नहीं है कि निर्वाचित प्रतिनिधि विशेष उद्योगपतियों या व्यापारियों के प्रति पक्षपात नहीं करेंगे। ऐसा नहीं है कि निजी क्षेत्र सभी समय राजनीति से लाभ प्राप्त करने के लिए ही अपने सिद्धान्तों से समझौता करता है। कई बार वे राजनीतिक प्रतिनिधियों के पास सत्ता की क्षमता से भय करते हैं ताकि वे उनके विरुद्ध अपनी सत्ता का दुरुपयोग न करें। विरोधियों को वित्तीय सहायता देना शायद निजी क्षेत्र की रणनीति का हिस्सा है कि वे शासन में आने पर उनका ध्यान रखेंगे और वे रखते भी हैं। ऐसा नहीं है कि निजी क्षेत्र की जनता में लोकप्रियता नहीं है। जिन श्रमिकों या अधिकारियों के परिवार निजी क्षेत्र में नौकरियों से चलते हैं, वे उनका प्रतिदिन गुणगान करते हैं और जिन आसपास के क्षेत्रों में इन औद्योगिक समूह ने विभिन्न समाज-कल्याण के कार्य सम्पादित किए हैं, वे उन क्षेत्रों में राजनीतिक लोगों से अधिक लोकप्रिय हैं जैसे टाटा जमशेदपुर में तथा जिन्दल हिसार, में। कई मंत्रिमंडलों में व्यापारिक घरानों से योग्य प्रबन्धकों ने राजनीति में प्रवेश करके यह सिद्ध कर दिया है कि वे शासन के प्रबन्ध में राजनीतिक प्रतिनिधियों तथा नौकरशाहों से अधिक योग्य एवं सक्षम हैं। आशा है कि देश में भ्रष्टाचार के प्रति बढ़ते हुए असन्तोष तथा जन आक्रोश को दृष्टिगत करते हुए निजी क्षेत्र राजनीति का दुरुपयोग नहीं करेगा, न ही राजनीति का औजार बनकर समाज का शोषण करेगा। भारत का समाज उनका भी उसी प्रकार सम्मान एवं स्थान देने को तैयार है जैसा वह राजनैतिक प्रतिनिधियों तथा नौकरशाहों को देता है।

12

सूचना प्रौद्योगिकी, पर्यटन तथा वस्त्र-निर्यात क्षेत्र के बढ़ते कदम

भारत सूचना प्रौद्योगिकी, पर्यटन तथा वस्त्र निर्माण के क्षेत्रों में अग्रणी है। वैसे इन क्षेत्रों के अतिरिक्त हस्तशिल्प तथा बहुमूल्य आभूषण तथा रत्न क्षेत्र, औषध एवं आर एम जी कपास के निर्यात में भी भारत की उत्तम हिस्सेदारी रही पर आभूषण तथा रत्न क्षेत्र में आयात भी उसी अनुपात में रहा, इसलिए हम उपर्युक्त तीन क्षेत्रों का सर्वेक्षण करेंगे जोकि निश्चित रूप से भारत की अर्थव्यवस्था को तथा विकास का समान रूप से सुदृढ़ीकरण कर रहे हैं। इन क्षेत्रों के विश्लेषण के आधार पर हम अर्थव्यवस्था के अन्य क्षेत्र के लिए रणनीति तैयार कर सकते हैं। सुखद आश्चर्य है कि कृषि क्षेत्र भी निर्यात में पीछे नहीं है।

सूचना प्रौद्योगिकी उद्योग

भारत सूचना प्रौद्योगिकी क्षेत्र में अग्रणी देशों में है। भारत में इन्टरनेट उपयोग करने वालों की संख्या सर्वाधिक श्रेणी में है। देश में करोड़ों कम्प्यूटर तथा लैपटोप इत्यादि हैं। इस क्षेत्र में लाखों शिक्षित युवा नौकरियों में लगे हैं। यह एक ऐसा क्षेत्र है जो बिना सरकारी सहायता या अनुदान के प्रगति कर रहा है। इस क्षेत्र में राजनीतिक हस्तक्षेप भी नहीं है। इसकी मुख्य आमदनी सॉफ्टवेयर निर्यात से है।

सॉफ्टवेयर निर्यात का विवरण इस प्रकार है—

1991-98	6,530 करोड़
2008-09	2,12,877 करोड़
2016-17	4,86,420 करोड़

इस वृद्धि से अनुमान लगाया जा सकता है कि आई.टी. क्षेत्र किस प्रकार देश के लिए बहुमूल्य विदेशी मुद्रा अर्जन कर रहा है तथा देश के विकास में अपना महती योगदान दे रहा है। आई.टी. निर्यात मुख्यत: निम्न देशों को किया जाता है—

यू.एस.ए. तथा कनाडा	67.7 प्रतिशत
यूरोप	21.3 प्रतिशत

एशिया	3.2 प्रतिशत
जापान	2 प्रतिशत
दक्षिण अमेरिका तथा विश्व के अन्य देश	5.8 प्रतिशत

आई.टी. क्षेत्र की निम्न कम्पनियाँ मुख्य निर्यातक हैं—

	वर्ष 2008-09	वृद्धि
1. टी. सी. एस.	23,814 करोड़	21%
2. इन्फोसिस टेक्नॉलोजीस	20,127 करोड़	29%
3. विप्रो	17,517 करोड़	37%
4. कोगनिजेंट टेक्नॉलॉजी सोलूशन्स	9,410 करोड़	49%
5. एच. सी. एल. टेक्नॉलोजी	8,063 करोड़	40%

इन कम्पनियों की तुलनात्मक स्थितियाँ बदलती रहती हैं पर ये भारत की मुख्य आई.टी. निर्यातक कम्पनियाँ हैं।

भारत को इस क्षेत्र में लगातार चुनौती मिल रही है। चीन भारत का प्रमुख प्रतिद्वन्द्वी राष्ट्र है। पर भारत के युवाओं का अंग्रेजी में बेहतर उच्चारण तथा ज्ञान एक सीमा तक भारत को इस क्षेत्र में नेतृत्व करने में सहायक है पर भारत के युवा आई.टी. पेशेवर अभी भी अंग्रेजी भाषा में दक्ष नहीं हैं। वे कम्प्यूटर चलाने पर अधिक ध्यान दे रहे हैं जबकि व्याकरणीय रूप से विशुद्ध अंग्रेजी का ज्ञान समान रूप से आवश्यक है। यदि ऐसा नहीं हुआ, तो हमारा आई.टी. क्षेत्र तथा बी.पी.ओ. क्षेत्र पिछड़ सकता है। इस क्षेत्र में प्रचुर संभवनाएँ हैं जहाँ लाखों भारतीय इंजीनियर युवाओं को नौकरियाँ मिली हैं। आज भी भारत का विश्व के आई.टी. क्षेत्र में केवल 2 प्रतिशत का योगदान है जो काफी बढ़ाया जा सकता है। भारत के सकल घरेलू उत्पाद में बी.पी.ओ. सेवा का भी एक प्रतिशत योगदान है। फिर भी भारतीय निर्यात में आई.टी. क्षेत्र विशेषतः सॉफ्टवेर निर्यात का 25 प्रतिशत से अधिक है। सन् 1991 में अर्थव्यवस्था खुली करने के पश्चात् आई.टी. कम्पनियों ने आत्मनिर्भर होकर विश्व में अपने पंख फैलाये तथा सरकार की ओर ताकना बंद कर दिया। इस क्षेत्र में राजनीतिक हस्तक्षेप प्रारम्भ से ही नगण्य रहा। सम्प्रति सरकार ने आई.टी. सॉफ्टवेयर पर शत प्रतिशत केन्द्रीय जी.एस.टी. शून्य करके तथा आयकर से छूट देकर इस क्षेत्र को प्रोत्साहन दिया। आज राजनीतिक नेतृवर्ग परम्परागत होने के कारण इन्टरनेट अधिक नहीं समझता है। भारत अन्तरिक्ष साइबर क्षेत्र में भी अग्रणी है तथा यह अपने ही नहीं विश्व के अनेक विकसित देशों के उपग्रह अंतरिक्ष में ले जाकर स्थापित कर रहा है। अतः भारत में अब इन्टरनेट गेटवे एक्सेज अर्थात् इन्टरनेट निर्गम या पहुँच की समस्या नहीं है जो आई.टी. उद्योग की मूलभूत आवश्यकता है।

ई. गवर्नेन्स

संसाधनों के अभाव के बावजूद भारत में केन्द्र सरकार तथा राज्य सरकारों ने सरकारी कार्यालयों में कामकाज तथा अनेक लोक सेवाओं में इन्टरनेट तथा कम्प्यूटीकरण का प्रयोग बड़े पैमाने पर आरम्भ कर दिया। पर इसकी वास्तविक उपयोगिता उन क्षेत्रों में हुई जिनसे जनता का रोजमर्रा का वास्ता है जैसे बिजली तथा पानी के बिल जमा कराना तथा नगरपालिकाओं तथा अन्य विभागों के करों का भुगतान। इन सेवाओं से सरकारी कामकाज में भ्रष्टाचार कम हुआ जो एक समय अविजित दैत्य माना जाता था। उदाहरणार्थ भारतीय रेल में आरक्षण में रिश्वतखोरी का निदान रेलवे आरक्षणों में कम्प्यूटीकरण से ही हो सका है। इसी प्रकार बिजली, पानी तथा नगर-निगमों के करों के भुगतान का कम्प्यूटीकरण करने से त्वरित सेवा प्राप्त हुई है तथा घूसखोरी पर भी लगाम लगी है। इसी प्रकार रजिस्ट्रेशन, पासपोर्ट, चालक लाइसेन्स आदि कम्प्यूटरीकृत होने से कार्यालय तथा ग्राहक में संवाद कम हो गया है तथा अन्य कई ऑनलाइन सेवायें होने के कारण रिश्वत लेन-देन रुका है। आज ये ऑनलाइन सेवायें छोटे-छोटे नगरों तथा ग्रामों तक विद्यमान हैं तथा व्यक्ति अपने घर पर ही जाति प्रमाण-पत्र, जन्म प्रमाण-पत्र तथा अपने ज़मीन सम्बन्धी आलेख या रिकॉर्ड स्थानीय सेवा केन्द्रों पर जाकर प्राप्त कर सकता है। यह है सरकारी सेवाओं का उपभोक्ता की देहरी पर जाना। इन सेवाओं के कारण जनता का सरकार में विश्वास या श्रद्धा शनैः शनैः वापिस आ रही है। आजकल इन्टरनेट या सूचना प्रौद्योगिकी का प्रयोग इस प्रकार है—

1. दूर-संचार या मोबाइल तथा इन्टरनेट सेवाएँ,
2. बैंकिंग तथा अन्य वित्तीय सेवायें,
3. निर्माण-क्षेत्र,
4. सरकारी क्षेत्र एवं सरकारी या अर्द्धसरकारी सेवाएँ।

मोबाइल के माध्यम से जानकारी मिलने पर आज असंगठित मजदूर उसी कार्यस्थल पर पहुँच सकता है जिससे उसके श्रम-दिवस का अपव्यय नहीं होता है तथा प्रत्येक व्यक्ति अपने कार्यों को समयबद्ध तरीके से सम्पन्न कर सकता है। बैंकिंग सेवाएँ व्यक्ति के मोबाइल पर ही उपलब्ध हैं जिससे उसके खाते एवं जमाराशि के घपले तथा धोखधड़ी की गुंजाइश कम हो गई है। निर्माण या उत्पादन क्षेत्र में मशीनों के संचालित होने या इन्टरनेट द्वारा चलाये जाने से वे श्रमिकों या श्रमिक संघों के दबाव से बाहर आ गए हैं तथा डाक की सेवाओं पर निर्भरशीलता कम हो गई हैं। अतः व्यक्ति सही अर्थों में 'स्वयंभू' होने चला है।

भारत ने सूचना प्रौद्योगिकी क्षेत्र में लंबी छलांग लगाई है। अब वह कुछ क्षेत्रों में न सीमित रहकर जनता के आँगन तक पैर पसार रही है। इसके लिये भारत सरकार की महत्वाकांक्षी योजना है—डिजिटल इंडिया कार्यक्रम।

डिजिटल इंडिया का विस्तार

डिजिटल इंडिया एक विशाल अभियान के रूप में आगे बढ़ रहा है। यह देश को डिजिटलीकृत ज्ञान आधारित अर्थव्यवस्था की ओर ले जाने का महत्वाकांक्षी उपक्रम है। डिजिटल इंडिया के पीछे मूल दृष्टि है—देश के हर नागरिक के लिए डिजिटल आधारभूत ढाँचे तक पहुँच सुनिश्चित करना और इस ढाँचे का उद्देश्य होगा एक माध्यम के रूप में नागरिकों तक विविध प्रकार की सेवाएँ उपलब्ध कराना। नागरिक अपनी आवश्यकता के अनुसार सरकारी सेवाओं और प्रशासन तक पहुँच प्राप्त कर सकें, यह इसका एक अन्य उद्देश्य है। और ये तब संभव हो सकेगा जब नागरिकों को डिजिटल आधार पर सशक्त बनाया जाए।

डिजिटल इंडिया पहल के तहत भारत को ज्ञान आधारित अर्थव्यवस्था और समाज में तब्दील करने के लिए विभिन्न क्षेत्रों में काफी काम हुआ है। कुछ ताजा उपलब्धियाँ हैं—

विनिर्माण भारत में विनिर्मित मोबाइल हैंडसेटों की संख्या में निरंतर वृद्धि हो रही है और इनका आँकड़ा 2014 के 6 करोड़ से बढ़कर 2016-17 में 17.5 करोड़ मोबाइल सेटों तक पहुँच गया है। दो साल के भीतर लगभग 200 प्रतिशत की वृद्धि का अनुमान है। याद रहे, 2015-16 में यह आँकड़ा 11 करोड़ था। एलसीडी और एलईजी टेलीविजन सेटों के विनिर्माण में भी बढ़ोत्तरी का सिलसिला जारी है। जहाँ 2014-15 में देश में इस श्रेणी के 87 लाख टेलिविजन सेट विनिर्मित किए गए थे वहीं 2016-17 में उनकी संख्या 1.5 करोड़ इकाइयों तक पहुँच गई। पर शनैः शनैः डिजिटल कार्यक्रम में भी विलंब, उदासीनता तथा अकर्मण्यता प्रवेश कर रही है।

सरकारी खरीद

सरकार की तरफ से बड़े पैमाने पर होने वाली खरीददारी को लेकर तमाम किस्म की चिंताएँ उठती रही हैं। केन्द्र सरकार ने अब सरकारी खरीद के लिए एक राष्ट्रीय पोर्टल खोले जाने को मंजूरी दी है जिसका नाम सरकारी ई-बाजार या गवर्नमेंट ई-मार्केट प्लेस है। केन्द्र और राज्य सरकारें यहाँ से सामान और सेवाओं की खरीद कर सकेंगी। इससे पारदर्शिता भी बढ़ेगी और प्रतिद्वंद्वी दरों पर सरकारी खरीद में मदद मिलेगी।

रेलवे की पहल

भारतीय रेलवे अपने पूरे सप्लाई चेन सिस्टम का डिजिटल रूपांतरण करने जा रही है। सौ फीसदी ई-टेंडर और ई-बोलियाँ इसके तहत समाहित की जा चुकी हैं। इससे रेलवे की सामग्री, वित्त और सूचनाओं का सुगम प्रवाह सुनिश्चित करने के साथ-साथ पारदर्शिता तथा कारोबारी सुगमता को भी बढ़ावा मिलेगा। नई प्रणाली

के तहत बिल पेश करने, जाँच, डिस्पैच, प्राप्तियों, बिल पास करने की प्रक्रियाओं, भुगतानों, वारंटी की निगरानी और रेलवे की सप्लाई व्यवस्था को कार्यकुशल बनाने के लिए डाटा विश्लेषण क्षमताओं के व्यापक इस्तेमाल की योजना है।

सामान्य सेवा केंद्र

सरकारी सेवाओं को आम जनता तक पहुँचाने के लिए स्थापित किए गए सामान्य सेवा केंद्रों (सीएससी) की संख्या में अभूतपूर्व वृद्धि हुई है। इन केंद्रों का प्रयोग अब कौशल विकास और आपूर्ति के माध्यम के रूप में भी किया जा रहा है। जहाँ सन् 2014 में भारत में 80 हजार सामान्य सेवा केंद्र थे, वहीं 2015 में उनकी संख्या 1.5 लाख और 2016 में 2.1 लाख हो गई।

एकीकृत छात्रवृत्ति प्रणाली

छात्रवृत्तियाँ प्रदान करने की प्रक्रिया को न्यायसंगत, व्यापक और पारदर्शी बनाने के लिए राष्ट्रीय छात्रवृत्ति पोर्टल की उपयोगिता इस बात से सिद्ध हुई है कि अब इसमें 16 मंत्रालयों और विभागों की 23 छात्रवृत्ति योजनाएँ पंजीकृत हो चुकी हैं। दो करोड़ से ज्यादा छात्रों ने यहाँ पंजीकरण कराया हुआ है। इसे तमाम छात्रवृत्तियों के लिए एकीकृत प्लेटफॉर्म के रूप में विकसित किया जा रहा है।

डिजिटल लेन-देन का विमुद्रीकरण के बाद जिस अंदाज में जनता ने अपनाया है, वह डिजिटल इंडिया के लिए शुभ लक्षण कहा जा रहा है। नीति आयोग के अनुसार, मार्च 2017 में देश में 2,425 करोड़ रुपए के परिमाण के 63.80 लाख लेनदेन डिजिटल माध्यमों से हुए। इसकी तुलना यदि नवंबर 2016 से पहले के डिजिटल लेनदेनों से करेंगे तो स्पष्ट हो जाएगा कि देश ने किस उत्साह से इन नए माध्यमों को अपनाया है। पिछले साल अप्रैल से लेकर नवंबर तक के आठ महीनों में 101 करोड़ रुपए के कुल लेनदेन इस माध्यम से हुए थे, जिनकी संख्या थी 2 लाख 80 हजार। आधार के साथ जुड़े हुए लेनदेन का परिमाण भी नवंबर 2016 की तुलना में देखा जाए तो दो गुना बढ़ा है, यानी ढाई करोड़ लेनदेन की तुलना में पाँच करोड़। त्वरित भुगतान सेवा (आईएमपीएस) के तहत हुए लेनदेन भी नवंबर 2016 के 3.6 करोड़ लेनदेन से बढ़कर मार्च 2017 में 6.7 करोड़ तक जा पहुँचे।

वित्तीय वर्ष 2018-19 में सरकार का 2500 करोड़ डिजिटल लेनदेनों का लक्ष्य है। इसमें मुश्किल नहीं आनी चाहिए, खासकर 75 शहरों को कम-नकदी-युक्त (लेस कैश) शहरों के रूप में आगे बढ़ाने की प्रधानमंत्री की घोषणा के मद्देनजर। प्रधानमंत्री के हाथों जारी किए गए भीम आधार एप्प को भी जनता ने हाथोंहाथ लिया है। आनन-फानन में ही इसे 27 प्रमुख बैंकों और 7.15 लाख कारोबारियों ने अपना लिया। इस बीच एकीकृत भुगतान इंटरफेस (यूपीआई) के माध्यम से होने

वाले भुगतानों में भी जनवरी 2017 के 1660 करोड़ की तुलना में काफी बढ़ोत्तरी हुई है और दो महीने बाद, मार्च 2017 में वे 2000 करोड़ तक जा पहुँचे।

देश की मानसिकता में जो बदलाव आ रहा है, वह प्रधानमंत्री के इस कथन के अनुरूप ही है कि देश के विकास का नया मंत्र-जन-धन, जल धन और वन धन है। जन-धन योजना के तहत 30 करोड़ नए बैंक खातों का खुलना न सिर्फ आम आदमी को वित्तीय रूप से सशक्त करने वाला क्रांतिकारी कदम है बल्कि काफी हद तक सरकार से स्थानांतरित किए जाने वाले अनुदानों के सही व्यक्तियों तक पहुँचने की गारंटी भी देता है।

डिजिटल इंडिया के प्रभाव में जनता का मानस किस तरह बदल रहा है, उसका एक उदाहरण देखिए। एक मशहूर यात्रा पोर्टल की तरफ से कराए गए सर्वेक्षण से जाहिर हुआ कि 90 फीसदी से ज्यादा भारतीयों ने अपनी छुट्टियों के लिए होटल, यात्रा आदि की बुकिंग करने में प्लास्टिक धन का इस्तेमाल किया। देश भर में तमाम डिजिटल परियोजनाओं ने विभिन्न सेवाओं को सुगम और पहुँच-योग्य बनाया है। राष्ट्रीय रोजगार पोर्टल के तहत दिव्यांगजनों के लिए अलग से एक रोजगार पोर्टल का काम जारी है। महिला उद्यमियों को बढ़ावा देने के लिए महिला और बाल विकास मंत्रालय की ओर से **महिला ई-हाट नामक ऑनलाइन प्लेटफॉर्म** का सफल संचालन हो रहा है। यहाँ ग्रामीण महिलाएँ सीधे अपने उत्पादों की बिक्री कर रही हैं। अनेक राज्यों ने ग्रामीण भूमि नक्शा नवीसी और इन नक्शों के डिजिटलीकरण का काम शुरू किया है। कई राज्यों की सूचना प्रौद्योगिकी नीतियाँ जारी हुई हैं। डिजिटल मानसिकता, डिजिटल सोच और डिजिटल नवोन्मेष की ओर भारत की यात्रा निर्बाध जारी है।

हाल ही में एक सर्वेक्षण में कहा गया कि 55 प्रतिशत कंपनियाँ यह मानती हैं कि डिजिटल बदलाव से उनकी आय के नए स्रोत खुले हैं। चौरासी प्रतिशत कंपनियों ने कहा है कि इसकी बदौलत वे अपनी प्रतिद्वंद्वी कंपनियों से बेहतर स्थिति में आ गई हैं। सत्तानवे प्रतिशत कंपनियों का मानना है कि उनके ग्राहकों को अब उनकी सेवाएँ पहले से ज्यादा अच्छी महसूस हो रही हैं। यानी उनकी सेवाओं के प्रति ग्राहकों का अनुभव बेहतर हुआ है। पैंतीस प्रतिशत कंपनियाँ मानती हैं कि नए अवसरों का लाभ उठाने की उनकी क्षमता में इजाफा हुआ है। इतना ही नहीं, 56 प्रतिशत ने माना है कि नए बदलावों से उनके कर्मचारियों की कार्यक्षमता बढ़ी है। डिजिटलीकरण का व्यापक दौर हमारे इर्द-गिर्द घटित हो रहा है जिसके पीछे डिजिटल इंडिया की प्रेरणा या प्रभाव है।

डिजिटल इंडिया एक विशाल अभियान के रूप में आगे बढ़ रहा है। वह देश को डिजिटलीकृत ज्ञान आधारित अर्थव्यवस्था की ओर ले जाने का महत्त्वाकांक्षी उपक्रम है। डिजिटल लॉकर, ई-शिक्षा, ई-स्वास्थ्य, ई-हस्ताक्षर और राष्ट्रीय

छात्रवृत्ति पोर्टल जैसे कार्यक्रमों के साथ इसकी शुरुआत हुई। बहरहाल इस तरह के कार्यक्रम इसके पीछे की व्यापक दृष्टि के कुछ क्रियान्वयन मात्र हैं। डिजिटल इंडिया के पीछे मूल दृष्टि है देश के हर नागरिक के लिए डिजिटल आधारभूत ढाँचे तक पहुँच सुनिश्चित करना और इस ढाँचे का उद्देश्य होगा एक माध्यम के रूप में नागरिकों तक विविध प्रकार की सेवाएँ उपलब्ध कराना। नागरिक अपनी आवश्यकता के अनुसार सरकारी सेवाओं और प्रशासन तक पहुँच प्राप्त कर सके, यह इसका एक अन्य मकसद है। और ये दोनों चीजें तब संभव हो सकेंगी, जब नागरिकों को डिजिटल आधार पर सशक्त बनाया जाए। ये तीनों बातें डिजिटल इंडिया के विजन का हिस्सा हैं।

इस कार्यक्रम के नौ आधारभूत स्तंभों—ब्रॉडबैंड हाइवे, फोन की सुविधा तक सार्वत्रिक पहुँच, सार्वजनिक इंटरनेट पहुँच कार्यक्रम, ई-प्रशासन, ई-क्रांति (सेवाओं की इलेक्ट्रॉनिक डिलीवरी), सबके लिए सूचना, इलेक्ट्रॉनिक्स का विनिर्माण, रोजगार के लिए सूचना प्रौद्योगिकी और अर्ली-हारवेस्ट कार्यक्रम में से सभी में पिछले ढाई-पौने तीन साल के दौरान काफी प्रगति हुई है। डिजिटल इंडिया सन् 2019 तक देश के डिजिटल मानचित्र का कायाकल्प कर सकता है जो इन बिंदुओं से स्पष्ट है—

- ढाई लाख गाँवों में ब्रॉडबैंड इंटरनेट सुविधा पहुँच चुकी होगी।
- सभी स्थानों पर फोन संपर्क की सुविधा सुनिश्चित हो जाएगी।
- 2020 तक सूचना प्रौद्योगिकी और दूरसंचार के क्षेत्र में उपकरणों के आयात पर निर्भरता न्यूनतम हो चुकी होगी।
- चार लाख सार्वजनिक इंटरनेट प्रयोग केंद्रों की स्थापना हो चुकी होगी।
- ढाई लाख विद्यालयों और सभी विश्वविद्यालयों में वाइ-फाइ इंटरनेट कनेक्टिविटी की व्यवस्था हो चुकी होगी।
- बड़ी संख्या में नागरिकों के लिए वाइ-फाइ हॉटस्पॉट स्थापित हो चुके होंगे।
- सूचना प्रौद्योगिकी, दूरसंचचार और इलेक्ट्रॉनिक्स के क्षेत्रों में 1.7 करोड़ लोगों को प्रशिक्षित कर डिजिटल समावेशन के दायरे में लाया जा चुका होगा।
- इतने ही लोगों को प्रत्यक्ष रोजगार दिया जा चुका होगा और कम से कम 8.5 करोड़ लोगों को अप्रत्यक्ष रोजगार मुहैया कराया जा चुका होगा।
- स्वास्थ्य, शिक्षा और बैंकिंग जैसी सेवाओं के क्षेत्र में सूचना प्रौद्योगिकी के प्रयोग में भारत विश्व का अग्रणी देश बन चुका होगा।

  सार्वजनिक क्लाउड और इंटरनेट के प्रसार के जरिए नागरिकों को डिजिटल क्षेत्र में सशक्त बनाया जा चुका होगा।

जिन क्षेत्रों में बड़ा बदलाव देखने को मिल रहा है, उनमें इलेक्ट्रॉनिक या डिजिटल भुगतान का क्षेत्र सबसे आगे दिखाई देता है। आधार के सूत्रधार नंदन

निलेकणी ने हाल ही में कहा है कि भारत में तकनीकी प्रणालियाँ, भुगतान प्रक्रियाएँ और आधारभूत ढाँचा इतना सुदृढ़ है कि वह डिजिटल भुगतानों के मौजूदा स्तर के चार गुना तक को आसानी से वहन कर सकता है। एक अरब लोगों को डिजिटल माध्यमों से धन के लेन-देन की सुविधा देने में सक्षम ढाँचा पहले ही हमारे पास मौजूद है। हालाँकि पश्चिमी देशों में जहाँ डिजिटल अर्थव्यवस्था में कार्ड-आधारित लेन-देन की बहुतायत है वहीं भारत में अधिकांश डिजिटल लेन-देन मोबाइल फोन के माध्यम से होने लगे हैं।

आशा है कि सूचना प्रौद्योगिकी के निर्यात क्षेत्र में अग्रणी भारत सूचना प्रौद्योगिकी के भीतर घरेलू उपयोग में भी शीघ्र अग्रणी होगा। आइए, हम केरल राज्य का उदाहरण लें जो इन्टरनेट सेवाओं के क्षेत्र में अन्य राज्यों की अपेक्षा आगे है—

केरल ने शासन में पारदर्शिता लाने और सेवाओं की गुणवत्ता बढ़ाने के लिए सूचना-प्रौद्योगिकी का प्रभावी ढंग से इस्तेमाल किया है? राज्य अपना फाइबर रास्ता-केरल फाइबर ऑप्टिक नेटवर्क (केएफओएन) बनाने की महत्त्वाकांक्षी योजना पर काम कर रहा है, राज्य में इंटरनेट का संपर्क बेहतर करने और अक्तूबर 2018 तक बीस लाख से ज्यारदा गरीब परिवारों में मुफ्त इंटरनेट सेवा देने के लिए इस योजना पर अनुमानित 1,028 करोड़ रु. का खर्च आएगा, केरल स्टेट आइटी इन्फ्रास्ट्रक्चर लि. और केरल स्टेट इलेक्ट्रिक बोर्ड (केएसईबी) ने इस परियोजना के लिए विशेष उद्देश्य संवाहक (एसपीवी) का गठन किया है, फाइवर ऑप्टिक मार्ग को केएसईवी की बिजली की लाइनों के माध्यम से बिछाया जाएगा, हाइ स्पीड ब्रॉडबैंड विड्थ शासन की गुणवत्ता बढ़ाएगा और सरकार की सेवाएँ एक बटन दबाने भर से उपलब्ध हो जाएँगी, हर सरकारी स्कूल में स्मार्ट कक्षाएँ स्थापित करनी शुरू कर दी हैं, बलात्कार, यौन और घरेलू हिंसा जैसे मामलों में मदद के लिए योग्य परामर्शदाता रखे गये हैं, सुरक्षा हेतु कार्यक्रम में चार वर्षों में करीब 8,00,000 महिलाओं को आत्मसुरक्षा की ट्रेनिंग दी गई है। पुलिस को पूरी तरह मुस्तैद बनाने के लिए सटीक योजना बनाकर रखते हैं।

गुजरात में पुलिस बल में भर्तियाँ मामले में जरा भी देरी नहीं की है, इसने स्थिति को बेहतर बनाया है।

केरल ने 2002 में ही अक्षय योजना और आइटी स्कूल कार्यक्रम लाकर ई-साक्षरता के लिए एक अभियान शुरू कर दिया था, इस नजरिए ने केरल को देश का डिजिटल पावरहाउस बना दिया है और यह राज्य 103 प्रतिशत से ज्यादा दूरसंचार घनत्व के साथ देश का सबसे ज्यादा संपर्क वाला राज्य बन गया है, यहाँ इंटरनेट की पहुँच भी 40 प्रतिशत से ज्यादा है, इस राज्य ने 100 प्रतिशत ग्राम पंचायतों को ऑप्टिकल फाइबर नेटवर्क से जोड़कर एक और बड़ी कामयाबी हासिल की है, केरल 99.5 प्रतिशत के साथ आधार के पंजीकरण में भी देश में सबसे ऊपर है, यहाँ 3.43 करोड़ लोगों के पास आधार नंबर है।

मुख्यमंत्री पिनाराई विजयन कहते हैं, "2016 में वाम मोर्चा की सरकार आने के बाद हमने सरकारी दफ्तरों में उपस्थिति सुनिश्चित करने के लिए बायोमेट्रिक पंचिंग पर जोर दिया है, इसके अलावा कागज पर काम करने की जगह कंप्यूटर पर काम को प्रोत्साहित किया है ताकि फाइलों का काम तेजी से हो सके।" इस राज्य को इस मामले में भी विशेषता हासिल है।

यहाँ के इडुक्की जिले में देश का पहला हाइ स्पीड ग्रामीण ब्राडबैंड नेटवर्क है और मलप्पुरम देश का पहला ई-साक्षरता वाला जिला बन गया है।

राज्य ने सरकारी खरीद में पारदर्शिता लाने और 5 लाख रु. से ज्यादा के टेंडर पर नजर रखने के लिए ई-प्रोक्योरमेंट की व्यवस्था शुरू की है। इस व्यवस्था के जरिए 50,000 करोड़ रु. से ज्यादा के मूल्य वाले 86,000 से ज्यादा टेंडर निकाले जा चुके हैं। इसके अलावा ई-ऑफिस के लागू होने से राज्य के सरकारी विभागों में कार्यक्षमता बढ़ाने, काम में तेजी और पारदर्शिता लाने में भी बहुत मदद मिली है, इस समय राज्य में एक ऐप के जरिए 5 करोड़ रु. से ऊपर की विकास योजनाओं पर नजर रखी जाने लगी है, सरकारी कार्यों पर नजर रखी जाने लगी है। सरकारी कार्यों की स्थिति रिपोर्ट मुख्यमंत्री कार्यालय, संबंधित मंत्रालय, मुख्य सचिव और विभाग के प्रमुखों के बीच साझा की जाती है।

यहाँ सिटिजंस कॉल सेंटर (सीसीसी) एक एकल खिड़की है जो नागरिकों और सरकार के बीच सीधी बातचीत की सुविधा देती है, सरकार इसके माध्यम से जरूरी सूचनाएँ लोगों तक पहुँचा सकती है, जो या तो लोगों की पहुँच से दूर होती हैं या उन्हें प्राप्त करना बहुत मुश्किल होता है, यह कॉल सेंटर 6 से ज्यादा सरकारी विभागों, संगठनों और परियोजनाओं को अपनी सेवा दे रहा है और आम नागरिकों को अपनी शिकायत दर्ज कराने और सूचनाएँ देने का काम कर रहा है, इसे रोजाना औसतन 300 कॉल मिलते हैं।

अत: सूचना प्रौद्योगिकी क्षेत्र के द्वारा भारत विश्व के सहज एवं समृद्ध भविष्य के निर्माण में अपना सबल योगदान दे रहा है तथा अपने स्वयं का उन्नत विकास-भवन बना रहा है।

पर्यटन-क्षेत्र : दशा एवं दिशाएँ

भारत विविधताओं का देश है। इसे 'सोने की चिड़िया' कहा जाता था, इसलिये विदेशी आक्रमणकारियों ने भारत की ओर रुख किया। स्वतंत्रता के पश्चात् भारत की प्राचीन वास्तुकला, विविध नदियाँ, पर्वत-शृंखला, सुहावना विस्तृत समुद्र किनार, तथा देश को जोड़ने वाला दक्ष रेल तथा वायु नेटवर्क तथा सस्ता एवं सहज परिवेश, विदेशी पर्यटकों को अतुल्य भारत के भ्रमण के लिए आकर्षित करता है। ऊपर से भारत में 'अतिथि देवो भव' का दर्शन विदेशी पर्यटकों के लिए विस्मयकारी है। अत:

प्रतिवर्ष करोड़ों विदेशी पर्यटक भारत की ओर खिंचे चले आते हैं। यह संख्या सन् 2017 से प्रतिवर्ष 15.6 प्रतिशत की दर से बढ़ रही है तथा वर्तमान में यह संख्या प्राय: 2 करोड़ 18 लाख तक पहुँच चुकी है। उससे भारत को वर्ष 2017 में रुपए 1,80,379 करोड़ बहुमूल्य विदेशी मुद्रा अर्जित हुई थी। साथ-साथ इस असंगठित क्षेत्र में शिक्षित एवं अशिक्षितों को मिलाकर प्राय: 6-7 करोड़ लोगों को रोजगार उपलब्ध होता है। सन् 2012-13 में यह आँकड़ा 6.7 करोड़ था। वैसे भारत में समृद्धि बढ़ने के साथ-साथ घरेलू पर्यटन में भी आशातीत वृद्धि हुई है तथा वर्तमान में 160 करोड़ भारतीय यात्रा करते हैं। तीर्थ या धार्मिक स्थलों तक प्रधानत: केन्द्रित है। वर्तमान भाजपा (एनडीए) सरकार तीर्थाटन को विशेषत: प्रोत्साहित करने का प्रयत्न करती है पर आँकड़ों के अनुसार अन्य दलों की सरकारों के शासन-काल में धार्मिक-पर्यटन का समान रूप से विकास हुआ है। महाकुम्भ में शामिल होने के लिये भारत की छ: करोड़ धर्मप्राण जनता किसी सरकार के आमंत्रण की प्रतीक्षा नहीं करती। भारत विश्व के सात आश्चर्यों में से एक है। अब भारत में स्थित ताजमहल को भी आधुनिक मॉल, सितारा होटल, आम वाहन सुविधा आदि सुख-सुविधाएँ उपलब्ध हैं। अत: समृद्ध तथा युवा भारतीय विदेश यात्राओं के स्थान पर देश में ही पर्यटन के लिए जा रहे हैं। विदेशी तथा देशी पर्यटन को एक करके देखने पर पर्यटन क्षेत्र तीव्र गति से विकास के पथ पर है।

पर्यटन उद्योग में बड़ी संख्या में वेटर, गाइड तथा होटल प्रबंधक तैनात हैं। भारत में अभी भी होटलों के किराये विश्व में न्यूनतम हैं तथा पर्यटकों की आवभगत भी सर्वोत्तम होती है। विदेशी पर्यटक जितने खर्च में अपने देश में अवकाश व्यतीत करना चाहते हैं, उससे कम खर्च में उनकी भारत यात्रा हो जाती है तथा उन्हें छुट्टियों के समय अपने हाथ से स्वयं कुछ काम नहीं करना पड़ता है। दूसरे वे ऐसे प्राचीन ऐतिहासिक स्मारकों को देख लेते हैं जो विश्व में सभी देशों को मिलाकर कला, वास्तुकला तथा चित्रकारी की दृष्टि से उपलब्ध नहीं हैं, जैसे आगरा का ताजमहल, खजुराहो के यौन चित्रित मंदिर, 32 यूनेस्को विरासत केन्द्र, दिल्ली का लाल किला, औरंगाबाद का छोटा ताजमहल, गोआ के ईसाई मंदिर (चर्च), दिल्ली की जामा मस्जिद, फतेहपुर सीकरी का किला, राजस्थान में किले और झीलें तथा किलों में सितारा होटल, गोआ के सुनहरे समुद्र तट, वेफरल की समुद्री नदियाँ, बंगाल में सुन्दरवन का डेल्टा, तमिलनाडु (मदुराई) में मीनाक्षी मंदिर, कर्नाटक में कॉफी तथा मसाले बाग, हिमाचल, पश्चिम बंगाल और केरल में फैले हुए चाय बगान, उत्तर बंगाल, सिक्किम, उत्तर पूर्वी भारत तथा जम्मू-कश्मीर में हिमालय से सटी पर्वत श्रेणियाँ, वाराणसी में गंगा तट, बिहार में बौद्ध गया, गुजरात में नमक का समुद्री तट कच्छ, वातानुकूलित बंगलूरू में भारत की सिलीकॉन घाटी, भारत की पूँजी राजधानी मुम्बई, सामान्य जनों का

शहर कोलकाता इत्यादि। भारत के इस उपमहाद्वीप में जैसे विश्व की सभी धरोहर तथा प्राकृतिक सम्पदायें विद्यमान हैं।

राज्यों की स्थिति

केन्द्रीय सरकार के साथ-साथ भारत के विभिन्न राज्य पर्यटन को बढ़ावा देने के लिए भरसक प्रयत्न कर रहे हैं क्योंकि उन्होंने देखा है कि राजस्थान, केरल तथा जम्मू एवं कश्मीर राज्य के अप्रत्याशित विकास का कारण मुख्यतः वहाँ का पर्यटन उद्योग है। जहाँ केरल को पर्यटन की दृष्टि से पिछड़ा माना जाता था, वहाँ समुद्री नदियों के किनारे होटल स्थापित करके तथा उनमें सभी आधुनिक सुख-सुविधाएँ उपलब्ध कराकर तथा नदियों पर स्टीमरों में सैर की तथा आयुर्वेदिक इलाज की व्यवस्था करने के कारण आज केरल भारत के पर्यटन नक्शे में देश का एक अग्रणी राज्य है, जबकि उत्तर प्रदेश, मध्य प्रदेश तथा बिहार में सभी कुछ होते हुए भी, ये राज्य पर्यटन की दौड़ में पिछड़ रहे हैं। यह सुखद आश्चर्य है कि हरियाणा राज्य में ऐतिहासिक तथा पुरातत्व विभाग के दर्शनीय स्थल कम होते हुए भी कुशल प्रबंधन के कारण भारत का यह छोटा समृद्धशाली राज्य पर्यटन के क्षेत्र में भी बाजी मार रहा है। वैसे भारत सरकार के आँकड़ों के अनुसार विदेशी पर्यटकों की दृष्टि से राज्यों की क्रमवार स्थिति है—तमिलनाडु, महाराष्ट्र, उत्तर प्रदेश, देहली, पश्चिमी बंगाल, राजस्थान, केरल, बिहार, गोआ तथा पंजाब।

विदेशी पर्यटक वह व्यक्ति है जिसके पास विदेशी पासपोर्ट है। तमिलनाडु तथा पंजाब के लोग विदेशों में बड़ी संख्या में कार्यरत हैं। वे जब देश में अपने सगे-सम्बन्धियों से मिलने भी आते हैं, तो विदेशी पर्यटक कहे जाते हैं। वैसे अकेले गोआ में वर्तमान सांख्यिकी के अनुसार 2017 में प्रायः, 6,80,683 विदेशी पर्यटक आए जो गोवा के मुख्य राजस्व तथा अर्थव्यवस्था के आधार हैं। यही कारण है कि देश में समृद्धि के पैमाने पर दिल्ली तथा गोआ प्रति व्यक्ति आय में शीर्षतम स्थान पर स्थित रहते हैं।

इंडिया टुडे पत्रिका के अनुसार राज्यवार स्थिति निम्न है—

रैंक	**राज्य**	**रैंक**	**राज्य**
1.	हरियाणा	8.	केरल
2.	असम	9.	उत्तराखंड
3.	हिमाचल प्रदेश	10.	राजस्थान
4.	कर्नाटक	11.	पश्चिम बंगाल
5.	तेलंगाना	12.	महाराष्ट्र
6.	गुजरात	13.	तमिलनाडु
7.	ओडिशा	14.	छत्तीसगढ़

15. जम्मू और कश्मीर
16. उत्तर प्रदेश
17. पंजाब
18. मध्य प्रदेश
19. आंध्र प्रदेश
20. बिहार
21. झारखंड

(इंडिया टुडे, अंक 29 नवम्बर, 2017)

खट्टर सरकार की कामयाबी का एक छोटा लेकिन महत्त्वपूर्ण हिस्सा पर्यटन क्षेत्र में किए गए कामों से भी आया है, हाइवे टूरिज्म में तो हरियाणा पहले ही आगे है और स्थानीय पक्षियों के नाम पर चल रहे 43 टूरिस्ट परिसरों का नेटवर्क पहले ही मौजूद है। हरियाणा अब गोल्फ टूरिज्म व फार्म टूरिज्म जैसे नए क्षेत्रों में कदम बढ़ाने के साथ-साथ अपने तीर्थस्थानों और हेरिटेज केंद्रों को भी बढ़ावा दे रहा है, पर्यटन क्षेत्र में की गई नई पहलों में कृष्ण सर्किट शामिल है जिसमें ब्रह्म सरोवर, ज्योतिसर, नरकटरी, सनहित सरोवर और कुरूक्षेत्र शामिल हैं, इसके अलावा सौ करोड़ रुपए की लागत से हेरिटेज सर्किट का विकास किया जा रहा है जिसमें रेवाड़ी, महेंद्रगढ़ और माधोगढ़ को रखा गया है।

पर्यटन के विकास की समस्याएँ

पर्यटन के विकास की मुख्य समस्याएँ हैं—

1. विदेशी पर्यटकों के साथ धोखाधड़ी,
2. मध्यम क्रम के होटलों का अभाव,
3. टूर ऑपरेटरों द्वारा धोखाधड़ी,
4. सड़क यात्रा के लिए वाहन उपलब्धता में कमी,
5. गाइडों में अंग्रेजी तथा अन्य भाषागत ज्ञान का अभाव,
6. सड़क दुर्घटनाएँ तथा
7. कानून-व्यवस्था की खराब स्थिति।

यह बड़े दुःख की बात है कि जिस देश में अतिथि को देवता का दर्जा दिया जाता है, उस देश में कई विदेशी पर्यटकों के साथ बदसलूकी के मामले प्रकाश में आए तथा स्थानीय पुलिस मूकदर्शक बनी रही। यहाँ तक कि कुछ विदेशी महिला पर्यटकों को ठगने के अतिरिक्त उनके साथ बलात्कार हुआ। ऐसे मामलों में सम्बन्धित राज्य तथा केन्द्रीय सरकार के स्तर से कड़ी-से-कड़ी कार्यवाही होना चाहिए क्योंकि ये पर्यटक अपने देश में वापिस जाकर इन घटनाओं को विभिन्न समाचार-पत्रों, टेलिविजन चैनलों तथा सोशल मीडिया में प्रकाशित करते हैं जिससे अन्य विदेशी पर्यटक भारत आने से घबराते हैं। अतः पर्यटन एक ऐसा उद्योग है जिसके लिए देश एवं राज्य का प्रशासनिक ढाँचा चुस्त-दुरुस्त होना चाहिए तथा विदेशी पर्यटकों की शिकायतों पर त्वरित कार्यवाही होनी चाहिए। यदि आवश्यकता

हुई, तो उनसे वीडियो कॉनफ्रेंसिंग के द्वारा न्यायालय में पूछताछ करके अपराधियों को कड़े-से-कड़ा दंड देना चाहिए ताकि ये अपराध न दुहाराये जाएँ। साथ-साथ यह भी देखना आवश्यक है कि विदेशियों के संसर्ग से हमारे सामाजिक मूल्यों का पतन न हो। दोनों परस्पर एक दूसरे के गुण-ग्राहक बनें।

सुझाव

भारत सरकार ने पर्यटन के लिए ई-वीजा की व्यवस्था की है ताकि विदेशी पर्यटकों को भारत आने के लिए भारत के अकर्मण्य कर्मचारियों से भरे दूतावास के चक्कर न लगाना पड़े। वे ऑनलाइन वीसा प्राप्त कर सकते हैं तथा भारत आने पर उन्हें हवाई पत्तन पर वीसा प्राप्त हो जाएगा। इस सुविधा के कारण जहाँ सन् 2016 में विदेशी पर्यटकों की वृद्धि 9.7 प्रतिशत थी, वही 2017 में यह उछल कर 15.6 प्रतिशत हो गई। विदेशी पर्यटकों की संख्या में वृद्धि के साथ-साथ विदेशी मुद्रा की आय में भी सन् 2017 में 17 प्रतिशत वृद्धि हुई। पर देश से बाहर जाने वाले पर्यटकों की संख्या में अनियंत्रित वृद्धि हुई है। वर्ष 2017 में भारत से विदेश जाने वाले कुल पर्यटक 2.2 करोड़ थे जो भारत की विदेशी मुद्रा भंडार पर एक बड़ा भार है। देश में ऐसी सस्ती तथा सहज सुविधाएँ होनी चाहिए कि भारतीय विदेशों में पर्यटन के लिए कम जाएँ। पर्यटक आजकल पर्यटन पर केवल रहन-सहन तथा खाने-पीने के लिये नहीं जाते, वे उन स्थानों के विषय में भी जानना चाहते हैं। वे वहाँ की संस्कृति, सभ्यता, संगीत, इतिहास, जैव-वैविध्य, वन एवं वन्य-प्राणी तथा दर्शनीय स्थानों के विषय में जानना चाहते हैं। यह काम मल्टीमीडिया द्वारा झांकियाँ प्रस्तुत करके किया जा सकता है तथा इलैक्ट्रॉनिक मेल द्वारा पर्यटक को पूरी जानकारी के साथ मानचित्र भेजा जा सकता है ताकि वह संशय की स्थिति में न रहे। भारत में खेल एवं इलाज के लिये भी पर्यटन में वृद्धि हो रही है। प्रायः तीन प्रतिशत विदेशी पर्यटक भारत में सस्ते पर अच्छे इलाज के लिए भारत आते हैं जो भारत की बढ़ती हुई अर्थव्यवस्था में सहायक हैं। यह क्षेत्र कुछ वर्षों बाद प्रथम स्थान पर आ सकता है। वैसे आज ई-मेल तथा इन्टरनेट का युग है। भारत सूचना प्रौद्योगिकी में अग्रणी देश है। आशा है कि पर्यटन क्षेत्र में धोखाधड़ी को बंद करके तथा आई.टी. का अधिक प्रयोग करके भारत पर्यटन के विश्व मानचित्र पर अन्य राष्ट्रों के सामने एक चुनौती पेश करेगा।

वस्त्र निर्यात-क्षेत्र

दुनिया का दूसरा सबसे बड़ा कपड़ा उत्पादक और निर्यातक होने के साथ भारतीय वस्त्र उद्योग, कृषि के बाद दूसरा सबसे बड़ा रोजगार प्रदाता भी है, जो 4.5 करोड़ से अधिक भारतीयों के लिए प्रत्यक्ष और 6 करोड़ के लिए परोक्ष रोजगार सृजित कर

रहा है। देश के सकल घरेलू उत्पाद में इसका 4 प्रतिशत योगदान है। शिल्पकारों के कल्याण के लिए और उन्हें इस क्षेत्र में नवीनतम तकनीकी प्रगति की जानकारी देने के लिए सरकार ने बुनकर सेवा केंद्र, शिल्प क्लस्टर कार्यक्रम, ई-कॉमर्स प्लेटफॉर्म जैसी कई योजनाएँ आरंभ की हैं।

2015-16 में भारत के कुल निर्यात में वस्त्र क्षेत्र का योगदान 14 प्रतिशत था। किंतु निर्यात के मामले में भारत चौराहे पर खड़ा है और उसे चीन, बांग्लादेश, यूरोपीय संघ, हांगकांग, वियतनाम, इंडोनेशिया, अमेरिका तथा कंबोडिया से कड़ी टक्कर मिल रही है। किंतु कपड़ा क्षेत्र में 100 प्रतिशत प्रत्यक्ष विदेशी निवेश की अनुमति, संशोधित प्रौद्योगिकी उन्नयन कोष योजना (एटीयूएफएस), तकनीकी वस्त्र प्रौद्योगिकी अभियान (टीएमटीटी), फोकस इनक्यूबेशन केंद्रों की स्थापना, बाजार विकास सहयोग, मेगा क्लस्टर विकास योजनाओं जैसी अनुकूल सरकारी नीतियों तथा योजनाओं की मदद से वस्त्र उद्योग भारतीय अर्थव्यवस्था में सबसे आगे ही नहीं खड़ा रहेगा, बल्कि विश्व निर्यात में भी निश्चित रूप से नई ऊँचाइयाँ छुएगा। इसके साथ ही इसमें आम आदमी की रोटी, कपड़ा और मकान की जरूरतें पूरी करने की क्षमता भी है।

भारतीय कपड़े अपने सुंदर रंगों और डिजाइनों के लिए दुनिया भर में मशहूर हैं। दुनिया के किसी भी अन्य देश में विविध संस्कृति तथा विभिन्न प्रकार की वस्त्र परंपराओं में ऐसा करीबी रिश्ता नहीं रहा है, जैसा भारत में है। राजस्थान का बांधनी हो, बंगाल का कांथा हो, गुजरात का तनछुई हो या तमिलनाडु का कांजीवरम, प्रत्येक कपड़े पर क्षेत्रीय संस्कृति एवं परंपरा की स्पष्ट छाप है। बनारसी सिल्क, ओडिशा सिल्क, तसर, मूंगा और चंदेरी ऐसे ब्रांड हैं, जो दुनिया भर में मशहूर हैं और सराहे जाते हैं।

डब्ल्यूटीओ के 2015 के अन्तरर्राष्ट्रीय व्यापार आँकड़ों के अनुसार भारत दुनिया का तीसरा सबसे बड़ा कपड़ा निर्यातक है जिसका वर्ष 2014-15 में वैश्विक व्यापार में 5.8 प्रतिशत अंश था। वर्ष 2014 में लगभग 41 अरब डॉलर के कुल कपड़े के निर्यात में वस्त्र निर्यात की हिस्सेदारी 18.3 अरब डॉलर अर्थात् रुपए 1,20,780 करोड़ की थी जबकि भारत का कुल वैश्विक व्यापार 314 अरब डॉलर का रहा था। तैयार परिधानों में भारत दुनिया का छठा सबसे बड़ा निर्यातक है तथा विश्व निर्यात में उसकी 3.7 प्रतिशत हिस्सेदारी है।

भारतीय वस्त्र उद्योग को निर्यात से होने वाली आय उसे मूल्य तथा मजबूती देती है। यही कारण है कि वैश्विक बाजार की खस्ता हालत और महँगी ऊर्जा, महँगी परिवहन लागत तथा परेशान करने वाले श्रम कानूनों जैसी घरेलू चुनौतियों के बावजूद वस्त्र उद्योग ने निर्यात के मोर्चे पर अन्य क्षेत्रों की तुलना में अच्छा प्रदर्शन किया और 2015-16 में भारत के कुल निर्यात में उसकी 14 प्रतिशत हिस्सेदारी रही।

प्रतिस्पर्द्धा में भारत को सस्ते श्रम की शक्ल में जो बढ़त हासिल थी, वह बांग्लादेश और वियतनाम जैसे देशों से मिल रही टक्कर से खत्म होती जा रही है क्योंकि ये देश कुशल कर्मचारी तथा सस्ता श्रम उपलब्ध कराते हैं। बांग्लादेश में निर्यातोन्मुखी औद्योगिक क्षेत्र की पहले ही सकल घरेलू उत्पाद (जीडीपी) के एक चौथाई से अधिक हिस्सेदारी हो गई है और माना जा रहा है कि यह वैश्विक विनिर्माण केंद्र के रूप में विकसित होता रहेगा। बांग्लादेश और वियतनाम के अलावा कंबोडिया, इथियोपिया और म्यांमार तैयार परिधान के वैश्विक व्यापार में नए संभावित प्रतिस्पर्द्धी हैं।

उभरते बाजार

हमारे वस्त्र निर्यात के लिए 10 शीर्ष बाजार वे ही हैं, जिनके साथ उसका कोई मुक्त व्यापार समझौता अथवा तरजीही व्यापार समझौता नहीं है। केवल बांग्लादेश के साथ दक्षिण-एशियाई मुक्त व्यापार क्षेत्र (साफ्टा) के तहत समझौता है। निर्यात की सतत वृद्धि के लिए जरूरी है कि वैश्विक अर्थव्यवस्था में वृद्धि के बदलते समीकरणों के अनुसार बाजारों का विविधीकरण हो और हमें उन देशों/क्षेत्रों से संबंधों की ओर देखना चाहिए, जो हमारे वस्त्रों के लिए सम्भावनाशील बाजार हैं। प्राथमिक रूप से मानव निर्मित रेशों की अंतरराष्ट्रीय माँग है, कपास और ऊन जैसे प्राकृतिक रेशों की नहीं। इससे अनिश्चितता हो सकती है क्योंकि छोटे उद्यमों पर कच्चे माल की कीमतों में उतार-चढ़ाव तथा श्रम लागत की मार पड़ सकती है। इसके अलावा विदेशी बाजारों में मुकाबला करने के लिए उद्योग को फैशन के तेजी से बदलते रुझानों और विभिन्न आयु वर्गों के उपभोक्ताओं की बदलती पसंद के मुताबिक स्वयं को तेजी से ढालना होगा।

परंपरागत विकसित बाजारों यानि उत्तर अमेरिका और यूरोप में भारतीय निर्यात की माँग सुस्त होने के अनुमान हैं और यदि परा-प्रशांत (ट्रांस पैसिफिक) साझेदारी को मंजूरी मिल जाती है तो भारत के लिए निर्यात के लिए व्यापार के दृष्टिकोण से ये प्रतिस्पर्द्धी कड़ी चुनौती पेश करेंगे। इसकी तुलना में भावी वृद्धि संभवत: विकासशील तथा उभरती अर्थव्यवस्थाओं में निहित है, जिनमें वृद्धि की दर अपेक्षाकृत अधिक हो।

इसके अतिरिक्त भारत को निरंतर तकनीकी में परिवर्तन करना होगा ताकि तकनीकी वस्त्र निर्यात के क्षेत्र में वह अपना अंश बढ़ा सके। उत्तरी अमेरिका तकनीकी वस्त्र का सबसे बड़ा उपभोक्ता है क्योंकि वहाँ इसका इस्तेमाल करने वाले अधिकतर उद्योग स्थित हैं। निकट भविष्य में कनाडा भी तकनीकी वस्त्र निर्यात का बड़ा बाजार होगा।

तकनीकी और प्रदर्शनात्मक-विशेषताओं के लिए तैयार किए जाने वाले उत्पाद

और सामग्री तकनीकी वस्त्र कहलाते हैं। कपड़े के खास गुणों, छेददार बनावट, हल्के वजन, लंबाई और मोटाई के अधिक अनुपात, लटकाने और ओढ़ने आदि के कारण इनका रुई के बंडल, कॉटन बड, पैड, फाइबर साउंड प्रूफ, हीट प्रूफ, हौजरी उत्पाद, तकिया, जुराब, फिल्टर, रूफ लाइन, घाव सिलाने के धागों, रस्सी आदि उत्पाद धागों तंतुओं से तैयार किए जाते हैं। फिलहाल भारतीय वस्त्र विनिर्माण में इसकी 12 प्रतिशत हिस्सेदारी है, जबकि चीन में यही हिस्सेदारी 20 प्रतिशत है। भारत में तकनीकी वस्त्र उद्योग बढ़कर 2017-18 तक 1,16,217 करोड़ रुपए हो जाने की सम्भावना है। भारत में तकनीकी वस्त्र क्षेत्र पारंपरिक वस्त्र विनिर्माण की तुलना में विकेन्द्रीकृत एसएमई क्षेत्र के पास है और अधिक विकेन्द्रीकृत है।

सरकारी प्रयास

राज्य सरकार तथा केन्द्र सरकार वस्त्र निर्माण क्षेत्र को काफी प्रोत्साहन दे रही हैं तथा अनेक उत्कृष्टता केन्द्रों की स्थापना की है ताकि उनमें विश्वस्तरीय अनुसंधान विकास से नये नमूने विकसित करने की सुविधाएँ हों तथा उन्हें सीधा कपास उत्पादक किसानों के खेतों से जोड़ा जाए ताकि उस बढ़ते हुए बाजार का उन्हें सीधा लाभ प्राप्त हो सके। इसी प्रकार हाथ-करघा तथा खादी द्वारा तैयार वस्त्र उद्योग भी अन्तरराष्ट्रीय बाजार में अपनी विविधता तथा पर्यावरण प्रियता के कारण विशेष स्थान बना लेंगे। भारत कम श्रम लागत, कच्चे माल की उपलब्धता तथा विशाल घरेलू बाजार के कारण इस क्षेत्र में अपना अग्रणी स्थान बना सकेगा। खादी को प्रोत्साहन देकर हम अपने राष्ट्रपिता महात्मा गांधी के स्वप्न को साकार करेंगे। खादी का उत्पादन विश्व में अब तक का सबसे बड़ा ग्रामीण उत्पादकता कार्यक्रम है। जिसमें लाखों परिवार बिचौलियों या जटिल विपणन तंत्र के चक्र में फँसे बिना अपने उत्पाद को सीधे उपभोक्ता तक पहुँचाते हैं। यह ग्रामीण सम्प्रदाय को उनके परिश्रम का उचित भुगतान करता है, बड़े उपभोक्ताओं को उनके पैसे का सही मूल्य वापिस करता है। भारत के लिए निस्संदेह यह राष्ट्रीय विरासत की अमूल्य धरोहर है। भारत सूती वस्त्रों का विश्व में दूसरा सबसे बड़ा निर्यातक देश है किन्तु वैश्वीकरण के कारण भारत को पाकिस्तान, चीन, जापान से तीव्र प्रतिस्पर्द्धा का सामना करना पड़ रहा है। भारतीय वस्त्र प्रौद्योगिकी चीन, जापान की तुलना में पिछड़ी है। परिणामत: उत्पादन में लागत अधिक आती है। भारत में निजी क्षेत्र को भी समान रूप से अनुसंधान तथा विकास के क्षेत्र में पैर पसारने होंगे ताकि अनुसंधान का लाभ शीघ्रता से वस्त्र उद्योग को प्राप्त हो सके। वर्ष 2015-16 में भारत का कपड़ा निर्यात 36.25 अरब डॉलर अर्थात् रुपए 2,39,250 करोड़ रहा जिसे राष्ट्रीय कपड़ा नीति के अनुसार 2024-25 तक 300 अरब डॉलर तक पहुँचाने का तथा 3.5 करोड़ नये रोजगार पैदा करने का लक्ष्य है।

सारांश

वस्त्र निर्यात क्षेत्र भारत की अर्थव्यवस्था का स्थायी आधार है जैसे सूचना प्रौद्योगिकी तथा पर्यटन क्षेत्र। इन क्षेत्रों में उतार-चढ़ाव तथा राजनीतिक हस्तक्षेप की भी सम्भावना कम है। फिर भी सरकार का इन्सपेक्टर राज आजकल भी इन क्षेत्रों के उत्साह को कम करने में प्रयासरत है। सरकारों को चाहिए कि इन तीनों महत्वपूर्ण क्षेत्रों को सरकारी तथा राजनीतिक हस्तक्षेप से मुक्त क्षेत्र घोषित करें ताकि ये तीनों क्षेत्र स्वायत्त होकर विश्व-प्रतियोगिता में आगे बढ़ सकें। आज विश्व-स्तर की प्रतियोगिता में खड़े रहने के लिए निरंतर अनुसंधान तथा विकास द्वारा तकनीकी का आधुनिकीकरण तथा उत्पाद की गुणवत्ता में सतत सुधार तथा उन्नति आवश्यक है अन्यथा कोई भी विकासशील या कम विकसित देश उसके सरकारी अनुशासन तथा सस्ते श्रम तथा लागत के बल पर भारत को पीछे धकेल देगा। केन्द्रीय अनुदान में भी देखना हेगा कि सरकार द्वारा कार्यरत लाभकारी योजनाओं का सरकारी लाभ केवल गुजरात तथा मुम्बई स्थित कुछ बड़े-बड़े व्यापारियों या उद्योगपतियों तक ही सीमित न रह जाए।

इन तीनों क्षेत्रों में रोजगार सृजन की व्यापक सम्भावनाएँ हैं तथा वर्तमान समय में ही ये कृषि क्षेत्र के पश्चात् सबसे अधिक रोजगार सृजित कर रहे हैं। भारत जैसे अभावग्रस्त देश में शिक्षा तथा स्वास्थ्य के साथ रोजगार सृजन भी प्राथमिक क्षेत्र है जिसकी किसी भी दशा में उपेक्षा नहीं की जा सकती। कौशल विकास कार्यक्रम के अंतर्गत प्रशिक्षित युवा जितना वस्त्र उद्योग के क्षेत्र में संलग्न हो रहे हैं, उतना किसी अन्य क्षेत्र में नहीं। पर्यटन क्षेत्र भारत के छोटे-छोटे गाँवों तक फैला है क्योंकि भारत की ऐतिहासिक इमारतें तथा धरोहरें देश के कोने-कोने में स्थित हैं। उसी प्रकार सूचना प्रौद्योगिकी क्षेत्र में इतने युवा इंजीनियरों को नौकरियाँ प्राप्त हो रही हैं जो सरकारी उद्यम द्वारा संभव नहीं था। वास्तव में एक समय भारत में शिक्षित युवाओं विशेषत: शिक्षित इंजीनियरों की बेकारी की ज्वलन्त समस्या थी जो निजी क्षेत्र ने हल कर दी। आशा है कि नई तकनीकियाँ खोज कर तथा उनके द्वारा देश की सभी समस्याओं को हल करके देश के विकास की गाड़ी को सही रास्ते पर चलाकर भारत को विकास तथा सर्व जनकल्याण के गंतव्य तक पहुँचाया जाएगा।

13

शहरीकरण, पर्यावरण, प्रदूषण तथा विकास

वर्ष 2011 की जनगणना के अनुसार भारत की कुल 121 करोड़ आबादी में शहरों की आबादी 37 करोड़ अर्थात् 30.5 प्रतिशत थी जो अब प्राय: एक तिहाई है। वर्ष 2001 में जहाँ भारत में शहरों की कुल संख्या 5,761 थी, वहीं यह 2011 में बढ़कर 7,936 हो गई। सन् 2030 तक भारत के शहरों में रहने वालों की संख्या 59 करोड़ हो जाएगी तब भारतीय शहर सकल घरेलू उत्पाद का 70 प्रतिशत दे सकते हैं। वर्तमान में इन शहरों में देश के सकल घरेलू उत्पाद (जी. डी. पी.) का 60 प्रतिशत से अधिक है।

यह निर्विवाद है कि शहरीकरण ही भविष्य है। विश्व के आर्थिक विकास का इतिहास दर्शाता है कि शहरों का विकास न केवल स्वाभाविक है बल्कि अपरिहार्य भी। शहरीकरण स्थान का बेहतर दोहन कर और उत्पादक शक्तियों को एक स्थान पर इकट्ठा कर कुछ ऐसी दक्षता पैदा करता है जो विकास-प्रक्रिया को सुगम बनाता है। परन्तु शहरों को यदि उत्पादक उद्यमों का केन्द्र, रचनात्मकता का गढ़ और साझी प्रचुरता की पहचान बनना है तो उसके लिये सावधनीपूर्वक योजनाएँ बनानी होंगी।

यह आवश्यक नहीं है कि नियोजन बाहर से थोपा जाए। वास्तव में यदि शहर के स्वाभाविक विकास की सम्भावनाओं का पता लगाकर उसे आधुनिक शहरी बसाहट से समेकित किया जाए तो भविष्य के नगरों का बेहतर ख़ाका तैयार किया जा सकता है।

पूरी तरह शीशों की बनी चमचमाती अट्टालिकाएँ ऊर्जा का बेतहाशा दोहन करती हैं लेकिन ऐसी इमारतें आज हमारे शहरों की पहचान बन चुकी हैं। वास्तव में ये शहरीकरण की त्रुटिपूर्ण परिकल्पना के परिणाम हैं। नियोजकों में अब उन प्राचीन शहरों की ओर रुचि बढ़ रही है जो सदियों से टिके हुए हैं और आज भी फल-फूल रहे हैं। इन लोगों ने स्वाभाविक रूप से बढ़ते हुए शहरों की गतिशीलता का गहराई से अध्ययन करना शुरू कर दिया है ताकि यह समझ सकें कि पर्यावरण को विरूपित किए बिना वे कैसे लोगों को आश्रय, रोज़गार, अपनापन और प्यार देते आ रहे हैं। किसी सुनियोजित नगर की सफलता को केवल आर्थिक समृद्धि के आधार पर तय करने के पहले उसे इस कसौटी पर भी कसा जाना आवश्यक है

कि उनमें कितनी आत्महत्याएँ, दुर्घटनाएँ, हिंसात्मक अपराध, सड़कों पर उत्तेजित राहगीरों में मारपीट की घटनाएँ हो रही हैं और इनमें श्वासजनित और हृदय रोगी, असुरक्षित बुजुर्गों, आवासहीन और फुटपाथों पर रहनेवालों की संख्या क्या है यहाँ तक कि कितने तलाक़शुदा और भ्रमित लोग यहाँ रह रहे हैं।

चाहे यह नये विकसित किए जा रहे शहर हों या जीवन्त पुराने और बसे बसाये शहर, शहरी नियोजकों में यह धरणा बढ़ती जा रही है कि शहरों की जनसंख्या का वह बड़ा हिस्सा जो मुख्यत: मौन और वंचित रहता है उसे भी योजना के निर्माण और कार्यान्वयन में शामिल किया जाना चाहिए। शहरों के जो लोग काम पर जाते हैं उनका 75 प्रतिशत भाग उन लोगों का है जो असंगठित या अनौपचारिक क्षेत्र से हैं। इस विशाल और विशद जनसंख्या तथा उनकी जिन्दगी की हक़ीक़त की उपेक्षा करने का अर्थ होगा उन योजनाओं का निरर्थक होना जो इन भावी शहरों के लिये तैयार की जाएँगी। हमें यह स्वीकार करना होगा कि एक सुनियोजित, सुरक्षित, सुव्यवस्थित आवासीय बस्ती के पास जो झुग्गी-झोंपड़ियाँ आ खड़ी होती हैं, वे कुलीन और भद्र परिवारों के जीवन को आरामदायक बनाने में योगदान देती हैं। घरेलू नौकर चाकर से लेकर प्लम्बर, मिस्त्री, इलेक्ट्रिशियन, सुरक्षाकर्मी जैसे अनेक कार्यों के ज़रिये ये झुग्गी-झोंपड़ी निवासी शहरों के भद्रलोक का जीवन ख़ुशहाल बनाते हैं। हर शहर में एक दूसरा शहर भी बसा होता है और वंचन और असमानताओं के कारण जिसका दम घुटता रहता है। इसे बदलना ही होगा। बुरे वक़्त को अच्छे वक़्त के लिये रास्ता देना ही होगा। यह जितनी जल्दी हो उतना ही बेहतर होगा।

शहरी विकास नीति को पुनर्जीवित करने के लिए केन्द्र सरकार ने दिसम्बर 2005 में जवाहरलाल नेहरू अर्बन रिन्यूअल मिशन (जेएनएनयूआरएम) जैसी बड़ी योजना शुरू की, ताकि प्रारम्भिक तौर पर 63 चुनिन्दा शहरों की शहरी आधारभूत संरचना के समन्वित विकास पर ध्यान दिया जा सके। इस योजना का ज़ोर शहरी ग़रीबों की मौलिक सेवा ज़रूरतों, मकान, पानी की आपूर्ति, स्वच्छता, सड़कों का संजाल, शहरी परिवहन और शहर के अन्दर और पुराने शहरी क्षेत्रों का विकास आदि पर था। पूर्व की योजनाएँ जैसे मेगा सिटी, आईडीएसएमटी, एनएसडीपी और वीएएमबीएवाई आदि इसमें मिला दी गईं।

जेएनएनयूआरएम को दो भागों में विभाजित किया गया, जैसे (1) शहरी आधारभूत संरचना और प्रशासन और यूआईजी और (2) 63 लक्षित शहरों में शहरी ग़रीबों के लिए आधारभूत सुविधाओं की उपलब्धता। ग़ैर लक्षित नगरों और शहर यूआईडीएसएसएमडी आईएचएसडीपी योजना के तहत कवर किए गए हैं। आवास और शहरी ग़रीबी उन्मूलन मंत्रालय को बीएसयूपी और आईएचएसडीपी कार्यक्रमों का नोडल मंत्रालय बनाया गया है जो शहरी ग़रीबों, खासकर झुग्गी के रहवासियों

के आवास और आधारभूत ज़रूरतों के लिए काम करता है। इस योजना के तहत मौलिक ज़रूरतें जैसे स्वच्छता, जलापूर्ति, सीवरेज, सॉलिड वेस्ट डिस्पोजल जैसे काम हाथ में लिये गए हैं। दूसरी ओर, शहरी विकास मंत्रालय जेएनएनयूआरएम के तहत यूआईजी और यूआईडीएसएसएमटी की देखभाल करता है।

ग्यारहवीं योजना के मध्यावधि पुनरावलोकन में यह स्वीकार किया गया कि शहरी विकास और जेएनएनयूआरएम के तहत शहरी नवीकरण के लिए बड़े पैमाने पर फंड की आवश्यकता है। माना जाता था कि इसके लिए लगभग 3-4 लाख करोड़ रुपए की आवश्यकता थी, जबकि जेएनएनयूआरएम के तहत सातवीं पंचवर्षीय योजना में महज 66 हज़ार करोड़ रुपए ही आवण्टित किए गए (2005-12)।

बारहवीं पंचवर्षीय योजना (2012-17) में जेएनएनयूआरएम को मज़बूत बनाए जाने का प्रस्ताव है और माना गया है कि शहरी सुधारों में इसकी व्यापक भूमिका होगी। बारहवीं योजना के तहत जेएनएनयूआरएम में निम्न घटक शामिल थे—

1. शहरी आधारभूत संरचना और प्रशासन (यूआईजी)।
2. राजीव आवास योजना (आरएवाई)।
3. शहरों में झुग्गियों का पुनर्वास जो आरएवाई में शामिल नहीं।
4. क्षमता निर्माण।

उल्लेखनीय है कि कार्यक्रम के क्रियान्वयन में मुख्य रूप से मुख्य धारा की शहरी योजना का विफल होना, अपूर्ण सुधार और परियोजना के क्रियान्वयन की सुस्त गति आदि प्रमुख व्यवधान रहे हैं। परियोजनाओं के लिए भूमि प्राप्त करने में देरी और विभिन्न नियमन प्राधिकारों से स्वीकृति आदि में देरी भी सुस्त गति के कारक रहे हैं। सामने आया है कि कई शहरों में शहरी योजना अभी शुरू ही नहीं हो सकी है और इसे मज़बूत और भागीदारीपूर्ण बनाने की भी आवश्यकता है।

राजीव आवास योजना दो जून 2011 को एक पायलट प्रोजेक्ट के रूप में दो साल के लिए शुरू की गई थी, जिसका लक्ष्य देश को झुग्गीमुक्त बनाना था। केन्द्र सरकार ने अन्ततः 2013-2022 की अवधि के लिए तीन सितम्बर, 2013 को इस योजना का शुभारम्भ किया। योजना का लक्ष्य राज्य सरकार और शहरी प्रशासन को झुग्गियों के उन्नयन, उनमें रहनेवाले लोगों को मालिकाना हक देना था और इनका विकास भारत में आबादी की रफ़्तार को देखते हुए इस तरह करना था कि भविष्य में भारत झुग्गीमुक्त हो जाए। योजना के तहत शहर की सभी झुग्गी बस्तियाँ चाहे वे अधिसूचित हों या न हों (चिन्हित और मान्यता प्राप्त सहित), चाहे ज़मीन केन्द्र सरकार या इसके अधीन संस्था की ही क्यों न हो, स्वायत्त संस्थाएँ जो संसद, राज्य सरकार या उसके अधीन गठित की गई थीं, की ही क्यों न हो, चाहे वे यूएलबी या किसी सार्वजनिक और निजी एजेन्सी की ही क्यों न हो।

कायाकल्प एवं शहरी रूपान्तरण के लिए अटल मिशन

कायाकल्प एवं शहरी रूपांतरण के लिए अटल मिशन (अमृत) वर्ष 2015 में प्रारम्भ किया गया। इस मिशन का उद्देश्य 500 शहरों/कस्बों में बुनियादी शहरी संरचना में सुधार लाना है, जिन्हें मिशन शहरों/कस्बों के रूप में जाना जाएगा। यह मिशन केन्द्रीय प्रायोजित योजना (सीएसएस) के रूप में संचलित किया जा रहा है। इसका उद्देश्य केण्टोनमेण्ट बोर्डों (सिविलियन) तथा शीर्ष शहरों, मुख्य नदियों की धारा तथा पर्यटन और प्रथम गंतव्यों पर कुछ शहरों तथा कुछ अन्य शहरों जिनकी नगरपालिकाओं की एक लाख से अधिक आबादीवाले शहरों तथा कस्बों को शामिल करना है।

अमृत (एएमआरयूटी) का उद्देश्य है—(1) प्रत्येक गृहवासी को पानी की सुनिश्चित आपूर्ति के साथ सीवर कनेक्शन की उपलब्धता (2) हरियाली और सुव्यवस्थित खुले स्थान यानी पार्क आदि के साथ शहरों की गुणवत्ता सुनिश्चित की जाए/बढ़ायी जाए, और (3) सार्वजनिक परिवहन या ग़ैर मोटर परिवहन द्वारा पर्यावरण प्रदूषण को कम किया जाए। (पैदल चलना और साइकिल चलाना)। सहकारिता की भावना के तहत अमृत योजना के आयोजन और क्रियान्वयन में राज्यों को बराबर का भागीदार बनाती है। इसी के तहत सहयोगी संघीय ढाँचे की भावना को बल मिलता है। अभी तक इस मिशन के अन्तर्गत 497 शहर/कस्बों का चयन किया गया है।

स्मार्ट सिटीज मिशन

इस मिशन की शुरुआत वर्ष 2015 में गई थी। स्मार्ट सिटीज मिशन पूर्ण तथा एकीकृत योजना के सिद्धान्तों पर समग्र शहरी इको-सिस्टम के विकास करने के विचार पर आधारित है। इसका ज़ोर सतत् और समावेशी विकास पर है तथा दूसरी अवधारणा सघन क्षेत्रों को देखने, प्रतिकृति मॉडल के सृजन पर है, जो अन्य आकांक्षी शहरों के लिए मार्गदर्शक का कार्य करेगी। देश के विभिन्न क्षेत्रों और भागों में इसी तरह के शहरों को बनाने की उत्प्रेरणा के लिए स्मार्ट सिटी मिशन का उदाहरण प्रस्तुत करना है जो स्मार्ट सिटी के भीतर तथा बाहर दोनों तरफ से प्रतिकृत कर सकता है। यह मिशन केन्द्रीय प्रायोजित योजना (सीएसएस) के रूप में प्रचलित है। 98 सम्भाव्य स्मार्ट सिटीज के नामों को अन्तिम रूप देने तथा राष्ट्रीय तथा अन्तरराष्ट्रीय विशेषज्ञों के पैनल द्वारा उनके स्मार्ट सिटी प्रस्तावों के मूल्यांकन के बाद सरकार ने प्रथम 20 शहरी क्षेत्रों, जिन्हें स्मार्ट सिटीज के रूप में विकसित किया जाएगा, की सूची की घोषणा की।

स्मार्ट सिटीज मिशन के दृष्टिकोण का उद्देश्य उन शहरों को बढ़ावा देना है, जो मूलभूत अवसंरचना उपलब्ध करा सकें तथा अपने नागरिकों को एक विशिष्ट गुणवत्तापूर्ण जीवन, साफ और सतत पर्यावरण तथा 'स्मार्ट' समाधान के अनुप्रयोग

दे सकें। इस योजना का उद्देश्य स्थायी एवं समावेशी विकास है तथा इससे जुड़ी प्रमुख अवधरणा है सुगठित क्षेत्रों की स्थापना तथा उस मॉडल को अन्य महत्त्वाकांक्षी शहरों के लिए प्रेरक के तौर पर इस्तेमाल करना।

स्मार्ट सिटीज से जुड़े आधारभूत तत्वों में हैं—(1) समुचित जलापूर्ति, (2) सुनिश्चित बिजली आपूर्ति, (3) स्वच्छता जिसमें ठोस अपशिष्ट प्रबन्धन, (4) सक्षम शहरी गतिशीलता एवं जन यातायात, (5) वहन योग्य आवासीय सुविधा, विशेषकर निर्धन वर्ग के लिए, (6) मज़बूत आईटी कनेक्टिविटी एवं डिजिटलाइजेशन, (7) कुशल शासन, विशेषकर ई-गवर्नेंस एवं नागरिक सहभागिता, (8) सन्धारणीय पर्यावरण, (9) नागरिकों, विशेषकर महिलाओं, बच्चों एवं बुजुर्गों की सुरक्षा, एवं (10) स्वास्थ्य व शिक्षा।

भविष्य

भारतीय शहरों को रोजाना बढ़ती भीड़, ट्रैफ़िक के मामले में अफरा-तफरी, पानी और बिजली की कमी जैसी चुनौतियों का सामना करना पड़ रहा है। स्मार्ट शहर इन समस्याओं के समाधान में सर्वश्रेष्ठ विकल्प हो सकते हैं।

इन शहरों में बेहतर स्वास्थ्य सुविधा उपलब्ध कराने के लिए प्राथमिक चिकित्सालय से लेकर एम्स की तर्ज पर ट्रोमा सेण्टर और इमरजेन्सी रिस्पान्स सिस्टम बनाया जाएगा। इसके साथ आपात स्थिति में मरीज को अस्पताल पहुँचाने के लिये एम्बुलेन्स सेवा तत्काल उपलब्ध कराने के उपाय होंगे। जीवनदायिनी सेवाएँ आसानी से उपलब्ध कराने के लिये अस्पतालों और अग्निशमन सेवा केन्द्रों में जनसम्पर्क केन्द्रों को इण्टरनेट के जरिये फोन नम्बरों से जोड़ा जाएगा जिससे ज़रूरत पड़ने पर मदद देने में कोताही नहीं हो।

युवाओं को रोज़गार मुहैया कराने के लिये प्रत्येक स्मार्ट सिटी का एक कॉमन डाटाबेस बनेगा जिससे कभी भी यह जानकारी हासिल की जा सकेगी कि उनकी शैक्षणिक योग्यता के अनुसार उस वक्त नौकरी कहाँ उपलब्ध है। फरवरी, 2015 में केन्द्रीय बजट पेश होने से पहले कुछ स्मार्ट सिटी की डेटाबेस प्रोजेक्ट रिपोर्ट तैयार की गईं। ये योजनाएँ अगले 25 वर्ष की ज़रूरतों को ध्यान में रखकर बनायी जाएँगी ताकि हर स्मार्ट सिटी में हर साल आनेवाली आबादी के हिसाब से व्यवस्था बनी रहे।

आशा है कि नगरपालिकाएँ तथा महानगरपालिकाएँ अपने राजनीतिक विभेदों को एक तरफ रखकर उपर्युक्त शहरों के विकास के लिये योजनाओं में एकबद्ध होकर जुटेंगी तथा रास्ते में आनेवाली समस्त अड़चनें दूर करेंगी। नगरपालिकाओं तथा महानगर निगमों में निर्णय प्रक्रिया राज्य के विधानमंडल की भाँति है तथा इसमें काफ़ी विलम्ब लगता है जब तक शेष विश्व काफ़ी आगे निकल चुकता है। नगरनिगमों में

नगर में स्थित विशेषज्ञों की सलाह ली जाएगी तथा भारत के संविधान के भाग 9 क के अनुसार वार्ड समितियों द्वारा विकेन्द्रीकृत शासन-प्रक्रिया का कार्यान्वयन होगा। जो पार्षद या सभासद या उपसमितियों के अध्यक्ष भ्रष्ट आचरण में संलिप्त पाए जाते हैं, उनकी सदस्यता तुरन्त निलम्बित होनी चाहिए तथा उनके विरुद्ध भारतीय दंड सहिता के अन्तर्गत प्राथमिकी दर्ज़ होनी चाहिए। ऐसी व्यवस्था न होने के कारण शहरीकरण की समस्या से निबटने वाली संवैधानिक स्थानीय स्वशासित इकाइयाँ अक्षम हो रही हैं तथा नगरपालिकाओं तथा नगर-निगमों के निवासियों का उन पर से विश्वास उठता जा रहा है। यहाँ तक कि उनके आचरण से उनके राजनीतिक-दल का नेतृत्व भी परेशान एवं धर्मसंकट में फँसा रहता है। यद्यपि शहरीकरण समस्या का हल नहीं है। शहरीकरण का वास्तविक हल है ग्रामीण भारत में वे सभी सुख-सुविधाएँ उपलब्ध कराना ताकि शहर की ओर आबादी का विस्थापन ही न हो। आज भारत के गाँवों में इण्टरनेट है, टेलीविजन है, रोड नेटवर्क सहित वाहन आदि की सुविधओं सहित शिक्षा आदि की व्यवस्था है। फिर भी नौकरी तथा ऊँची आमदनी के लिये लालच में लोग शहरों की ओर पलायन कर रहे हैं तथा शहर के प्रदूषित जल एवं वायु का सेवन कर रहे हैं। पर हम संवैधानिक तौर तरीके से इसे नहीं रोक सकते। आवश्यकता है कि शहरों के स्थानीय प्रशासन को विकासोन्मुख तथा भ्रष्टाचार मुक्त सुनिश्चित करना। यह कार्य कठिन नहीं है। राजनीतिक इच्छाशक्ति तथा सक्रिय जन आन्दोलन से शहरों की सम्यक् उन्नति एक वास्तविकता होगी।

पर्यावरण एवं प्रदूषण

पर्यावरण संरक्षण एक विश्वव्यापी मुहिम है जिसका सभी समर्थन करते हैं क्योंकि पर्यावरण प्रत्यक्ष या अप्रत्यक्ष रूप से प्रत्येक जीवन को प्रभावित करता है। पर्यावरण में विकृति प्रदूषण कहलाता है। यह प्रदूषण पाँच प्रकार का होता है—भूमि या मृदा प्रदूषण, जल, वायु, ध्वनि और नाभिकीय प्रदूषण। औद्योगिक प्रदूषण में प्रथम चारों प्रकार के प्रदूषण सम्मिलित हैं।

आजकल हम जिस पर्यावरण-संरक्षण की चर्चा करते हैं, वह वस्तुतः प्रदूषण नियंत्रण ही है। उसका प्रथम आकलन एवं तत्पश्चात् उसे दूर करने के लिए प्रयत्नों का लेखा-जोखा ही जैसे पर्यावरण का पर्याय बन गया है। भारत के संविधान के अनुच्छेद 48 (क) में राज्य एवं केन्द्र सरकारों पर राज्य के नीति निदेशक तत्त्वों के माध्यम से यह दायित्व सौंपा गया है कि वे देश के पर्यावरण की केवल सुरक्षा ही नहीं करेंगे, अपितु उसकी उन्नति भी करेंगे। इसी प्रकार अनुच्छेद 51 (क) (छ) में प्रत्येक भारतीय नागरिक का यह कर्त्तव्य निर्धारित किया गया है कि वह देश के प्राकृतिक पर्यावरण, जैसे—वनों, झीलों एवं वन्य जीव-जन्तुओं की सुरक्षा एवं उनके सम्वर्द्धन का प्रयत्न करेगा। पर्यावरण के दूषित होने से भारत की कर्म क्षमता

कम हो रही है तथा बीमारियों के कारण लाखों करोड़ रुपया बर्बाद हो रहा है जो विकास में बाधक है।

प्रदूषण की स्थिति

भारत में प्रदूषण का मुख्य कारण जल प्रदूषण है। लगभग 70 प्रतिशत जल देश में सामान्य अथवा गम्भीर रूप से प्रदूषित है। इससे अधिकांश नदियाँ एवं बड़े-बड़े पर्यटन केन्द्रों एवं शहरी क्षेत्रों में स्थित झीलें अत्यधिक प्रदूषित हैं। शहरों में घनी आबादी है एवं घरों का मल-जल नीचे स्तर पर होने के कारण जल स्रोतों में जाकर मिलता है। इन्हीं शहरी केन्द्रों अथवा शहरों के किनारे बड़े-बड़े औद्योगिक केन्द्र भी हैं। अत: उनका विषैला एवं ख़तरनाक रासायनिक उत्प्रवाह नदियों से मिल जाता है। एक अनुमान के अनुसार प्रति वर्ष भारत में जल से उत्पन्न बीमारियों के कारण लगभग 8 लाख व्यक्ति काल के गर्भ में चले जाते हैं।

अत: यह स्पष्ट है कि भारत में मुख्य प्रदूषण का स्रोत भारत की बढ़ती हुई आबादी है। यदि उस पर नियंत्रण न रखा गया तो सरकार की ओर से किए गए सभी कल्याणमूलक, विकासमूलक अथवा पर्यावरण की उन्नति के लिए किए गए कार्य निरर्थक सिद्ध हो जाएँगे। सन् 2030 तक यह जनसंख्या एक सौ पैंसठ करोड़ तक होने की आशंका है, पर मैं पूर्व पर्यावरण मंत्री मेनका गांधी से सहमत नहीं हूँ कि भारत का तीन-चौथाई हवा एवं पानी प्रदूषित है। भारत में शहरों के बाहर जाने पर आज भी शुद्ध, स्वस्थ हवा का आनन्द लिया जा सकता है। कभी-कभी तो ग्रामों की यह हवा एवं पानी इतना स्वच्छ एवं प्रदूषण मुक्त होता है कि शहरों में प्रदूषण भोग रहे व्यक्तियों पर ज़ुकाम आदि का प्रभाव हो जाता है। यह सत्य है कि शहरों में वाहनों से निकली कार्बनडाईऑक्साइड, कार्बन मोनो ऑक्साइड शहरी व्यक्तियों के फेफड़ों पर ख़राब प्रभाव डाल रही है एवं उनमें भाँति-भाँति के श्वांस सम्बन्धी रोगों को जन्म दे रही है। दिल्ली में तो लोगों के फेफड़े काले हो गए हैं। दिल्ली में वाहनों से प्रतिदिन चार सौ टन सल्फर डाइ ऑक्साइड वातावरण में छोड़ी जाती है। हमारे यहाँ सीसा मुक्त पेट्रोल की व्यवस्था हो रही है। न ही भारत जैसे निर्धन देश के लिए इस प्रकार की तकनीक लाना निकट भविष्य में सम्भव है। फिर भी घरों में जाकर लोग जब यज्ञादि करते हैं तो उन पर सभी ख़राब प्रभाव प्रभावहीन हो जाता है। हाँ, हमारे देश में बढ़ती हुई रासायनिक उद्योग की इकाइयाँ खतरे की घंटी बजा रही हैं। आज भारत में चार हज़ार उद्योग रासायनिक उद्योग हैं। सन् 1980 में इन उद्योगों में दुर्घटनाओं में दस हज़ार कर्मचारी घायल हुए तथा एक सौ मारे गए तथा आसपास के कई क्षेत्रों में भय कायम हुआ एवं अनेक स्थानों पर लोग अस्थायी एवं स्थायी रूप से प्रभावित हुए। कुछ जाने भी गईं। उद्योगों में काम करनेवालों में व्याप्त बीमारियाँ भारत में प्रमुख समस्या है जो प्रदूषण से जन्मती है।

भारत में प्रत्येक वर्ष 13 लाख हेक्टेयर भूमि से वनों का ह्रास हो रहा है जबकि प्रत्येक वर्ष 4 लाख हेक्टेयर ज़मीन पर नये वन लगाए जा रहे हैं। यह अन्तर भी एक चिन्ता का विषय है। इस कारण भूमि का कटाव एवं क्षरण बढ़ रहा है। प्रतिवर्ष लगभग एक लाख टन के कीटनाशकों के प्रयोग से भूमि के स्वाभाविक रूप का अन्त हो रहा है। ये कभी-कभी बहकर जल में जाकर भी मिलते हैं एवं जल द्वारा मानव खाद्य शृंखला में चले जाते हैं। शहरीकरण के कारण 20वीं सदी के अन्त तक अस्सी लाख हेक्टेयर ज़मीन खेती के लिए कम हो गई। नाभिकीय विकिरण के क्षेत्र में भी भारत अग्रसर है। कुछ महीनों पूर्व नरोरा परमाणु ताप विद्युत गृह में दुर्घटना के कारण बड़ा भय व्याप्त हो गया था, अभी 1100 मेगावाट विद्युत की जगह बीसवीं सदी के अन्त तक दस हज़ार मेगावाट विद्युत् पैदा करने की 14,000 करोड़ की लागत की एक महत्त्वाकांक्षी योजना है। अभी तक तो इस क्षेत्र में भारत का सुरक्षा इतिहास अच्छा है, यदि ऐसा ही रहा तो चिन्ता की बात नहीं पर पोखरन (राजस्थान) में जहाँ भारत का प्रथम परमाणु विस्फोट हुआ था, कैंसर के रोगी बढ़ रहे हैं। शोरगुल मुख्यत: वाहनों एवं ध्वनि विस्तारकों द्वारा ही होता है और वह भी त्योहारों एवं कुछ विशेष उत्सवों पर। हाँ, शहरों में शोरगुल के कारण निरन्तर शहरों के लोगों के कानों पर खराब प्रभाव पड़ रहा है, पर यह स्थिति भी भयावह नहीं है। विश्व स्वास्थ्य संगठन द्वारा सावधानी के लिए दिया गया यह तथ्य ठीक है कि यदि भारत में जल प्रदूषण नियंत्रण न हुआ तो इक्कीसवीं सदी के अन्त में जानवरों एवं मनुष्यों को जल स्रोतों से सीधा प्रदूषित जल का सेवन करना पड़ेगा जो कि देश के स्वास्थ्य एवं समाज पर कहर ढायेगा। यह एक उत्तम संकेत है कि जन जागृति के कारण लोकप्रिय सरकारें भी जाग उठी हैं अन्यथा उन्हें अपनी कुर्सी छोड़नी पड़ेगी। फिर भी वे इस क्षेत्र में भ्रष्टाचार को नहीं छोड़ रही हैं।

प्रदूषण नियंत्रण सम्बन्धी परियोजनाएँ

भारत सरकार ने योजना प्रक्रिया में ही पर्यावरण का समावेश कर लिया है। अन्वेषण, शिक्षा, जनता में जागृति के द्वारा ही सरकार पर्यावरण को व्यापक आयाम देने का प्रयास कर रही है।

भारत में प्रमुख समस्या जल प्रदूषण की है जिससे प्रत्येक वर्ष आठ लाख से अधिक व्यक्ति मौत के शिकार होते हैं। नदियाँ जल का प्रमुख स्रोत हैं। अत: नदियों के प्रदूषण पर नियंत्रण करना सरकारों की प्रदूषण नियंत्रण रणनीति की प्राथमिकता है तथा गंगा नदी भारत की सर्वश्रेष्ठ जीवनदायिनी नदी है तथा वह नदियों का प्रतिनिधित्व करती है। अत: गंगा में प्रदूषण नियंत्रण का अध्ययन जल प्रदूषण नियंत्रण में मार्गदर्शक है।

एक आकलन के अनुसार विश्व में प्राय: पचास लाख (5 मिलियन) व्यक्ति प्रतिवर्ष प्रदूषित जल के सेवन से मरते हैं जो जल-प्रदूषण से उत्पन्न रोगाणुओं से

हैजा, पीलिया, टाइफॉइड और पेट की बीमारियों के कारण मरते हैं। इनमें गम्भीर बीमारियों से मरनेवालों की संख्या पृथक है जैसे पश्चिम बंगाल में हैंडपम्पों से निष्कासित आर्सेनिक से। यह प्रदूषण निम्न कारणों से होता है—

1. नगरों का मैला अपशिष्ट एवं हानिकारक अवशेष।
2. खेतों से बहकर आए हानिकारक रसायन उर्वरक या कीटनाशकों के अवशेष।
3. उद्योगों से निकले रसायन और दूषित जल।
4. भूमि से ठोस अपशेष।
5. जल का अधिक उपयोग।
6. लोगों के रहन-सहन का प्रभाव।
7. नगरों के सीवरों से प्रवाहित मैला।
8. समुद्रों में प्रवाहित नदियों, सीवरों आदि द्वारा प्रदूषण।
9. स्थान विशेष पर प्रदूषण जैसे नदी में कूड़ा-करकट, मरे हुए पशु तथा मनुष्यों के शवों को फेंकना एवं किनारे पर मल-मूत्र का त्याग।

इनमें से प्रायः तीन-चौथाई नदी प्रदूषण नगरों के मल-जल से होता है तथा एक-चौथाई उद्योगों से होता है। गंगा निर्मलीकरण योजना के ढाँचे पर वर्ष 1995 में अन्य नदियों को भी प्रदूषणमुक्त करने की राष्ट्रीय नदी संरक्षण योजना बनी जिसके अन्तर्गत गंगा कार्य योजना की भाँति निम्नलिखित कार्यों को लिया गया—

- खुले नालों से नदियों में आ रहे मल-जल को रोकने के लिए सीवर प्रणाली बनाना तथा मल-जल की दिशा परिवर्तन का कार्यकरण।
- दिशा परिवर्तन के पश्चात् मल-जल को इकट्ठा करके मल-जल शोधन संयंत्र लगाना।
- नदी के किनारे मल-मूत्र त्याग को रोकने के लिए घरों-घरों में जलधौत शौचालयों तथा सामुदायिक शौचालयों का निर्माण।
- विद्युत् शवदाह गृह एवं विकसित काष्ठ शवदाह गृहों का निर्माण कार्य।
- नदी तटाग्र तथा नदी के किनारे वृक्षारोपण का विकास कार्य तथा स्नान घाटों का सुधार एवं विस्तार।
- जन सहभागिता, जागरुकता एवं स्थानीय क्षमता निर्माण कार्यक्रम।

इस परियोजना के अन्तर्गत शामिल की गई 31 नदियाँ हैं—अड्यार, व्यास, भद्र, ब्रह्माणी, कावेरी, कोउम, दिफुफ एवं धानसिरी, घग्गर, गोदावरी, कृष्णा, महानदी, माण्डोवी, मिनटोला, मूलामुथा, मूसी, नर्मदा, पेन्नार, पाम्बा, पंचगंगा, रानीछु, साबरमती, सतलज, सुबर्नरेखा, ताप्ती, तापी, तुंगा, तुंगभद्रा, ताम्रबरनी, वैगाई, वेन्नार, वैनगंगा। ये नदियाँ गंगा एवं यमुना की सहायक नदियों के अतिरिक्त सम्मिलित हैं। गंगा एवं यमुना की सहायक नदियाँ हैं—गोमती, दामोदर, महानन्दा,

चम्बल, बीहड़, घाघरा, कोसी, गण्डक, खान-शिप्रा, बेतवा, रामगंगा, मन्दाकिनी आदि। झीलों के संरक्षण का कार्य भी तेज़ी से गतिमान है। प्रायः 14 राज्यों में 63 झीलों के संरक्षण के लिए लगभग 1,616 करोड़ रुपए की लागत पर 46 परियोजनाओं को मंजूरी दी गई है।

उनमें से 33 झीलों के संरक्षण का कार्य पूरा कर लिया गया है। इनमें प्रमुख हैं—मानसागर झील, जयपुर, फतेह सागर झील, उदयपुर, कोडाइकानाल झील, डिन्डीगुल, तमिलनाडु, नैनीताल झील, उत्तराखंड, आदि गंगा, चौबीस परगना (दक्षिण), साहिबबाँध, पुरुलिया, पश्चिम बंगाल, वेली अक्कुलम झील, तिरुवनन्तपुरम, केरल, मनसी गंगा झील, गोवर्द्धन, उ. प्र.। वर्तमान में जिन बड़ी परियोजनाओं में कार्य चल रहा है, वे हैं—जम्मू कश्मीर में डल झील व वूलर झील, मध्य प्रदेश के शिवपुरी में सिन्ध सागर झील, नागालैंड के मोकोकचुंग में जुड़वा झीलें, मणिपुर में लोकटक झील, राजस्थान में अन्नासागर और पुष्कर सरोवर, अजमेर एवं पिचोला झील, उदयपुर, उत्तर प्रदेश में रामगढ़ ताल, गोरखपुर व लक्ष्मी ताल, झाँसी। पूरे देश में नम-भूमि (वेट-लैंड) क्षेत्र फैले हुए हैं जो उन शहरों या क्षेत्रों के लिए जीवन रेखा हैं। वे वर्षा ऋतु में बाढ़ के पानी का संग्रह करते हैं तथा ग्रीष्म ऋतु में पानी के अभाव की पूर्ति करते हैं तथा आस-पास की जन आबादी के लिए ऑक्सीजन स्रोत तथा विभिन्न वनस्पति एवं वन प्रजातियों के लिए आश्रय स्थल हैं पर इन क्षेत्रों पर भवन निर्माण क्षेत्र का दबाव बढ़ता जा रहा है। नम भूमियों के संरक्षण तथा इनके गिरते स्तर पर नियंत्रण करने हेतु राष्ट्रीय नम-भूमि कार्यक्रम की सन् 1987 में शुरुआत की गई। हाल ही में आर्द्रभूमि (संरक्षण और प्रबंध) नियम, 201) लागू करके देश में आर्द्रभूमियों, बड़े-बड़े तालाबों, झीलों एवं जलस्रोतों की रक्षा करने के कदम उठाए हैं। चिह्नित नम भूमियों के संरक्षण तथा प्रबन्धन के लिए कार्ययोजना लागू करने के लिए राज्यों को वित्तीय सहायता प्रदान की जा रही है। नम-भूमियों को संरक्षित रखने के लिए भारत ने 1982 में रामसर सन्धि पर हस्ताक्षर किए। इस संधि के अनुसार भारत नम भूमियों के विवेकपूर्ण सदुपयोग व संरक्षण के लिए राष्ट्रीय स्तर पर कार्यवाही करने एवं अन्तरराष्ट्रीय सहयोग के लिए प्रतिबद्ध है। रामसर कन्वेन्शन के अन्तर्गत भारत की अन्तरराष्ट्रीय महत्त्व की नम भूमियों की सूची में सम्मिलित हैं—

> कोलेरू झील (आन्ध्र प्रदेश), डिपोरबील (असम), नाल सरोवर नम भूमि (गुजरात), रेणुका, चन्द्रताल, पांगडाम झील (हिमाचल प्रदेश), सूरीनसार-मानसार, होकारसार, वूलर झील तथा सोमोरीरी (जम्मू एवं कश्मीर), संस्थामकोटा झील, एसथामोडी और वेम्बानाद-कॉल नम भूमि (केरल), भोज नम भूमि (मध्य प्रदेश), लोकटक झील (मणिपुर), चिल्का झील, भीतर कनिका कच्छ

वनस्पति (ओडिशा), हरीकेझल, रोपर एवं काँजली (पंजाब), साँभर झील तथा केवलदेव राष्ट्रीय उद्यान (राजस्थान), प्वाइण्ट केलीमेरी अभयारण्य (तमिलनाडु), रुद्रसागर (त्रिपुरा), ऊपरी गंगा (उत्तर प्रदेश), सुन्दरवन तथा पूर्व कोलकाता नमभूमि (पश्चिम बंगाल)। अब तो मनरेगा (150 दिन रोज़गार योजना) तथा अन्य सरकारी योजनाओं के अन्तर्गत भारत के प्रत्येक गाँव में पानी को रोककर उसके संरक्षण के प्रयास चल रहे हैं।

वह दिन दूर नहीं जब सोने की चिड़िया कहे जानेवाले भारत की धरती फिर से शस्य-श्यामला होगी तथा सभी को खेती के लिए समुचित पानी एवं स्नान तथा पीने के लिए आवश्यक गुणवत्ता का जल उपलब्ध होगा।

गंगा में प्रदूषण निवारण परियोजनाएँ बड़े-बड़े शहरों में केन्द्रित हैं जैसे कानपुर, इलाहाबाद, वाराणसी, पटना तथा कोलकाता। उसी प्रकार यमुना की सफ़ाई का मुख्य कार्य देहली महानगर में केन्द्रित है जहाँ कुल मल-जल एक छोटी नदी की भाँति बहता है।

भारत में नदियों के निर्मलीकरण के निम्न मानक हैं—

स्नान योग्य जल के लिए	बी.ओ.डी (बायो ऑक्सीजन डिमाण्ड) 3 मिलीग्राम प्रति लीटर या कम
घुलित ऑक्सीजन	5 मि.ग्रा. प्रति लीटर या अधिक
कुल जीवाणु (कॉलीफार्म)	2500 या उससे कम प्रत्येक 100 मि.ली. में
पी.एच.	6 से 8 तक

नदी सम्बन्धित अन्तरराष्ट्रीय मानक यू. के. एवं यू. एस. ए. की भाँति हैं पर वहाँ कुल जीवाणु संख्या अत्यन्त कम है अर्थात् प्रत्येक लीटर में केवल पाँच सौ। विश्व में अन्य नदियों की तुलना में गंगा के निर्मलीकरण योजना में खर्च प्राय: 1120 करोड़ रुपए कुछ भी नहीं है जबकि जनता द्वारा गंगा कार्य योजना को लेकर यह तीखी आलोचना का बिन्दु है। गंगा कार्ययोजना के कार्यान्वयन के पश्चात् सन् 1995 में ऋषिकेश तथा राजमहल (बिहार) के बीच 1520 किलोमीटर में से केवल 437 किलोमीटर लम्बाई में गंगा जल का बी.ओ.डी. स्तर 3 मि.ग्रा. प्रति लीटर से अधिक था, जबकि गंगा कार्ययोजना के कार्यान्वयन के पूर्व इसमें 740 कि.मी. क्षेत्र में बी.ओ.डी. स्तर 3 से अधिक था, जबकि कानपुर के आसपास 100 किमी. दूरी में 10 मि.ग्रा. प्रतिलीटर से भी अधिक था। इसके अतिरिक्त गंगेय क्षेत्र में भयंकर बीमारियाँ कम हुई हैं, हैज़ा या मियादी बुख़ार जैसी बीमारियों की महामारी नहीं हुई है एवं कृषकों की कार्यक्षमता में वृद्धि हुई है तथा गंगेय क्षेत्र के अतिरिक्त बाकी सभी देशवासियों को गंगा की सफाई पर आत्मसन्तोष हुआ है। वर्ष 1995 के बाद गंगा कार्य योजना का संचालन तथा रख-रखाव आरम्भ हुआ। गंगा परियोजना

निदेशालय, पर्यावरण एवं वन मंत्रालय द्वारा स्थापित सीवर लाइनों, पम्पिंग स्टेशन तथा मल-जल शुद्धीकरण संयंत्रों के द्वारा रख-रखाव के लिए स्पष्ट निर्देश जारी किए गए पर राज्य सरकारों ने अपनी ज़िम्मेदारी स्थानीय नगरपालिकाओं अथवा राज्य सरकारों के निगमों को सौंप दी। आवश्यक धनराशि के अभाव में तथा रख-रखाव में व्याप्त भ्रष्टाचार के कारण उनका रख-रखाव आशाजनक रूप से न हो सका। फलतः जनता का गंगा निर्मलीकरण योजना पर से क्रमशः विश्वास उठता गया। यद्यपि बीच-बीच में कुम्भ या अर्द्ध-कुम्भ के समय फिर से नई योजनाएँ कार्यान्वित हुईं तथा पुराने संयंत्रों का नवीनीकरण होता रहा। इसी बीच जल-प्रदूषण एवं नदी-प्रदूषण के प्रति जन-जागृति विकसित हो गई एवं सरकारों पर दबाव बढ़ता गया।

वर्ष 2014 में केन्द्र में नरेन्द्र मोदी सरकार के सत्ता में आने पर एक बार सरकार फिर से गंगा निर्मलीकरण योजना को 'नमामि गंगे परियोजना' के नाम से प्रारम्भ किया गया पर केन्द्रीय मंत्री द्वारा जो पूर्ण होने की अवधि घोषित की गई थी, उस अवधि तक परियोजनाओं पर कार्य प्रारम्भ हो सका। इस बार परियोजनाओं के कार्यान्वयन का भार राज्य सरकारों के साथ-साथ केन्द्रीय उपक्रमों को दिया गया। पर अब इस परियोजना में धन का अभाव नहीं होगा क्योंकि विश्व-बैंक तथा जापानी (जे.आ.सी.ए.) सहायता से कुल तीन हज़ार करोड़ रुपए से अधिक लागत की प्रायः साठ योजनाएँ 44 शहरों से अनुमोदित हो चुकी हैं। केन्द्रीय सरकार ने 'नमामि गंगे परियोजना' के लिए 2037 करोड़ की धनराशि का प्रावधान किया है। विश्व बैंक ने गंगा के निर्मलीकरण हेतु 7000 करोड़ रुपए तक की धनराशि उपलब्ध कराने के लिए भारत के साथ अनुबन्ध किया है।

यह तो भविष्य ही तय करेगा कि क्या नरेन्द्र मोदी सरकार के अन्तिम वर्ष 2019 तक, इन परियोजनाओं पर कार्य पूरा हो सकेगा और क्या गंगा के जल का स्वच्छ तथा उज्ज्वल स्वरूप भारतीय जनता के समक्ष प्रस्तुत हो सकेगा। यह ज़रूर है कि केन्द्रीय सरकार के प्रयासों से गंगा के किनारे नई-नई जन जागृति योजनाएँ प्रारम्भ की गईं जिनमें साधु-सन्तों से लेकर अवकाश प्राप्त सैनिकों को भी सम्मिलित किया गया।

पर्यावरण प्रत्येक व्यक्ति का है एवं उसके लिए किसी के नेतृत्व की अपेक्षा करना व्यर्थ है। जल-प्रदूषण निवारण तथा गंगा निर्मलीकरण के लिए जनान्दोलनों की आवश्यकता है। यह तभी सम्भव है जब पर्यावरणीय शिक्षा के माध्यम से स्कूल-कॉलेज स्तरों पर इसका समावेश स्कूली पाठ्यक्रम में किया जाए। स्थानों-स्थानों पर पर्यावरण क्लब एवं संस्थाओं की स्थापना हो।

भूमि-प्रदूषण को दूर करने के उपाय

परीक्षणों से यह सिद्ध हो चुका है कि सिर्फ़ रासायनिक उर्वरकों का प्रयोग करने से फ़सलों की उन्नतशील प्रजातियों के फ़सलोत्पादन में उत्तरोत्तर वृद्धि सम्भव नहीं

है। इसका मुख्य कारण है मृदा उर्वरता में गिरावट के साथ-साथ इसके भौतिक, जैविक एवं रासायनिक गुणों में ह्रास होना। हरी खाद कार्बनिक पदार्थ का अच्छा स्रोत है जो मृदा के इन गुणों को सुधारने के लिए उत्तरदायी है।

"मृदा की उर्वरता एवं भौतिक संरचना को सुधारने के लिए अविच्छेदित समुचित हरे पौधों या उनके किसी भाग को जोतकर खेत में दबा देने को ही हरी खाद बनाने की संज्ञा दी गई है।"

वैसे तो कृषकों द्वारा आदिकाल से ही कृषि उपज बढ़ाने के लिए हरी खाद का प्रयोग किया जाता रहा है परन्तु आधुनिक कृषि में अधिक फ़सलोत्पादन के लिए भूमि पर बढ़ते दबाव से इसकी उपेक्षा होने लगी है। परिणामस्वरूप गत वर्षों में फ़सलों की उपज तो बढ़ती रही लेकिन मृदा के भौतिक, रासायनिक एवं जैविक गुणों में व्यापक ह्रास भी होने लगा।

तेज़ी से बढ़ते शहरीकरण, औद्योगिकरण व आधुनिकीकरण की वजह से खेती योग्य भूमि का क्षेत्रफल दिनोंदिन घटता जा रहा है। भविष्य में इसके बढ़ने की सम्भावना नगण्य है। इस सम्बन्ध में लवणीय एवं क्षारीय भूमियों को सुधार कर खेती योग्य भूमि का क्षेत्रफल बढ़ाने में मदद मिल सकती है। लवणीय व क्षारीय भूमि में वर्षा जल भरा रहता है जिसके परिणामस्वरूप मच्छरों व अन्य बीमारियों के फैलने की आशंका रहती है। इनके सुधार से इन दुष्प्रभावों को कम किया जा सकता है। लवणीय व क्षारीय भूमि सुधार ग्रामीण क्षेत्रों के सर्वांगीण विकास के लिए एक अनुपम तकनीक है जिसके द्वारा बेहतर खाद्यान्न उत्पादन, अधिक कृषि आय और ग्रामीण क्षेत्रों में रोज़गार के अधिक अवसर पैदाकर सामाजिक-आर्थिक उन्नति सुनिश्चित की जा सकती है।

इसी प्रकार जैविक उर्वरकों का प्रयोग करके भूमि-प्रदूषण या मृदा-प्रदूषण को कम किया जा सकता है।

वायु-प्रदूषण नियंत्रण की ओर

दिल्ली में वायु-प्रदूषण खतरनाक स्तर तक पहुँच गया। अतः राजधानी क्षेत्र दिल्ली से वायु-प्रदूषण के अनेक कारगर उपाय निकले जो निम्न हैं—

1. वायु-प्रदूषण करनेवाले कारख़ानों पर प्रदूषण-नियंत्रण तथा शनैः-शनैः उन्हें शहर से दूर ले जाना,
2. शहर में प्रवेश करनेवाले ट्रकों पर दिन के समय नियंत्रण तथा कारों एवं अन्य वाहनों में प्रदूषण नियंत्रण सम्बन्धी उपकरणों के संचालन का कड़ाई से पालन, तथा समयावधि के बाद पुराने वाहनों पर रोक,
3. शहर की सफाई तथा जल छिड़काव ताकि धूल या कूड़ा न उड़े,
4. सड़कों के किनारे पैदल-पथों को पक्का करना,

5. शहर में विनिर्माण के कार्य के समय धूल आदि का नियमन तथा उनके द्वारा कूड़ा-करकट का तुरन्त निस्तारण,
6. शहर के आसपास ग्रामीण क्षेत्रों में खेतों के खर-पतवार तथा फ़सलों के अवशेष जलाने पर नियमन।

आशा है कि अन्य शहर प्रशासन सरकारों के सहयोग से इनका पालन करेंगे तथा अपने स्थानीय उपायों के माध्यम से भयावह वायु-प्रदूषण पर नियंत्रण करेंगे क्योंकि भारत के कई शहर दुनिया के सबसे अधिक दस प्रदूषित शहरों की सूची में आ गए हैं।

पर्यावरण संरक्षण में नागरिकों का सहयोग

पर्यावरण संरक्षण में कोई मतभेद नहीं होने के कारण कोई राजनीति, कोई भी पर्यावरण संरक्षण कार्यक्रम प्रदूषण नियंत्रण योजना जनसहयोग के बिना सफल नहीं हो सकती है। यदि लोग यहाँ-वहाँ मल-जल का निस्तारण करते रहें, कूड़ा करकट फेंकते रहें, औद्योगिक अपशिष्ट प्रवाहित करते रहें, यदि चालक वहनों से धुआँ उत्सर्जित करते रहें एवं अनियंत्रित हार्न बजता रहे, तो कोई भी सरकारी प्रयत्न प्रदूषण नियंत्रित करने में सफल नहीं हो सकता है। व्यक्ति ही किसी भी कार्य का कारक एवं चालक है अत: वाहन में ब्रेक लगाने का अन्तिम हथियार केवल उसके पास ही है। हम कितनी भी आधुनिक श्रेष्ठ तकनीक का प्रयोग कर लें पर यदि उच्च तकनीकवाली मशीन के पीछे खड़ा चालक जागरूक नहीं होगा, तो उस बहुमूल्य मशीन से भी उत्तम उत्पाद नहीं निकलेगा, जबकि अभिप्रेरित एवं उत्साही मज़दूर त्याज्य एवं पुरानी तकनीक से भी उत्तम गुणवत्तावाले उत्पाद का निर्माण कर सकते हैं। अत: मशीन के पीछे मनुष्य का बड़ा महत्त्व है। भारत का सही नागरिक वही है जो भारत की धरती, उसके पर्वतों, नदियों, तालाबों, सागरों एवं जलवायु से स्नेह करता है। वह नागरिक एक देशभक्त भी है और सच्चा देशभक्त कभी यह नहीं चाहेगा या स्वयं ऐसा काम नहीं करेगा जिससे देश का सम्पूर्ण परिवेश प्रदूषित हो।

यह सत्य है कि जनता प्रदूषण-नियंत्रण के लिए बड़े-बड़े अवशिष्ट उपचार संयंत्र नहीं लगा सकती, पर इन संयंत्रों तक पहुँचने वाला प्रदूषित मल-जल कम कर सकती है। इसी प्रकार यदि मोटर वाहनों के चालक चाहें, तो वायु-प्रदूषण एवं ध्वनि-प्रदूषण से काफ़ी निजात दिला सकते हैं। यदि सभी नागरिक प्रतिज्ञा कर लें तो वे अपने घरों में, उद्यानों में एवं सार्वजनिक स्थलों पर निजी साधनों द्वारा इतने वृक्ष लगाएँगे जिनकी संख्या सरकारी वृक्षों से कहीं अधिक होगी तथा उन वृक्षों की वे देखभाल भी करेंगे। श्रमदानों का आयोजन करके स्थानीय नागरिक भयंकर-से-भयंकर प्रदूषण की तीव्रता कम कर सकते हैं। दूसरी ओर यदि जनता सरकारी योजनाओं या संयंत्रों के रख-रखाव में सहयोग न करें तो वे पूरा लाभ न पहुँचा

सकेंगे। यदि बच्चे एवं पुरुष पानी के इस्तेमाल करने के पूर्व हाथों की सफाई न करें, तो हानिकारक कीटाणु खाने वाले के शरीर में चले जाएँगे। भारत के घरों में भी स्वच्छता का साम्राज्य विराजमान है, वह संसार में कहीं नहीं है, जैसे—प्रतिदिन स्नान करना, हाथ-पैर धोकर भोजन करना, घर के अन्दर प्रवेश करते ही हाथ-पैर धोना, भोजन के पूर्व बैठने के स्थान को स्वच्छ करना, जल में तुलसी पत्ता डालना, वायु-प्रदूषण दूर रखने के लिए यज्ञ, होमादि करना तथा ध्वनि-प्रदूषण दूर करने के लिए मंत्रोच्चार तथा शास्त्रीय संगीत का प्रणयन आदि-आदि। परन्तु वे ही भारतीय जब अपने घरों से सार्वजनिक स्थलों एवं सड़कों पर निकलते हैं, तो संसार में सबसे अधिक गन्दगी फैलानेवाले बन जाते हैं। अन्ततः उन्हें ही इस प्रदूषण के कुप्रभावों का सामना करना पड़ता है। पर्यावरण एवं प्रदूषण किसी स्थान-विशेष तक सीमित नहीं रह सकते। उन्हें वायु स्वतः अन्य गाँवों, नगरों एवं अन्य देशों तक पहुँचा देती है। अतः प्रदूषण-नियंत्रण का समाधान सक्रिय जन सहयोग के बिना असम्भव है। क्या कोई क़ानून नदियों में शवों को फेंकना बन्द करा सकता है? क्या कोई क़ानून या संविधान का अनुच्छेद अपने देश के नागरिकों को जीव-जन्तुओं से प्रेम करने के लिए विवश कर सकता है? क्या कोई अधिनियम लोगों को नदियों एवं तालाबों में साबुन, शैम्पू न लगाने के लिए मजबूर कर सकता है? अतः पर्यावरण के केन्द्र में राष्ट्र के नागरिक ही हैं। वे ही देश के पर्यावरण को बचा सकते हैं तथा उसकी उन्नति कर सकते हैं।

वायु-प्रदूषण एक ऐसा भयावह राक्षस है जो देश की सीमा नहीं मानता। अतः एक देश में वायु-प्रदूषण दूसरे देश को प्रभावित करता है। इससे लोगों के स्वास्थ्य, जीवनयापन तथा विकास पर प्रतिकूल असर पड़ रहा है। इसे जलवायु परिवर्तन की संज्ञा दी गई है तथा संयुक्त राष्ट्र संघ के नेतृत्व में सम्पूर्ण विश्व में प्रदूषण को रोकने तथा पर्यावरण के संरक्षण के संयुक्त प्रयास किए जा रहे हैं। यहाँ तक कि जनसंख्या में विस्तार के साथ-साथ दोनों ध्रुवों पर बर्फ पिघल रही है जिससे हमारा भूमंडल तप्त हो उठा है। भारत भी विश्व का अग्रणी देश होने के कारण इस दिशा में अपनी अहम भूमिका निभा रहा है, पर बड़ी-बड़ी बातें करनेवाले पश्चिम के देश अपने वायदों से मुकर जाते हैं तथा पर्यावरण संवर्द्धन में अपना दंडीय योगदान नहीं देते हैं। यह कार्य सभी देशों के सहयोग के बिना असम्भव है, विशेषतः यू.एस.ए., यूरोप तथा चीन और भारत जो विश्व में अधिकांश कार्बन का उत्सर्जन करते हैं।

जलवायु परिवर्तन कार्रवाई कार्यक्रम

भारत जनवरी, 2014 से अन्तरराष्ट्रीय पहल 'जलवायु परिवर्तन कार्रवाई कार्यक्रम' नाम की एक योजना लागू कर रहा है। इसका उद्देश्य देश में जलवायु परिवर्तन के मूल्यांकन के लिए वैज्ञानिक एवं विश्लेषणात्मक क्षमता बढ़ाना है। इसके तहत

वैज्ञानिक और नीतिगत उपायों के लिए समुचित संस्थागत फ्रेमवर्क क़ायम करने और स्थायी विकास के सन्दर्भ में जलवायु परिवर्तन सम्बन्धी कार्रवाइयों को लागू करने पर बल दिया जाता है। इस स्कीम के लिए 12वीं पंचवर्षीय योजना में कुल बजटीय आवण्टन रुपए 290 करोड़ का रहा है।

जलवायु परिवर्तन के बारे में समझ बढ़ाने के लिए सीसीएपी में नेशनल कार्बोनेशस एरोसोल्स प्रोग्राम (एनसीएपी), दीर्घावधि पारिस्थितिकी विषयक वेधशालाएँ (एलटीईओ) और पूर्वोत्तर क्षेत्र के लिए जलवायु परिवर्तन सम्बन्धी समन्वित अध्ययन (सीएससीसीएनईआर) को शामिल किया गया है। एनसीएपी एक प्रमुख गतिविधि है जिसके अन्तर्गत बहु-संस्थागत और बहु-एजेन्सीगत अध्ययन शामिल हैं। इस कार्यक्रम में पर्यावरण, वन और जलवायु परिवर्तन मंत्रालय, पृथ्वी विज्ञान मंत्रालय, भारतीय अन्तरिक्ष अनुसंधान संगठन, विज्ञान और प्रौद्योगिकी मंत्रालय और अन्य सम्बद्ध एजेन्सियों के साथ सहयोग करता है ताकि जलवायु परिवर्तन में ब्लैक कार्बन के प्रभावों की जाँच और मूल्यांकन किया जा सके। तत्सम्बन्धी कार्य में 3 कार्य समूह शामिल किए गए हैं, जिनमें एरोसोल की दीर्घावधि निगरानी (कार्य समूह-1), हिमालयी ग्लेशियरों पर एरोसोल का प्रभाव (कार्य समूह-2) और भारत में ब्लैक कार्बन उत्सर्जनों के नमूने और उनके प्रभावों का मूल्यांकन (कार्य समूह-3) शामिल हैं।

मंत्रालय ने टीईआरआई, आईआरएडीई और आईईजी कन्सोर्टियम को 'ग्रीन हाउस गैस उत्सर्जनों और भारतीय अर्थव्यवस्था की उत्सर्जन सघनता के बारे में नमूना अध्ययन' का कार्य सौंपा है। इस अध्ययन का उद्देश्य 2010 से 2050 तक दशकीय पद्धति में विभिन्न समयावधियों में ग्रीन हाउस गैस उत्सर्जनों का आकलन करना है। इसके अतिरिक्त इन अध्ययनों में 2005 से 2020 के दौरान भारतीय अर्थव्यवस्था की ग्रीन हाउस गैस उत्सर्जन गहनता की जाँच शामिल की गई है, जिसमें पहले से जारी और योजनाबद्ध नीतियों तथा उनके प्रभावों और 2020 तक उनके आर्थिक प्रभावों सहित उपशमन के सम्भावित विकल्पों पर विचार किया गया है। इन अध्ययनों की अन्तिम रिपोर्ट एजेन्सियों द्वारा 2016 में प्रदान की जाएँगी।

जलवायु परिवर्तन सम्बन्धी संयुक्त राष्ट्र फ्रेमवर्क कन्वेंशन के अन्तर्गत जलवायु परिवर्तन के बारे में अन्तरराष्ट्रीय समझौते

वित्त वर्ष 2015-16 के दौरान जलवायु परिवर्तन के बारे में अनेक महत्त्वपूर्ण द्विपक्षीय और बहु-राष्ट्रीय बैठकें आयोजित की गईं और अन्तरराष्ट्रीय समझौते किए गए। ये बैठकें पक्षकारों के 21वें सम्मेलन के सन्दर्भ में अत्यन्त महत्त्वपूर्ण थीं।

भारत के लक्षित राष्ट्रीय प्रतिबद्ध योगदानों (आई. एन. डी. सीज़) में निम्नांकित महत्त्वपूर्ण योगदान शामिल हैं—परम्पराओं और संरक्षण एवं सन्तुलन के मूल्यों पर

आधारित स्वस्थ तथा स्थायी जीवनशैली प्रस्तुत करना और उसे प्रचारित करना, आर्थिक विकास के समनुरूप स्तर पर अन्यों द्वारा अब तक अपनाये गए मार्ग से भिन्न एक जलवायु अनुकूल और स्वच्छ मार्ग का अनुसरण करना, अपने सकल घरेलू उत्पाद की उत्सर्जन गहनता में 2005 के स्तर की तुलना में 2030 तक 33 से 35 प्रतिशत तक कमी लाना, आदि।

वनों की कटाई और वनों के ह्रास से ऑक्सीजन के उत्सर्जन में कमी

पर्यावरण एवं वन मंत्रालय, भारत सरकार के जलवायु परिवर्तन प्रभाग में वनों की कटाई और वनों के ह्रास से होने वाले उत्सर्जन में कमी (एनडीई (आरईडीडी) के लिए राष्ट्रीय निर्दिष्ट संस्था (नेशनल डेजिग्नेटिड एंटिटि) स्थापित की गई है। इस संस्था के प्रमुख कार्य इस प्रकार हैं—(1) सहायता के लिए समन्वय में सम्भावित ज़रूरतों और अन्तरालों की पहचान, (2) वित्त व्यवस्था की प्रभाव क्षमता में सुधार (परिणाम आधारित वित्त व्यवस्था, प्रौद्योगिकी और क्षमता निर्माण), (3) जानकारी, अनुभव और बेहतर पद्धतियों के बारे में सूचना साझा करना, (4) जलवायु परिवर्तन सम्बन्धी संयुक्त राष्ट्र फ्रेमवर्क कन्वेन्शन (यूएनएफसीसीसी) की ज़रूरतों के अनुसार सूचना का आदान प्रदान, और (5) यूएनएफसीसीसी में जमा कराने के लिए राष्ट्रीय स्तर के आरईडीडी प्रस्ताव का अनुमोदन।

जलवायु प्रौद्योगिकी केन्द्र और नेटवर्क एवं प्रौद्योगिकी कार्यकारी समिति

पर्यावरण एवं वन मंत्रालय के जलवायु परिवर्तन प्रभाग में जलवायु प्रौद्योगिकी केन्द्र और नेटवर्क (सीटीसीएन) तथा प्रौद्योगिकी कार्यकारी समिति (टीईसी) एनडीई (सीटीसीएन और टेक) के लिए राष्ट्रीय निर्दिष्ट संस्था (नेशनल डेजिग्नेटिड एण्टिटि) स्थापित की गई है। इसके प्रमुख कार्य इस प्रकार हैं—(1) प्रौद्योगिकी ज़रूरतों के मूल्यांकन और सहायता के लिए अनुरोध तैयार करने, उनका चयन करने और उन्हें प्रस्तुत करने में प्रमुख भूमिका निभाना और उनमें समन्वय स्थापित करना, (2) सीटीसीएन कार्रवाई सहायता प्रदान करना और तत्सम्बन्धी कार्यान्वयन पर निगरानी रखना, (3) देश में जलवायु प्रौद्योगिकी हस्तांतरण में तेज़ी लाने के लिए सूचना और ज्ञान में सहयोग एवं तत्सम्बन्धी पहुँच सुदृढ़ बनाना, (4) जलवायु प्रौद्योगिकी हस्तान्तरण के लिए नेटवर्क, भागीदारी और क्षमता निर्माण सुदृढ़ बनाना।

ओजोन परत संरक्षण

ओजोन ऑक्सीजन का एक त्रि-आणविक अणु है, जिसका निर्माण धरती के वायुमंडल के ऊपरी स्तरों पर प्राकृतिक रूप में विद्यमान ऑक्सीजन के सूर्य से

होने वाले उच्च ऊर्जा पराबैंगनी विकिरण के प्रभाव में आने से होता है। पराबैंगनी विकिरण ऑक्सीजन अणुओं को तोड़ता है, जिससे मुक्त अणु विचरण करते हैं, जिनमें से कुछ अन्य ऑक्सीजन अणु के साथ मिल जाते हैं, जिससे ओजोन की परत का निर्माण होता है। इस तरह बननेवाली करीब 90 प्रतिशत ओजोन धरती की सतह से करीब 10 से 50 किलोमीटर के दायरे में रहती है, जिसे समतापमंडल कहा जाता है। वायुमंडल के इस भाग में पाई जानेवाली ओजोन को ओजोन की परत कहा जाता है।

ओजोन की परत की सुरक्षा के लिए वियना कन्वेंशन और ओजोन की परत को क्षति पहुँचानेवाले पदार्थों के बारे में माण्ट्रियल प्रोटोकोल, महत्त्वपूर्ण अन्तरराष्ट्रीय सन्धियाँ हैं, जो समतापमंडल ओजोन (ओजोन की परत) की सुरक्षा से सम्बन्धित है। माण्ट्रियल प्रोटोकोल को इतिहास में सर्वाधिक सफल अन्तरराष्ट्रीय पर्यावरण संधि समझा जाता है। इसकी पुष्टि सार्वभौमिक रूप में की जा चुकी है और संयुक्त राष्ट्र के सभी 197 सदस्य राष्ट्र माण्ट्रियल प्रोटोकोल और विएना कन्वेन्शन के सदस्य हैं। माण्ट्रियल प्रोटोकोल के प्रचालन के 29वें वर्ष में इस समझौते के तहत असाधारण अन्तरराष्ट्रीय सहयोग के चलते ओजोन की परत को ह्रास पहुँचानेवाले कई प्रमुख पदार्थों का उत्पादन और खपत 1 जनवरी, 2010 से विश्वभर में चरणबद्ध तरीके से बन्द कर दिया गया है। इन पदार्थों में क्लोरोफ्लूरो कार्बन्स, (सीएफसीज़), कार्बन टेट्राक्लोराइड (सीटीसी), और हेलोन्स शामिल हैं। मेथिल ब्रोमाइड के उत्पादन और खपत पर 2015 में विश्वभर में चरणबद्ध तरीके से रोक लगाई जा चुकी है। परन्तु, संगरोधन और लदान पूर्व अनुप्रयोगों में इसके प्रयोग की छूट दी गई है। वैश्विक सिलसिलेवार पर्यवेक्षणों से इस बात की पुष्टि हो चुकी है कि ओजोन को ह्रास पहुँचाने वाले प्रमुख पदार्थों के वायुमंडलीय स्तरों में महत्त्वपूर्ण कमी आई है और अनुमान है कि यह सिलसिला जारी रहते माण्ट्रियल प्रोटोकोल के प्रावधानों का पूर्ण कार्यान्वयन होने पर वैश्विक ओजोन परत इस सदी के मध्य तक तथा अण्टार्कटिक ओजोन परत करीब 15 वर्ष में 1980 से पहले की स्थिति में लौट आएगी।

ओजोन को क्षति पहुँचाने वाले पदार्थों को चरणबद्ध तरीके से समाप्त करना

भारत ने सीएफसीज़ के उत्पादन और खपत को चरणबद्ध तरीके से समाप्त कर दिया है। 2005 में 50 प्रतिशत, 2007 में 85 प्रतिशत और 1 अगस्त, 2008 को इन पदार्थों को शत प्रतिशत ख़त्म करने में सफलता प्राप्त की गई। भारत ने ग़ैर-सीएफसी मीटर्ड डोज इन्हेलर्स (एमडीआईज़) में रूपान्तरण के लिए राष्ट्रीय कार्यनीति सफलतापूर्वक लागू की है और फार्मास्युटिकल एमडीआईज़ के विनिर्माण में सीएफसीज़ का इस्तेमाल चरणबद्ध तरीके से समाप्त करने की योजना बनायी है। राष्ट्रीय एमडीआई हस्तान्तरण

कार्यनीति के कार्यान्वयन के फलस्वरूप दिसम्बर 2012 में एमडीआईज़ के विनिर्माण में फार्मास्युटिकल ग्रेड के सीएफसीज़ को चरणबद्ध तरीके से सफलतापूर्वक हटा दिया गया था। यह लक्ष्य माण्ट्रियल प्रोटोकोल के कार्यान्वयन के लिए बहुराष्ट्रीय कोष (एमएलएफ) की कार्यकारी समिति द्वारा अनुमोदित अवधि से 11 महीने पहले ही हासिल किया गया। भारत में वर्जिन हेलोन्स का उत्पादन और ख़पत 2002 में चरणबद्ध तरीके से समाप्त कर दी गई थी। 2003 से विनिर्माण में सीएफसीज़ और हेलोन्स के इस्तेमाल पर पाबन्दी है। भारत ने सीटीसी के उत्पादन और ख़पत को चरणबद्ध तरीके से समाप्त कर दिया है जिसे 2005 में 80 प्रतिशत और 1 जनवरी, 2010 को पूरी तरह समाप्त किया गया।

अन्तरराष्ट्रीय सहयोग-बहुराष्ट्रीय मामले

पर्यावरण मंत्रालय का यह प्रभाग संयुक्त राष्ट्र पर्यावरण कार्यक्रम (यूएनईपी), वैश्विक पर्यावरण केन्द्र (जीईएफ), संयुक्त राष्ट्र विकास कार्यक्रम (यूएनडीपी), विश्व बैंक (डब्ल्यूबी), और एशिया एवं प्रशान्त क्षेत्र के लिए आर्थिक और सामाजिक आयोग (ईएससीएपी), दक्षिण एशियाई क्षेत्रीय सहयोग संगठन (सार्क), दक्षिण एशिया सहकारी पर्यावरण कार्यक्रम (एसएसीईपी), दक्षिणपूर्व एशियाई राष्ट्र संगठन (आसियान), एशियाई विकास बैंक (एडीबी), यूरोपीय केन्द्र (ईयू), भारत-ब्राज़ील-दक्षिण अफ्रीका (इब्सा) पर्यावरण सम्मेलन जैसे क्षेत्रीय निकायों के लिए एक नोडल विभाग है। यह प्रभाग पर्यावरण के लिए काम करनेवाले संयुक्त राष्ट्र और अन्य विभिन्न अन्तरराष्ट्रीय निकायों को वार्षिक योगदान प्रदान करता है। प्रभाग हर वर्ष दक्षिण एशिया सहकारी पर्यावरण कार्यक्रम (एसएसीईपी) को 31,850 अमरीकी डॉलर का प्रत्यक्ष योगदान करता है।

प्रदूषण और राजनीति

पर्यावरण तथा प्रदूषण नियंत्रण के सम्बन्ध में वर्तमान युग में अप्रत्याशित जन जागृति है। यूरोप में डैन्यूब और राइन नदी के प्रदूषण नियंत्रण तथा भारत में गंगा नदी सहित अन्य नदियों के जल-प्रदूषण नियंत्रण की योजनाएँ सरकारों ने जनता के दबाव पर हाथ में ली हैं। गंगा नदी का निर्मलीकरण तो चुनाव में एक प्रमुख मुद्दा रहता है। एक पक्ष कहता है कि जल प्रदूषण नियंत्रण योजनाएँ भ्रष्टाचार, प्रशासनिक तथा राजनीतिक अनिच्छा एवं लापरवाही के कारण आशानुकूल ढंग से कार्यान्वित नहीं हुई हैं। सन् 1985 में प्रधानमंत्री राजीव गांधी ने गंगा की सफाई का देश के सामने वायदा किया था पर योजना आंशिक रूप से ही सफल हो पाई। इसी प्रकार वर्तमान मोदी सरकार भी गंगा निर्मलीकरण योजना को 'नमामि गंगे' योजना नामकरण के आगे नहीं बढ़ पाई। इसी प्रकार भारत में अन्य नदियों की सफाई

के परिणामों का मतदाता आम निर्वाचन के समय हिसाब माँगते हैं। यद्यपि परस्पर आरोप-प्रत्यारोपों में आम जनता भ्रम में पड़ जाती है। पर जनता अब ठीक-ठीक देख लेती है कि नदियों के जल की सफाई हुई या केवल वायदों एवं काग़ज़ों में ही सफाई के आँकड़े प्रस्तुत किए गए। वह दिन दूर नहीं जब भारत जैसे विशाल देश में प्रदूषण-नियंत्रण एक मुख्य राजनीतिक तथा चुनावी मुद्दा होगा। गत एक वर्ष में रेडियो पर वायु-प्रदूषण के नियमित आँकड़े प्रसारित करने पर राजधानी क्षेत्र, दिल्ली की जनता भयभीत हो गई कि क्या वह घर से बाहर निकले या नहीं तथा उसकी भावी पीढ़ी का क्या होगा। फलस्वरूप केन्द्रीय सरकार ने ठोस पदक्षेप लिये और वायु-प्रदूषण एक सीमा तक नियंत्रित हुआ। फिर भी स्थिति अभी सन्तोषजनक नहीं है। 2018-2019 के बजट में आम दल की दिल्ली सरकार ने दिल्ली को हरा-भरा करने तथा जल एवं वायु-प्रदूषण पर नियंत्रण के लिए काफ़ी धनराशि आवण्टित की है, जबकि पूर्ववर्ती सरकारें अन्य वोट केन्द्रित योजनाओं के कार्यान्वयन पर ही ज़ोर देती थीं। हो सकता है कि राजधनी क्षेत्र दिल्ली का अगला निर्वाचन इसी मुद्दे पर हो। अत: जनता की सचेतनता राजनीतिक सक्रिय कार्यवाही में परिवर्तित होती है। नौकरशाहों के ऐसे प्रस्तावों को तो मंत्रीगण एक सिरे से ख़ारिज कर देते हैं। इसी प्रकार औद्योगिक प्रदूषण के प्रति जनता जागरूक हो चुकी है तथा वह यह जानना चाहती है कि पर्यावरण नियंत्रण अधिनियम, 1986, जल-प्रदूषण, वायु-प्रदूषण, शोरगुल प्रदूषण नियंत्रण अधिनियम तथा नियम रहते हुए भी कैसे उद्योग तथा अन्य लोग समाज के जल, वायु तथा परिवेश को प्रदूषित कर रहे हैं। शायद उद्योगों के कार्य प्रबन्धन तंत्र तथा राजनीतिक नेता वर्ग मिल जुलकर प्रदूषण का पृष्ठपोषण कर रहे हैं। जब ये राज खुलेंगे, तो इन राजनीतिक दलों को जनता बहिष्कृत कर देगी। नदी प्रदूषण नियंत्रण सम्बन्धी कई योजनाएँ कार्यान्वित होने के पश्चात् उनका रख-रखाव ठीक से नहीं हो रहा है। उसमें प्रशासनिक लापरवाही तथा भ्रष्टाचार ही दोषी है। इसी कारण नदी-प्रदूषण निवारण सम्बन्धी योजनाओं का यथेष्ट लाभ जनता तक नहीं पहुँच पा रहा है। आवश्यकता है कि सम्बन्धित दोषी सरकारी कर्मचारियों की लापरवाही तथा भ्रष्टाचार के लिये पर्यावरण संरक्षण अधिनियम, 1986 के अन्तर्गत भी कार्यवाही हो जैसे उपभोक्ता संरक्षण अधिनियम, 1986 के अन्तर्गत हो रहा है, क्योंकि विभागीय कार्यवाहियाँ प्रभावहीन हो गई हैं तथा वे वर्षों लम्बित रहती हैं तब तक सरकारी कर्मचारी या अधिकारी सेवा-निवृत्ति के पास पहुँच जाता है। मंत्रीगण भी लोक सेवक हैं। उनके पर्यावरणीय निर्णयों के लिए सम्बन्धित अधिनियमों के अन्तर्गत जवाबदेही निर्धारित हो तथा उनके निर्णय पारदर्शी हों और प्रकाशित हों। जिस प्रकार वायु-प्रदूषण सम्बन्धी आँकड़े रेडियो तथा टेलीविजन पर प्रकाशित हो रहे हैं, उसी प्रकार जल-प्रदूषण सम्बन्धी स्थिति प्रसार-प्रचार माध्यमों के द्वारा जनता तक पहुँचे। शोरगुल नियंत्रण में यदि पुलिस कार्यवाही न करें, तो

सम्बन्धित अधिकारी को उत्तरदायी होना चाहिए। बिना उत्तरदायित्व-निर्धारण के प्रशासन हरकत में नहीं आता। प्रशासन जैसे शनैः-शनैः जनता की आवश्यकताओं की ओर से संवेदनहीन होता जा रहा है। राजनैतिक प्रतिनिधियों की अपनी सीमायें हैं पर जनता ने उन्हें यह अहम दायित्व सौंप दिया है कि वे प्रशासन तंत्र को नियंत्रित करें। जनता तो अपने मताधिकार के द्वारा राजनीति को नियंत्रित कर सकती है तथा वह राजनीति को भविष्य में पर्यावरण एवं प्रदूषण नियंत्रण की दिशा में समुचित कार्यवाही के लिए मजबूर करेगी।

14

आपदा प्रबंधन : एक उन्नत अन्तरराष्ट्रीय तकनीक

आपदा प्रबंधन (Disaster Management) आकस्मिक विपदाओं से निपटने के लिए संसाधनों का योजनाबद्ध उपयोग और इन विपदाओं से होने वाली हानि को न्यूनतम रखने की तकनीक है। आपदा प्रबंधन की तकनीक विकसित देशों की महत्वपूर्ण प्राथमिकता है पर यह देखा गया कि इन आकस्मिक विपदाओं से विकासशील एवं अविकसित राष्ट्रों को अधिक क्षति पहुँचती है, क्योंकि इन विपदाओं का सामना करने के लिए उनके पास आवश्यक संसाधनों का अभाव रहता है। आज विश्व एक ग्राम हो गया है। इस सूचना प्रौद्योगिकी के युग में कोई देश अपने में ही अकेला पृथक नहीं रह सकता। फिर आज के विश्व में करोना, सुनामी जैसी विपत्तियाँ किसी एक देश की सीमा से न तो उपजती हैं, न ही किसी देश की सीमा तक सीमित रहती हैं। इसीलिए इन विपत्तियों के लिए अन्तरराष्ट्रीय सहयोग एवं प्रयासों की अनिवार्यता है। विकसित या विकासशील राष्ट्र के लिए आवश्यक है कि उसकी आधारभूत सेवाएँ, जैसे—स्वास्थ्य, परिवहन, संचार, आवश्यक खाद्य वस्तुओं की उचित आपूर्ति, भूख से मौतों को रोकना, शिक्षा आदि विश्वसनीय एवं सतत (Sustainable) हों।

आज भी विकास एवं जनकल्याण की अवधारणा राष्ट्र सापेक्ष है एवं प्रत्येक राष्ट्र की जनता सरकार की मुखापेक्षी है क्योंकि राष्ट्रीय सरकार उसके प्रति उत्तरदायी एवं जवाबदेह है तथा वह अपने मत अधिकार का प्रयोग करके सरकार को उसकी अक्षमता, लापरवाही या भ्रष्टाचार के कारण बदल सकती है, जबकि अन्तरराष्ट्रीय सहयोग केवल राष्ट्रों की सद्भावना पर पूर्णतः निर्भर है। प्रत्येक देश की सरकार संपूर्ण प्रभुत्व संपन्न है।

समाचार-पत्रों में प्राय: देश के किसी-न-किसी भाग में बाढ़, सूखा, भूस्खलन, भूकंप, समुद्री तटवर्ती क्षेत्रों में चक्रवात व सुनामी की खबरें रहती हैं। अगस्त 2015 में हिमाचल प्रदेश के मणिकरन में भूस्खलन, जून 2013 में उत्तराखंड त्रासदी जिसमें केदारनाथ मंदिर का पार्श्ववर्ती क्षेत्र भी बुरी तरह प्रभावित हुआ तथा भारत के पूर्वी तट पर समय-समय पर आए विभिन्न चक्रवात; जैसे—हुदहुद व फेलिन आदि से तटवर्ती क्षेत्रों में भारी हानि हुई थी। सन् 2004 में पूर्वी तट पर आई सुनामी

की भयावह यादें विशेषत: तमिलनाडु में आज भी मानव-मन में बसी हुईं है जो आधुनिक वैज्ञानिक युग में भी मनुष्य को वैदिक मानव की भाँति केवल प्रकृति के हाथ जोड़कर उस पर निर्भरशील होने को प्रेरित करती हैं। मैदानी क्षेत्रों में वर्षा ऋतु में बाढ़ एक समस्या के रूप में प्रतिवर्ष मुँह बाए खड़ी रहती है और विभिन्न वैज्ञानिक एवं मौसम की भविष्यवाणियों को नकारा सिद्ध कर देती है। भारत में इन प्राकृतिक आपदाओं ने तटवर्ती क्षेत्रों के साथ मैदानों के उपजाऊ क्षेत्रों व पहाड़ी क्षेत्रों की संवृद्धि व विकास पर नकारात्मक प्रभाव डाला है। आपदा प्राय: अनापेक्षित तथा अप्रत्याशित घटना होती है जो मानव के नियंत्रण से परे तथा प्राकृतिक व मानवीय कारकों द्वारा घटित होती है। यह अल्प समय में बिना चेतावनी के प्राय: घटित होती है जिससे मानव के सामान्य व्यापार अवरुद्ध हो जाते हैं और व्यापक तौर पर जान-माल की हानि होती है। प्राकृतिक आपदा की गहनता, बारंबारता तथा इसके द्वारा हो रही हानि में निरंतर वृद्धि हो रही है। शायद इसका एक मुख्य कारण मानव द्वारा जलवायु परिवर्तन के घटक हैं। विश्व बैंक की एक रिपोर्ट के अनुसार, भारत में प्राकृतिक आपदाओं से होने वाली क्षति भारत के सकल घरेलू उत्पाद (जी.डी.पी.) का 2 प्रतिशत और केन्द्र सरकार के राजस्व के 12 प्रतिशत के बराबर है। आपदाएँ प्रगति में बाधा डालती हैं तथा प्रगति की ओर अग्रसर हो रहे राष्ट्रों को कई दशक पीछे धकेल देती हैं। इन आपदाओं से समाज के आर्थिक और सामाजिक रूप से कमजोर वर्ग गंभीर रूप से प्रभावित होते हैं। संवेदनशील समूहों में वृद्ध व्यक्तियों, महिलाओं, बच्चों, दैनिक मजदूरों, खेतिहर मजदूरों तथा विभिन्न अक्षमताओं के व्यक्तियों को अधिक खतरा रहता है।

भारत के भू-भाग का लगभग 58 प्रतिशत भूकंप की सम्भावना वाला क्षेत्र है जिसमें भारत का गर्व हिमालय क्षेत्र सुंदर, पूर्वोत्तर, गुजरात के कुछ क्षेत्र तथा अंडमान व निकोबार द्वीप समूह भूकंपीय दृष्टि से सबसे सक्रिय क्षेत्र हैं। देश के 68 प्रतिशत भाग पर कभी-कभी भीषण सूखा पड़ता है। भारत के पश्चिमी और प्रायद्वीपीय राज्यों के मुख्यत: भाग शुष्क से प्रभावित रहते हैं। बाढ़ से प्रभावित भूमि का विस्तार देश में 7 करोड़ हेक्टेयर (12%) है। ऐसे परिदृश्य में भारत में बेहतर आपदा प्रबंधन अत्यंत आवश्यक है, क्योंकि किसी व्यक्ति या किसी देश की सरकार का इन पर नियंत्रण नहीं होता है। हाल ही में कोविद-19 विषाणु से प्रभावित अधिकांशत: वे ही देश एवं सरकारें हुई जो विश्व में सर्वाधिक समृद्ध एवं शक्तिशाली हैं जैसे—चीन, अमेरिका, इंग्लैंड, फ्रांस, जर्मनी, इटली, जापान, स्पेन आदि। इन्टरनेशनल फेडरेशन ऑफ रेडक्रॉस एंड रेड क्रेसेंट सोसाइटी' द्वारा 2010 में प्रकाशित विश्व आपदा रिपोर्ट के अनुसार 2000 से 2009 के बीच आपदा से प्रभावित होने वाली जनता में 85 प्रतिशत एशिया—प्रशांत क्षेत्र के थे। आपदाओं का आकलन करने वाली अंतर्राष्ट्रीय डाटाबेस संस्था 'सेंटर फॉर द रिसर्च ऑन

एपिडेमियोलॉजी ऑफ डिजास्टर' का आकलन है कि भारत में सबसे अधिक हानि बाढ़, भूकंप व सूखा आपदाओं से हुई।

भारत में आपदा प्रबंधन के लिए सन् 1990 में कृषि मंत्रालय, भारत सरकार ने डिजास्टर मैनेजमेंट सेल स्थापित किया। लातूर के भूकंप (1993), उड़ीसा (ओडिशा) के सुपर साइक्लोन (1999) व भुज के भूकंप (2001) के बाद देश में आपदा प्रबंधन के लिये एक पृथक् व्यवस्था की जरूरत को महसूस करते हुए के.सी. पन्त की अध्यक्षता में उच्च क्षमताशील समिति ने अपनी रिपोर्ट में व्यापक एवं व्यवस्थित निर्देशों को जारी किया। सन् 2002 में आपदा को देश की आतंरिक सुरक्षा का विषय मानते हुए गृह मंत्रालय के अंतर्गत लाया गया ताकि गृह मंत्रालय आपदा के समय सबसे अधिक उपयोगी सैन्य वाहिनी, वायुसेना, नौसेना, पुलिस, अर्द्ध सैनिक वाहिनियों को राज्य-सरकारें, जिला प्रशासन आदि के मध्य प्रभावकारी तौर पर सामंजस्य स्थापित किया जा सके। भारत के आपदा प्रबंधन के इतिहास में एक बड़ा परिवर्तन 2005 में हुआ, जब डिजास्टर मैनेजमेंट एक्ट, 2005 भारत की संसद द्वारा अधिनियम बना जिसके तहत भारत में सरकार ने अपनी समग्र कार्ययोजना को एक चक्रीय क्रम में सजाया जिसमें आपदा आने के बाद तथा घोषित होने के बाद इससे बचाव, नुकसान की भरपाई, निदान, फिर आपदा पूर्व की तैयारी सन्निहित हैं। आपदाओं के खतरे का स्तर सभी लोगों के लिए एक जैसा होता है, किन्तु समाज के विभिन्न वर्गों में खतरों से निपटने तथा उसके बाहर आने की क्षमता अलग-अलग होती है। गरीब व वंचित वर्ग तथा आम लोग प्रकृति के प्रकोप से अधिक प्रभावित होते हैं। इसीलिए गरीबी शमन योजना एवं कार्यक्रमों में आपदाओं के जोखिम को कम करने वाले उपायों को शामिल किया जाना चाहिए। यह अन्तरराष्ट्रीय स्तर पर संयुक्त राष्ट्र संघ की कार्यविधि का भी भाग है। आपातकालीन प्रबंधन में शमन, तैयारी, प्रतिक्रिया तथा पुनर्प्राप्ति का उपयोग किया जाता है। आपदा के प्रभावों तथा सुभेद्यता को कम करने वाली गतिविधियों को शमन कहते हैं। आपदा पहचान और उसकी सुभेद्यता का विश्लेषण अन्य चरणों की योजना बनाने में सहायक होता है। किसी भी आपातकाल के लिए तैयारी बहुत आवश्यक है। यह आपातकालीन प्रतिक्रिया करने का व्यवस्थित तरीका प्रदान करती है। आपदा में प्रतिक्रिया के पाँच आधारभूत चरण यथा—चेतावनी, तात्कालिक लोक सुरक्षा, संपदा सुरक्षा, लोक कल्याण तथा पुनर्भंडार द्वारा जीवन के लिए आवश्यक सेवाओं की व्यवस्था करना है तथा व्यवस्था को सामान्य करने तक पुनः प्राप्ति की प्रक्रिया चलती रहती है।

वर्ष 2020 के प्रारम्भ में यह अनुभव किया गया कि नोवेल करोना वायरस से उत्पन्न विश्व-महामारी का सामना करने के लिए महामारी नियंत्रण अधिनियम, 1897 प्रभावी नहीं हो सका क्योंकि उसमें दंड का प्रावधान केवल धारा 188 भारतीय दंड संहिता के अंतर्गत था जो धारा 144 आपराधिक प्रक्रिया संहिता के प्रावधानों

के उल्लघंन पर भी होता है। जनता इसे कर्फ्यू के नाम से कहती है तथा इसमें पाँच या इससे अधिक लोगों का एक साथ इकट्ठे होने का निषेध है। पर करोना महामारी ने इस अधिनियम में कई कमियाँ उजागर कीं जो केवल आपदा प्रबधंन अधिनियम, 2005 के अंतर्गत ही दूर की जा सकती हैं। दूसरी ओर इस महामारी में आपदा महामारी अधिनियम, 2005 केवल एक दंडात्मक अधिनियम होकर ही नहीं उभरा बल्कि यह जमीन पर प्रशासनिक दायित्व का निर्वाह करने वाले अधिकारियों, कर्मचारियों तथा अन्य सम्बन्धित व्यक्तियों के लिये मित्र, दार्शनिक एवं मार्गदर्शक के रूप में भी काम करता है। पर इसके साथ-साथ अन्तरराष्ट्रीय सहयोग के बिना आपदा प्रबंधन अपूर्ण ही रहेगा।

संयुक्त राष्ट्र संघ के महासचिव के अनुसार आकस्मिक विपदाओं के कारण प्रति वर्ष विश्व में प्राय: 22 लाख करोड़ रुपए की क्षति होती है तथा सन् 2005 से 2017 तक प्राय: 150 करोड़ लोग प्रभावित हुए हैं। यदि इसमें जलवायु परिवर्तन के कारण क्षति को जोड़ लिया जाए तो क्षति काफी अधिक होगी। इसलिए आपदा प्रबंधन के रोकथाम उपायों के द्वारा आपदा के द्वारा हुई क्षति को रोकना आवश्यक था ताकि वर्ष 2030 तक स्थायी विकास के लक्ष्यों को प्राप्त किया जा सके। उस समय तक कोविद-19 विषाणु द्वारा वर्ष 2020 के प्रारम्भ में विश्वभर में आपदा का उदय नहीं हुआ था और न किसी ने इसकी कल्पना तक की थी। ऐसी विपत्ति की रोकथाम का एक मात्र उपाय है—आपदा प्रबंधन का पूर्ण राजनैतिक एवं प्रशासनिक इच्छाशक्ति द्वारा कार्यान्वयन करना।

कोविद-19 महामारी

नये वर्ष 2020 के प्रारंभ में करोना या कोविद-19 विषाणु चीन के वुहान महानगर तथा हुबेई प्रांत में फूटा और शनै: शनै: उसने समस्त विश्व को अपने आगोश में ले लिया। मई के प्रथम सप्ताह तक प्राय: दो सौ देशों की तीस लाख से अधिक जनसंख्या इससे प्रभावित हो चुकी थी तथा इससे 2 लाख लोग मारे जा चुके थे, जिनमें मुख्यत: यूरोप एवं अमेरिका से थे जिन्होंने मृत संख्या में चीन को पीछे छोड़ दिया। भारत में मई के प्रथम सप्ताह तक प्राय: 40 हजार लोग कोविद—19 से संक्रमित थे तथा प्राय: एक हजार लोग मारे जा चुके थे। अभी कुछ नहीं कहा जा सकता है क्योंकि करोना तथा कोविद-19 का कहर जारी है। विश्व की विकसित वैज्ञानिक एवं स्वास्थ्य-व्यवस्था ने उसके सामने घुटने टेक दिए हैं। भारत सहित सभी देशों ने इस रोगजनक सूक्ष्म विषाक्त जीवाणु को नियंत्रित करने के लिए संयुक्त राष्ट्र संघ द्वारा सुझाये गए मॉडल को अपनाया है जो प्रत्येक देश की परिस्थिति एवं प्रशासनिक व्यवस्था के अनुसार भिन्न हो सकता है।

सेन्डाई अन्तरराष्ट्रीय प्रारूप

संयुक्त राष्ट्र संघ द्वारा सुझाया गया सेन्डाई मॉडल के अनुसार इस प्रकार की आपदा के लिए सभी राष्ट्रों को परस्पर मिलकर, आपसी सहयोग एवं एकजुट होकर आपदा प्रबंधन के लिए अधिकतम प्रयास करना चाहिए ताकि संयुक्त राष्ट्र संघ के तत्वावधान में विश्व के संसाधनों का उचित उपयोग किया जा सके। सन् 2015 के पश्चात् इस ओर सम्यक् प्रगति भी हुई है तथा संशोधित संयुक्त राष्ट्र की कार्य योजना के मुख्य बिन्दु निम्न हैं —

- पूरे विश्व में आपदा खतरे को कम करने के प्रयासों को जलवायु परिवर्तन के साथ संयुक्त करना,
- संयुक्त राष्ट्र के विकास कार्यों में आपदा खतरा न्यूनीकरण एवं जलवायु परिवर्तन की संयुक्त प्रगति की निगरानी,
- सेन्डाई सुझाओं में एक मुख्य सुझाव यह भी था कि सब समय बिना विलंब के देशों में परस्पर आपदा सम्बन्धित खतरों की सूचनाओं का आदान-प्रदान हो। यदि यह ही होता तो करोना विषाणु से उत्पन्न विषम वैश्विक परिस्थिति को कुछ कम किया जा सकता था पर ये अन्तरराष्ट्रीय सलाहनामा सर्वप्रभुता संपन्न देशों पर बाध्यकारी नहीं है। फलतः राष्ट्राध्यक्ष अपने राष्ट्र की भौगोलिक सीमा में तथा राजनीतिक हितों के परिप्रेक्ष्य में प्राथमिकता तय करते हैं। वे पड़ोसी देशों अथवा विश्व समुदाय के हितों की बाद में चिंता करते हैं। करोना ने विश्व की इस राष्ट्रवादी सोच पर कठोर प्रहार किया है। फिर भी क्या वैश्वीकरण के बावजूद भी राष्ट्रों की राष्ट्र केन्द्रित विचारधारा में परिवर्तन आएगा?

अतः सेन्डाई के आपदा प्रबंधन के प्रारूप को सर्वप्रथम देश बाध्यकारी रूप से ग्रहण करें, संयुक्त राष्ट्र के उपर्युक्त प्रारूप को शक्तिशाली बनाएँ ताकि एक संगठित एवं उच्च गुणवत्तापूर्ण ढंग से आपदा के खतरों को कम किया जाए तथा संयुक्त राष्ट्र की विभिन्न संस्थाएँ एवं अंग आपदा खतरे के न्यूनीकरण को अपनी प्राथमिक रणनीति में रखें। संयुक्त राष्ट्र की संस्थाएँ उन देशों को आपदा के खतरे का सामना करने के लिए अपनी ओर से सहायता करें जो सक्षम नहीं हैं। संयुक्त राष्ट्र के दलों को यह अधिकार रहे कि वे राष्ट्र के तथा स्थानीय निवासियों को खतरे के विषय में अविलंब चेतावनी देने, उससे निबटने की तैयारी, कार्यान्वयन तथा सामान्य होने में सहायता कर सकें। अतः संयुक्त राष्ट्र की सभी संस्थाओं की मुख्य रणनीति में आपदा के खतरों का न्यूनीकरण कार्य सम्मिलित हो। इसके लिए संयुक्त राष्ट्र के सभी संगठन तथा संस्थाएँ अपनी निगमत नीति में शामिल करें। संयुक्त राष्ट्र के सभी संगठन इसके लिये अपने संसाधनों में वृद्धि करें। संयुक्त राष्ट्र संघ के द्वारा देशों को आपदा सम्बन्धी खतरों को कम करने के लिये तकनीकी उपलब्ध कराई जाए।

कार्यान्वयन रणनीति

सेन्डाई के सुझावों के कार्यान्वयन के लिये निम्न पदक्षेप लिये जाने चाहिए—

(1) संयुक्त राष्ट्रसंघ के महासचिव का एक विशेष प्रतिनिधि आपदा के जोखिम को कम करने के लिए विशेषतः नियुक्त हो।

(2) संयुक्त राष्ट्र की ओर से आपदा जोखिम के न्यूनीकरण हेतु एक ज्येष्ठ स्तर का तकनीकी समूह बने।

(3) संयुक्त राष्ट्र के तत्वावधान में आपदा खतरे के न्यूनीकरण सम्बन्धित प्रयासों की उचित निगरानी के साथ-साथ उनकी वार्षिक, द्विवार्षिक एवं चतुर्थ वर्षीय रिपोर्टें तैयार हों जो विश्व के सभी देशों को प्रेषित हों तथा उनकी उचित समीक्षा हो एवं भविष्य की रणनीति में अच्छे परिणामों एवं सावधानियों को सम्मिलित किया जाए।

(4) संयुक्त राष्ट्र की सभी संस्थाएँ आपदा सम्बन्धी रणनीति का व्यापक प्रचार-प्रसार करें तथा सरकारी, गैर-सरकारी एवं अर्धसरकारी संस्थाओं के साथ साझीदार हों।

सेन्डाई के सुझाव सार्वभौमिक एवं सार्वकालीन हैं। यदि इस प्रकार के अन्तरराष्ट्रीय प्रारूप को पूर्व में स्वीकार कर लिया जाता तो वर्तमान में जो कोविद-19 विषाणु द्वारा विश्व की अर्थव्यवस्था को कई वर्ष पीछे ढकेलने का दुष्कर्म हो गया है, वह घटित न होता तथा 2030 तक विश्व विकास के लक्षित उद्देश्यों को प्राप्त करने में सफलता के आसपास होता। पर यदि चीन में स्थित विश्व स्वास्थ्य संगठन यह सूचना एक सप्ताह बाद देती तो विश्व में चार-पाँच गुना क्षति हो जाती। अब यह निश्चित रूप से कहा जा सकता है कि विश्व के सामने 2030 के विकास लक्ष्य बहुत दूर है। यदि कोविद-19 विषाणु जैसा यदि एक और झटका विश्व-समुदाय को लग जाय, तो विश्व को फिर से अपने विकास का पथ चुनना होगा, जिसमें आपदा प्रबंधन को भी प्राथमिकता रहेगी। आशा है कि राष्ट्र संघ की सभी संस्थाएँ, भारत सहित सभी देश, सरकारी, अर्धसरकारी, गैर-सरकारी संस्थाएँ सामूहिक प्रयास करके फिर से विश्व-मानवता को विकास के पथ पर आरूढ़ करेंगी तथा मनुष्य की अपराजेय संघर्ष गाथा को साकार करेंगी, जो मनुष्य के अनंत सामर्थ्य, शक्ति तथा कर्मठता पर आधारित है।

भारत के संदर्भ में सुझाव

सेन्डाई प्रारूप तथा हाल ही में करोना महामारी को दृष्टिगत रखते हुए भारत में बेहतर आपदा प्रबंधन के लिये राष्ट्रीय आपदा प्रबंधन अधिनियम की संस्थागत कमियों को

उचित निर्णय प्रक्रिया के द्वारा दूर किए जाने की आवश्यकता है। साथ ही, राष्ट्रीय स्तर से लेकर प्रांतीय स्तर तक तथा जिला स्तर से लेकर स्थानीय नगरपालिका तथा ग्राम पंचायत स्तर तक संपूर्ण रूप से बेहतर समन्वय एवं सूचना-तंत्र विकसित किए जाने की आवश्यकता है, जिससे आपदा के समय त्वरित कार्यवाही की जा सके। आपदाओं से प्रभावी तरीके से निपटने के लिए आपदा प्रभावित जोखिम आकलन व सम्भावनाओं का विश्लेषण किया जाना आवश्यक है। इसके अंतर्गत प्रमुख संवेदनशील क्षेत्रों की पहचान, अतीत में घटित प्राकृतिक आपदाओं के बारे में सूचना संग्रह, जनसंख्या तथा बुनियादी ढाँचा के संबंध में सूचना संकलित करना है। आपदाओं पर निगरानी रखने, पूर्वानुमान और चेतावनी की गुणवत्ता में सुधार लाने, चेतावनी की प्रणालियों द्वारा तेजी से सूचनाओं के प्रसार में दूर संवेदी उपग्रह संचार का समुचित उपयोग, आई.आर.एन.एस.एस. मौसम आधारित उपग्रह ओशन सेट, जी.पी.एस. जैसी अंतरिक्ष प्रौद्योगिकी की भूमिका महत्वपूर्ण होगी। राष्ट्रीय भवन निर्माण संहिता, 2005 के अनुसार भवन निर्माण की मंजूरी तथा स्थानीय स्तर पर आपदाओं के शमन, निवारण और तैयारियों के लिए लोगों का प्रशिक्षण, जन-जागरूकता और आपदा प्रबंधन में शिक्षा और अनुसंधान की सुविधाएँ होना आवश्यक है। इसके अतिरिक्त आपदा प्रभावितों को राहत पहुँचाने, अनावश्यक विलंब से बचने तथा प्रशासनिक व्यवस्था की कार्यकुशलता तथा प्रभावकारिता सुनिश्चित किया जाना आवश्यक है। इसके लिए नगरपालिका तथा पंचायत स्तरों पर आपदा प्रबंधन की उचित व्यवस्था करनी होगी।

प्रसन्नता की बात है कि आपदा प्रबंधन में संलग्न हजारों-लाखों अवैतनिक कार्यकर्ताओं तथा सैनिकों को प्रोत्साहित करने के लिए केन्द्र सरकार ने सुभाष चन्द्र बोस आपदा प्रबंधन पुरस्कार की घोषणा की है। इस पुरस्कार के द्वारा व्यक्तियों, संगठनों तथा संस्थानों को पुरस्कृत किया जाएगा जिन्होंने आपदा के दौरान अपने कर्तव्य के ऊपर जाकर लोगों की सहायता की है।

आशा है कि इस प्रकार के प्रयासों से भारत में उन्नत अन्तरराष्ट्रीय स्तर का आपदा प्रबंधन तंत्र सतत तैयारी की अवस्था में रहेगा तथा आपदा में फँसे लोगों की जानमाल की संरक्षा करेगा।

15

जन सक्रियता तथा राजनीतिक सुधार

प्रजातंत्र का अर्थ है कि वह शासन जिसमें प्रतिनिधियों के माध्यम से सत्ता जनता के ही हाथों में रहे, चाहे प्रत्यक्ष रूप से, चाहे परोक्ष रूप से। इसीलिए संसदीय लोकतंत्र की सफलता के लिए आवश्यक है कि इसकी नींव में तथा इसके नियंत्रक नागरिक जागरूक हों तथा सक्रिय रहें। ऐसा न हो कि अपने प्रतिनिधियों को सत्ता सौंप कर वे पाँच वर्ष सोते रहें।

भारत जैसे लोकतंत्र की सफलता के मूल तत्व हैं—

1. नागरिकों की सतत जागरूकता, सहभागिता तथा उत्तरदायित्व की भावना,
2. विचारों की स्वतंत्रता,
3. न्याय का शासन,
4. राजनीतिक दलों में उत्तरदायित्व की भावना,
5. विरोधी दल का सकारात्मक योगदान तथा उसके प्रति शासक दल की सहनशीलता,
6. स्वस्थ परम्पराओं का विकास,
7. राजनीतिकों को प्रशिक्षण,
8. सार्वजनिक मताधिकार।

इस प्रकार प्रजातंत्र या लोकतंत्र एक ऐसे समाज की परिकल्पना करता है, जिसमें सबको प्रगति और विकास के लिए समान अवसर प्राप्त हों। नागरिकों को साथ-साथ यह भी सुनिश्चित करना है कि सरकार द्वारा प्रस्तुत अवसर या सुविधाओं का वे समुचित उपभोग कर सकें।

भारत के संविधान में ऐसी व्यवस्था है जिसमें सामाजिक, आर्थिक एवं राजनीतिक समानता के लिए सक्षम प्रावधान हैं। आवश्यकता है कि संविधान के संचालन में संलग्न व्यक्ति, अधिकारी उन्हें किस प्रकार कार्यान्वित करते हैं तथा जनता अपने प्रतिनिधियों को किस प्रकार संविधान के अनुसार काम करने के लिए विवश करती है।

भारत में एक आकलन के अनुसार नारी साक्षरता 22.1 प्रतिशत तथा पुरुष साक्षरता 44.7 प्रतिशत है। इसमें अधिक उम्र के नागरिकों में साक्षरता कम है। पर भारत के अशिक्षित नागरिक कम जागरूक नहीं हैं। भारत में राजनीति पर चर्चा एक

व्यक्ति, परिवार एवं समाज का अभिन्न अंग है तथा संचार माध्यम भी निरन्तर जन सचेतनता फैलाते रहते हैं। यह दूसरी बात है कि वे अशिक्षा एवं सामाजिक पिछड़ेपन के कारण कभी-कभी जातिवाद तथा धर्म के नाम पर अपने मताधिकार का प्रयोग करते हैं। नागरिकों को सशक्त बनाने, प्रशासनिक कार्यकलापों में पारदर्शिता को बढ़ावा देने, सरकार की कार्यप्रणाली को जवाबदेह बनाने, भ्रष्टाचार रोकने और वास्तविक लोकतंत्र का परिवेश बनाने के लिए सूचना का अधिकार अधिनियम, 2005 प्रभावी है। यह अधिनियम सभी नागरिकों को केन्द्र या राज्य सरकार के नियंत्रण या वित्त पोषित संस्थाएँ या कार्यालयों के विषय में सूचना प्राप्त करने का अधिकार देता है। अधिनियम किसी भी प्राधिकरण, निकाय या स्वशासित संस्था या संविधान के अन्तर्गत गठित सरकार; संसद या राज्य विधान मंडल द्वारा निर्मित क़ानून, या केन्द्र सरकार या राज्य सरकार द्वारा जारी अधिसूचना या आदेश को रोकने पर सूचना पाने का अधिकार देता है। केन्द्र या किसी राज्य सरकार द्वारा वित्तीय सहायता प्राप्त ग़ैर-सरकारी संगठन भी लोक प्राधिकार की परिभाषा में आते हैं। अधिकार में शामिल हैं— कार्य निरीक्षण, प्रलेख और रिकार्ड, नोट लेना, प्रलेखों या रिकार्ड का सार या प्रमाणित प्रतियाँ प्राप्त करना, लोक प्राधिकार या लोक प्राधिकार नियंत्रण द्वारा रोकी गई सामग्री के प्रमाणित सत्य प्रतिलिपि प्राप्त करना। इसमें किसी विशेष समय में लागू क़ानून के तहत लोक प्राधिकार की पहुँच वाली निजी संस्था से सम्बन्धित सूचना शामिल है। सूचना के कुछ वर्ग ऐसे भी हैं जिन्हें अपने आप ही लोक प्राधिकार को प्रकाशित करना होता है। इसका सुफल यह है कि सरकारी अधिकारी सूचनाओं को रोककर जनता का शोषण नहीं कर सकते हैं तथा अब छोटी-छोटी सूचनाओं के लिए नागरिकों को कार्यालयों के चक्कर नहीं लगाने पड़ते हैं तथा इस कार्य में भ्रष्टाचार भी कम हो गया है।

लोक शिकायत निवारण

जन सक्रियता में वृद्धि लोक शिकायत पद्धति को अधिक सहज, पारदर्शी तथा त्वरित बनाने के कारण भी हुई है। जनता का सरकार के प्रति उदासीनता का भाव क्रमशः कम हो रहा है। "कोउ नृप होउ हमहि का हानी" की सोच वाष्पित हो रही है। लोक शिकायतों के निराकरण हेतु लोक शिकायत निदेशालय (डी.पी.जी.) की स्थापना मार्च, 1988 में की गई। यह अपने कार्यक्षेत्र में आनेवाले क्षेत्र से सम्बन्धित शिकायतों के निराकरण हेतु अन्तिम पड़ाव के रूप में कार्य करता है। लोक शिकायतों के निवारण के लिए 2001 में ऑनलाइन पद्धति भी आरम्भ की गई है। वर्तमान में इसका उन्नत संस्करण 5.0 www.pgportal.gov.in तथा वेबसाइट: www.darpg.gov.in पर सुलभ है। यह 142 केन्द्रीय मंत्रालयों/विभागों/संगठनों को जोड़ती है। इसमें वे मंत्रालय/विभाग आते हैं जिनका जनता से व्यापक जुड़ाव है।

ऐसी ही व्यवस्था राज्य सरकारों में भी है। ये शिकायतें डाक द्वारा, ई-मेल अथवा पोर्टल पर ऑनलाइन दर्ज कराई जा सकती है। ऑफलाइन प्राप्त सभी मामलों को कम्प्यूटर में डालने के बाद उस पर कार्यवाही आरम्भ हो जाती है।

प्रत्येक शिकायत को पहले डीपीजी के कार्यक्षेत्र में आनेवाले मामलों के आधार पर छाँटा जाता है। डीपीजी के कार्यक्षेत्र से बाहरवाले क्षेत्रों से सम्बन्धित मामलों को प्रशासनिक सुधार एवं लोक शिकायत विभाग में उचित निष्पादन हेतु भेज दिया जाता है तथा इसकी सूचना शिकायतकर्त्ता को दे दी जाती है। शेष शिकायतों में मामलों की गम्भीरता देखी जाती है और देखा जाता है कि क्या सम्बन्धित मंत्रालय/विभाग को शिकायत के निराकरण हेतु अवसर दिया गया है। गम्भीर प्रकृति की शिकायतों को, जो या तो लम्बे समय से लम्बित हैं अथवा सम्बन्धित सेवा संगठन/मंत्रालय से जिनका निराकरण नहीं हो रहा है, विस्तृत जाँच के लिए हाथ में लिया जाता है। इन मामलों का अनुसरण उनकी तार्किक एवं उचित निष्कर्ष पाने तक किया जाता है। अन्य मामलों को सम्बन्धित मंत्रालय के पास समुचित कार्रवाई हेतु भेज दिया जाता है।

डीपीजी द्वारा टिप्पणी माँगे जाने पर विभाग या संगठन से अपेक्षित है कि वे मामले की जाँच का 30 दिनों के अन्दर जवाब भेज दें। टिप्पणी प्राप्त होने के बाद डीपीजी यदि आवश्यक समझता है तो यह सुनिश्चित करने के लिए कि शिकायत को विभाग अथवा संगठन द्वारा समुचित और निष्पक्ष ढंग से निपटाया गया, अतिरिक्त सूचनाएँ माँग सकता है। मामले को बन्द करने से पहले शिकायतकर्त्ता से शिकायत के उचित निपटारे की सहमति प्राप्त की जाती है।

वर्ष 2015-16 के दौरान डीपीजी द्वारा इसके कार्यक्षेत्र में आनेवाली 10,357 शिकायतें प्राप्त की गईं, जिनमें 595 मामले हाथ में लिए गए जिससे कुल 1,372 मामले निपटारे हेतु लिए गए। इनमें से 846 का निपटारा किया गया, जिनमें 745 का निपटारा शिकायतकर्त्ता के पक्ष में किया गया। इस तरह लगभग 88 प्रतिशत मामलों का निराकरण किया गया। इसके अतिरिक्त, 1,782 शिकायतों को प्रशासनिक सुधार और लोक शिकायत विभाग को स्थानान्तरित किया गया था।

जनहितकारी वाद (पी.आई.एल.)

जनहितकारी वादों के द्वारा राजनीतिक तथा कार्यपालिका की निरंकुशता तथा स्वार्थपरता पर लगाम लगी है तथा यह सिद्ध हुआ है कि क़ानून के ऊपर कोई नहीं है। किसी भी सामाजिक या जनहित के मामले में कोई भी सर्वोच्च न्यायालय या उच्च न्यायालय का दरवाज़ा खटखटा सकता है। कभी-कभी महत्त्वपूर्ण जनहित के मुद्दे न्यायालय स्वयमेव ही सुनना आरम्भ कर देते हैं। आवेदनकर्त्ता को केवल यह सिद्ध करना होता है कि इसमें महत्त्वशाली जनहित संलिप्त है। जिन मामलों में

न्यायालय का सामान्य क्षेत्राधिकार है, वे जनहित वाद के द्वारा नहीं सुने जा सकते है। जहाँ अदालतों में करोड़ों मामले लम्बित हैं, वहाँ जनहित वादों की सुनवाई को लेकर प्रश्न खड़ा किया जाता है। कभी-कभी कुछ अधिवक्ता अपनी लोकप्रियता या प्रचार-प्रसार के लिए सारहीन जनहित वाद दाखिल कर देते हैं। इस रुझान के विरुद्ध हाल ही में उच्चतम न्यायालय ने कड़ा रुख अख्तियार किया है ताकि साधारण वादकारी इन वादों की भरमार के कारण प्रभावित न हो। यह सत्य है कि इन वादों के माध्यम से समाज को नुकसान की अपेक्षा लाभ अधिक हुआ। उदाहरणार्थ कई जनहितकारी वादों के द्वारा कई मंत्रियों को शीघ्रता से दंडित किया गया जैसे शीला कौल को शहर विकास मंत्रालय में पंक्ति तोड़कर आवासों का आवण्टन, पेट्रोल पम्पों का मंत्री के स्वविवेक से आवंटन, कोयले के भण्डारों का नियम-विरुद्ध आवण्टन तथा स्पेक्ट्रम के आवण्टन में धांधली आदि। यहाँ तक कि उ.प्र. के मुख्यमंत्रियों को अवकाश ग्रहण करने के पश्चात् जीवनपर्यन्त सरकारी आवासों का आवण्टन के मामले में आवण्टन सर्वोच्च न्यायालय ने रद्द कर दिया है। इसी प्रकार कई सरकारी योजनाओं जैसे मनरेगा, केन्द्रीय स्वास्थ्य योजना आदि की निगरानी सर्वोच्च न्यायालय कर रहा है। कई निचली अदालतों में लम्बित मुक़दमों की सुनवाई विशेषत: सी.बी.आई. के मुक़दमें, उच्चतम न्यायालय की देख-रेख में हो रही है जहाँ अति प्रभावशाली व्यक्ति निचली या विशेष अदालतों के निर्णयों को अपने पक्ष में करने के लिये दबाव बना सकते हैं। इस क्षेत्राधिकार के चलते पूर्वतन तीन मुख्यमंत्री जेल की सलाखों के पीछे हैं तथा पूर्व प्रधानमंत्री स्व. राजीव गांधी बोफोर्स मामले में मृत्यु के कारण जेल जाने से बच गए। कई उद्योगपति जैसे सहारा समूह के प्रधान एक वर्ष से अधिक जेल में रहे। आज जनहितकारी वादों की अवधारणा के पश्चात् कोई भी बड़े-से-बड़ा व्यक्ति क़ानून से ऊपर नहीं है तथा कोई भी जनता का व्यक्ति उसके काले कारनामों को उजागर करने एवं उसे दंड देने के लिये उच्च न्यायालय या सर्वोच्च न्यायालय जा सकता है। इसके कारण उच्चपदस्थ राजनीतिक व्यक्तियों तथा वरिष्ठ नौकरशाहों पर लगाम लगी है तथा वे अवैध काम करने से घबराते हैं।

संसद एवं राज्यों की विधानमंडलों की कार्यप्रणाली में सुधार

सरकार के कार्यों में जनता द्वारा बढ़ती रुचि तथा निगरानी को दृष्टिगोचर करते हुए संसद एवं राज्य के विधानमंडलों ने अपनी कार्यप्रणाली में यथेष्ट पारदर्शिता तथा शुचिता का प्रवेश कराया है। संसदों एवं विधानमंडलों की निम्नलिखित कार्यविधि से स्पष्ट है कि इनकी प्रक्रिया में काफ़ी सुधार हुआ है। पर अभी भी काफ़ी सुधार की और आवश्यकता है, जैसे संसद या विधान विधानमंडलों के सदनों का समुचित संचालन, यदि यह कार्यविधि या प्रक्रिया समुचित रूप से चलती रहे तो जनता तक

विकास योजनाओं का लाभ ठीक तरह से पहुँचेगा। सदन में विभिन्न स्थायी समितियाँ तथा सलाहकार समितियाँ, जिनके माध्यम से संसद तथा राज्यों के विधानमंडलों में कार्य दक्षतापूर्ण ढंग से किया जा सकता है।

प्रत्येक सदन में स्थायी समितियाँ, उनके कार्य के अनुसार इस प्रकार विभाजित हैं—

(1) जाँच समितियाँ— (क) याचिका समिति विधेयकों और जनहित सम्बन्धी मामलों पर प्रस्तुत याचिकाओं की जाँच करती है और केन्द्रीय विषयों पर प्राप्त प्रतिवेदनों पर विचार करती है; और (ख) विशेषाधिकार समिति सदन या अध्यक्ष/सभापति द्वारा भेजे गए विशेष अधिकार के किसी भी मामले की जाँच करती है।

(2) समीक्षा समितियाँ— (क) सरकारी आश्वासनों सम्बन्धी समिति मंत्रियों द्वारा सदन में दिए गए आश्वासनों, वादों एवं संकल्पों आदि पर उनके कार्यान्वित होने तक नज़र रखती है; (ख) अधीनस्थ विधि निर्माण समिति इस बात की जाँच करती है तथा सदन को इसकी रिपोर्ट देती है कि संविधान द्वारा प्रदत्त विनियमों, नियमों, उप-नियमों तथा प्रदत्त शक्तियों का प्राधिकारियों द्वारा उचित उपयोग किया जा रहा है; और (ग) पट्ट पर रखे गए पत्रों सम्बन्धी समिति वैधानिक अधिसूचनाओं और आदेशों के अलावा, जो कि अधीनस्थ विधानसम्बन्धी समिति के कार्यक्षेत्र में आते हैं, मंत्रियों द्वारा सदन के पटल पर रखे गए सभी काग़ज़ात प्रस्तुत करते हुए उनकी व्यवस्थाओं का पालन हुआ है या नहीं।

(3) सदन के दैनिक कार्य से सम्बन्धित समितियाँ— (क) कार्य मंत्रणा समिति सदन में पेश किए जानेवाले सरकारी एवं अन्य कार्यों के लिए समय-निर्धारण की सिफ़ारिश करती है; (ख) ग़ैर-सरकारी सदस्यों के विधेयकों तथा प्रस्तावों सम्बन्धी लोकसभा की समिति निजी सदस्यों द्वारा पेश ग़ैर-सरकारी विधेयकों का वर्गीकरण एवं उनके लिए समय का निर्धारण करती है, निजी सदस्यों द्वारा पेश प्रस्तावों पर बहस के लिए समय का निर्धारण करती है और लोकसभा में निजी सदस्यों द्वारा पेश किए जाने से पूर्व संविधान संशोधन विधेयकों की जाँच करती है। राज्यसभा में इस तरह की समिति नहीं होती। राज्यसभा की कार्य-मंत्रणा समिति, ग़ैर-सरकारी विधेयकों एवं प्रस्तावों के चरण या चरणों में बहस के लिए समय के निर्धारण की सिफ़ारिश करती है। (ग) नियम समिति सदन में कार्यविधि और कार्यवाही के संचालन से सम्बन्धित मामलों पर विचार करती है और नियमों में संशोधन या संयोजन की सिफारिश करती है, और (घ) सदन की बैठकों में अनुपस्थित सदस्यों सम्बन्धी लोकसभा की समिति सदन के सदस्यों की बैठकों से अनुपस्थिति या छुट्टी के आवेदनों पर विचार करती है। राज्यसभा में इस प्रकार की कोई समिति नहीं है तथा सदस्यों की छुट्टी या अनुपस्थिति के आवेदनों पर सदन स्वयं विचार करता है।

(4) अनुसूचित जातियों तथा अनुसूचित जनजातियों के कल्याण की समिति—इसमें दोनों सदनों के सदस्य होते हैं। यह केन्द्र सरकार के कार्यक्षेत्र में आनेवाले अनुसूचित जातियों तथा अनुसूचित जनजातियों के कल्याण सम्बन्धी मामलों पर विचार करती है और इस बात पर नज़र रखती है कि उन्हें जो संवैधानिक संरक्षण दिए गए हैं, वे ठीक से कार्यान्वित हो रहे हैं या नहीं।

(5) सदस्यों को सुविधा प्रदान करने सम्बन्धी समितियाँ—(क) सामान्य प्रयोजन सम्बन्धी समिति: सदन से सम्बन्धित ऐसे मामलों पर विचार करती है, जो किसी अन्य संसदीय समिति के अधिकार क्षेत्र में नहीं आते तथा अध्यक्ष/सभापति को इस बारे में सलाह देती है; और (ख) आवास समिति सदस्यों की आवास तथा अन्य सुविधाओं की व्यवस्था करती है।

सलाहकार समितियाँ

भारत सरकार (कामकाज का आवण्टन) नियम, 1961 के अन्तर्गत संसदीय मामलों के मंत्रालय को आवंटित कार्यों में से एक, विभिन्न मंत्रालयों के लिए संसद सदस्यों की सलाहकार समितियों का कामकाज़ है। इस कार्य के निर्वहन हेतु संसदीय कार्य मंत्रालय इन समितियों का गठन करता है तथा उनकी बैठकें आयोजित करता है। इन समितियों का मुख्य उद्‌देश्य संसद सदस्यों और मंत्रियों तथा वरिष्ठ सरकारी अधिकारियों के बीच सरकारी नीतियों, सिद्धान्तों और कार्यक्रमों तथा उनके क्रियान्वयन के तरीकों के बारे में अनौपचारिक चर्चा हेतु मंच प्रदान करना है। सम्बन्धित मंत्रालय का मंत्री/प्रभारी मंत्री सलाहकार समिति के अध्यक्ष के रूप में कार्य करता है।

सलाहकार समिति की न्यूनतम सदस्यता 10 और अधिकतम सदस्यता 30 है। प्रत्येक लोकसभा के भंग होने पर सलाहकार समिति भी भंग हो जाती है तथा नई लोकसभा के गठन के साथ सलाहकार समितियाँ पुनर्गठित की जाती हैं।

16वीं लोकसभा के दौरान विभिन्न मंत्रालयों से सम्बद्ध 35 सलाहकार समितियाँ गठित की गई थीं तथा 1 जून, 2015 से 3 मई, 2016 तक सलाहकार समितियों की 108 बैठकें हुई थीं।

संसद सदस्यों का सरकारी समितियाँ/निकायों में मनोनयन

संसदीय कार्यमंत्री, संसद सदस्यों को भारत सरकार द्वारा विभिन्न मंत्रालयों में स्थापित समितियों, परिषद्‌ों, बोर्डों और आयोग आदि में मनोनयन करता है (संवैधानिक अथवा अन्य ऐसे निकायों को छोड़कर जो संविधान या क़ानून का निर्माण करते हैं, वहाँ संसद सदस्यों की नियुक्ति के लिए मनोनयन सम्बन्धित सदस्यों के पीठासीन अधिकारी द्वारा किया जाता है या फिर उसका चयन लोकसभा या राज्यसभा करती

है)। इस तरह के संगठनों में सदस्यों को उनकी विशेष दिलचस्पी और योग्यता को देखते हुए नामज़द किया जाता है।

संसद तथा राज्य के विधानमंडलों में इस प्रकार उत्तम कार्यविधि है कि वे देश के लिए समाज की बीमारी समझकर उसके इलाज के लिए अच्छे क़ानून बनाएँ जो भावी पीढ़ी के लिए भी समान रूप से उपयोगी हो। साथ-साथ वे जाँच समितियों, समीक्षा समितियों तथा सलाहकार समितियों के माध्यम से यह सुनिश्चित करें कि शासन जनता के हित में काम कर रहा है। पर यह देखा जाता है कि संसद में तथा राज्य के विधानमंडलों में सदस्य अपने व्यक्तिगत प्रचार के लिए या अपने दल के नेता को प्रसन्न करने के लिए संसद तथा विधानमंडलों की कार्यवाही में बाधा उत्पन्न करते हैं। चूँकि भाजपा ने कांग्रेस के शासन के समय ऐसा किया, तो कांग्रेस कैसे पीछे रहती? ऐसा ज्ञात होता है कि संसद या विधानसभा कक्षा प्रजातंत्र का मन्दिर न होकर मल्लयुद्ध का अखाड़ा हो। यह भी सत्य है कि शासक दल विरोधियों के सुझावों तथा समस्याओं पर ध्यान केन्द्रित नहीं करता अपितु अपने बहुमत का बार-बार ताल ठोकता रहता है। यदि सत्ता पक्ष विरोध-पक्ष की बातों को सुने, तो यह गोलमाल नहीं होगा। राज्यों में तो विधान-सभा के भीतर ही काग़ज़ों के त्रिशूल या राकेट छोड़े जाते हैं या माइक तोड़कर ही फेंक दिए जाते हैं। इस स्थिति में सदन में दोषपूर्ण व्यवहार करने के लिए सदस्यों का वेतन काटा जाए। सदन की कार्यवाही स्थगित होने पर सदस्यों को उस दिन का भत्ता न दिया जाए ताकि सदन से देश में अनुशासन का सन्देश जाए। क्या राजनीति के सूखे पेट्रोल से देश का जहाज़ चल सकता है? ऐसा ज्ञात होता है कि इस देश में राजनीतिक सत्ता ही एकमात्र सोने की चिड़िया है जबकि राजनीति तो सेवा का व्रत है। अत: आज राजनीतिक सुधार केवल संसद तथा विधानमंडलों के काग़ज़ों पर न होकर व्यावहारिक रूप में मतदाता के सामने प्रकट होना चाहिए अन्यथा जनता राजनीतिक व्यक्तियों से घृणा करने लगेगी तथा उनका सामाजिक बहिष्कार कर देगी। संसद या विधानमंडलों की कार्यवाही टेलीविजन पर नहीं आना चाहिए क्योंकि सांसद या विधायक प्रदर्शन के लिए कई बार ऐसा व्यवहार करते हैं। इस प्रकार के सदन के भीतर दृश्य पहले तो दृष्टिगोचर नहीं होते थे। अत: सांसदों तथा विधायकों को संसद में उनके कर्त्तव्य सम्बन्धी नियमित प्रशिक्षण देना चाहिए। अब तो सदन के भीतर भी उच्च न्यायालय तथा सर्वोच्च न्यायालय जनहितकारी वादों के माध्यम से झाँकने लगे हैं।

सार्वजनिक जीवन में भी सांसदों तथा विधायकों का ऐसा व्यवहार दृष्टिगोचर होता है जैसे वे जनता के रक्षक न होकर उसके शासक हों। उनकी लोकप्रियता की सच्ची परख तब होगी जब वे जनता के बीच बिना सुरक्षा गार्डों के घूमें। वे स्थानीय प्रशासन या सचिवालय प्रशासन पर दबाव डालकर अपना उल्लू सीधा करते हैं। यह प्रजातंत्र की उच्च परम्परा के विपरीत है। अब तो ग्रामीण पंचायतें इतनी शक्तिशाली

तथा क्षमतासम्पन्न हो गई हैं कि विधायकों एवं सांसदों के पास कोई व्यक्ति किसी काम के लिए जाता ही नहीं। यह असन्तोष उनमें है। पर देखा गया है कि सांसद अपनी सांसद निधि का ही दुरुपयोग करते हैं। वे अपने पिट्ठुओं को कार्यदायी संस्था के रूप में नियुक्त कर देते हैं। फलतः भ्रष्टाचार की वैतरणी प्रवाहित होने लगती है। सांसदों को देखकर विधायक भी पीछे नहीं रहते। वे विधायक निधि का दुरुपयोग करने से नहीं चूकते जबकि यह निधि योजना के उन महत्त्वपूर्ण गड्ढों को भरने के लिए है जो नियमित प्रक्रिया द्वारा नहीं भरे जा सकते हैं।

नागरिकों का कर्त्तव्य

नागरिकों की सक्रियता के साथ-साथ संविधान के अनुच्छेद 51क में भारत के नागरिकों के कर्त्तव्यों का उल्लेख है। नागरिकों से मुख्यतः निम्न सक्रियता एवं कर्त्तव्य अपेक्षित हैं—

1. नागरिक द्वारा मताधिकार का प्रयोग—प्रत्येक नागरिक को संविधान के आदर्शों की रक्षा करने के लिए अपने मताधिकार का संविधान के अनुसार प्रयोग करना चाहिए अर्थात् प्रत्येक नागरिक को धर्म, सम्प्रदाय, जाति, लिंग, मूलवंश, जन्मस्थान से ऊपर उठकर राजनीतिक दल के आदर्शों, कार्यकलापों तथा प्रत्याशी की योग्यता के आधार पर मताधिकार देना चाहिए। प्रथम तो उसे अपने प्रजातंत्र में सबसे अधिक पवित्र अधिकार का अपरिहार्य रूप से प्रयोग करना चाहिए, अर्थात् सभी बाधाओं के बावज़ूद वोट डालना चाहिए तथा दूसरे, वोट देते समय निहित स्वार्थ से दूर रहना चाहिए। यह भारत की विडम्बना है कि लोग पैसे लेकर, शराब पीकर अथवा अन्य लालच में आकर अपना क़ीमती वोट गिरवी रख देते हैं। यद्यपि भारत के निर्वाचन आयोग ने उस दिशा में अनुकरणीय क़दम उठाया है तथा वह गाँव-गाँव में वोट डालने के लिए प्रचार करता है, फिर भी आज भारत के सामान्य निर्वाचन में वोट का कुल आँकड़ा साठ प्रतिशत ही छूता है। कुछ प्रदेश अवश्य हैं जैसे पश्चिम बंगाल, त्रिपुरा, केरल, जहाँ राजनीतिक जागरूकता तथा सक्रियता है, वहाँ कुल मताधिकार का औसत अस्सी प्रतिशत पार कर जाता है। साठ में से पचास प्रतिशत से कम वोट ही विजयी प्रत्याशी को मिलेंगे। तब क्या हम कह सकते हैं कि वह अपने क्षेत्र की जनता का सही प्रतिनिधि है? लोकतंत्र का सिद्धान्त है कि शासन करनेवाले दल को कम-से-कम पचास प्रतिशत मतदाताओं या नागरिकों का समर्थन प्राप्त हो, क्योंकि लोकतंत्र उन्हीं के द्वारा चुनी जानेवाली उन्हीं की सरकार है। आशा है कि शिक्षा के प्रसार एवं चुनाव आयोग की पहल से देश को इस राजनीतिक पिछड़ेपन से मुक्ति मिलेगी तथा शनैः-शनैः जनता द्वारा योग्य उम्मीदवारों का चयन होगा जो उनके भविष्य तथा देश की बागडोर अपने सक्षम हाथों में लेकर नौकरशाही के सहयोग से समाजमूलक कार्यों में प्रवृत्त होंगे।

2. नागरिकों द्वारा अपने बच्चों को प्राथमिक विद्यालयों में भेजना— राजनीतिक जागरूकता के लिए आवश्यक है कि प्रत्येक नागरिक को कम-से-कम प्राथमिक शिक्षा प्राप्त हो। अत: संविधान के प्रावधान के अनुसार चौदह वर्ष तक की शिक्षा अनिवार्य एवं मुफ्त है। प्रत्येक नागरिक का कर्त्तव्य है कि वह अपने बच्चों को चौदह वर्ष तक की शिक्षा ग्रहण करने अवश्य स्कूल भेजे।

3. सामासिक संस्कृति का महत्त्व समझना— प्रत्येक देश का अपना एक समाज होता है और समाज की एक संस्कृति होती है। भारत भी इसका अपवाद नहीं है। भारतीय सामाजिक-सांस्कृतिक एकता, विश्व-बन्धुत्व, अतिथि सत्कार, सर्वधर्म समभाव, शरणागत की रक्षा, त्याग, बलिदान आदि आदर्शों से परिपूर्ण रही है। भारतीय संस्कृति के इस गौरवशाली परम्परा के इन मूलभूत तत्वों का महत्त्व प्रत्येक नागरिक को समझना चाहिए। प्रत्येक नागरिक का कर्त्तव्य है कि इस परम्परा के महत्त्व को समझते हुए इसका संरक्षण और संवर्द्धन करे। अनुच्छेद-49 में निरूपित निदेशक तत्व भी स्मारकों तथा राष्ट्रीय कलात्मक एवं ऐतिहासिक महत्त्व के स्थानों और वस्तुओं को सुरक्षित रखने का निर्देश देते हैं।

4. प्राकृतिक पर्यावरण की रक्षा एवं उसका संरक्षण— भारतीय संविधान के अनुसार, पर्यावरण की रक्षा करना भी नागरिकों का कर्त्तव्य है; क्योंकि किसी देश का पर्यावरण (जिसमें वन, नदी, झील, वन्य जीव-जन्तु आदि आते हैं) देश की आर्थिक वृद्धि में सहायक होता है। इसके अन्तर्गत यह भी शामिल है कि प्रत्येक नागरिक में जीवमात्र के प्रति दया की भावना होनी चाहिए। वैसे भी भारतीय संस्कृति में 'जियो और जीने दो' का आदर्श मान्य रहा है।

अनुच्छेद-48(क) के अन्तर्गत भी पर्यावरण संरक्षण, सुधार तथा वनों और वन्य जीवों की सुरक्षा के लिए निर्देश दिए गए हैं। मूल कर्त्तव्य सम्बन्धी वर्मा समिति ने उच्चतम न्यायालय के ऐसे 138 निर्णयों की सूची दी है, जिनमें पर्यावरण संरक्षण पर विचार हुआ।

5. सार्वजनिक सम्पत्ति की सुरक्षा— सार्वजनिक सम्पत्तियों की रक्षा करना प्रत्येक नागरिक का कर्त्तव्य है। इसके लिए उन्हें कोई ऐसा काम नहीं करना चाहिए, जिससे सार्वजनिक सम्पत्ति को क्षति पहुँचे। सार्वजनिक सम्पत्ति जनता की सम्पत्ति होती है, उसे क्षति पहुँचाने का मतलब है, अपनी सम्पत्ति की क्षति करना और उसकी रक्षा न करना। इस प्रकार सार्वजनिक सम्पत्ति पर अप्रत्यक्षत: समस्त नागरिकों का हक़ है। नागरिकों को भी हिंसा से दूर रहना चाहिए। यह भी इसी कर्त्तव्य के अन्तर्गत उपबन्धित है। इसका अभिप्राय है कि नागरिकों को व्यक्तिगत, सामाजिक, आर्थिक अथवा राजनीतिक किसी भी प्रकार की समस्या के लिए कभी हिंसात्मक रूप नहीं अपनाना चाहिए।

6. मूल कर्त्तव्यों का अनुपालन— निम्नलिखित मामलों में मूल कर्त्तव्यों के प्रवर्तन के लिए वैधानिक प्रावधानों की व्यवस्था है—

- राष्ट्रीय ध्वज, भारतीय संविधान और राष्ट्रगीत की कोई अवमानना न की जाए। राष्ट्रीय सम्मान की अवमानना पर रोक सम्बन्धी विधेयक सन् 1971 में पारित किया गया था।
- राष्ट्रीय प्रतीक और नाम के अनुचित उपयोग पर रोक सम्बन्धी विधेयक सन् 1950 में पारित कर दिया गया था। इसके उद्देश्यों में राष्ट्रीय ध्वज और राष्ट्रगीत का अनुचित उपयोग रोकना भी शामिल है।
- राष्ट्रीय ध्वज के प्रदर्शन में सही ढंग से बरताव किया जाए, यह सुनिश्चित करने के लिए समय-समय पर दिए गए निर्देश 'भारतीय ध्वज संहिता' में संकलित हैं।
- वर्तमान आपराधिक क़ानूनों के अन्तर्गत यह सुनिश्चित करनेवाले कई प्रावधान विद्यमान हैं कि जिन गतिविधियों से विभिन्न जनसमूहों के बीच धर्म, नस्ल, जन्म-स्थान, निवास, भाषा आदि आधारों पर शत्रुता को प्रोत्साहन मिलता हो, उन्हें उचित सजा के दायरे में लाया जा सके। ऐसा लेखन, भाषण, हाव-भाव, गतिविधियाँ, अभ्यास, अंग-संचालन आदि जिससे अन्य समुदायों के बीच असुरक्षा अथवा दुर्भावना पैदा होती हो, भारतीय दंड संहिता (आई.पी.सी.) की धारा-153(ख) के तहत दंडनीय हैं।
- ग़ैर-क़ानूनी गतिविधि (निवारक) अधिनियम, 1967 के तहत किसी साम्प्रदायिक संगठन को एक ग़ैर-क़ानूनी संगठन घोषित किया जा सकता है।
- धर्म से जुड़ी आक्रामक गतिविधियाँ आई.पी.सी. की धाराओं—295-298 (अध्याय 15) के अन्तर्गत आती हैं।
- नागरिक अधिकार अधिनियम, 1955 (पहले अस्पृश्यता निवारक अधिनियम, 1955) के संरक्षण का प्रावधान।
- जनप्रतिनिधित्व अधिनियम, 1951 की धारा—123(3) और 3-क यह घोषित करते हैं कि धर्म के आधार पर और भारतीय नागरिकों के विविध वर्गों के बीच धर्म, जाति, समुदाय अथवा भाषा को आधार बनाते हुए शत्रुता और घृणा की भावना फैलाकर वोट माँगना एक भ्रष्ट व्यवहार है। भ्रष्ट व्यवहार में संलग्न कोई भी व्यक्ति जनप्रतिनिधित्व अधिनियम की धारा-8(क) के तहत संसद अथवा किसी राज्य विधानसभा की सदस्यता के अयोग्य ठहराया जा सकता है।

7. नागरिकों से संविधान की अपेक्षा— भारतीय संविधान नागरिकों से अपेक्षा करता है कि वे अपने दायित्वों का निर्वाह पूरी निष्ठा एवं लगन के साथ करेंगे। सभी नागरिकों को न केवल कर्त्तव्यों का ज्ञान होना चाहिए, अपितु उनके पालन के प्रति भी पूर्णतः सचेत रहना चाहिए। एक अच्छा नागरिक विधि का सम्मान करता

है। जागरूक नागरिकता की माँग है कि जनहित को व्यक्तिगत स्वार्थ से ऊपर रखा जाए। वस्तुतः नागरिकों के मूल कर्त्तव्य मूलभूत आदेश हैं। हर नागरिक नैतिक दृष्टि से इन कर्त्तव्यों से बँधा है। इसलिए संविधान की यह भी अपेक्षा है कि नागरिक संविधान के सभी अनुच्छेदों के शब्दों और भावनाओं का पालन करें।

सारांश

भारत के विकास में जन सक्रियता का महत्त्वपूर्ण योगदान है। यद्यपि कई स्वयंसेवी संस्थाएँ इस कार्य को कर रही हैं, पर कई स्वयंसेवी संस्थाएँ भी देश में भ्रष्टाचार के संक्रमण से दूषित हैं। अत: नागरिकों को ही राजनीति में सुधार के लिए अग्रसर होना होगा। उन्हें अपने भाग्य को स्वयं उज्ज्वल बनाना होगा। राजनीतिक प्रतिनिधि ही जनता के सब समय पास में हैं तथा उनमें जनता की समस्याएँ सुनने का धैर्य है। अत: दोनों को पृथक नहीं किया जा सकता। जहाँ राजनीतिक क्षेत्र में उपर्युक्त सुधारों की आवश्यकता है, वहाँ जन सक्रियता एवं जन भागीदारी की समान रूप से आवश्यकता है। राजनैतिक प्रतिनिधि इस सोच को समझेंगे तथा पंचायत प्रतिनिधियों के स्तर से लेकर सांसदों तक के भ्रष्टाचार तथा अवैधानिक कार्यों पर नियंत्रण करेंगे अन्यथा कभी भी जन आक्रोश विस्फोट का रूप ले सकता है, जैसा कि आजकल छोटे-छोटे मुद्दों पर जैसे हरियाणा में जाट-आन्दोलन तथा गुजरात में पाटीदार आन्दोलन प्रारम्भ हो गया। उसके लिए आवश्यक है कि जन प्रतिनिधि केवल ईमानदार तथा जनदर्दी ही न हो अपितु वे सीजर की पत्नी की भाँति सन्देह से परे हों। समय आ गया है कि राजनीतिक दलों को अपने सदस्यों में से उन लोगों का निष्कासन करना चाहिए जो किसी भी प्रकार के अपराध, आर्थिक अपराध या माफ़िया कार्यों में संलग्न हैं। राजनीतिक दलों में धनी लोगों का महत्त्व जनता की आँख की किरकिरी हो गया है जो चुनाव के समय उम्मीदवारों द्वारा शपथ-पत्र देने से जनता के आँगन में आ जाता है। यदि अपराधियों को निर्वाचन से पूर्णत: बहिष्कृत कर दिया जाए, तो अति उत्तम होगा। समय की पुकार है कि राजनीतिक दल संविधान में संशोधन की प्रतीक्षा न करके स्वयं सुधारों की शृंखला आरम्भ करें।

परिशिष्ट

स्वतंत्रता के सत्तर वर्षों में भारत में प्रचुर विकास हुआ है। विकास आधुनिक राजनीति तथा संस्कृति का केन्द्र बिन्दु है। भारत में विकास चिरस्थायी है। कभी-कभी साम्प्रदायिक दंगे, अगड़ों एवं पिछड़ों में संघर्ष, दलित तथा सवर्ण जातियों में संघर्ष, आरक्षण के नाम पर हिंसा अथवा किसानों की माँगों को लेकर शक्ति प्रदर्शन हमारे विकास की जड़ों को हिला देता है। यह विकास हमें जनता की सादगी तथा सरल जीवन को छोड़कर, पश्चिमीकरण तथा उपभोक्तावाद की ओर ले जा रहा है। आज विकास की धारा मूल सांस्कृतिक एवं आध्यात्मिक स्रोत से पृथक् होकर स्वेच्छाचारिणी हो गई है। नौजवान हर हाल में आधुनिक सुख-सुविधाओं पर अधिकार चाहता है। आज मीडिया, टेलीविज़न, विज्ञापनों, सोशल मीडिया ने हमें लालच में डाल दिया है। कोई गांधी जी की सलाह सुनने को तैयार नहीं कि संसार में प्रत्येक मनुष्य की आवश्यकताओं की पूर्ति के लिए पर्याप्त संसाधन हैं, पर किसी के लोभ-लालच के लिए नहीं। नागरिकगण भी प्रारम्भिक स्तर पर, राजनीतिक मामलों में हिस्सेदारी तो चाहते हैं पर उसके लिये त्याग करने के लिए तैयार नहीं हैं। हमारा भविष्य सुदूर पश्चिम में नहीं पर हमारे इर्द-गिर्द हमारी इसी ज़मीन पर विद्यमान है। चुनौतियाँ हैं इन सम्भावनाओं को समय रहते परखने की, समझने की तथा उन अवसरों का लाभ उठाने की, जो आमूल-चूल परिवर्तन अथवा रूपान्तरण की राजनीति के रूप में हमारे देश में तथा व्यापक विश्व में हमारे सामने प्रस्तुत हैं। हम कब तक राजनीति को दोष देते रहेंगे जो हमारे शासन-तंत्र का अविभाज्य अंग है। अब तो विश्व बैंक भी अपनी भूल स्वीकार करके प्रति वर्ष 'ग़रीबी निवारण एवं भूमि' पर सम्मेलन आयोजित करता है तथा भूमि सुधारों या भूमि प्रबन्धन को ही ग्रामीण तथा शहरी क्षेत्रों के विकास का आधार मानने लगा है। अतः भारत के विकास का हल भारत की जड़ों में खोजना होगा जो भारत की समृद्ध संस्कृति के उद्घोष 'वसुधैव कुटुम्बकम्' पर आधारित है।

भारत में विकास के सामने दो मुख्य बाधाएँ हैं—प्रथम विकास का कार्यकारी-तंत्र में दक्षता का अभाव, द्वितीय विकास के कार्यान्वयन में भ्रष्टाचार का बलपूर्वक प्रवेश, तृतीय देश में बिगड़ती क़ानून-व्यवस्था की स्थिति के कारण विकास की गति

बाधित होती है। यदि छोटी-छोटी बातों पर राज्य या देश में 'बन्द' या हड़ताल का आयोज़न हो, तो देश के इस कार्यावधि में नुकसान की भरपाई कैसे होगी? दूसरे पड़ोसी देश के आक्रमण या आक्रामक कार्यवाहियों जैसे आतंकवादियों को भारत में भेजना, के कारण विकास रुक जाता है। अत: समाज, देश तथा अन्तरराष्ट्रीय स्तर पर शान्ति स्थापना अति आवश्यक है। इन तीनों को ठीक करने के लिए राजनीति में शुचिता का और प्रबल इच्छाशक्ति को लाना आवश्यक है ताकि प्रशासनिक तथा राजनीतिक इच्छा शक्ति एकजुट होकर, राजनीतिक विभेद भूलकर देश के विकास में संलग्न हों। आज भारत के विभिन्न राज्यों में निम्न क्षेत्रों में पृथक्-पृथक् रूप में भ्रष्टाचार का राक्षस विकास यात्रा को रोक रहा है—

आन्ध्र प्रदेश तथा तेलंगाना	: उच्च शिक्षा संस्थान।
हरियाणा	: दिल्ली के आसपास भूमि वितरण, अनाज की ख़रीद, नौकरियों में नियुक्तियाँ।
पंजाब	: अन्तरराष्ट्रीय सीमा से तस्करी विशेषत: नशीली दवाओं की, अनाज ख़रीद, खाद्य प्रसंस्करण उद्योग।
जम्मू और कश्मीर तथा उत्तर पूर्वी राज्य	: केन्द्रीय सरकार की योजनाओं में हेर-फेर।
कर्नाटक	: आयरन अयस्क में, निजी इंजीनियरिंग तथा मेडिकल कॉलेज,
केरल	: खाड़ी से आयातित धन एवं वस्तुएँ।
मध्य प्रदेश	: सरकारी नौकरियाँ, वन एवं खनिज क्षेत्र।
राजस्थान	: सरकारी ठेके।
महाराष्ट्र	: सहकारी चीनी मिलें, लक्ष्मी नगरी मुम्बई तथा इंजीनियरिंग कॉलेज।
तमिलनाडु	: शराब के ठेके तथा औद्योगिक क्षेत्र।
उत्तर प्रदेश	: अधिकारियों के स्थानान्तरण एवं तैनातियाँ तथा पंचायतों में भ्रष्टाचार।
बिहार	: सरकारी विभागों में माफिया राज।
आसाम	: वन्य सामग्री, चाय क्षेत्र।
पश्चिम बंगाल	: सरकारी ठेके, नौकरियाँ एवं पंचायतें।
गुजरात	: औद्योगिक क्षेत्र।
उड़ीसा	: खनिज क्षेत्र।
गोवा	: लौह अयस्क तथा मैंगनीज का खनन।
दिल्ली	: राजनीति एवं सलाहकार सेवा।

भ्रष्टाचार के कारण राज्य के नौकरशाही तंत्र में कर्म-संस्कृति का अभिप्रेरण कम हो जाता है। यही कारण है कि राज्य सरकारें विकास के लिए धन उपलब्ध ही नहीं करा पाती हैं। जो धनराशि उन्हें केन्द्रीय सरकार से प्राप्त भी होती है, उसका वे सदुपयोग नहीं कर पातीं एवं सस्ती लोकप्रियता में ऐसी योजनाएँ ग्रहण करती हैं जिनसे स्थायी सम्पदा का निर्माण नहीं होता। ऐसा ज्ञात होता है कि चुनाव में जीतना ही प्रत्येक राजनीतिक दल का उद्‌देश्य है तथा शासन में आने के बाद पूर्ण शक्ति लगाना कि किस प्रकार सत्ता में लम्बे समय तक रहा जाए। राज्य के स्थायी विकास में थोड़े राजनीतिक दल अभिरुचि रखते हैं। ऐसे राजनीतिज्ञ नेतृत्व का अभाव हो चला है जो अपनी कुर्सी की परवाह किए बिना जनता की भलाई पर ही ध्यान केन्द्रित करते थे। आजकल राजनीति का अपराधीकरण एक चिन्ता का विषय है जिसके लिए सुझाव हैं—चुनाव सुधारों को प्रभावी बनाया जाए, अपराधियों को राजनीतिक प्रक्रियाओं में भाग लेने से रोका जाए, चुनाव प्रत्याशियों के लिए शैक्षणिक योग्यता का निर्धारण किया जाए, सामाजिक चेतना एवं जनमत संग्रह का प्रावधान किया जाए तथा निर्वाचित प्रतिनिधियों को वापस बुलाने का सीमित प्रावधान किया जाए। पर इन अनिश्चितता के बादलों में, नौकरशाही में जनता को भरोसा है क्योंकि वह क़ानून एवं नियमों से संचालित होती है तथा वह राजनीतिक दलों से स्वतंत्र होकर भी काम कर सकती है तथा कम-से-कम 70 प्रतिशत मामलों में वह आम आदमी की समस्याओं का समाधान कर सकती है। पर आजकल ऐसे नौकरशाहों की संख्या दिनों-दिन घटती जा रही है। इसका कारण यह है कि दलगत एजेंडे या व्यक्तिगत एजेंडे में रुकावट बनने पर नौकरशाहों को एक कोने में बैठा दिया जाता है।

दूसरी तरफ कुछ नौकरशाह विशेष राजनीतिक दल के साथ प्रतिबद्ध हैं तथा अधिकांश नौकरशाह सत्ता में क़ाबिज़ राजनीतिक दल से घालमेल पकाकर अपने निहित स्वार्थों की पूर्ति करते हैं। यह एक विस्फोटक स्थिति है तथा जनता का असन्तोष भड़कने की स्थिति में क़ानून-व्यवस्था को क़ायम रखना मुश्किल होगा। अत: वर्तमान परिप्रेक्ष्य में केन्द्रीय एवं राज्य सरकारों को यह सुनिश्चित करना आवश्यक है कि भ्रष्टाचार कम-से-कम हो तथा विकास सम्बन्धी योजनाओं से सम्बन्धित धनराशि का अधिक-से-अधिक सदुपयोग हो। अब मीडिया तथा सोशल मीडिया के माध्यम से जन-जागृति इतनी बढ़ चुकी है कि जनता की आशाओं के अनुरूप राजनीतिक पदाधिकारियों, मंत्रियों तथा नौकरशाहों को कार्य करना ही होगा। नौकरशाही की ज़िम्मेदारी है कि वह राजनीतिक नेतृत्व को साफ़-साफ़ बताए कि उनके वायदों को पूरा करने के लिए संसाधनों के प्रबंध में क्या-क्या कठिनाइयाँ होंगी ताकि राजनीतिक नेतृत्व को सरकार की आर्थिक स्थिति के बारे में किसी प्रकार का मुगालता न रहे। सभी महात्मा गांधी के इस सन्देश का अनुपालन करें—

हे दीन भंगी की हीन कुटिया के निवासी (दरिद्र नारायण)

× × ×

भारत की जनता से एकरूप होने की शक्ति और तत्परता दे।

× × ×

कि सेवक और मित्र बनकर
जिस जनता की हम सेवा करना चाहते हैं
उस से अलग न पड़ जाएँ।
हमें आत्म त्याग और सद्गुणों के भाजन बना।
हमें नम्रता की साक्षात् मूर्ति बना,
ताकि इस देश को
हम ज़्यादा समझें और ज़्यादा करें।

—मो. क. गांधी

उसी क्रम में न्यायपालिका का भी भारत के विकास में महत्त्वपूर्ण योगदान है। आज राजनीति में स्वेच्छारिता तथा भ्रष्टाचार को सर्वोच्च न्यायालय ने काफ़ी नियंत्रित किया है। पर मुक़दमों के निबटान में विलम्ब एक चिन्ता का विषय है, जिस कारण राजकोषीय लाखों करोड़ रुपए मुक़दमों में आबद्ध हैं तथा सैकड़ों महत्त्वपूर्ण सरकारी, अर्द्धसरकारी एवं ग़ैर-सरकारी योजनाएँ विलम्बित हो रही हैं जिससे देश का विकास पिछड़ रहा है। सामान्य नागरिक भी उसके विवाद का निबटान न होने के कारण परेशान हैं। अतः न्यायपालिका को इस ओर भी सक्रिय होने की परम आवश्यकता है ताकि वह भी देश के विकास के महायज्ञ में अपना पूर्ण योगदान दे सके।

पर यदि जनता में तथा प्रशासन में सम्यक् कर्म संस्कृति का विकास हो, तो सभी समस्याओं का स्वतः समाधान हो जाएगा। भारत कर्मप्रधान देश है। भगवद्गीता में कृष्ण से लेकर बुद्ध तथा महात्मा गांधी ने भारतीयों को अपने कर्त्तव्य-निर्वाह की सलाह दी। उसी भारत-देश में जनता सरकार का मुँह ताकती है या सामाजिक नेतृत्व की ओर देखती है। आशा है कि जनता कर्म संस्कृति का अवलम्बन करके भारत की शासन-व्यवस्था को भी कर्म संस्कृति के लिए उत्प्रेरित करेगी तथा चारों ओर उन्नति एवं समृद्धि का साम्राज्य होगा।

सन्दर्भ ग्रंथ

1. **अग्रवाल, प्रमोद कुमार :** 1. भारत के विकास की समस्याएँ और समाधान, लोक भारती प्रकाशन, 15-ए महात्मा गांधी मार्ग, इलाहाबाद-1, वर्ष 1998, कुल पृष्ठ 114

2. भारत के विकास की चुनौतियाँ, लोक भारती प्रकाशन, 15ए महात्मा गांधी मार्ग, इलाहाबाद-1, वर्ष 2013, कुल पृष्ठ 164

3. इंडियाज मूव टूवर्डस ससटेनेबिल डिवलपमेंट, एमडी. पब्लिकेशन्स प्रा. लि., 11 दरियागंज, नई दिल्ली-110002, वर्ष 1996, कुल पृष्ठ 190

4. साइकोलोजी ऑफ ब्यूरोक्रेट्स, मानस पब्लिकेशन्स, दरियागंज, नई दिल्ली, वर्ष 2016, कुल पृष्ठ 208

5. भारत में पंचायती राज, ज्ञान गंगा, चावड़ी बाजार, दिल्ली-110006, वर्ष 2003, कुल पृष्ठ 132

2. **उमेश कुमार, डॉ. :** संविद सरकार एवं भारतीय प्रशासन, संजय प्रकाशन, दरियागंज, नई दिल्ली-110002, वर्ष 2011, कुल पृष्ठ 159

3. **कलाम, अब्दुल, ए.पी.जे. :** 1. इंडिया 2020, पेन्गुइन बुक्स, पंचशील पार्क, नई दिल्ली-110017, वर्ष-1998, कुल पृष्ठ-324

   2. इक्कीसवीं सदी का भारत: नवनिर्माण की रूपरेखा, राजपाल एण्ड सन्ज, कश्मीरी गेट, दिल्ली, वर्ष 1999, कुल पृष्ठ 309

4. **कश्यप, डॉ. सुभाष, एवं गुप्त, विश्वप्रकाश :** 1. राजनीति कोश, हिन्दी माध्यम कार्यान्वय निदेशालय, दिल्ली विश्वविद्यालय, वर्ष-2015, कुल पृष्ठ 619

2. पोलिटिकल रिफॉर्म्स फॉर गुड गवर्नेन्स, शिप्रा पब्लिकेशन्स, 115-ए- विकास मार्ग, शकरपुर, दिल्ली-110092, वर्ष 2003, कुल पृष्ठ-72

5. **कुलकर्णी, डॉ. सुचित्रा :** आर.एस.एस.-बीजेपी-सिम्बिओसिस (अंग्रेजी में), प्रभात प्रकाशन, आसफ अली रोड, नई दिल्ली-110002, वर्ष-2017, कुल पृष्ठ-264

6. **कोठारी, रजनी सं. दुबे, अभय कुमार :** भारत में राजनीति : कल और आज, वाणी प्रकाशन, दरियागंज, नई दिल्ली-110002, वर्ष-2017, कुल पृष्ठ-516

7. **गुप्ता, गौतम, गुप्ता, मानस रंजन एवं मोइत्रा, भास्कर (संपादक) :** इसूज इन डिवलपमेन्ट इकोनोमिक्स, (अंग्रेजी में) ओरियन्ट लोंगमैन लि., हिमायत नगर,

हैदराबाद-500029, वर्ष-2000, कुल पृष्ठ-150

8. **भगवान, विष्णु :** भारतीय राजनीतिक विचारधारा, आत्माराम एण्ड संस, कश्मीरी गेट, दिल्ली-110006, वर्ष-2000, कुल पृष्ठ-308
9. **डे, एस.के. (हिन्दी अनुवाद) :** पंचायती राजः एक संयोजक- राजकमल प्रकाशन लि., दिल्ली-6, वर्ष 1962, कुल पृष्ठ 113
10. **हेन्सेन, थॉमस ब्लॉग एवं जाफरिलॉट, क्रिस्टोकी :** दि बीजेपी एंड दि कम्पलसन्स ऑफ पोलिटिक्स इन इंडिया, ऑक्सफोर्ड यूनिवर्सिटी प्रेस, नई दिल्ली, वर्ष-1998, कुल पृष्ठ 393
11. **दत्त, गौरव एवं महाजन, अश्वनी :** इंडियन इकॉनोमी (अंग्रेजी में), 62वां अंक, एस चांद एंड कम्पनी लि., रामनगर, नई दिल्ली-110055, वर्षः 2010, कुल पृष्ठ 998
12. **दुबे, श्यामाचरण दुबे :** विकास का समाज शास्त्र, वाणी प्रकाशन, दरियागंज, नई दिल्ली-110002, वर्ष 1996, कुल पृष्ठ 183
13. **महीपाल :** पंचायती राज, अतीत वर्तमान और भविष्य, सारांश प्रकाशन, मयूर विहार फेज 1, दिल्ली-110091, वर्ष 1996,
14. **माथुर, कुलदीप :** फ्रॉम गवर्नमेंट टू गवर्नेन्स, नेशनल बुक ट्रस्ट, इंडिया, वसन्तकुंज, नई दिल्ली-70, वर्ष-2008, कुल पृष्ठ-143
15. **सिप्रा, टेनहयूनेन, मित्ता, सावले :** एन इन्टरोडक्शन टू चेन्जिंग इंडियाज कल्चर, पोलिटिक्स एण्ड डेवलपमेंट, ऑथेम प्रेस, लंदन, यू.के. वर्ष 2012, कुल पृष्ठ 208
16. **सेन, अमर्त्य, एवं ज्याँ द्रीज :** भारतीय राज्यों का विकास, कुछ प्रादेशिक अध्ययन, राजपाल एण्ड सन्ज, कश्मीरी गेट, दिल्ली, वर्ष 2000, कुल पृष्ठ 303
17. **सिंह चौहान, एस.जी. :** सोर्सेज एंड फ्रेमिंग ऑफ दि कान्स्टीट्यूशन ऑफ इंडिया विथ स्पेशस रिफरेन्स टू वेदिक गवर्नेन्स, यूनिवर्सल लॉ पब्लिशिंग, नई दिल्ली, वर्ष-2015, कुल पृष्ठ-328
18. **सिंह, निर्मल कुमार, अनुवादक-संजय कुमार सिंह :** अपराध और भ्रष्टाचार की राजनीति, वाणी प्रकाशन, नई दिल्ली-110002, वर्ष 2000, कुल पृष्ठ 198
19. **सिंघल, विपिन कुमार (अंग्रेजी में) :** पंचायती राज इन्स्टीट्यूशन्स एण्ड ग्रास रूट पोलिटिक्स, सनराइज प्रकाशन, सरस्वती कम्पलेक्स, लक्ष्मी नगर, नई दिल्ली-110092, वर्ष 2016, कुल पृष्ठ 331

पत्रिकाएँ, सरकारी प्रकाशन, समाचार-पत्र इत्यादि

भारत, 2017 : वार्षिक संदर्भ-ग्रंथ, प्रकाशन विभाग, सूचना और प्रसारण मंत्रालय, भारत सरकार, सूचना भवन, सी.जी.ओ. कॉम्प्लेक्स, लोधी रोड, नई दिल्ली-110003, वर्ष-2017, 61वाँ संस्करण, कुल पृष्ठ-1009

सी.एस.आर. इंडिया : रेडी रेकॉनर : सेंटर फॉर इन्स्टीट्यूशनल पार्टनरशिप एंड कॉरपोरेट कम्यूनिकेशन्स, इंडियन इन्स्टीट्यूट ऑफ कॉरपोरेट एफेअर्स, मनेशर, गुरूग्राम,

हरियाणा-122050, वर्ष 2014, कुल पृष्ठ-65

कुरूक्षेत्र (मासिक पत्रिका) : कच्छल, दीपिका (प्रधान संपादक), प्रकाशन विभाग, सूचना और प्रसारण मंत्रालय, भारत सरकार, सूचना भवन, सी.जी.ओ. कॉम्प्लेक्स, लोधी रोड, नई दिल्ली-110003

अंक : फरवरी 2017, मई 2017, जुलाई 2017, अक्तूबर 2017, जनवरी 2018, फरवरी 2018

हेल्थ सेक्टर रिफार्मस : ए केस स्टडी फ्रोम गुजरात : डॉ. अमरजीत सिंह, आई.ए.एस., अतिरिक्त सचिव, जल संसाधन मंत्रालय, भारत सरकार

इंडिया टुडे : संपादक : अंशुमान तिवारी, लिविंग मीडिया इंडिया लि., इंडिया टुडे ग्रुप मीडियाप्लेक्स, एफसी-8, सेक्टर 16-ए, फिल्म सिटी, नोएडा-201301, वर्ष 2017, 29 नवम्बर अंक

योजना (मासिक पत्रिका) : कच्छल, दीपिका (प्रधान संपादक), सूचना भवन, सी.जी.ओ. परिसर, लोधी रोड, नई दिल्ली-110003, भारत सरकार

अंक : अप्रैल 2014, अक्तूबर 2013, जून 2014, सितम्बर 2014, अक्तूबर 2016, अप्रैल 2017, जुलाई 2017, अगस्त 2017, सितम्बर 2017, अक्तूबर 2017, नवम्बर 2017, दिसम्बर 2017, फरवरी 2018

दैनिक जागरण : (हिन्दी समाचार पत्र) : संजय गुप्ता, संजय (प्रधान संपादक), आई.एन.एस. बिल्डिंग, रफी मार्ग, नई दिल्ली, ई-मेल : delhi@nda.jagran.com

अंक : नई दिल्ली, 02 फरवरी 2018

आम बजट 2018-19

नई दिल्ली, 27 मार्च, 2018

नई दिल्ली, 12 मार्च, 2018

सत्याग्रह आश्रम : गांधी स्मारक संग्रहालय, गांधी आश्रम, साबरमती, अहमदावाद, वर्ष 2018, कुल पृष्ठ 8, ई-मेल : admin@gandhiashramsabarmati.org

इंडिया विजन, 2020, दि रिपोर्ट : योजना आयोग, भारत सरकार, नई दिल्ली, एकादमिक फाउन्डेशन, दरियागंज, नई दिल्ली-110002, वर्ष 2004

इंडिया डिवलपमेंट रिपोर्ट, 2017 : सं. एस. महेन्द्र देव, ऑक्सफोर्ड यूनिवर्सिटी प्रेस, अंसारी रोड, दरियागंज, नई दिल्ली-110002, वर्ष 2018, कुल पृष्ठ 270

अनुक्रमणिका

नोट्स